田村善之
知的財産権と損害賠償
弘文堂
本书根据日本弘文堂2004年版译出

中译本序

本书是笔者于 1993 年出版的《知识产权与损害赔偿》（弘文堂）一书的中文译本。当时，日本国内的知识产权侵权，特别是专利侵权损害赔偿的数额被计算得较为低廉。基于这一认知，本书的写作目的在于论证是否有必要专门针对专利侵权损害赔偿设定一个特殊规定，并通过对德国法、美国法进行系谱上和制度上的比较分析，提出一套有助于提高日本损害赔偿数额的解释论。

实际上，日本专利侵权损害赔偿的相关判例有了最新发展，相关法律制度也被进一步修订和完善，而本书中提出的建言也成为推动这些进展的一个契机。因此，笔者想在中译本序中简要总结本书中提出的几点建言，并在此基础上概览其对后续判例发展和法律修订产生的影响，同时尝试尽可能详尽地说明日本专利侵权损害赔偿制度的现状。

一、现行《专利法》第 102 条概览

首先，对截至 2023 年日本《专利法》第 102 条的整体情况加以概览。

现行《专利法》第 102 条第 1 款是逸失利润的推定规定。本书首版出版时，日本《专利法》中还没有这一规定。本条规定是在 1998 年《专利法》修订中新增的，而契机就是本书分析了当时的判例后指出了其中存在的问题。此后 2019 年《专利法》修订，

此前的第 102 条第 1 款被实质性地移动到第 102 条第 1 款第 1 项的位置，同时新增设了第 102 条第 1 款第 2 项。如果第 1 项的推定未被支持并满足一定的条件，这时可以根据第 2 项请求相当的许可费赔偿。由此，第 102 条的条文样貌发生了重大改变，但除此论点以外的其他条文的框架没有发生变化。

第 102 条第 2 款是将侵权所获利润推定为损害额的规定。日本现行《专利法》于 1959 年正式实施，本书公开发行时的《专利法》第 102 条第 1 款伴随着 1998 年《专利法》修订中新增设的第 102 条第 1 款，而被移动到了第 102 条第 2 款的位置，但内容没有发生变化。

第 102 条第 3 款是将相当的许可费作为损害额的规定。本书公开发行时，这一款还是第 102 条第 2 款，1998 年《专利法》修订中被移动到了第 102 条第 3 款的位置。彼时立法者接受了本书中提出的建言，修改了相关条文内容，明确将事后的相当许可费作为第 3 款的计算目标。2019 年《专利法》修订中还增设了第 102 条第 4 款，目的是进一步明确以上趣旨。

二、为什么要对专利侵权设定一个特殊规定

那么，为什么要对专利侵权损害赔偿数额的计算设定一个特殊规定呢？答案可以从专利权区别于作为典型财产权的所有权所具有的特征中找到。

首先，不同于针对有形物的所有权侵权，专利侵权行为在任何地方都可能发生。反之，权利人对专利侵权行为很难采取物理上的防御措施。为防止专利侵权这两方面的特征影响到权利保护的实效性，进而期待着通过提高损害赔偿数额来抑制侵权行为的发生。

的确，损害赔偿是针对过去已经发生的侵权行为的救济手段而对未来的侵权行为的抑制和预防功能，本应是停止侵害请求权

发挥的首要功能。但如果考虑到专利侵权的上述特殊性，则开始期待损害赔偿的制度设计中也能够发挥出震慑侵权行为的效力。

然而，专利权的侵害并不是以有形物的损毁等“有形”的形式表现出来的，而是将市场作为媒介进而发生了损害，这种损害无法从视觉上加以把握。如果不设定一个特殊规定而直接让权利人承担举证责任，这就意味着存在损害额被计算得过低的风险。

这些情况都要求立法者设计和采取一些能够提高专利侵权损害赔偿数额的方案和举措。

但也不能说一味地提高专利侵权赔偿数额就好（本书提出了一些能够提高赔偿额的建言，正因如此，日本的审判实务和立法修订也都发生了相应变化。可以说，笔者写作本书的目的在相当程度上已经达成了。近来，笔者更加关注的反而不是如何提高赔偿额，而是如何实现适当化的赔偿计算。下图中表达的观点是本书中未出现过的）。其原因是，专利侵权与否，其范围未必明确，如果震慑的强度过高反而可能导致事实上保护的范围扩大。

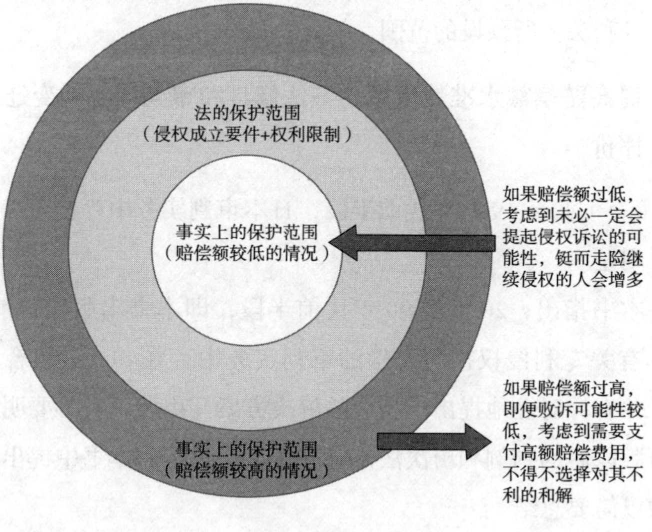

上图中“专利权的保护范围”本应由权利要求解释和均等论来确定技术范围，再通过先使用权、权利用尽和无效等抗辩手段来划定一条是否构成侵权行为的界线。如果赔偿额被计算得过低，则侵权人考虑到侵权行为不易被发现、即便发现也未必一定提起诉讼等因素后，反而认为实施侵权更为有利。如此一来，愿意铤而走险的侵权人就会增加，结果是专利权的实效保护范围被限制在此界线内更窄的范围。

另一方面，如果赔偿额被计算得过高，则即便侵权人认为发生诉讼的情况下有一定胜诉的可能性，但一旦败诉可预见的是要支付非常高额的赔偿费用，这样赔偿额的期待值也必然会相应变高。在这种情况下，如果专利权人提出以低价的许可费授权许可实施的要约，侵权人是否接受要约取决于如何选择诉讼的期待值及其伴随的成本，这样就变成了一个经济理性行动（而且，即便胜诉概率超过 50%，这种情况也可能发生）。这种赔偿额被计算得过高的情况，实际上是扩大了专利权的保护范围，并可能远超出《专利法》所预设的范围。

三、提高赔偿额水准的历史——法修订和审判实务的变迁及其评价

（一）截至 1990 年代前半段，日本审判实务中存在“三点组合”问题。

本书指出，20 世纪 90 年代前半段，即本书出版发行前后，日本有关专利侵权损害赔偿的审判实务中存在“三点组合”问题，并有针对性地提出了相应的解决方案。由此，有必要明确本书出版以后的判例和历次法修订的意义。以下对本书中提出的问题加以简要总结。

1.“三点组合”之问题一：逸失利润赔偿中“全有或全无”（all or nothing）的取向

如上所述，现行《专利法》第102条第1款第1项中针对逸失利润的推定规定是在1998年《专利法》修订中增设的新条款。在此之前，审判实务中直接适用《民法》第709条，并主要立足于差额说。为了让专利权人的财产状态回归没有发生侵权时的状态，法院以如若未发生侵权则应该获得的利润这种方式对逸失利润加以赔偿。

但是，日本法院认定逸失利润赔偿的门槛极高，并呈现出“全有或全无”的取向。在侵权产品中存在发明专利以外的特征或者市场上存在竞争产品等情况下，即便不存在侵权行为，也无法确定对于侵权产品的市场需求会在多大程度上转向专利权人的产品。对于此类案件，当时的日本法院没有选择提供一个中间选项，而是以缺少因果关系的证明为由，全盘否定了逸失利润的赔偿。

2.“三点组合”之问题二：权利人不实施的情况下否定侵权人所获利润的推定

接下来的问题则是，在推定侵权人所获利润的过程中将专利权人是否实施解读成推定的要件之一。

尽管1998年《专利法》修订前，第102条第1款和现行《专利法》第102条第2款中侵权人所获利润的推定规定在条文上并未明确要求专利权人自身实施的要件，但在审判实务中，法院认为第102条第1款只是推定损害额的条款，而不对损害本身进行推定。因此，如果专利权人未实施其发明专利，法院一般会以未发生损害为由否定第102条第1款的适用。

3.“三点组合”之问题三：相当的许可费赔偿中趋近实施许可合同的业界行情

关于1998年《专利法》修订前的第102条第2款（现行第102条第3款）中的赔偿额，日本审判实务中通过实施许可合同的市场行情进行了平均化处理。

于是，特别是在权利人不实施其发明专利的情况下，不止是逸失利润，就连侵权人所获的利润的推定都无法启动，赔偿额就变成了许可费的相当额。这时一般在实施许可合同中支付许可费的市场行情与请求权利人合法许可时一样，只要支付相同的额度即可。而且，从经济理性出发，如果考虑到侵权行为不被发现或不被提起诉讼等可能性，反而是实施侵权行为更加有利，这一点正是问题所在。

（二）克服“三点组合”问题的建议

笔者指出了当时日本审判实务中存在着“三点组合”的问题，并针对各问题一一提出了解决方案，具体如下。

1. 关于“三点组合”之问题一

诚然，如果市场上还存在其他竞争产品，即便没有发生侵权行为，侵权产品的市场需求也未必全部指向权利人的专利产品。而且，如果消费者购买侵权产品的动机源自价格或发明专利以外的特征等其他因素，那么即便侵权产品未包含专利技术，消费者同样可能进行购买。因此，无法得出权利人与侵权人必然销售“同样数量”的产品的结论。但是，虽然无法明确一个准确的数量，但法官至少能得出一个不会低于某一程度的心证比例（例如，虽然无法明确是5成还是6成，但至少要超过4成），并应在这一比例限度内证明因果关系。如果采取这样的中间处理方式，则可以解决逸失利润赔偿中“全有或全无”的问题。以上是本书中提出的第一点建言。

2. 关于“三点组合”之问题二

第二点建言与当时《专利法》第102条第1款（现行第102

条第 2 款）中侵权人所获利润的推定有关。笔者对以往的审判实务和学说中逸失利润的推定规定进行了批判，并提倡将当时的第 2 款（现行第 3 款）中相当的许可费的损害同样解读为推定规定，笔者将这种思考方式称为重叠适用说。首先推定第 102 条第 1 款，然后通过侵权人所获的利润来推定第 2 款的额度，这样意在让第 2 款的推定起到如下的作用，即侵权人一方必须要历经一个证明应保留给自己的金额的过程。在重叠适用说之下，即便专利权人未实施其专利也能够请求相当的许可费赔偿，第 102 条第 2 款的推定也不会影响第 102 条第 1 款的适用，因此在第 102 条第 1 款的推定下需要进行侵权人获利的分配。

3. 关于“三点组合”之问题三

第三点建言是提倡引入事后的相当许可费这一概念。这一考虑的出发点是，计算一般实施许可合同中的许可费与在侵权诉讼中计算当时《专利法》第 102 条第 2 款（现行第 3 款）的赔偿额，两者在性质上存在很大差异。

侵权诉讼中根据《专利法》第 102 条第 3 款来计算权利人针对侵权行为应收取的金钱额度，也可被称为事后的相当许可费。此处的工作是针对过去已发生的实施行为（即侵权行为）追溯性地计算其对价。这与一般意义下缔结实施许可合同的情况有所不同，因为是否侵权、是否提出无效抗辩，以及抗辩是否成立等情况都已明朗，而缔结实施许可合同时却对这些不明确的风险打了一个折扣来考虑。这时如果直接引用实施许可合同的市场行情价格，则会渗入不必要的风险成分，而这一部分风险会让对价额变低。因此，计算《专利法》第 102 条第 3 款的许可费金额过程中，如果依据的是业界行业价格，则有必要反向提高溢价（即侵权溢价），以补偿因不确定风险而折价的金额。

（三）法修订和审判实务做出的回应

1990 年代后半段以来，“三点组合”之对策一和对策三在立法修订中得以体现，并且通过此后判例的展开，存在的相应问题基本得到解决。

1. 新增了逸失利润的推定规定：“三点组合”之对策一

作为“三点组合”之对策一，1998 年《专利法》修订中新增了第 102 条第 1 款。

法修订中新增了逸失利润的推定规定的同时，为防止出现“全有或全无”的情况而设计了但书规定，即“如果存在专利权人无法销售全部的转让数量或一部分数量等情况，应扣除与此情况相当的数量所对应的金额”。此处的但书条款明确指出，如果存在能够推翻一部分推定的情况，需要扣除与该情况的相当数量所对应的赔偿额度，而不是一下子变为零赔偿。而且，扣除责任在于侵权人，由侵权人一方承担不明确部分带来的不利后果。可以说，这一规定解决了以往赔偿计算中“全有或全无”的问题，同时超出笔者的建言，以因果关系证明困难作为恰当的理由，将此工作归为侵权人的责任，并在此限度内设计用于震慑侵权的制裁。

审判实务很好地体现了以上趣旨并加以运用。例如，知财高裁大合议判决令和 2.2.28 平成 31（ネ）10003“美容器”案。

另外，近期的判例也出现了如下趋势，即法院不会轻易认定第三方销售的产品能否成为市场上的竞争产品，并基于此推翻一部分推定，上述“美容器”案类属其中。也可以将其称为提高赔偿额的一次实践。

此外，关于《专利法》第 102 条第 1 款，2019 年进行了修订。如果推定请求没有被支持，就未被支持的数量部分，在一定条件下可以重新请求相当许可费的赔偿。其结果是，条文内容发生了较大变化，修订前第 102 条第 1 款中的但书条款被移动到第 102 条第 1 款第 1 项的括号内。而起草者本无意变更除复活相当的许可费赔偿以外的处理，这一点参照条文也可明确得出。

2. 引入事后看相当的许可费概念:“三点组合”之对策三

作为“三点组合”之对策三，为将事后的相当许可费明确为计算对象，第 102 条第 3 款的内容也相应发生变化。1998 年以前的条文中的措辞是“针对其发明专利的实施通常应收取的金钱额度”，1998 年《专利法》修订中删除了“通常”二字，主要的考虑是此处的“通常”二字容易被解读为是否应根据实施许可合同的业界行情价格来计算赔偿额。暂且不论以往日本审判实务中是否是因为“通常”二字才依据业界行情计算损害额的，至少文字上的删除传达了立法者想要改变这种做法的信号，而审判实务似乎也接受到了这一信号，此后相继出现了采用事后的相当许可费这一概念设想的判决（集大成的判决是知财高裁大合议判决令和元 6.7 判时 2430 号第 34 页“二酸化炭素含有黏性组成物”案）。

此外，2019 年《专利法》修订时，第 102 条新增了第 4 款规定。这一款规定在计算第 102 条第 3 款的赔偿额时，当事人可以考虑“以存在专利权……的侵害为前提，如果达成合意可以获得……的赔偿”的对价。“以存在专利权的侵害为前提”是指，侵权行为落入了发明专利的保护范围，并且不属于各种限制规定或限制法理，无效抗辩也未能成功。本条款中采用了事后的相当许可费这一概念设想，要比以前更为明确。

3. 推迟导入返还侵权人所获利润：作为剩余课题的“三点组合”之对策二

经过以上法修订后，“三点组合”中只有第二点建言未被采用，即侵权人所获利润的推定。

实务中的裁判思路是一贯的，即第 102 条第 2 款的规定仅止于推定损害额，并坚持无法推定发生了损害这一立场，例如知财高裁大合议判决平成 25.2.1 判时 2179 号第 36 页“垃圾储藏机器”案。

另外，关于推定的推翻，审判实务中认为与第 102 条第 1 款中逸失利润的推定规定是相同的。例如，前述“美容器”案。特别是，如果市场上存在竞争产品，而且如果未发生侵权行为则侵权人的需求流向竞争产品的部分也未必一定归属权利人的利润，因此在逸失利润之下无法认定损害赔偿。但是，如果流向竞争产品的部分，在假定不存在侵权的情况下也未必回到侵权人的手里，因此在返还侵权人所得利润的制度设想下，则应该返还给权利人。在这个意义上，审判实务对于这一点的处理与返还侵权人所获利润的建议是不相符的。

尽管在学术界属于少数说，但笔者提出的无论权利人的利润损失情况如何都应该允许支持返还侵权人所获利润的请求这一建言，还是得到了一定的支持。然而，正如我们已经看到的，审判实务已经打破了以往的立场，即为启动《专利法》第 102 条第 2 款的推定规定，要求权利人一方至少发生了逸失利润这一损害。

4. 评价

日本专利侵权损害赔偿计算的审判实务经过了以上历史变迁，但仍未收敛到一个合适的范围内。很久以前，大概在 1980 年代和 1990 年代初期，导入三倍赔偿制度的想法在日本国内获得了不少支持，但现在却很少有声音支持立法要为那样的赔偿水平进行实质性的修订。

四、接下来的课题：确保损害赔偿额计算的可预测性

即使说本文给出的“诊断”是正确的，并解决了如何提高损害赔偿额的问题，但这并不意味着日本专利侵权损害赔偿计算中存在的所有问题都得到了解决。笔者认为，依然残留着如何明确损害赔偿数额的计算问题。在纷争频发的情况下，为促进问题的快速解决，需要明确各类不同专利侵权案件中需要进行何种类型的损害赔偿计算。为此，期待《专利法》第 102 条中的各条款能够发挥各自的功能，并构建一个用于统筹个别案件中损害赔偿计算的损害论。

笔者基于以上问题意识，提出了第 102 条各款项的作用分工论（参见：田村善之，《专利法第 102 条各款项的作用分工论和损害论的构建尝试——续·知识产权和损害赔偿》，《知识产权法政策学研究》，第 60 号，2021 年，第 1—50 页）。以下，笔者想要将这篇论文中提出的三点建言作为本文的收尾。具体如下。

第 102 条第 1 款的作用在于损害的填补功能，为此期待通过本款来帮助权利人恢复如若未发生侵权行为时的财产状态。适合于这一作用的损害论应当是逸失利润。计算目标是逸失利润的额度，即如若未发生侵权行为则权利人应获得的利润额。

第 102 条第 2 款的作用在于侵权的震慑功能，为此期待能够让侵权人回归未发生侵权行为时的财产状态。为实现这一功能，不适合采用逸失利润的损害概念，而应采用某一种规范的损害论。作为实体法上的计算目标，应当是如若未发生侵权行为则侵权人无法获得的利润额。但是，作为推定额，是无法与之假想的状态进行比较的，应将侵权行为所获得的全部利润推定为损害额。

第 102 条第 3 款的作用在于侵权行为对《专利法》立法趣旨的损伤回归。此处的损害概念应是市场机会的丧失这一规范的损害，具体指的是《专利法》赋予专利权人排他性地利用市场上对于发明专利实施需求的权利。而计算目标应当是事后的相当许可费的额度。

最后，我要对北京理工大学法学院刘影助理教授表示感谢，是她将《知识产权与损害赔偿》这本书翻译成了中文。刘影博士在我身边学习的日子历历在目，仿佛就像昨天一样。我很怀念那些日子。看到刘影博士把本书的中文翻译作为留学日本而结出的果实之一，作为她的导师，我感到无比喜悦。

田村善之

2023 年 12 月

汤岛，东京大学附近

目　　录

第1部分　知识产权与损害赔偿

第 2 部分　新动向

序

自本书第一版出版以来，已过去 10 年。由于本书很快即售 i
罄的关系，偶尔会被问今后是否有可能加印。但是，在此期间，与知识产权损害赔偿相关的部分法律相继修订，审判实务的处理方式也发生了变化，如果按照旧版原样加印恐怕是不妥的。就在思索之际，有幸惠得几次撰写验证本书出版后损害赔偿最新动向的相关论文的机会。由此决定出版一个新的版本，将旧版的叙述部分作为新版中的第 1 部分，将最新的论文作为第 2 部分。

1993 年发行的旧版，原稿出自笔者于 1991 年在《法学协会杂志》第 108 卷第 6、7、9、10 号上发表的题为《专利侵权损害赔偿》的论文。既然知识财产权是对物理上任何人在任何地方都可以自由使用的知识产权客体的利用行为赋予排他权，如果损害赔偿金额对侵权行为的发生起不到一定的抑制功能，那么专门设定的权利则无异于“画饼充饥”。基于这样的想法，第一版提出了如下的解释论，即将市场机会的丧失这一规范的损害概念理解成《专利法》第 102 条第 2 款（现行法第 3 款）计算赔偿金额的前提，并在此基础上，把侵权人所获的利润推定为《专利法》第 102 条第 1 款（现行法第 2 款）的赔偿金额，并作为规范的损害加以理解。由此便可推导出如下结论，即假设专利权人自身没有实施专利技术，既然能够接受第 2 款的损害赔偿，便也无法否定第 1 款的推定。除此以外，旧版还揭示了审判实务中难以认定逸失利润的原因在于因果关系要件全有或全无（all or nothing）的思维方式，并提出了几点建议和想法，例如，关于第1款中“利润”的含义，应该是后来被命名的“边际利润”；又如，关于第2款赔偿金额的计算标准，应该是事后的相当许可费对价金额。

第一版提出的这些建议中，针对以往逸失利润计算的审判实务中全有或全无思维方式存在的问题，1998年法修订中增设了《专利法》第102条第1款，该条款为解决此问题而重新推定了逸失利润的概念（参照新版第2部分第2章）。针对第1款（现
ii 行法第2款）中“利润”的含义问题，此后采用了边际利润说的判例也相继增多。针对第2款（现行法第3款），由于各界已经意识到其与实施许可合同中的许可费有所不同，1998年法修订后的条文中特此省去了“通常”二字。再者，最近还出现了采用丧失了市场机会这一规范的损害概念的司法判例（参照新版第2部分第3章）。

在新版中，将介绍以上这些法律修订和司法判例动向的论文分别放在了第2部分的第2、3章，聚焦于损害论并对旧版内容进行精炼介绍的论文作为第1章。1998年法修订以后，《专利法》第102条的条文结构发生了改变，为方便论述，论文中的标记依如最初，即第1部分至第2部分的第1章仍然使用1998年法修订之前的条文，第2部分的第2、3章只要无特殊情况，则以1998年法修订后的条文作为根据。条文序号（特别是款的序号）还是最初出版之时的序号，这一点需要留意。

此外，本书中收录了一些研究论文。网罗性地介绍相关司法判例的实务书籍需要另行参考《不正当竞争法概说》（第2版，2003年）、《专利判例》（第2版，2000年，与增井和夫合著）、《商标法概说》（第2版，2000年）、《著作权法概说》（第2版，

2001年）中的相关部分。

在本书执笔、校订过程中，除“21世纪COE计划”研究员高桥直子、小林基子、小山僚子以外，还得到了北海道大学大学院学生松本有启、石井纯一、田口哲久、佐藤丰、荒木里奈和宫腰和郎的大力支持。本书从策划到完成，得到了弘文堂清水千香的大力协助。在此谨记，一并表示感谢！

笔者作为“新时代知识产权法政策学国际基地形成”项目的项目负责人，得到了“21世纪COE计划”的赞助支持，特此表示感谢！

于终渐寒冷的札幌

田村善之

2003年11月

初版序

iii 本书是在1991年连载于《法学协会杂志》第108卷第6、7、9、10号的论文《专利侵权损害赔偿》的基础上改写而成的。在将其转成为单行本之际，尽可能删掉了不必要的部分，同时特别对第1部分第4章的论述部分进行了大幅重组，增加了可以简要概括笔者想法的概要部分（本书第207—210页[*]）。

在《法学协会杂志》上连载的论文是笔者在东京大学法学部任助手期间完成的，也可被称为助手论文[**]。笔者很早就觉察到《专利法》第102条存在三方面问题：一是很难证明逸失利润的因果关系；二是将第102条第1款的侵权人所获利润作为损害额的推定条款，在大多数情况下都不起作用；三是本应起到替代功能的第102条第2款，其条文中规定的相当许可费赔偿额在适用过程中仅能被确定为实施许可合同缔约中许可费的程度。笔者深

---

* 本书涉及的页码均为原书页码，即本书边码。——译者

** 日本明治维新后，东京大学法学部施行了不同于研究生院的研究者培养机制，每年会从获得法学学士的毕业生中选取数名达到一定成绩要求的本科生，录用其作为法学部的助手，也称学术助手。这些学术助手只要能在3年任期内完成助手论文，大概率会被以东京大学法学院为首的日本各大学法学院录用为副教授或讲师。1987年，东京大学法学院聘用了同年毕业的8位优秀本科生作为学术助手，田村善之教授位列其中。序言部分提到的连载于《法学协会杂志》第108卷第6、7、9、10号上的论文《专利侵权损害赔偿》，便是田村善之教授在3年任期内提交的助手论文。——译者

感，在一些研究会上讨论专有实施权人和专利权人之间的赔偿额分配问题时，由于缺少足够的体系化认知，导致即便是非常细小的问题，也得不到有效解决。这成为笔者后来选择专利侵权损害赔偿作为研究题目的直接动机。

笔者从担任助手的第 2 年 6 月份前后开始整理日本的司法判例。东京地裁的判决中由于考虑到了商业风险而降低了相当许可费的金额，这为笔者提供了恰到好处的资料。正因为在损害赔偿计算中不应该将即将要缔结合同的情况考虑进来，因此第 2 款的赔偿额便可被理解成事后的相当许可费。但是，事后的相当许可费可能引发如下事态，即侵权人反而会因为实施了侵权行为而有所获得。为防止此类事态发生，笔者尝试探索是否可能形成一套解释论，即在事后的相当许可费和侵权开始这一时间点上的相当额二者间选择金额更高的一方。彼时却未能得出一个令人满意的解决方案。

同年 11 月左右，笔者开始研究德国法，并得知德国法中存在一种事后的相当许可费赔偿制度，这一制度被冠以“第二种计算方法”之名。而且学界也有观点［皮茨克（Pietzcker）的观点］认为，事后的相当许可费额度和侵权开始这一时间点上的相当额之间应存在一个选择权。实际上，还有其他人持同样的看法，笔者对此感到莫名的心安。从那时起，笔者就在考虑，在计算第 2 款事后的相当许可费时，侵权人所获的利润应该起到更为重要的作用。如是这样，第 102 条第 1 款岂不是可以被理解为第 2 款中损害额的推定规定？就在这样苦苦思索之际，笔者在翌年 iv
的 5 月左右读到了克拉瑟（Kraßer）的论文。这篇论文认为，第二种计算方法和认可返还侵权人所获利润的第三种计算方法在本质上并不相同。如果将侵权开始时间点上侵权人应当支付的许可费定性为《民法》中的逸失利润加以赔偿，很快便浮出了如下想法，即其效果已经超出了选择权的范畴。同年10月直到年末，笔者整理好了美国的司法判例后，从翌年的1月份开始撰写日本法的解释论部分。在此期间，笔者注意到，在计算第2款的相当许可费时，如果能够考虑到权利人每单位产品的利润额，便可以解决逸失利润因果关系证明难的问题。终于，笔者在担任助手的第3年的2月前完成了解释论部分的写作。

在此之前，大概是从夏季开始，笔者的写作重心从解释论转移到了如何展开立法论的层面上，并努力从其他领域的优秀论文中学习如何处理外国法的“料理方法”。当时，东京大学法学研究会和各类法律杂志都对法律解释进行了大量讨论，我从中受益匪浅。本文中文理论、系谱论、制度论等巧妙名称的章节构成也是源此而生。

笔者在论文写作过程中的收获超乎想象。最大的收获便是深刻感受到了，无形财产权不同于所有权，其是一种人工拟制的排他权这一命题。为了能够让无形财产权制度发挥作用，人为地保障排他性进而抑制侵权行为的激励是很有必要的。这一想法作为本论文构思的主线，反之与如下想法是紧密关联的，即如果不是制度目的的需要，无形财产权中是不需要特别设定排他权的（当然，这也是恩师的提议。参见：中山信弘，《软件的法律保护》，有斐阁，1998年）。此后，笔者便从知识产权法与不正当竞争防止法、反垄断法在制度目的上是共通的、只不过手段上不同而已这一视角出发，将其作为具有相同法律目的的竞争法加以体系化（参见:《不正当竞争防止法概论》，第2版，有斐阁，2003年；已发表的论文，参见:《不正当竞争行为类型和不正当竞争防止法》,《法律家》，第1005号），这些话题已超出本论文的后记部分。在此应补充的是，很幸运，作为同期的白石忠志助教授的助手论文即是从竞争的观点论证了，知识产权是一种具有相对性的排他权（参见：白石忠志，《技术和竞争的法律构造》，有斐阁，1994 年）。

更重要的是，仅凭笔者一己之力是无法完成本书出版工作的。作为笔者导师的东京大学法学院中山信弘教授，不弃本人轻微小卒的身份，对笔者有知遇和提携之恩（但是，笔者最终还是没有完全遵照先生“早晨要早点来研究室”的教导，在此深表抱 v
歉）。从学生时代开始，笔者就接受了东京大学法学院高桥宏志先生的亲切教导。之所以立志成为学者，契机也正源于学生时代受教于先生的演习讲义。另外，笔者与同期的学术助手、现供职于西南大学的奥博司讲师也相谈甚多。同样，现供职于东北大学的白石忠志副教授和学习院大学的冲野真已副教授，二位与笔者同期，他们不仅没有认为和笔者身处同一研究室是不幸的事情，还多次倾听了笔者关于论文的构想，并给出了诸多有益的启示。此外，虽无法一一列出全部名字，笔者直接或间接受到了很多人的关心照顾，借此对你们的恩泽致以衷心的感谢。弘文堂编辑部的丸山邦正、清水千香为本书的出版花费了大量心思，特表谢意。最后，在论文写作过程中，我的祖母不分昼夜地对我的健康给予了悉心照料，在此想对她说一声“谢谢您”！

田村善之

1993 年 11 月

本书的构成

vi 一、我国《专利法》在专利侵权损害赔偿方面，设定了一般法的特殊规定。《专利法》（昭和34年法律第121号）第102条第1款规定，在侵权人由于侵权行为获利时，应将其获利金额推定为专利权人受到的损害额。另外，本条第2款规定，专利权人可以请求将实施其发明通常能获得的金钱数额作为自己受到的损害额。对专利侵权设定这样的特殊规定，其原因是法律推测此处存在不同于一般侵权行为案件的特殊情况。

专利侵权不同于有形物为客体的所有权侵权，构成侵权的发明实施行为在任何地点都可以实施，但专利权人对侵权行为却很难采取防御对策。正因如此，侵权行为很容易发生，而侵权行为由于不受场所的限制而不容易在早期阶段被发现，无法及时请求停止侵权。损害赔偿作为对权利人提供的一种救济，其主要是作为对已经发生过的侵权行为的救济手段，重要性自然不可估量。此处发生的损害并不是以有形物破损等肉眼可见的形式发生的，因此也难以确定现实中究竟发生了什么样的损害，并导致很难计算出损害赔偿金额。但是，在损害赔偿金额被计算得过低的情况下，同合法地请求实施专利许可相比，侵权行为反而更加有利，这恐怕会进一步诱发本来就很容易发生的专利侵权行为。于是，对于想要实施发明的人而言，如果没有让其向专利权人请求专利实施许可的制度保障，专利权本身也便失去了作为排他权的功能。

因此，如果赋予专利权人以排他权的专利法体系想要集大成于一身，不仅要设定停止侵害请求权，对于损害赔偿请求权也要有措施保障专利权人能够获得适当的损害赔偿金额，否则便少了“画龙点睛”这一笔。正因如此，《专利法》第 102 条也可被理解为是作为一般法的特殊规定而被设定的。

不过，如果仅依据当前的审判实务和学说，《专利法》第 vii
102 条是实效性相当不足的一个条款。对于第 102 条第 1 款而言，在专利权人自身未实施其专利技术的情况下，推定完全不起作用的情况并不少见。以往，在这种情况下，专利权人也是可以请求第 102 条第 2 款的损害赔偿的。但是，该款中被理解为“客观上相当的许可费金额”的赔偿额，实际上是根据普通的实施许可合同中的许可费金额而计算得出的。由此，侵权人只要支付同合法请求实施许可时相同的金额，便不会被追究责任。考虑到这种可能性，实施侵权行为反而更有利。当然，专利权人还可以根据《民法》（明治 29 年法律第 89 号）第 709 条来证明逸失利润，并请求损害赔偿。但是，正因为逸失利润难以被证明，才有必要设定一个特殊规定，如此一来，设定《专利法》第 102 条便丧失了意义。

陷入这种状况的根本原因在于，无法明确将侵权人所获利润推定为专利权人的损害额的合理性。在学说上，原本是将作为推定对象的损害概念考虑为逸失利润。但是，完全不具备前提基础，就将侵权人所获利润推定为逸失利润，这似乎也是不合理的。其结果导致，只有在假设逸失利润和侵权人所获利润的金额大概相近的情况下才认可推定。典型的例子是专利权人自身未实施专利技术的情况下并不支持推定这一处理。再者，即便专利权人自身实施了专利技术，但如果专利的实施部分只占产品的一部分，或者在多个专利权侵权案件中一部分专利权人提出请求等情况下，不认可推定这一结论的司法判例也不少见。限定推定情况的态度，最终还是和不认可推定功能的结论相联系。实际上，在有关第1款的实务中，认可推定后，只要侵权人能够举证成功，就可以主张侵权所获利润的金额少于其主张的额度，并在差额部分推翻推定，因此不能说推定规定本来的“攻防过程”是完好的。第1款被认定为以侵权人所获利润推定为损害额这样的“视
viii 同”规定，也是不为过的。而且，为了让“视同”变得自然，这一处理反而与限定其使用的想法关联了起来。

另外，关于第102条第2款，其中的赔偿额被理解为“客观上相当的许可费”，有观点认为本款是法定的损害额，也有观点认为是拟制之物。无论如何，这一金额能否被认定为损害额，目前是缺少对其合理性的讨论的。最终，将逸失利润——如果不发生侵权行为则专利权人能够获得的利润——作为基础的，也十分少见。由于逸失了如果没有发生侵权行为应从侵权人一方收取的许可费，这个部分就变成了损害。但是，这样将逸失利润作为理论上的出发点的后果是，应该被赔偿的损害额并非是客观上相当的许可费金额，而是假设侵权人和专利权人之间签订的实施许可合同中约定的主观许可费。如果是这样的逸失许可费金额，就没有必要设定一个特殊规则，只要通过《民法》第709条请求即可。反言之，如果将《专利法》第102条第2款作为特殊规定加以考虑，则有必要再次考虑其趣旨究竟为何。

以上简要论述了第1款和第2款中各自存在的问题，其根本上可以被概括为以逸失利润作为损害概念为前提而滋生出来的问题。一方面以一般法中损害的概念作为前提，另一方面想要设定能够解释损害额的特殊规定。这样一来，前者恐怕会成为枷锁而

导致特殊规定无法发挥功能。但是，对于损害额设定特殊规则原本也可能是对作为前提的损害概念进行特殊的规制。因此，很难说以往在《专利法》第 102 条上进行了充分的讨论。

二、本书第 1 部分立足于以上问题，目的在于探求符合《专利法》第 102 条的解释论。

在序章中，将对上述的当前审判实务和学说的现状进行例证，并从具体确认问题所在这一工作开始着手。

接下来，在第 1 章中，讨论根据《专利法》第 102 条的逻辑进行合理演绎的情况下，该条款应该采用什么样的制度。开展解释论是最终的目标，作为起步工作，首先要找出能够作为解释论 ix
的选项。多数说和审判实务立足于如下默认的前提，即第 1 款不对第 2 款认可的损害进行推定，根据第 102 条的文本，第 1 款的推定可以触及第 2 款认定的损害，而且根据第 2 款，通常会将从审判时间点看事后相当的许可费解读为是损害额的规定，这时可以很明确地将这种重叠框架理解为合理的制度。以上操作的结果是，这种重叠理解被确认为开展解释论的选项之一，并成为第 1 章的结论。

以往，这种理解是不被提倡的。在第 2 章中，为证成第 1 章的结论而对该条款的系谱进行了探索。通过系谱式的体系化研究来检验重叠理解是否能作为解释论的一个选项。首先，为探究第 102 条的趣旨，从以下工作着手：明确昭和 34 年《专利法》修订前没有特别条文规定的时期司法判例是如何进行损害赔偿计算的，之后对昭和 34 年《专利法》修订经过进行讨论。但是，立法者和起草者的意图都不明确，因此本书的研究重心转移到起草者作为模板并加以改造的德国专利侵权损害赔偿制度。在德国，除逸失利润外，司法判例中对于专利权人还认可相当的许可费以及侵权人所获利润的赔偿请求，如果要进行更加详细的讨论，则能够明确得出如下结论，即后面二者分别是将事后的相当许可费作为赔偿额的相当许可费赔偿制度以及在侵权人所获利润中将专利发明贡献的利润作为赔偿额的侵权人利润返还制度。这样，如果只将差额说作为损害概念来考虑，则无法说明侵权行为。理论根据要从准无因管理以及不当得利处寻找，这反倒有力说明了，在损害赔偿内部，还存在除差额以外的损害概念所支配的领域。最后，作为第 2 章的总结，《专利法》第 102 条第 2 款可以涵盖事后相当的许可费赔偿额，另外作为第 1 款原型的德国侵权人获利返还制度是对侵权所获得的利润进行分配的制度，在此基础上，能够证成解释论中是可以包含重叠理解的。

接下来，第 3 章的研究工作是摸索符合制度目的的制度全貌。

x 近来，在德国有观点认为，从侵权行为的抑制功能来看，上述三种计算方法存在制度上的问题，并且在寻找解决方案。因此，需要提前讨论并明确问题所在。另外，在第 3 章中，对以前完全没有讨论过的事后的相当许可费的计算过程进行具体化讨论，并且作为彻底探究其优缺点的前提工作，讨论美国专利侵权案件中赔偿金额计算方法。德国法中也存在事后相当的许可费赔偿制度，但由于还存在其他将侵权获利作为损害的制度，因此侵权获利在计算相当许可费时没有起到非常重要的作用，因此有必要讨论实际存在的其他制度。按照顺序，这一部分首先追溯了美国专利侵权案件中的损害赔偿制度的整体历史变迁，基于此展望制度全貌和合理许可费赔偿的形成过程。在此基础上，探讨合理许可费赔偿的具体计算方法。具体按以下两个时期进行考察：一是 1970 年以前的事后相当许可费赔偿制度；二是 1970 年以后在侵权开始时间点上通常可以从侵权人收取或应该收取的许可费。

在这个工作完成后，讨论以前的事后相当许可费的具体计算过程的特点，指出侵权获利所发挥作用的重要性，以示重叠理解的合理性。接着，通过对比以前的计算方法和现在的计算方法来推测制度修改的原因，最终从符合制度目的的观点，得出同德国法一样的结论。

最后，第 4 章构建了一套符合第 102 条趣旨的解释论体系。在此基础上检证目的妥当性的同时，同多数说或者不当得利以及准无因管理为基准的见解进行比较。

三、在初版中发表了本书收录的论文后，专利侵权损害赔偿的相关法律进行了修订，同时重要的司法判例也相继出现。本书的第 2 部分将对这些最新动向进行追踪。

作为起始点，第 1 章登载了总结第 1 部分立论的论文。该论文原本是收录在《新现代损害赔偿法讲座》（山田卓生编集代表、藤冈康宏编，日本评论社，1998 年）中，特别以损害论和不当得利论作为焦点，尝试明确第 1 部分提示的解释论所处的位置。本章出于篇幅考虑，删除的部分一并收录在田村善之所著的《功能的知识产权法理论》（信山社，1996 年）一书中。 xi

第 2 章介绍 1998 年的《专利法》修订。1998 年《专利法》修订中，重新设定了推定权利人逸失利润的推定规定，即《专利法》第 102 条第 1 款。与此相应，将侵权人所获利润推定为权利人的损害额的旧法第 102 条第 1 款变为第 2 款，将相当的对价额作为赔偿额的旧法第 102 条第 2 款发生了若干文字上的变化，并后移至第 3 款。本章想要以新设的第 102 条第 1 款为中心来斟酌后面构建的解释论上的论点（最初出处是《关于损害赔偿的专利法修改》，载《知财管理》，第 49 卷第 3 号，1999 年，第 329—343 页）。

最后，第 3 章将处理与 1998 年《专利法》修订第 102 条第 1 款相关的最新司法判例。关于这一条款，一般的理解是推定逸失利润的规定，但最近在一部分判例中出现了如下动向，即以本书第 1 部分中笔者主张的规范的损害论为主线，在很难认定逸失利润的情况下也要维持推定。本章进行批判性探讨的同时，一并言及 1998 年《专利法》修订第 102 条和笔者主张的损害论之间的关系（最初出处是《关于〈专利法〉第 102 条第 1 款但书的推定推翻事由的理解》，载《专利研究》，第 36 号，2003 年，第 5—11 页）。

缩略语表

日本

"荒玉文库"＝荒玉義人文庫（万国工業所有権参考資料センター所藏）

执笔者姓名,《石黑追悼》＝無体財産権法の諸問題〔石黒淳平先生追悼論集〕（1980 年，法律文化社）

织田,《新专利法详解》＝織田季明、石川義雄・増訂新特許法詳解（1972 年・日本発明新聞社）

加藤,《财产法的体系》＝加藤雅信・財産法の体系と不当利得法の構造（1986 年，有斐阁）

桑田,《比较法》＝桑田三郎・工業所有権法における比較法（1984 年・中央大学出版部）

《许可费率》＝発明協会研究所編・実施料率（第 3 版・1980 年・発明協会）

执笔者姓名,《实务大全 9》＝牧野利秋編・工業所有権訴訟法（裁判実務大系 9・1985 年・青林書院）

四宫,《不当得利》＝四宮和夫・事務管理・不当利得（1981 年・青林書院新社）

四宫,《侵权行为》＝四宮和夫・不法行為（1985 年・青林書院）

《商标百选》＝商標・商号・不正競争判例百選（1967 年・有斐閣）

新堂,《民诉法》＝新堂幸司・民事訴訟法（第 2 版補正版・1990

年・弘文堂)

新堂,《新民诉法》= 新堂幸司・新民事訴訟法(第2版・2001年・弘文堂)

执笔者姓名,《谷口还历》(1)= 不当利得・事務管理の研究(1)谷口知平教授還歷記念(1970年・有斐阁)

执笔者姓名,《谷口还历》(3)= 不当利得・事務管理の研究(3)谷口知平教授還歷記念(1972年・有斐阁)

《逐条解说》= 特許庁編・工業所有権法逐条解說(第11版・1992年・発明協会)

执笔者姓名,《知识产权研究》Ⅰ = 中山信弘編・知的財產権研究Ⅰ(1990年・東京布井出版)

执笔者姓名,《知识产权研究》Ⅱ = 中山信弘編・知的財產権研究Ⅱ(1991年・東京布井出版)

执笔者姓名,《注解专利》(初版)= 中山信弘編・注解特許法(初版・1983年・青林書院新社)

执笔者姓名,《注解专利》(第2版)= 中山信弘編・注解特許法(第2版・1989年・青林書院)

执笔者姓名,《注释专利》= 紋谷暢男編・注釈特許法(1986年・有斐閣)

特管判 = 特許管理別冊判例集

执笔者姓名,《专利百选》(初版)= 特許判例百選(初版・1966年・有斐閣)

执笔者姓名,《专利百选》(第2版)= 特許判例百選(第2版・1985年・有斐閣)

丰崎,《工业所有权法》= 豐崎光衛・工業所有権法(新版増補・1980年・有斐閣)

判工所＝判例工業所有権法（第一法規）

判特实＝判例特許・実用新案法（新日本法規）

《百年史》(下)＝特許庁編・工業所有権制度百年史（下巻）(1985年・発明協会)

平井,《债权各论Ⅱ》＝平井宜雄・債権各論Ⅱ 不法行為（1992年・弘文堂）

平井,《损害赔偿法的理论》＝平井宜雄・損害賠償法の理論（1971年・東京大学出版社）

前田,《侵权行为法》＝前田達明・民法$Ⅵ_2$不法行為法（1980年・青林書院新社）

增井、田村,《专利判例》＝増井和夫＝田村善之・特許判例ガイド（第2版・2000年・有斐閣）

执笔者姓名,《马濑古稀》＝判例特許侵害法〔馬瀬文夫先生古稀記念〕(1983年・発明協会)

三宅,《专利诉讼杂感》＝三宅正雄・特許訴訟雑感（改訂版・1976年・富山房）

森岛,《侵权行为法》＝森島昭夫・不法行為法講義（1987年・有斐閣）

山田,《现代不当得利法》＝山田幸二・現代不当利得法の研究（1989年・創文社）

我妻,《侵权行为》＝我妻栄・事務管理・不当利得・不法行為（1937年・日本評論社／復刻版・1988年・日本評論社）

我妻,《民法讲义》, V_4＝我妻栄・債権各論下巻1（民法講義V_4・1972年・岩波書店）

德国

Batsch, VERMÖGENSVERSCHIEBUNG=Karl Ludwig Batsch, VERMÖGENSVERSCHIEBUNG UND BEREICHERUNGSHERAUSGABE, Marburg 1968.

Benkard, Patentgesetz=Georg Benkard, Patentgesetz Gebrauchsmustergesetz, 8.Aufl., München 1988.

Bernhardt/KraBer, LEHRBUCH= Wolfganf Bernhardt/Rudolf Kraßer, LEHRBUCH DES PATENTRECHTS, 4. Aufl., München 1986.

Busse, Patentgesetz= Rudolf Busse, Patentgesetz und Gebrauchsmustergesetz, 4. Aufl.,Berlin · New York 1972.

Fischer,Schadenberechnung=Theo Fischer, Schadenberechnung im gewerblichen Rechtsschutz Urheberrecht und unlauteren Wettweberb, Basel 1961.

Haines, BEREICHERUNGSANSPRÜCHE=Hartmut Haines, BEREICHERUNGSANSPRÜCHE BEI WARENZEICHENVERLETZUNGEN UND UNLAUTEREM WETTBEWERB, Köln · Berlin · Bonn · München 1970.

Jakobs,Eingriffserwerb=Horst Heinrich Jakobs, Eingriffserwerb und Vermögensverschiebung in der Lehre von der ungerechtfertigten Bereicherung, Bonn 1964.

Klauer-Möhring, Patentrechtskommentar=Klauer-Möhring, Patentrechtskommentar, 3. Aufl., München 1971.

Lutz, SCHADENSBERECHNUNG=Liane Lutz, DIE ERWEITERTE SCHADENSBERECHNUNG, Diss. Tübingen 1974.

Reimer, PATENTGESETZ=Eduard Reimer, PATENTGESETZ

UND GEBRAUCHSMUSTERGESETZ, 3. Aufl., Köln · Berlin · Bonn · München 1968.

Wilburg, ungerechtfertigte Bereicherung=Walter Wilburg, Die Lehre von der ungerechtfertigte Bereicherung, Graz 1934.

美国

CHISUM, PATENTS= DONALD S. CHISUM, PATENTS（1990）.

第 1 部分

知识产权与损害赔偿

序 章

序 2

在日本专利侵权案件的判决中，确定损害赔偿金额的方法大致可以分为三种。第一种方法是根据《民法》第 709 条，将权利人的逸失利润作为损害赔偿金额；第二种方法是根据《专利法》第 102 条第 1 款的推定规定，将侵权人所获利润的额度作为损害赔偿金额；第三种方法是根据《专利法》第 102 条第 2 款，将相当的许可费作为损害赔偿金额。本章将按照顺序讨论具体的判例，并对学说予以概览[①]。

注 释

① 本章写作过程中，采用了如下方法：以染野义信和兼子一共同编著的《判例工业所有权法》(《第一法规》，1954—1990 年）和无形财产法研究会编著的《判例特许 · 实用新型法》(《新日本法规》，1980 年—）为基础，对其进行适当补充，除此以外还网罗了公开刊载的判例。这些判例中还包含实用新型专利权、外观设计专利权，由于实用新型专利权、外观设计专利权与发明专利权同为与知识创作物相关的工业所有权，因此未进行特别区分。

第1节 《民法》第709条

1. 基于《民法》第709条来计算如若未发生侵权行为则权利人应该获得的利润，即逸失利润，这样的判决在专利侵权案件中不在少数。

虽说是逸失利润，但现实裁判中几乎都是因为销量减少带来的逸失利润。这一损害赔偿金额可以通过如下方式进行计算：权利人每单位产品的利润乘以由于侵权而导致权利人减少的销量。此外，如果侵权产品与专利产品在销售市场上发生竞争，导致专利权人不得已降价，在这种情况下，也可以将没能维持假设不存在侵权行为时当然能够维持的销售价格所造成的这部分损失作为销量减少所导致的逸失利润的一种进行赔偿（冈山地判昭和60·5·29判タ567号第329页“叶烟悬吊器”案）。再者，侵
3 权人实施的产品由于劣质可能损毁专利产品的信用，虽然这种情况也会影响专利产品的销量，但是几乎没有判决支持对专利侵权行为导致的信用毁损要求损害赔偿的请求[1]。

除包含由于销量减少而带来的损失外，逸失利润还包括若未发生侵权行为的情况下专利权人应该收取而未能收取的许可费的减少部分。在实际裁判中，几乎所有案件都是许可了第三人独占许可的专利权人请求赔偿应从独占实施人处收取的逸失许可费（东京地判昭和38·9·14下民集14卷9号第1778页“输送装置”案，东京地判昭和43·9·4判タ229号第242页“尼龙绳制造方法”案）。原本，未能收取的许可费不应该仅限于从独占实施人处收取的费用，但是现行法律已明示，不受理这种情况以外的

请求。但是，在根据《专利法》第102条第2款认定应该赔偿的相当的许可费的判决中，已发现了逸失许可费的问题，这点将会在下一节详细阐述。

2. 为获得逸失利润的赔偿，权利人必须证明如果不存在侵权行为自己所能获得的利润。但是一般来说，在专利侵权案件中，证明因果关系是很困难的，因此也可以说，想要获得逸失利润赔偿是很困难的。确实，很容易想象，认定因果关系存在非常高的门槛。接下来要介绍的一系列具体判决能够实际验证这一推测，如果进一步详细讨论，还可以表明，下文将阐述的法院全有或全无的思维方式，会使证明因果关系成立要件的难度超出必要的程度。

首先，在权利人自身未实施专利技术的情况下，逸失利润是不被认可的（东京地判昭和46·6·14判タ266号第220页“食品切割器”案）。

其次，即使权利人实施了专利技术，仅凭这个事实就直接认定损害赔偿的例子也很少见［东京地判昭和52·3·14无体集9卷1号第251页“煤气点火器”案，东京地判昭和63·4·22判时1274号第117页“风力推进装置”案（被告侵权人缺席审判）等］[②]。大体上，由于难以论证与被告侵权人之间的因果关系，这一要件成立与否就成了争论点所在。在侵权行为开始后，专利产品的销量就开始减少，由此认定因果关系成立，这样的判决也不是没有（东京地判昭和39·12·19判タ173号第181页“磁传送带”案）。但是，根据这种程度的事实而认定因果关系成立的判决毕竟是少数。在通常的裁判中，如果没有发生侵权行为，对侵权产品的需求是否会转向权利人，这一点也是有待斟酌的。 4

例如，在东京高判昭和42·11·9判タ215号第180页“过滤机”案中，法院推定，如果不存在侵权产品，购买了侵权产品的消费者就会购买权利人的专利产品，由此认定因果关系成立。还有，在侵权产品流入专权利人的销售渠道的情况下，也认定因果关系成立（大阪地判昭和47·3·31判タ278号第386页“船舶用幅木”案[③]）。此外，还有如下判决，在销售地域与交易地重合的情况下，很简单地便认定因果关系成立（名古屋地判昭和58·3·18判タ514号第291页“击打练习用球的自动回收和供给装置”案，东京地判昭和38·9·21判タ154号第138页“卡片容器文件袋”案）。

但是，这样直接就能认定具体顾客意向的案件实属罕见。在多数情况下，要根据专利权人的专利产品在市场上所占据的地位来推定对侵权产品的需求是否会转向专利产品。例如，实施产品较为优质（东京地判昭和39·11·14下民集15卷11号第2702页“管子焚烧修理器”案），或者侵权产品酷似专利产品，从用途上看其他装置难以取代（前述东京地判“输送装置”案；松尾和子，《法律家》，第359号），在这些情况下因果关系能够成立。而在“传送带质地”专利侵权案的判决中，除权利人的实施产品和侵权人的侵权产品外，市场上现有的衬布在用途和等级上都与实施产品不同，不具有可替代性，以此为由认定因果关系能够成立（大阪地判昭和63·3·17判タ679号第257页“传送带质地”案）。

原来如此，如果专利产品的技术效果明显，其他产品无法替代的情况下，考虑到侵权产品的需求者以专利发明的实施产品作为购买动机，认定如果没有侵权产品需求者就会购买专利产品，则较为妥当。另外，在专利产品处于销售高峰期时，如果发生了侵权行为，也很容易认定具有因果关系（东京地判昭和38·10·3判タ155号第205页“冰风梨”案）。此外，即使不发生侵权行为需求会转向权利人的产品，但如果权利人并不具备相应的增产能力，则也不能认定，如果不发生侵权行为权利人就可获取相应的利润，因此不具有因果关系（参照“冰凤梨”案——但是，如果具备了增产能力，就会认定具有因果关系）。

与这些判决相反，如果存在不实施专利发明也能产生同样的作用效果的产品（东京地判昭和40·8·31判タ185号第209页“凸轮装置”案）等，或者市场上除专利产品和侵权产品以外还存在其他竞合产品，在这些情况下因果关系不成立（东京地判昭和38·9·21判タ152号第177页“乙烯树脂罐”案，大阪地判昭和59·12·20无体集16卷3号第803页“头梳”案二审，大阪地判昭和62·8·26特管判1988Ⅱ第179页“砂浆注入器”案）。例如，在下面的案件中，被侵权的实用新型产品的特征在于，通过食品收纳容器的一触式的盖体进行开关，以及能够在微波炉中使用。法院认为，普通消费者很难在四五十家厂家销售的多种食品收纳容器中特别注意到本案实用新型产品的特征进而购买，由此判定，即使市场上只有权利人和侵权人制造的产品，也不能肯定，如果不发生侵权行为，权利人必然能够制造、销售与侵权制品的销量相同的产品，因此不支持权利人对逸失利润的损害赔偿请求（大阪地判昭和62·9·30特管判1988Ⅱ第268页“食品收纳容器”案）。还有案件判定，只要不能断定不存在竞合产品，就可以否定因果关系（东京地判昭和47·6·26判タ282号第267页“电子印章”案[4]）。再者，考虑到一些事实，例如，与权利人的产品相比，侵权人的产品价格更为低廉（前述东京地判“凸轮装置”案中，考虑到侵权人的顾客多半为重视初创成本的中小企业），或者与权利人的产品相比，侵权人的产品质量更为优质（前述大阪地判“砂浆注入器”案）等情况中，法院倾向向能够得出否定因果关系的结论方向考虑。除此以外，如果在销售侵权产品的市场上，权利人的产品是后来出现的，在这种情况下，甚至会考虑到权利人夺取了侵权人开拓的市场，法院也会往否定因果关系的方向考虑（前述东京地判“乙烯树脂罐”案）。

确实，在市场上存在其他竞合产品的情况下，即使不存在侵权行为，也不会认定对侵权产品的需求就一定会转向专利权人的产品。另外，专利发明实施部分以外的特征——例如价格——成为购买侵权人产品的动机时，即使侵权产品不包含专利的实施部分，需求者也可能会购买侵权产品。因此，不能认定专利权人一定会销售出与侵权产品数量相同的产品。

但是，在这些情况下，对侵权产品的需求中至少有一部分可能会转向权利人的产品，这个问题也不应该被疏于考虑。然而，前面介绍过的各个判决却仅仅凭借权利人不能售出与侵权
6 产品数量相同的产品这一事实，就直接做出了全额否定逸失利润的结论。

从当前法院的处理看，如果想要获得对逸失利润的赔偿，权利人被苛以证明侵权产品的需求会全部转向专利产品的举证责任，而成功证明这个要件的难度是非常大的。如果无法满足这一要件，权利人就很难获得对逸失利润的赔偿。这种处理做法的真实原因或许是，法院也难以认定，在不发生侵权行为的情况下，对侵权产品的需求在多大程度上会转向权利人，因此只好认为不具有因果关系。对此，有判决直言道（上述东京地判“凸轮装置”案，上述东京地判“电子印章”案），即使无法确定出一个准确的数目，法官至少应该形成一个不会低于某一程度的心证（例如，虽然不能确定是五成或六成，但至少不会低于三成等），并在这个限度范围内证明具有因果关系[5]。在此，我们应该记住，

证明因果关系较为困难，权利人很难获得对逸失利润的赔偿，另外法官全有或全无的思维方式使得证明要件的难度变得更高。

注 释

① 但是，大阪地判昭和59・12・20无体集16卷3号第803页“头梳”案二审中，侵权人无视权利人的警告，故意持续进行侵权行为，权利人为诉讼迫不得已支付了诉讼费和律师费等费用。判决指出，虽然谈不上原告的信用被毁损，但认定被告的侵权行为致使原告蒙受了上述对销售利润带来损害的补偿所不能偿还的无形损害是恰当的。最终，法院认定被告应赔偿原告100万日元。上诉审（大阪高判昭和61・6・20无体集18卷2号第210页）也维持了原判。

② 此外，相对容易认定逸失利润的判决有水户地判昭和48・2・22判タ295号第366页“纳豆包装苞”案。但是，该判决指出，如果侵权人获得权利人的承诺，使用了抵触实用新型的实施产品，权利人应该获得的利润就是损害赔偿金额，同时该判决还计算了如果权利人将产品销售给侵权人可以获取的逸失利润金额。必须留意的是，和通常的案例不同，这里的侵权人是实施产品的需求者。此外，从判决理由看，原本抵触实用新型专利权的实施产品的使用许可费就应该是逸失利润。

③ 在侵权行为发生以前，原本是权利人的特许销售店在侵权行为发生以后购入侵权人生产的侵权产品再销售给造船公司。法院认定，如果侵权人未实施侵权行为，造船公司则会从特许销售店购入权利人的产品。 7

④ 本判决提到，本案很难断定，在市场上除原被告双方的产品外是否还存在与其相似的产品，因此无法认定因果关系。假设还存在其他侵权人的侵权产品，则侵权产品越是流通，个别侵权行为与逸失利润之间的因果关系就越是不容易被认定。这种论证方法，与仅通过侵权人制造销售多个产品这一事实就否定与个别产品的因果关系并无不同之处。但是，在后面同一侵权人的案例中，对于全部产品来说不存在侵权行为，以此来判断因果关系应该是没有异议的。如果是这样，对于其他侵权人也应该进行同样的处理。

⑤ 古城春实,「特許・実用新案侵害訴訟における損害賠償の算定（2）」,『発明』, 86卷2号，1989年，第45頁。在著作权侵权案件中，侵权作品件数的大约一半是如果不存在侵权行为权利人可以获得的件数，参考大判昭和7・5・27民集11卷第1069页“呜呼玉杯”案。顺便提及，这并不是在提倡，在证明因果关系时要根据心证来确定损害赔偿额的比例。其理由是，不是将各个需求因果关系的心证程度作为问题，而是就原本大量存在且可分的总体需求，按照何种比例认定因果关系。这也不是说，在讨论是否具备因果关系时就不需要考虑心证程度。

第 2 节 《专利法》第 102 条第 1 款

第 1 款　审判实务

1. 接下来要讨论的是有关《专利法》第102条第1款的判例。《专利法》第 102 条第 1 款是一个推定条款，因此可以预设一个攻防过程来思考，即如果专利权人对侵权人所获的利润金额进行了举证，就可以适用这一款的推定。接下来，侵权人一方尝试举证实际损害金额少于权利人举证的金额，如果能够举证成功，差额部分就可以免于推定。但是，在调查了的公开判决的范围内，并没有发现这种攻防过程成为裁判争议点的实际案例。这种事态没有发生的直接原因在于法院的处理方法，即使权利人证明了侵权人获取的利润金额，权利人也必须从零开始证明自己的损害金额，否则就无法适用第 1 款的推定。反过来，在本应适用第 1 款推定的范围内，也不会轻易认可侵权人举证的免于推定的部分。

8 2. 首先，在明确认定专利权人自身未实施专利发明的情况下，法院完全不会适用第 102 条第 1 款的推定条款。

在先判决可以追溯东京地判昭和 37・9・22 判タ 136 号第 116 页“二连珠玩具”案（齐藤博，《特许百选》，第 2 版）。在该案件中，请求损害赔偿的实用新型专利权人自身并未实施其实用新型专利，因此东京地方法院指出，在这种情况下，即使被告由于侵犯原告的实用新型专利权获取了收益，也不能直接将该收益认定为原告的损害金额，因此不适用第 1 款。此外，如大阪地判昭和 55・6・17 无体集 12 卷 1 号第 242 页“表札”

案、大阪地判昭和 56・3・27 特管判 1982 Ⅱ第 62 页“清纱器”案等阐述了同样判旨的判决不在少数（大阪地判昭和 59・5・31 判タ 536 号第 382 页“G 图柄”案，东京地判平成 2・2・9 判タ 725 号第 213 页“杜邦Ⅱ”案。参见大阪地判昭和 54・2・28 无体集 11 卷 1 号第 92 页“人工植发用植发器一审”案[1]）[2]。另一方面，虽然以上判决都判定应该根据该条第 2 款的相当的许可费进行赔偿，但不能理解为，如果侵权人可以举证第 2 款规定的损害额比侵权人所获利润金额少，就要推翻推定条款的适用。但可以理解为，如果权利人未实施其专利权，就完全无法适用第 1 款的推定。

那么，是什么原因使得这些案件完全无法适用第 1 款的推定条款呢？“表札”案判决是以未发生消极损害（= 逸失利润）为论据的。但是，即使权利人未实施专利技术，也应考虑许可费收入的减少部分和第 2 款的损害部分，而本案的判决理由恰恰存在这方面的不足（齐藤博，同上书，第 203 页）。在这一点上，“清纱器”案判决将第 1 款被推定的损害金额处理成由于销量减少导致的逸失利润金额，具体理由如下。第 1 款的损害是指权利人实际丧失的与侵权人因侵权行为所获得的同种又同质的利润。换言之，第 1 款的损害也可理解为，权利人当前正实施其专利技术且获利时与财产上的逸失利润相当的损害。另外，原本就未实施专利技术的专利权人却获得了高于许可他人使用可以获得的许可费收益，这种想法有违一般的经验法则，是不恰当的。要言之，侵权人所获利润的金额与第 2 款中的损害金额不同种也不同质，这成为了以上判决处理损害赔偿的前提。

与之相反，在审判实务中，只要权利人实施了发明专利技 9
术，就很少有判决会推翻第 1 款的推定适用。而且，还会将侵权人通过制造、销售行为所获利润的全额作为损害赔偿金额。从调查了的公开判决看，除后面的若干案例外，大部分案件都属于这种类型[③]。在专利侵权案件中，一旦适用了推定条款，全额被推翻的案件自不待言，就连一部分损害赔偿金额被推翻而导致损害赔偿额降低的案件也不多见。

接下来要介绍的案件可以很好地印证这一趋势。该案判决没有支持因销量减少导致逸失利润金额降低的请求，但却支持了根据推定条款将侵权人所获利润金额作为损害赔偿额的请求。在大阪地判昭和 62・8・26 特管判 1988 Ⅱ 第 179 页“砂浆注入器”案中，外观设计专利权人请求将每单位产品的利润乘以侵权人的产品销售总数后得出的金额作为由于销量减少导致的逸失利润金额。判决认定，侵权人的产品在性能上更胜一筹，市场上除权利人和侵权人的产品以外还存在同类产品，作出“即使被告公司没有制造、销售侵权产品，也不能断定原告就能制造和销售相同数量的产品，更不能确定被告公司制造、销售被疑侵权产品在多大程度上降低了原告产品的销量”的判断，因此没有支持原告请求的逸失利润金额。但是，另一方面，判决又将侵权人制造销售被疑侵权产品所获利润的全额推定为原告蒙受的损害金额（《外观设计法》，第 39 条第 1 款），并支持了相同数额的赔偿。虽然法院认为，即使没有发生被告的侵权行为，原告也不一定能售出被告销售数量的产品，但是判决没有完全推翻侵权人所获利润的推定，这种处理也是值得注意的[④]。

一旦适用推定条款，便很难推翻。可以说，第 1 款的处理几乎被视为定式化的。在专利权人未实施其专利技术的情况下，不适用第 1 款的规定，根据前面的这种处理，推定领域被限定为即便不允许推定的一部分被推翻也并非不可容忍。正因为如此，才可能说这种视为定式化的处理方式是可行的。但是，也可以反过来分析，正因为推翻推定的过程没有被阐明，才不得不作定式化的处理，其结果是，适用范围被限定在“视同”（みなし）金额不会过大的案件中。暂且不论哪一种评价能够胜出，通过这种要么全部推定要么全部否定的全有或全无的方式来处理问题的结果 10
是，解决方式缺少灵活性，适用领域本可以更宽的推定规定无法发挥功能，这俨然已成事实。

在此要关注的是，专利的实施部分仅是被告产品的一部分，或者多个专利发明组合成最终产品，这类案件应该如何适用第102条第1款。在这种情况下，即使专利权人实施了专利技术，考虑将侵权人所获利润的金额作为逸失利润额并不自然，这种情况其实并不少见。最近，在所谓处于夹缝的领域内，出现了不同于全有或全无这种僵硬姿态的新的处理方式。

尽管被侵害权利的实施部分不过是侵权人产品的一部分的情况成了争议点，但也有判决明确说明，应该维持全额利润的推定［东京地判昭和52·3·30无体集9卷1号第300页“焊接用熔剂”案（畑郁夫，《马濑古稀》），大阪高判昭和57·9·16无体集14卷3号第571页“锯用背金”案］。但是，另一方面，大阪地判昭和43·6·19判タ223号第200页“自动犬牙式锁边缝纫机变速器”案又指出，在侵权产品由多个实用新型专利权的实施品组成的情况下，对其中一件实用新型专利权请求损害赔偿时，应根据各个实用新型专利权的贡献度，将按份计算得到的金额作为各实用新型专利权人所应获得的利润。还有，关于《商标法》第38条第1款，应将侵权人的销售策略、商品品质、价格以及其他对获利贡献的因素带来的收益，从推定的销售侵权产品获得的利润当中扣除，同时以一定百分比为限度来维持推定，进而肯定损害赔偿，这样的判决也频繁出现（大阪高判昭和56・2・19无体集13卷1号第71页“天井材”案，东京地判昭和57・10・22无体集14卷3号第732页“制糖茶”案）[⑤]。最近，大阪高判昭和61・3・26判工所2535ノ第279页“柱上安全带尾钥匙”案判决明确指出，即使是《专利法》第102条第1款，在侵权人生产销售产品的一部分是被侵犯专利权的实施部分时，侵权人由于侵权行为所获的利润应该仅限于实施品所作出的贡献，允许以专利贡献为限度进行推定。

进一步推进侵权人所获利润的一部分而非全部这种弹性的解
11 决方法，或许可以成为解决权利人在未实施其专利技术情况下计算损害金额的新思路。如后面所述，这种利润分配的思考方式，与权利人未实施其专利技术时也可以认定损害的许可费计算如出一辙。

当然，这些判决是在第1款的“侵权获利”与否的要件中处理上述问题，并没有明示要通过对实际损害进行举证来推翻推定的攻防过程。而且，例如“自动犬牙式锁边缝纫机变速器”案，其判决要求权利人对贡献度负有举证责任。但是，无论如何，为明确“贡献度”的计算基准，从原理上进行根本的理解是不可欠缺的，今后的动向值得关注。（详请参见第1部分第4章第2节第2款第2项）[⑥]。

3. 归根结底，现有审判实务的处理方式只是根据与逸失利润之间的关系来确定是否适用第1款的推定条款。我们可以尝试转变思路来思考这个问题，即第1款是否可能以其他的损害概念作为赔偿的前提呢？的确，如果把损害的概念作为一般的法律问题进行界定，作为解决方案，其所涉及的问题太多，很难得出一个能够成为审判规范的稳定概念。但幸运的是，我国《专利法》中存在第102条这样一条特别规定。特别是，在该条文中，损害额的含义并不相同，这一点的确也存在不自然之处，因此应该再次检讨第 1 款应该推定的损害额和第 2 款中的损害额之间的关系。二者果真是既不同种也不同质吗？根据前者推定后者真的不合理吗？有关这些问题，我们会在后面再次触及。

4. 在能够认定权利人未实施其专利产品时，在审判实务中一般不会适用第 1 款，这一点已经很明确了。那么，如果权利人未实施其专利产品这一事实并不明确，关于是否适用第 1 款的规定这一点最后进行一点补充说明。具体来说，问题是，为适用第 1 款的规定，权利人是否必须对于自己实施了专利技术进行主张并举证，还是在侵权人刚一主张并举证权利人未实施其专利技术时就完全推翻第 1 款的推定。在专利领域，多数说认为，第 102 条第 1 款是对损害额进行推定的条款，但没有推定损害的发生，因此只要权利人不主张损害的发生并不对其进行举证，就不能适用第 1 款的推定。法院也认同了这一立场，即只要权利人不主张损害的发生并不对其进行主张举证，就不适用第 1 款的推定。但在 12
实际审判中，也存在采取了相反态度的裁判例。

例如，东京地判昭和 37・11・28 判タ 139 号第 129 页“卷发用染发剂”案的判决指出，无法认定作为个人的实用新型专利权人是否实施了专利技术，也没有证据可以推翻将侵权人的获利金额推定为权利人的损害额，因此将侵权人所获利润推定为权利人的损害额。东京地判昭和 39・9・29 判タ 168 号第 149 页“无臭防虫便所装置”案也作出了与上述“卷发用染发剂”案相同的判断。即便是在已确立了权利人未实施其专利技术的情况不能适用第 1 款的法律条款后，大阪地判昭和 58・7・29 特管判 1984Ⅱ第 329 页“磁治疗器”案在旁论中还是提及，权利人未实施其专利技术的事实可以成为推翻推定的理由。

对此，多数说是以与《商标法》第38条第1款相关的东京地判昭和53·3·27无体集10卷1号第71页“金切铗”案为依据的。本案中，在侵权期间，原告未使用其注册商标，当事人在这一点上并无争议，因此作出不适用上述规定的决定。此后又指出，为适用上述规定，原告需要以营业为目的使用注册商标，并要对因侵权人对商标权的侵权行为在营业上蒙受了损害进行主张举证。但具体而言，判决认定原告未使用商标权因此不能适用上述规定，严谨地说，这部分理论也只不过是旁论而已。不是在旁论部分作出判断的有名古屋地判昭和55·4·25判时992号第93页“天井材”案。该案判决认定，原告和被告的商品之间几乎不构成混同，很难认定被告在营业上蒙受了损害，因此不适用《商标法》第38条第1款。此外，长野地判昭和61·6·26无体集18卷第2号第239页“酱油汤”案中，关于是否适用《商标法》第38条第1款的处理也是一样的，在此基础上，推定商标权人和侵权人商品销售的地域不同进而未产生混同，结论是不适用第38条第1款的规定。但是，上诉审中名古屋高等法院推翻了一审判决。高等法院未提及一审中的抽象论，而是作出如下判断：一审原告在指定商品上正在使用商标而遭受了侵害，但不能确定一审被告与原告产品之间没有产生混同，因此应推定，上述侵权行为使一审原告遭受了营业上的损失，根据《商标法》第38条第1款的规定，推定一审原告的损害额为与一审被告使用
13 本案标识所获利润相当的金额[7]。

最终，相关判决全部都是下级审。其中，有些判决是在权利人未主张自己实施的事实并对其进行举证的阶段就适用了第1款的推定。另一方面，与多数说采取相同立场的判决也仅仅是限于标识法范畴的商标法的案例，而且其中还包括只是在旁论部分阐

述或者在上诉审被推翻的案件。这样来看，还不能说判例的趋势已经明朗。以与商标相关的两三个案例来代表大多数判决的立场未免有些牵强（此外，参照注释①）。

注 释

① 容易造成误解的是，无论是在与具体事实的关系上，还是在说明中，这些判决都只是判定在权利人不实施其发明技术时无法适用第 102 条第 1 款，但不能表明，如果权利人不对自己的实施行为进行主张举证就不能适用该条款。换言之，在无法判断专利权人是否实施时，对于能否适用《专利法》第 102 条第 1 款，还未作出任何解答。松本重敏，『注解特許（上）』（初版），第 703 頁；古城春実，「特許・実用新案侵害訴訟における損害賠償の算定（4）」，『発明』，86 卷 4 号，1989 年，第 50 頁。同时参照前述大阪地判“清纱器”案判决书。

② 但是，与《著作权法》第 114 条相关的案件，如东京地判昭和 59・8・31 无体集 16 卷 2 号第 547 页“藤田画伯绘画复制”案（浅野晋、出井直樹，『知的財産権研究 I』）中，侵权人将著作权人的绘画复制到了美术全集中。法院表示了如下立场，即虽然著作权人未出版、销售著作物，但并不妨碍第 1 款的适用，最终适用了推定条款。但是，考虑到其他画家的绘画作品也被刊登的事实，最后认定，将在全集的总销售额上乘以被侵权的绘画被登载出来做出的贡献度（5%）后得出的数额作为损害赔偿金额。

③ 东京地判昭和 38・12・25 判タ 156 号第 218 页“硅酸钙保温材料制造方法”案，东京地判昭和 39・2・15 判タ 157 号第 173 页“型板紧固工具”案，东京地判昭和 42・9・13 判タ 216 号第 263 页“即食汉堡”案，大阪地判昭和 43・5・20 判タ 225 号第 209 页“混凝土搅拌机”案，东京地判昭和 43・7・24 判タ 229 号第 231 页“加速式粉碎机”案，东京地判昭和 48・5・25 无体集 5 卷 1 号第 128 页“自动两轮车”案，奈良地判昭和 49・3・31 判特实 600 ノ第 1 页“伸缩性单面编制材”案，东京地判昭和 52・3・30 特管判 1978 Ⅰ第 187 页“血液用氧气附加装置”案，大阪地判昭和 54・11・14 特管判 1980 Ⅱ第 712 页“自动后门开关装置操作传送结构”案，东京地判昭和 55・3・24 特管判 1981 Ⅰ第 114 页“半自动捆包机一审”案，大阪地判昭和 55・7・25 特管判 1981 Ⅱ第 185 页“巢挂等”案，大阪地判昭和 57・3・30 特管判 1983 Ⅱ第 77 页“淀粉面制造法”案，大阪地判昭和 58・12・9 判タ 514 号第 295 页“雪球”案，东京高判昭和 59・6・21 判工所 2183 ノ第 97 页“半自动捆包二审”案，冈山地判昭和 60・5・29 14

判タ567号第329页“叶烟悬吊器”案，京都地判昭和61・10・9判工所2305ノ139第25页“拔染剂化合物”案，大阪地判昭和62・8・26特管判1988Ⅱ第179页“砂浆注入器”案，上述东京地判“杜邦Ⅱ”案。

④ 此外，关于是否应该类推第1款也还没有定论，大阪地判昭和59・12・20无体集16卷3号第803页“头梳”案判决指出，关于外观设计专利权独占实施人的损害赔偿请求，虽然否定了逸失利润，但是完全独占实施人处于垄断地位，侵权人所获利润是与侵权行为具有因果关系的损害，因此支持这一额度的赔偿请求。这也是很有趣的解释。

⑤ 但是，大阪地判昭和54・11・28特管判1980Ⅱ第718页“清洁刷”案（参见：渋谷達紀，『特許管理』，31卷4号）考虑到这些因素后却做出了推翻全部推定的判断。

⑥ 此外，有关《专利法》第102条第1款中所述“利润”的含义也是值得斟酌的，请参照第1部分第4章第2节第2款第1项。

⑦ 判决中同时论述道，扣除由于侵权人的商品品质、价格、技术、外观设计、销售策略和信用等所获的金额后，认定侵权人销售额的20%作为损害赔偿额。

第2款　学说

1. 包括后面将要介绍的少数说在内，学说上一致将《专利法》第102条第1款理解为减轻权利人举证责任的规定。根据这种理解，在专利权受到侵害的情况下，很难证明侵权行为与逸失利润之间的因果关系，因此，让权利人对侵权人所获利润进行举证要比对自己遭受的损害进行举证容易（《逐条解说》，第216页；织田，《新专利法详解》，第368页）。《专利法》第102条第1款在专利权人证明了侵权人所获利润的金额的情况下，推定该金额为损害额，无需证明因果关系，旨在对于专利权人提供救济（丰崎，《工业所有权法》，第237页）。

但是，另一方面，专利法领域的多数说认为，《专利法》第102条第1款是关于《民法》第709条的损害赔偿请求权，仅限于对损害额进行的推定，并未推定损害的发生。因此，为了适用

第102条第1款的推定，只证明侵权人所获利润的金额是不够的，还必须证明损害的发生［吉原省三,《专利侵权损害赔偿请求诉讼中的要件事实》,《石黑追悼》，第186页；松本重敏,《注解专利》（上）（初版），第703页；设乐隆一,《实务大全9》，第330页；青柳玲子,《注解专利》（上）（第2版），第863页］。

2. 于是，多数说就变为，在维持第1款不需要证明因果关 15
系命题的同时，又对立地存在如果不证明损害的发生就不能适用第1款的命题。暂且不考虑为何要从第102条第1款中提出后一命题，单就此前的问题来看，原本多数说中列举的双方的命题中“损害的发生”的含义本身就存在矛盾。作为第1款推定的损害，在多数说中不存在争议的逸失利润作为适用第1款推定的损害的例子。逸失利润是指如果不存在侵权行为权利人可以获得的利润，因此侵权行为与逸失利润之间必须存在因果关系。多数说认为，第1款的趣旨不需要证明因果关系的要件，另一方面，为适用第1款又必须要证明发生了损害。除因果关系外，到底用什么证据来证明究竟是否发生了损害呢？

在多数说中，有文献记载，作为表示“损害的发生”的事实，权利人需要进行如下证明，即自己实施了专利发明，并且自己的产品与侵权人的产品发生竞合而导致了现实营业中的损害，才能适用《专利法》第102条第1款（青柳，同上书，第863、866页）。如果按字面意思来理解，就会产生如下疑问，即证明“损害的发生”与证明因果关系之间有何不同呢？根据“竞合”与“现实中营业上的损害”的含义，与因果关系的意思应该完全相同吧。实际上，在上述名古屋地判“天井材”案中，法院进行了如下处理。为适用第1款的规定，权利人只需主张举证与证明因果关系一样的事实即可（参见第1款4）。如此一来，必须在对难以证明因果关系进行救济以外的地方来寻求第 1 款的立法趣旨。但是，对于证明了上述事实的权利人来说，还有什么是必须要证明的呢？从使用了“损害的发生”这一用语之处看，恐怕还需要考虑如下情况，即证明了因果关系并且明确了丧失销售机会的产品数量，但金额还没有被证明。于是，权利人为了证明逸失利润金额，还剩下如下工作要完成：证明在丧失销售机会的商品数量上乘以权利人产品的每单位的利润额所得出的金额，才
16 能获得适用第 1 款的选项。但是，为了适用第 1 款，还需要证明侵权人所获利润的金额。只要数量不是特别大，证明自己所获利润的金额一方应该是比较容易的（参见：三宅，《专利诉讼杂感》，第 15 页）。这样一来，对于权利人来说，与适用第 1 款相比，证明逸失利润金额反而更加简单。总的来说，如果上述“损害的发生”是适用《专利法》第 102 条第 1 款的要件，那么便可以得出如下结论，即为适用《专利法》第 102 条第 1 款要进行的举证比根据《民法》第 709 条请求逸失利润赔偿还要困难。不得不说，《专利法》第 102 条第 1 款并非是减轻权利人举证责任的条款。权利人选择适用《专利法》第 102 条第 1 款仅限于两种情况：一是不想公开自己的经营状况；二是推测侵权方所获利润过大。第 1 款就变成了为这两种情况下的权利人而设定的条款。或者，上述文献可能对于“竞合”和“现实营业上的损害”有着更为模棱两可的考虑，无论如何，举证“损害的发生”和因果关系的区别是很暧昧的。如果相当多的部分是重复的，就会大大损害第 1 款的趣旨。因此，假设要求证明“损害的发生”，就必须要设定一个“刹车”（歯止め）。

实际上，在以“损害的发生”作为适用要件的多数说中，大多都认为应设定一个明确的“刹车”，以期减轻权利人在主张和

举证上的负担。例如，有学说谈到与上述文献同样的主张，为适用第 1 款的推定条款，权利人需要主张自己的实施品与侵权人的产品发生竞合，实际营业中发生了损害，并对其进行举证，在举证方面，只要侵权人与权利人进行同类经营，即可推定权利人遭受到了损害（吉原，同上书，第 186—187 页）。更进一步，还有学说认为，只要权利人能对自己实施其专利产品进行举证，就可以适用第 1 款，至于其他的事实关系，例如是否存在具有竞合关系的第三人、侵权人在经营上的努力程度等，都可以被理解为推定的推翻事由（松本，同上书，第 704—705 页）。事实上，支持后者的文献不少，或许将其称为多数说更为合适（筒井丰，《实务大全 9》，第 324—326 页；清永利亮:《实务大全 9》，第 351—352 页）。如果要对其进行评价，则可以总结为，虽然要求证明“损害的发生”，但对这一要件的证明要求并不严格，只要证明存在某种程度的“损害的发生”，就能够适用第 1 款，由此便可以在上述两个相反的命题之间找到一个妥协之处。但是， 17
即便如此，必须维持将“损害的发生”作为第 1 款的适用要件这一命题的必然性又在何处呢？

3. 接下来尝试窥见论据所在。在多数说中，《民法》第 709 条的适用要件可以被理解为由于故意或过失导致侵权行为发生。同时还分为三个要件，分别是:（1）损害的发生;（2）发生的损害与侵权行为之间存在因果关系;（3）损害额。而《专利法》第 102 条第 1 款只是对要件（2）和（3）进行推定的条款，不需要推定要件（1）（松本，同上书，第 703 页）。但是，退一百步讲，《民法》第 709 条被划分为三个要件，那么为何《专利法》第 102 条第 1 款只需要推定要件（2）和（3）呢？对其理由，并无定论。（参见：筒井，同上书，第 326 页）。第 102 条第 1 款推定损害额，这一要件是推定各要件的前提，这样理解起来更为自然。多数说可能是以文字上写的是推定“损害额”作为理由，但其自身想要推定的是文字上没有表现的要件（2）。

在探究理由之前，必须说明，上述说法对于作为其前提的《民法》第709条的理解存在错误之处。逸失利润的损害是一种如果不存在侵权行为权利人可获得的利润，这个损害是否发生，要取决于其与侵权行为之间的因果关系（正确来说，应该是事实上的因果关系[①]），在判断是否具有因果关系之前考虑“损害的发生”，这在理论上是存在破绽的。将“损害的发生”作为权利人应予以证明的事实，其被证明后适用第102条第1款而不需要证明因果关系，这种论证方法本身就存在矛盾之处，这样的例子已如前面所见，在理论上无法强制严格区分，因此只能作为一个必然的结论。

因此，不得不说，从《民法》第709条的要件论中无法推导出根据《专利法》第102条第1款不需要推定“损害的发生”的结论。

4. 这样，多数说不能在条文上或理论上作为必然的结论被推导得出。如果按照不需要证明因果关系的多数说所阐述的立法趣旨，反倒得出了相反的结论，即“损害的发生”不是第1款的前提要件，这种理解更为直接。相应地，既然主张“损害的发生”
18 是适用第1款的前提要件，那么多数说背后就需要拿出能使其具有正当化的实质性论据了吧。

关于这一点，采取了“‘损害的发生’需要权利人证明自己实施了专利技术”这一立场的文献中，是通过如下两段论来说明理由的。对于自己未实施其专利技术的权利人来说，不存在由于销量减少而导致的逸失利润，因此不能适用第1款对侵权人所获利润的推定（前段）。正因如此，如果不能证明自己实施了其专利技术，权利人也就不能适用第 1 款（后段）。

似乎存在一些误解，即前段和后段并不是相同的命题。在权利人未实施其专利技术的情况下，不适用第 1 款（前段命题），虽说如此，也不能直接推导出必须要证明权利人自己实施了其专利技术（后段命题）。例如，无论权利人是否实施了专利技术，暂且都先适用第 1 款。但是，在侵权人证明了权利人未实施的情况下，便要考虑不能适用第 1 款这一选项（与后段命题相反的命题）[2]。因此，即使采用了前段命题，即在权利人不实施其专利技术的情况下不适用第 1 款的推定，也只意味着在证明了不实施这一事实的阶段不适用第 1 款的推定条款。这一命题不能决定应该由权利人还是侵权人来承担事实证明责任这一后段命题。关于这个需要另行确认的问题，需要在前段命题上附加一些理由。

很少有文献明确说明这些理由，但也有人主张，既然将侵权人所获利润推定为权利人的损害额，那么就应该存在例如盖然性或经验法则之类的能够使推定正当化的合理性（筒井，同上书，第 325，328—329 页）。于是，根据这一见解，多数说的趣旨就变成了要求能够印证前面所述合理性程度的证明，权利人必须对遭受了某种程度的损害加以举证证明。

但是，究竟要在多大程度上进行主张举证，才能够认可其合理性呢？以多数说中作为第 1 款推定对象的逸失利润为例，即使权利人实施了专利技术，权利人的产品和侵权人的产品的销售地也可能不同。即使地域上重合，销售形式也可能不同。如果是面
向一般消费者的大量生产的产品，店铺网络、宣传能力等资本、 19
设备上的不同也会对销量产生影响。又或者，市场上可能还存在与专利产品不同的其他竞合产品。如果是订购产品或是面向特定

需求的产品，更不能无视权利人和侵权人的客户之间的差异性。即使满足了上述条件，也不能保证侵权人的利润和权利人的利润是一致的。这样看来，在一系列具体的案例中，很难找到一个质上的相差点，由此划定出一条线，便能够得出结论：只要证明到此就能够将侵权人的利润推定为损害额，否则就不能适用第102条第1款。这种对合理性的主张和举证正好和表明逸失利润因果关系的一系列事实相同，也正因为第1款原本在专利侵权的情况下证明因果关系就是极为困难的，因此为了对这种情况进行救济而设定了第1款。如果为了适用第102条第1款，权利人需要证明的合理性越来越高，那么第1款的趣旨就可能被弱化。最终，最可能认定“质的相差”的要么是权利人的产品与侵权人的产品实际上发生竞合并在实际的营业中发生损害，要么是如多数说中的主张，权利人自身未实施其专利技术。为了不使第1款的趣旨弱化，就变成了后者。虽然要求证明“损害的发生”这一要件，但只要证明权利人自己实施了专利技术即可，笔者推测这一学说大致经历了如上的思考历程。

但是，如果只需要证明这种程度的“合理性”，那么是不是就不需要强制要求证明“损害的发生”这一要件了？这些学说一方面要求证明在条文中没有明文规定并且在要件论中也有些困难的“损害的发生”，另一方面又将“损害的发生”剔除以迎合第1款的趣旨，这似乎是绕道而行。如果只是权利人是否实施了专利技术这种程度证明的事实，只要通过确认市场上是否出现了该产品就可以推定证实，对于侵权人来说证明起来也很容易，由侵权人或者权利人来承担举证责任并无大异。因此，即使对未实施专利技术的权利人适用了第1款，但只要侵权人可以证明权利人未实施，就能够推翻第1款的适用，这样理解也不存在太大差错。实际上，也有人主张将权利人未实施作为推定的推翻事由来处理［涉谷达纪,《专利管理》，第31卷4号，1981年，第396页；齐藤博,《专利百选》(第2版)，第203页］，这种主张在 20
逻辑上更加贯通。

5. 但是，原本最大的疑问在于，多数说是以权利人未实施其专利技术从而未发生损害为前提进行的讨论。那么，提到“损害的发生”时，为何要专门特别考虑销量减少带来的逸失利润来进行论证。即使是在将来也不实施自己的专利技术的情况下[3]，专利权人也可以预计通过许可他人实施自己的专利技术来收取专利许可费，这部分减少的许可费收入也应该被考虑进来。并且，多数说是将《专利法》第102条第2款中的“相当的许可费”法定为损害额，同时将该条款理解为拟制了“损害的发生”的规定(织田，同上书，第370页)，或者只要不作存在专有实施权人的抗辩，就处理为存在“损害的发生”的规定(吉原，同上书，第189页)，这样的观点并不少见。于是，即使在未实施专利技术的情况下，只要未进行抗辩，就至少发生了第102条第2款规定的“损害”，在逻辑上，是不应该没有发生损害的。原本这些观点在逻辑上的结论是，即使证明了未实施专利技术，依然可以触及第1款的推定。但是，如果侵权人可以证明第2款中的“相当的许可费”要比第1款推定的损害额低，那么就可以得出被证明的差额部分的推定应该被推翻的结论。

也有人这样评价，虽然多数说使用了“损害的发生”这样的措辞，但正确来说应该是，只有权利人主张和举证了某种程度的“销量减少导致逸失利润的发生”时，才能适用第1款的推定(此外，参见：齐藤，同上书，第203页，同《权利的救济与著作权法》；加藤一朗、水本浩编,《民法·信托法理论的展开》，载《四宫和夫先生古稀纪念论文集》，弘文堂，1986年，第327页）。而且，证明某种程度的“销量减少导致逸失利润的发生”的含义也只与证明了自己实施专利技术相同而已。

6. 这样来看，多数说的逻辑是非常脆弱的。《专利法》第102条第1款是对“损害”没有附加特别限定的规定。而多数说使其变形为仅推定“销量减少导致的逸失利润”的规定。如果使用“损害的发生”作为论据，即使是《民法》第709条也会存在疑问，而且也不是《专利法》第102条第1款条文上的结论。并且，多数说中真正的问题是，是否存在“销量减少导致的逸失利
21 润”。因此，“损害的发生”这种论法与将其作为手段进行说明的结论之间存在龃龉之处，论旨并不一致。

从侧面看来，多数说只是不合理地给第102条第1款增添了一些无用的限制，从始至终只是在削弱第1款本应发挥的功能。像这样没有理论根据的条款，如果硬要探究将第1款的防守范围限定为“销量减少导致的逸失利润”的理由，那么就只能落到与上一节审判实例相同的实质论上了。最后，多数说也与上一节中列出的审判实务一样，在是否适用第1款时，仅考虑与逸失利润之间的关系，并在此基础上认为在所有案件中都将侵权人所获利润推定为逸失利润的数额是不合理的，因此尝试在具有一定合理性的案件中限定第1款的适用范围。其结果是，仅得出了推定“销量减少导致的逸失利润”的结论，为了解释该结论而出现了将“损害的发生”作为适用第1款的要件的适用逻辑。但是，如前所述，这种解释是有始无终的。

如上一节指出，在适用第1款时，仅仅从与逸失利润的关系的角度来探讨是不尽合理的，即便如此，在限定了防守范围的作为推定条款的功能被抹杀之前，我们需要再次探讨是否有必要尝

试对该条款的构造进行不同的理解。在此,《专利法》第 102 条第 2 款中的损害额也应该被关注到。对此，设想一个相反的结论，即第 2 款的损害额与侵权人的利润额不同种也不同质（参见：大阪地判昭和 56・3・27 特管判 1982 Ⅱ第 62 页“清纱器”案）。确实，普通许可合同中的许可费金额几乎都是以实施人的销量乘以一定的许可费率后得出的额度，似乎不存在以实施人的利润为基准乘以一定费率的约定例。但是，在确定第 2 款损害赔偿金额的情况下，使用不同的计算方法可能更为妥当。假设在其计算方式中，根据侵权人所获利润的金额来推定第 2 款的损害额具有合理性。在这种情况下，原本既没有条文上的根据也没有理论上的根据的脆弱的多数说，便也找不到支持自己的论据了吧。这时，在证实了未实施专利技术的情况下，当前审判实务不完全认定第 1 款的推定的做法也被迫需要重新思考。而且，在确定第 2 款的损害额的情况下，学说和审判实务都需要承认，存在将侵权人所获利润作为计算基准的方式。关于这一点，我们将在下一节中介绍。

7. 此外，昭和 34 年《专利法》修订以前，便存在如下主张， 22
即根据我妻容的《无因管理、不当得利和侵权行为》第 22—45 页的论述，对于《民法》第 703 条“不当得利”中的“损失”以及《民法》第 709 条“侵权行为”中的“损失”，应考虑将如果不存在侵权事实财产可相应增加这个一般情形纳入进来。然后，以专利侵权为例，具体探讨如果不存在侵权人侵犯专利权的行为，专利权人行使其专利权是否能够获得相同额度的利润。对这一问题进行探讨时，认为仅在能够确定获利的情况下才发生损害，这种态度很难说是正当的。既然专利权一般是在权利人手里才能实现获利，那么不对权利人自身究竟是否获得了相应的利润进行讨论，而是将此作为应得利润的损害才更为妥当。但是，如果存在可以推测权利人能够获得更多利润的特殊情况，或者存在可以推测权利人不应该获得相应利润的特殊情况，就应该进行适当地调整（我妻荣,《民法讲义》，V_4，第 968 页）。侵权人被赋予了特殊的才能和机会，获得了超出合理预期的利润，在这种情况下，则不需要返还（我妻荣,《无因管理、不当得利和侵权行为》，第 23 页）。《专利法》第 102 条第 1 款的趣旨是对这一思考的具体实现，并将侵权人所获利润推定为损害的规定（我妻荣,《民法讲义》，V_4，第 928—929 页）。

如果根据我妻说，第 102 条第 1 款应该将侵权人所获利润作为损害额进行赔偿。但是，在侵权人证明了自己的才能或劳动付出所获回报等情况下，就变成了免于返还的推定。此外，还有人这样论述，即不存在侵权人利润的额度与逸失利润的额度一致这样的经验法则，以此为前提，用逸失利润来说明第 1 款是比较困难的，因此该条款应被理解为包含某种拟制。这说明了与我妻荣相同的主旨（丰崎,《工业所有权法》，第 237 页；森岛昭夫,《从侵权行为法的角度来看知识产权》，载《特许研究》，第 8 号，1989 年，第 10 页）。

事实上，如后面的章节所述，在起草该条款过程中，的确参考了我妻荣的学说，因此推测第 1 款可能包含上述解释。但是，按照后面的说法，后一解释通过作为推定规定而非实体规定的第 1 款来拟制损害的概念，未免牵强。有学说反映了这一难点，并认可在后一解释中，在判断了逸失利润金额的情况下，并不能免
23 除侵权人所获利润的赔偿（丰崎，同上书，第 237 页）。另外，前面我妻说的趣旨是，在《民法》第 709 条而非《专利法》第 102 条第 1 款中，已经承认了不同于逸失利润以往含义的新的损害概念。但是，这个概念仅仅是抽象的概念，在具体案件中还没有整备出一套能够替代逸失利润的标准。因此，即使该解释能够

被包含在第 1 款中，也还需要将“损害”的概念进一步具体化。除此以外，在《民法》第 709 条中能够包括何种“损害”，这本身就存在较大的问题，《民法》第 709 条也好，其他条款也罢，必须明确“损害”这一概念的法律依据才行。也许，最便捷的解决之道就隐藏在还没有被充分关照到的《专利法》第 102 条第 2 款中。如果再继续讨论，可能就要超出我妻说的讨论范围了。

除此以外，还有根据“准无因管理”而非损害赔偿来认定返还侵权人所获利润的学说。这一学说是在《专利法》第 102 条的框架之外解决问题，因此我们在第 1 部分第 4 章中确定《专利法》第 102 条的解释论之后，再来比较并权衡。

注 释

① 有关侵权行为相关的传统学说将《民法》第 709 条分为故意或过失、侵权行为（违法行为），以及具有“相应的因果关系”的损害三个要件，并指出“相应的因果关系”这一概念具有多样性，该要件包含“事实的因果关系”“保护范围”“损害的金钱评价”三个问题，这是平井宜雄在《损害赔偿法的理论》（特别是在第 135—142 页）中提出的（为方便起见，也可参见：平井，『債権各論Ⅱ』，第 110 頁）。受其影响，目前在侵权行为的相关学说中，主流是将该问题分解为如下三个问题来考虑，分别是：确定侵权行为与损害具有事实因果关系；确定后的损害包含在损害赔偿的范围内恰当与否；如果该损害恰当则需要进行金钱上的评价。参见：前田，『不法行為法』，第 126 頁；森島，『不法行為法』，第 278 頁。

② 不仅限于该问题，在与第 1 款有关的讨论中感到危险的是“适用”第 1 款的要件这一用语。为避免造成误解，通过常被使用的推定的前提事实和推定的推翻事由加以说明为妙。

③ 在考虑销量减少导致的逸失利润时，即使权利人目前没有实施其专利技术，将来也可能会实施。在这种情况下，本来是对专利产品的需求被侵权人的产品所替代，因此应该产生逸失利润。另外，还有观点主张，如果立足于多数说，为解决该问题，专利权人在未实施专利技术的情况下，也不妨碍将来的实施，这时便存在“损害的发生”，因此应该适用第 1 款的推定。参见：清永，同上书，第 352 页。

第 3 节 《专利法》第 102 条第 2 款

24 1.《专利法》第 102 条第 2 款规定，专利权人可以将与通常实施该专利发明应该获得的利润相当的金额作为自己的损害额，并请求侵权人加以赔偿。审判实务中确立了如下处理方式，即在权利人未实施其专利技术而无法适用第 1 款的情况下，可以根据第 2 款的规定请求赔偿许可费金额（参见：第 2 节第 1 款 2）。学说上，第 2 款的规定可以被理解为，如果存在专利侵权，一般会支持权利人获得该款规定数额的赔偿（丰崎，《工业所有权法》，第 238—239 页）。问题反倒是该款中“通常应该获得的金钱数额”的具体含义。大部分文献和判决都认为，第 2 款是将“相当的许可费”作为了赔偿额①，为探知其含义，下面尝试分析审判实务中第 2 款中数额的具体计算方法。

2. 第一，如果被侵权的专利发明有过实施许可的例子可以作为参考案例。如果没有其他证据，直接认定先前的许可费金额作为相当的许可费金额，这样的例子也不少见（东京地判昭和 39・2・29 判タ 159 号第 205 页“卷发用染发剂”案，大阪地判昭和 59・10・30 判タ 543 号第 263 页“手提袋提手”案，大阪地判昭和 58・12・23 特管判 1984 Ⅲ第 656 页“窗框”案）。但是，如果在被参照的约定许可费的例子中还包含被侵权的专利发明以外的发明，在这种情况下，要考虑到其他发明的价值，将按比例分配后的数额作为相当的许可费金额［富山地判昭和 45・9・7 无体集 2 卷 2 号第 414 页“三聚氰胺制法”案，东京地判昭和 42・7・3 下民集 18 卷 7 = 8 号第 739 页“双氢链霉素制造法”案（该案为请求返还不当得利案件）］。此外，还有案件是将作为参考对象的许可合同与侵权人的实施形态进行比较后进行了修正（大阪地判昭和60·5·31判夕567号第296页“新窗框安装装置”案）。

必须留意的是，与被侵权的专利发明相关的许可费相比，法院更加重视偏离具体的专利发明的抽象证据，这样的判决更多。在侵权人能够出示业界的交易行情等其他较低的许可费率这样的证据的情况下，与被侵权的专利发明相关的许可合同例的许可费率很少能被维持，多数判决都降低了许可费率。也有判决将二者进行了相同处理，在权利人对第三方的多个约定许可费金额存在偏差的情况下，参照这些费率的同时，把行业内交易行情中较低 25
的金额认定为相当的许可费金额，结果上将各参考许可费的例子大体的平均值作为赔偿额（东京地判昭和39·3·18判时377号第63页“裤腰内衬”案）。还有其他判决，例如，在权利人以销售额的22%许可案外公司普通许可的案件中，法官指出，如果考虑到本案发明的技术内容及其他事项，10%是相当的许可费率（东京地判昭和59·2·24判夕536号第307页“去石选谷机一审”案）。还有下面一个案例，虽然存在4%的许可例，但考虑到如下所谓的“各种情况”，该许可合同中还包含日本以外地区的许可承诺，以及最初专利权人要求的许可费是销售数量在5万台以内是10%，而最终约定的是4%，判决最后认为3%是相当的许可费率（大阪地判昭和50·3·28判夕328号第364页“关节合页”案）。

第二，专利发明技术所在业界的一般行情要被考虑在内（上述东京地判“裤腰内衬”案，东京地判昭和55·5·9无体集12卷1号第163页“检查标本取出用器具”案）。进一步，还有判决认为，如果业界没有特别限定，对实用新型的一般许可费率是 3%，那么就认定 3% 是相当的许可费率（东京地判昭和 47・9・18 判タ 288 号第 378 页“高尔夫用手套”案）。顺便提及，国有专利权许可合同书采用如下方式确定许可费：根据发明的许可价值划分为上、中、下三等，并以销售价格的 4%、3%、2% 作为基准许可费率，再根据发明在产品中所占的利用率等进行修正（《许可费率》第 169—170 页所示）。在计算第 2 款规定的相当额时，依据该国有专利权许可合同书的方式来计算许可费率的判决也越来越多（东京地判昭和 47・5・22 无体集 4 卷 1 号第 294 页“曝光计”案，大阪地判昭和 58・5・27 无体集 15 卷 2 号第 429 页“高尔夫球袋运送循环轨道装置”案，大阪地判昭和 59・2・28 判タ 536 号第 343 页“麻将整列装置”案，大阪地判昭和 61・3・14 判タ 617 号第 154 页“电磁剃须刀”案）。

此外，还有些案件并没有给出具体理由，只是认定了相当的许可费率（大阪地判昭和 55・6・17 无体集 12 卷 1 号第 242 页“表札”案）。恐怕是以专利发明的许可费率大概都是 3% 这一认识作为计算前提吧。另外，过去也频繁出现如下判决，即由于缺少具体证据，即便存在争议也在被告自认的限度内认定许可费率（东京地判昭和 46・6・14 判タ 266 号第 220 页“食品切割器”案，东京地判昭和 47・3・17 判タ 278 号第 372 页“汽车防盗装置”案，东京高判昭和 47・9・28 判タ 288 号第 370 页“精麦器转轴部件构造”案，东京地判昭和 48・2・28 判タ 302 号第 305 页“干式剃须刀”案，东京高判昭和 48・4・5 判タ 306 号第 269 页“加压式粉末灭火器”案）。但是，自从上述依据国有
26 专利权许可合同书的计算方法流传以来，这种方法就不多见了。

除此以外，还需要被考虑的情况有，实施专利发明所带来的利润金额。例如，在“击打练习用球的自动回收和供给装置”

案（名古屋昭和 58・3・18 判夕 514 号第 291 页）中，判决考虑到在权利人一方制造、销售实施产品的情况下每单位的利润金额，即原告每台产品可获得不到 100 万日元的收益，因此判定相当的金额是 50 万日元。另外，参考了侵权人所获利润的判决有“蹄铁”案（秋田地判昭和 47・2・7 无体集 4 卷 1 号第 19 页），还有“杜邦Ⅱ”案（东京地判平成 2・2・9 判夕 725 号第 213 页），侵权人的侵权产品收益为销售额的 5.3%，在此基础上根据业界 5% 的行情，最后判定 5% 是相当的许可费率。此外，下面的案例虽然和侵权诉讼无关，但是作为表示了相当的许可费率的计算方式，其将实施人的利润额作为计算的基准使用，经常被引用（东京地判昭和 37・5・7 下民集 13 卷 5 号第 972 页“钢筋混凝土建筑物的建筑方法”案）。在计算独占许可合同的“客观上正当额度的许可费”时，指出“独占实施专利发明给出的事实上的年利润是基于资金力（a）、营业力（b）、专利权（c）这三个要素相乘后的结果，根据比例分配给资本提供者、营业实施者、专利权人”。设定独占许可费为 L，年施工利润为 G，修正系数为 H，可将上述关系用下面的公式来表示：$L = G \times \frac{c}{a+b+c} \times (1-H)$。可以在被告所获利润的基础上，适用上述公式来确定许可费的额度[②]。

除上面的判例，还有如下几个考虑到了权利人和侵权人之间存在特殊情况的判决。

例如，如下判决是获得了实施许可的人超出许可范围实施专利的情况下，该行为在法律构成上构成专利侵权行为，将约定的许可费率作为第 2 款规定的相当的损害额（大阪地判昭和 60・6・28 判夕 567 号第 280 页“建筑物用换气框”案）[③]。另外，在权利人和侵权人之间曾经签订过许可合同的案件中，法院直接将曾经签订过的许可合同中的许可费判定为第 2 款规定的相当的许可费（大阪地判昭和 56・3・27 特管判 1982Ⅱ第 62 页
27 "清纱器"案）。与前面看到的通常情况下的判决相比，这些判决毫不犹豫地将曾经约定的许可费作为相当的许可费。

还有案件明确将当事人之间的特殊关系反映在认定相当的许可费的过程中（东京地判昭和 56・3・30 特管判 1982Ⅰ第 119 页"贴纸防止壳"案）。在下面这件关于实用新型专利权人向侵权人请求损害赔偿的案件中，第 2 款规定的相当的损害额是关键问题。东京地方法院认为，被告长期作为生产厂家，协助原告生产和制造本案实用新型产品贴纸防止壳，被告作为产品生产厂家，原告为董事长的公司作为销售方，二者的契约关系在一定期间内存续，考虑到这些事实，法院认为原告主张的销售价格的 5% 略高，并认定 3% 是相当的许可费率。

3. 回顾前面所示的审判实务，仅仅关注了判断相当额时考虑实施带来的利润额的判决。

第一，如果在计算第 2 款规定的损害额时，需要考虑权利人每单位产品带来的利润额，则有必要整理一下每单位产品可带来的利润额与销量减少带来的逸失利润额之间的关系。之所以要整理上述两者之间的关系，原因是权利人在请求赔偿逸失利润时，请求的是将权利人每单位产品的利润乘以侵权人产品的销售量后得到的金额。在审判实务中，如果在因为不具有因果关系而否定逸失利润之后认定了赔偿第 2 款规定的相当的许可费，在这种情况下，大部分判决都会使用业界行情等一般资料，并直接认定许可费率。但这时，由于权利人每单位产品可获得的利润被主张举证，因此将其作为计算资料使用也是可以的。或者说，由于各专利发明可获的利润大不相同，因此使用直接可表明各发明每单位产品可获利润的资料应该更为合理。于是，根据第 2 款，将被主张的逸失利润总额中的几成作为许可费归还给专利权人。

但是，如前所述，在认定逸失利润过程中存在的问题是，法院采用了全有或全无的思考方式［本章第 1 节 2］。即便全部否定了因果关系，根据上述处理，此外还能够根据第 2 款规定的相当的许可费金额，将其中几成许可费认定为赔偿额。这种“二枚腰”式的处理方式，似乎可以作为解决逸失利润存在问题的有力对策之一。

第二，有趣之处是要对侵权人所获利润加以考虑。学说中 28
也将其作为理论方法进行探讨，并表示赞同。在侵权人所获利润被证明的情况下，再从侵权人所获利润中确定应分配给权利人的额度作为相当的许可费［松本重敏，《注解专利》（上）（初版），第 711—712 页；古城春实，《专利和实用新型侵权诉讼中损害赔偿的计算（5）》，载《发明》，第 86 卷 5 号，1989 年，第 40 号，第 43—44 页；青柳昤子，《注解专利》（上）（第 2 版），第 884—885 页］。但是，在权利人未实施其专利技术的情况下，就会与判决和学说排斥第 1 款的推定发生矛盾。如果在权利人未实施其专利技术的情况下完全不承认第 1 款的推定，其理由只能是认为侵权人所获利润与相当的许可费不同种也不同质。前面已经就这一点做过论述。但是，如果在计算相当的许可费时，认为有使用侵权人所获利润的办法，那么就相当于已经承认两者绝不是不同种也不同质的损害。

在计算第 2 款规定的相当的许可费时，以侵权人所获利润为基准进行分配，以存在这种计算方法为前提，尝试假设多数说和审判实务反过来采用了第 1 款推定第 2 款的损害额的立场。第 1 款可以被解读为，如果侵权人能够证明权利人所获利润比推定额要少，就能推翻推定，自己可以保留证明成功的那部分差额（织田季明，《改正专利法案中的五个问题》，载《专利管理》，第8卷8号，1958年，第367页）。即使权利人未实施其专利技术，既然权利人对所获利润的额度进行了举证，第2款的规定也可以适用第1款的推定，侵权人就上述计算公式中的后半部分，主张举证没有分配给专利权人的额度，被证明的额度就可以免于推定。于是，可以这样对第1款进行解读，即关于第2款中的相当的许可费，将侵权人所获利润的举证责任分配给了权利人，将分配的举证责任分给了侵权人。在侵权人所获利润中应将多少比例作为许可费分配给权利人，在比例的确定上是很困难的，而第1款的趣旨就在于通过将举证责任分配给侵权人，以此来寻求对权利人的救济。如果这种解决方法是合理的，那么在权利人未实施其专利技术的情况下，完全不适用第1款，目前这种判决和学说也就失去其根据了吧。

4. 除该问题外，还存在诸多疑问。

29 有学说主张，将第2款的损害额作为"客观上相当的许可费金额"，有判决使用了同样的措辞［品川澄雄，《专利判例百选》（初版），第185页；青柳，同上书，第881页；上述大阪地判昭和58·12·23特管判1984 Ⅲ第656页"窗框"案］。的确，在"通常应获得金钱的额度"这一语句中，我们还观察到，损害额的计算不受权利人与侵权人之间的特殊情况所左右，因此这种解释更加适合。

但是，在专利侵权中，为何常将相当的许可费认定为损害额呢？目前为止，还没有发现正面回答此问题的文献。有观点认为，从侵权人收取的许可费变少也是逸失利润的一种，并以此作为基础（涩谷达纪，《注释专利》，第249页；青柳，同上书，第 880 页）。如此，权利人和侵权人之间做出约定，假定的许可费就成为了计算对象，因此能够成为“客观上的相当额”。假设可以说明，能作为“客观上相当的”许可费的不能被断定为仅是与侵权人之间应该约定的许可费，那么在权利人与侵权人之间存在显然影响了约定或假定的许可费的情况下，就必须考虑这些特殊情况。

实际上，虽然数量不多，但是在权利人与侵权人过去签订过许可合同的情况下，也有判决倾向将过去约定的许可费金额直接作为相当的许可费进行赔偿。加之，如上述东京地方法院“贴纸防止壳”一案，就明确考虑了权利人与侵权人之间的特殊情况。根据这些事实，我们还发现了下面的判决，在第 2 款规定的相当的许可费的名义之下，假定权利人与侵权人签订了许可合同，并将假定的实施许可费作为计算对象。在一般的侵权案件中，如果权利人和第三方之间签订的关于实施被侵权专利技术的许可费高于一般的业内行情，则如前面所述，将减额后的数额作为相当的许可费，做出这样判断的判决并不少。或许也可能是基于如下的想法，即假定权利人与侵权人签订了许可合同，侵权人一般不会接受高于业内行情的许可费。在学说而不是判决中形成了多方见解，即第 2 款规定的相当的许可费不应被理解为排他实施权的许可费，而应理解为一般许可的许可费（涉谷，同上书，第 249 页；青柳，同上书，第 881 页；《逐条解说》，第 263 页）[4]。理由并不充分，可能还是以权利人不应该许可侵权人独占实施这样 30
的理解作为前提。

但是，如果这样将应该从侵权人处收取的许可费设定为问题所在的话，那么只要将上述许可费考虑为逸失利润即可。虽然存在因果关系很难被证明之嫌，但是考虑到非法占据不动产的案件中将与租金相当的额度认定为损害赔偿的判例和多数说［加藤一郎,《侵权行为》(增补版)，有斐阁，1974年，第221页；几代通,《不法行为》，筑摩书房，1977年，第276—277页］，则认为仅根据《民法》第709条无法将该许可费金额认定为损害额［后藤晴男,《专利百选》(第2版)，第201页］⑤。反过来说，现在有必要再次考虑《专利法》第102条第2款这一条款是否具有独特的意义的立法趣旨了。

5. 当前的学说常将第2款考虑为专利侵权中认定损害的规定，其作为损害概念与逸失利润还是脱不了关系。正因为如此，苦于自已的损害概念与第2款之间存在龃龉之处，因此不得不解释成，无奈之下第2款只好拟制了概念（品川，同上书，第185页；织田，同上书，第370页），或者法定了损害赔偿金额（吉原省三,《专利权侵权中损害赔偿请求诉讼中的要件事实》，载《石黑追悼》，第186页；青柳，同上书，第879—880页）⑥。但是，在采用这样的结论之前，是否有必要考察第2款是否是以不同于逸失利润的损害概念为前提的呢？相对于一般法，作为特别法应将损害额法定，如果这样理解，是否还存在与一般法不同的损害概念，这是需要进一步研究的。至少，同样作为第2款的“通常应该获得的金钱的数额”，在学说和判决中，客观上相当的许可费与应从侵权人处收取的许可费这两种计算对象无意间就被混用。因此不可否认有必要化解这种混用。

注　释

① 在审判实务和文献中常使用“许可费相当额”这一用语。这与第2款的条文一样，意为相当于许可费的额度。为避免发生混乱，本书使用同样意为“相当的许可费金额”的“相当许可费”。

② 在具体计算时，本案以非常低的成本实施专利发明，因此认定 a：b：c＝2：4：4。顺便提及，该专利发明为范围较小的权利，因此可预测到，伴随着其他发明的出现，也会出现某种程度的竞争者，因此将修正系数定为 31
0.2%。最后计算得出的结果为施工额约 4% 的额度。该修正系数反映了在可预测利润错误的情况下存在的商业风险。

③ 此外，基于相同的事实，也有判决认定构成债务不履行行为，因此应该按照约定的许可费率进行损害赔偿（大阪高判昭和 44・7・17 判タ 240 号第 279 页“柱上安全带尾钥匙”案）。

④ 在织田的《新专利法详解》第 371 页中也有表达同样趣旨的论述，但却没有考虑专利发明的利用状态。对此，审判实务中似乎也并未将参考对象局限于专用实施权的许可费或排他实施权的许可费。例如，东京地判昭和 43・7・24 判タ 229 号第 231 页“加速式粉碎机”案直接将权利人许可的专用许可合同中的约定许可费率直接认定为第 2 款规定的损害额（但是，该案也可认定为应从专用实施权人处收取的许可费的逸失部分）。此外，在请求不当得利返还的案件中，法院将被侵权的外观设计的专用实施权的许可费率认定为相当的许可费率（大阪地判昭和 58・10・28 判タ 514 号第 303 页“安装用通风器”案）。

⑤ 但是，在这篇文章（森島昭夫，「不法行為法から見た知的所有権」，『特許研究』8 号，1989 年，第 8、11 頁）中，作者提出了质疑。关于这一点，我们将在第 1 部分第 4 章第 3 节第 2 款中讨论。

⑥ 之所以没有使用拟制损害这样的用语，唯一的理由是，在存在专用实施权人的情况下，这是一个决定是否认定按第 2 款规定的损害额来赔偿专利权人的问题，除此以外并无其他意图。

第 4 节 总结

1. 对于《专利法》第 102 条，有不少声音从致力于对权利人提供救济的趣旨，质疑这一条款的实效性。

首先，存在如下批判。第 1 款是将侵权人所获利润推定为损害额，权利人要对侵权人所获利润进行举证并非易事。而且即使举证成功，侵权人也可以主张权利人的逸失利润与侵权人所获利润不等，这种举证对于侵权人来说并不困难（三宅，《专利诉讼杂感》，第15—16页；羽柴隆，《商标百选》，第121页）。确实，如前所述，多数说对第1款苛以种种限制。就目前的审判实务来看，只要权利人实施了其专利技术，推定就不会轻易被推翻，上述批判虽然不能说完全恰当，但在权利人未实施其专利技术的情况下，还是不能支持推定，在这一点上存在共通的问题。在这种
32 情况下，由于销量减少而导致的逸失利润是不被认可的，权利人就只剩下请求《专利法》第102条第2款规定的相当的许可费赔偿这一条路径。但是，在当前的审判实务中，依据市场行情来确定第2款规定的许可费的判决较多，其中有判决甚至还因权利人与侵权人之间存在特殊情况，判定赔偿金额不超过如果合法寻求权利人的许可必须支付的许可费。如果法院最终判定侵权人赔偿与寻求权利人许可的费用相同的金额，权利人考虑到提起诉讼所需承担的费用，可能就不会起诉，从经济的角度考虑，侵权方反而获利更多（竹田和彦，《专利的知识》，钻石社，1988年，第350页）①。如前所述，专利侵权存在这种特殊情况，侵权人能够实施权利人的专利权，而权利人无法从物理上采取防御对策，因此侵权行为很容易进行。在此，如果构建了一套有利于侵权行为发生的损害赔偿制度，就会大大损伤专利权作为排他权的法律趣旨。

但是，在前面已经阐述过，在通说甚至在审判实务中，无法克服内在相互命题的理论矛盾，这时无意间就会采用不少违背《专利法》第102条趣旨的结论。出现这种结果的根本原因在于，《专利法》第102条对于损害的概念未做出任何规定，因此就以《民法》第709条的逸失利润这一损害概念作为前提。假设这种理解是错误的，那么上面看到的批判对于第102条而言，可能就成为毫无理由的指责，反而会变成对《专利法》第102条进行束缚的学说。

2. 因此，如果多数说和审判实务并没有对《专利法》第 1 款中应推定的损害和第 2 款规定的相当额的计算标准采用无效的假设，并且按照《专利法》第 102 条的趣旨克服了自身矛盾，那么根据本书的考察，方向已经很明确。当然，如果要确立符合《专利法》第 102 条相应趣旨的解释论，仅仅使用这种消极的方法显然是不够的，有必要进一步探究该条款中规定的损害的概念。立足于以上问题意识，本研究尝试构建一套积极的解释论，这是本书下一章以后的课题所在。

注 释

① 为制定《著作权法》而设置的著作权制度审议会第一小委员会，在昭和 39 年 12 月 14 日的审议会议上也得出如下结论，即“著作物在未经许可被使用时，对著作权人的损害额等于通常的许可费，未经许可就使用著作物的人应支付的金额与事前获得著作权人许可的金额相同，这种做法是不恰当的。有必要给予让未经许可使用著作物的人支付比一般许可费要高的额度的惩罚性措施”（日本民間放送連盟，『著作権制度の全面改正に関する参考資料』，第 4 部，1965 年，東京大学法学部研究室所蔵，第 57—58 頁）。之后在对上级的答复阶段中，这一表达有所缓和（文部省，『著作権制度審議会答申説明書』，1966 年，第 85 頁），最终法案还是采用了与《专利法》第 102 条几乎相同的规定，由此形成了现行《著作权法》第 114 条。

第 1 章　文理论

34 1. 本书的目的是提倡构建一套专利侵权损害赔偿制度的解释论。不管结论如何，最终都有必要将已采用的体系囊括到现行法中。究竟如何把握现行法中采用了怎样的制度呢？在根据条文进行合理演绎的情况下，作为可能被囊括至现行法中的制度会是怎样的一种存在？本章将从这个观点出发，提前限定作为解释论所能采用的选项范围。在此范围内应该如何选择，会在后续章节中依次展开论述[①]。

2. 在序章中已探讨过有关日本国内的多数说和审判实务的理解，如果重新将其简化，可分别理解为《专利法》第 102 条第 1 款只是推定销量减少导致的逸失利润，这与《专利法》第 102 条第 2 款是分裂的。也可将其称之为“纵向理解”。但是，这种理解并不是《专利法》第 102 条可以涵盖的唯一选项。相反，只要忠实于条文，就可以推导出不同的构造。

从文字来看，第 102 条可被解读为：根据第 1 款，在能够证明侵权人由于侵权行为所获利润的金额时，可将该金额推定为“自己遭受损害的金额”；根据第 2 款，“自己遭受损害的金额”被认定为与实施发明专利通常应获得的金钱相当的金额，通常认为这个金额就是损害额。

如果不以先入为主的眼光来看待第 102 条，则可进行如下理解。根据第 2 款，专利权人或专用实施人可以请求侵权人赔偿，“并将与实施该发明通常应获得的金钱相当的额度作为权利人或专用实施人所受损害的金额”。并且，根据第 1 款，包括该第 2 款的情形在内，“在专利权人或专用实施人向侵权人请求损害赔偿的情况下，如果侵权人由于侵权行为获得了利润，将侵权人所获利润的金额推定为专利权人或专用实施权人所受损害的额度”。如果根据这种解读方法，权利人可以证明侵权人所获的利 35
润时，通常是将该利润推定为第 2 款的“通常应该获得的金钱的数额”，因此，想要减少损害赔偿金额的侵权人，必须对“通常应该获的金钱数额”要比侵权人所获利润的数额少这一事实进行举证，举证成功的差额部分则可免除赔偿责任。

从条文的文字本身推导出的第 1 款是推定第 2 款损害的规定，为行文方便，可将这种理解称为“重叠理解”。

3. 本章的意图在于，通过合理假定法律设计的体系，而不是简单逐字逐句的文字理解，来限定作为解释论的可能选项，因此不会满足于仅仅通过文字得出的结论。该结论或多或少要能探寻合理性所在，并对法律假定的系统的意义进行明确。从第 102 条的文理直接推导出的重叠理解究竟存在怎样的合理性呢？

在审判实务中，第 2 款被理解为将相当的许可费作为损害额，但在计算时依赖业界行情的倾向性却很强。这与许可合同中许可费约定例的倾向是一致的，但原本第 2 款就只是规定了“与实施该专利发明通常应该获得的金钱相当的数额”，这种想法其实并未洞悉事态的本质，而只是依赖于与实际的约定许可费确定方式相同的计算方式罢了。二者的根本差别在于，在实际的许可合同中，作为对价计算对象的实施行为是面向未来的，约定对价的时间点还没有开始，与此不同，在适用了第 2 款的专利侵权诉讼的情况下，作为对价计算对象的侵权行为已经发生，在现实中也已经存在。

前者的许可合同中的约定许可费通常是对将来的情况进行预测后协商形成的。也可以说，当事人是在未来实施合同期间对实施该发明可能获得的利润进行预测的基础上签订了许可合同。在专利发明未被实施的情况下，这种预测就变得愈发困难。而且即使该专利发明已被实施，随着技术水平的变化导致需
36 求量发生增减，专利发明的价值也在随时发生变化。法院在计算后者第 2 款的损害赔偿金额时，是在侵权人侵犯了专利权以后回溯过去，计算“实施该专利发明通常应该获得的金钱的数额”。亦即，法院在计算时，作为应该被计算的对价对象的实施行为已经发生，换言之，是从裁判的时间点事后判断与实施行为相当的对价究竟是多少。

在确定实施专利发明行为的对价时，如果通过实施该行为可以获得的利润是明确的，该利润的额度毫无疑问是最重要的尺度。在此利润金额的基础上，再确定应该分配给专利权人的额度，这部分就是许可费。而在实际的许可合同中，作为对价计算对象的实施行为是面向未来的，因此，在该实施行为可获得的利润金额是在不明确的状态下，约定了许可费[2]。在适用了第 2 款的侵权诉讼中，作为对价计算对象的侵权行为已经发生，如果能够知道侵权行为所带来的利润金额，则可直接参照该金额。作为表示该许可行为本应期待的利润金额的指标，侵权行为所带来的利润金额则可被评价为最有力的证据吧。

如果这样理解，根据第 1 款来推定第 2 款，这种在文理上的理解具有一定合理性。在计算第 2 款的损害额时，鉴于侵权人所获利润的金额所起作用的重要性，在能够证明侵权人所获利润的金额时[3]，《专利法》第 102 条第 1 款是将侵权人利润额推定为第 2 款的损害额的规定。根据第 1 款，侵权人负有主张第 2 款的数

额实际上要比侵权人所获利润的金额少这一事实并对其进行举证的责任。在计算第 2 款的对价时，将侵权人所获利润划分为应归属侵权人的部分和应归属专利权人的部分，然后再确定最终的赔偿金额，侵权人对根据第 1 款推定的侵权所获利润中应该归属自己的部分进行举证，并从损害赔偿额中扣除。关于利润分配方面的举证是很困难的，因此为了规避权利人得不到充分救济的情况发生，在权利人证明了侵权人所获利润时，应该规定让侵权人负担对利润分配进行举证的责任。

4. 重叠理解可以这样从条文中直接推导出来，并具有合理意
义。但实际上，还没有发现有观点主张这种构造。无论作为文理 37
上的可能性，或是作为被指出的观点，都是不存在的。但必须说明，之所以不可以采用这种重叠理解，其原因在于，第 1 款中规定的“损害额”与第 2 款中规定的“损害额”其实是两个完全不同的概念。

关于频繁被使用的“损害的发生”这样的论证方法，其实很难成立，与结论之间也存在不吻合之处，这些已经在前面阐述过了。最终，将第 1 款和第 2 款进行分割的多数说，要依赖下面这个前提，即第 2 款的许可费金额与第 1 款的侵权人所获利润的金额完全不同质，因此无非是一种推定。但是，如前所述，如果能找出与第 2 款中约定的许可费完全不同之处，这种前提也就不复存在了。而且在计算第 2 款的相当的许可费时，审判实务和多数说自身也承认存在以侵权人所获利润作为基准的计算方法。

或者说，专利发明所获利润金额不太可能全都是许可费，因此认为，根据前者来推定后者，这种情况本就在讨论范围之外。但是，在适用第 2 款的情况下，与约定的许可费的例子不同，既然把已经确定的获利金额视为问题，那么就无需考虑实施人的商

业风险等因素。为此，在专利权人通过自己实施专利技术可以获取该利润的情况下，侵权人所获利润的金额本身就可能成为第 2 款的对价，从这一点出发，应该也可以说明通过第 1 款来推定第 2 款这种理解的合理性。进一步，重叠理解也可被考虑为，作为第 2 款的损害额的计算方法之一，假设侵权人利润与计算其分配的方法起到很重要的作用，在此基础上，在能够证明侵权人所获利润的金额时，根据第 1 款来推定第 2 款的损害，由此将分配的举证责任转移给侵权人。和法律上的事实推定相比，这种理解在功能上与《民法》第 162 条和第 186 条第 1 款二者间关系这种暂定事实更为类似，即在某个条款规定效果的要件事实之一被证明时，可以让对方负担这种事实或效果上不存在的举证证明责任。暂定事实的情况，同样是没有使用推定进行规定，而是采用但书条款进行规定的（新堂，《民诉法》，第 355 页；谷口安平，《口述民事诉讼法》，1987 年，成文堂，第 234—235 页）。例如，将侵权人所获利润的金额确定为损害额。但是，要从这部分中扣
38 除应该归属侵权人的那部分利润④。这样，推定规定被用作分配举证责任的规定，以《专利法》第 102 条为例，在计算过程中，让权利人承担什么程度的责任，又从什么程度开始就要反过来将责任分配给侵权人，在确定这一分歧点时，除考虑到盖然性以外，还要考虑到政策性因素。

5. 通过上面的分析可知，重叠理解作为《专利法》第 102 条的选项能够成立是很显然的。虽然如此，这并不意味要将第 1 款和第 2 款分割的多数说的纵向理解从选项范围内排除。但是，为使纵向理解作为选项而成立，就必须立足于下面这种理解，即《专利法》不能确定特殊的损害概念，而必须将《民法》第 709 条的逸失利润作为损害的前提。在这种情况下，虽然“通常应该

获得的利润”这种表达在解释方面存在困难，但是第 2 款的定位就成为应该将如不存在侵权行为可从侵权人处收取的逸失许可费金额作为损害赔偿额。而且，既然该许可费金额与侵权人所获利润的金额不同种也不同质，那么根据后者就不能推定前者，因此应该将第 1 款与第 2 款作分割理解。

反过来说，重叠理解的合理性还是要依存损害概念。特别是，根据第 2 款，事后来看，将相当的对价的金额规定为赔偿额，因此根据同一条款，应该将第 2 款理解为确定了与逸失利润不同的另一个概念。在这种情况下，规定不妨碍可超出第 2 款的损害的赔偿的第 3 款的定位就成了问题，既然除第 2 款以外不承认确立了特殊损害概念的规定，那么超出第 2 款的损害就应回归原则上指代作为《民法》第 709 条的损害概念的逸失利润。根据第 3 款，并非通过第 2 款中特殊的损害概念排斥第 709 条的损害概念，承认两款是并列的，权利人可选择第 3 款来强化保护，通过这种理解，从而获得合理性。但是，关于第 1 款是否推定被认为是并列的逸失利润这一概念这一问题，本章不能直接确定。

6. 从以上可知，除纵向理解以外，还存在重叠理解这个选
项。至于最后的解释论，仅通过文理层面的讨论是无法确定的， 39
这些工作将留给本书后面的章节。但是，根据本章的分析可以得出如下启示，即采用何种解释论最终还是要根据《专利法》第 102 条是否确立了特别的损害概念来确定。关于这一点，我们会通过后面的考察来辨别，就此结束本章。

注　释

① 写作本章之际，从这种整合性的观点出发，将其他相关条文作为整体来理解分析是至关重要的。附言之，这不是说只将条文作为文章逐字逐句地进行解

析。如果作为语言的问题进行分析，在某个条款对特定的要件赋予特定效果的情况下，对于没有以明文规定的其他要件，通过反对解释否定该效果，还是通过类推解释肯定该效果，是很难确定采用哪个方案的。当然，此处止步于确认仅存在多个选项的情况。除此以外，不拘泥于文理解释，能够认识到，根据实质的妥当性等其他原因来确定解释论的结论这种方法论，在常常强调类推解释和反对解释的方法性时，可以说这种理解就变成了前提。但是，在认识到法律理应被合理解读而加以规定时，探究各个条文的合理性所在，作为文章的解读方法，即使属于可能的选项，也可以通过去除不具备合理性的选项的方式，进一步限缩选项的范围。并且，即使进行了这种限缩，也还是会剩下几个选项，这种情况不可避免。但即便如此，作为限缩工作的结果，各个选项在何种前提下才能成立，另外，到底具备何种合理性，这样的问题变得明确，期待在不断推进作业的基础上得出一定的方针。

② 在实际的实施许可合同中，很难预测该专利发明能产生何种程度的利润，因此以实施行为可获利润为标准，对于专利权人来说风险很大。干脆选择如下方案，在销售额上乘以一定的费率，由此来确保返还定额的实施费。对于实施人来说，这种方式可以回避详细公开自己经营状况的优点。在销售价格的基础上而不是所获利润金额的基础上乘以一定的费率，并且由于预测困难，只是以反映了业界行情的费率来进行许可的很大理由就在于此吧。

③ 损害的“额度”的举证也要让当事人负担，会让当事人承受过重的举重负担。因此，当事人只要主张能计算损害额的具体事实并对其进行举证即可，损害的“额度”的计算就作为对出示的事实的法律评价委托给法官，这种理解是较为理想的。立足于该立场，本文的正确表达应该为“表示侵权人所获利润的金额的具体事实被证明的情况”。为方便起见进行省略。后面也使用
40 同样的表述。

④ 当然，即使根据重叠理解，侵权人所获利润与其应得部分的计算过程并不能归结为在计算第2款的损害额时必须使用的方法，因此，对于某种法律效果的发生，并不能在必然成为要件这种意义上成为事实要件。

第 2 章　系谱论

序

第 1 章的研究可以表明，有关我国现行《专利法》第 102 条 41
的解释，除纵向理解以外，还可能采用重叠理解。但是，截至目前的情况是还没有人主张后一种理解。因此，本章决定尝试寻找更为客观的证据，然后追溯这一条款的系谱，通过这样的方法来验证重叠理解是否有可能作为选项之一而被囊括进来。

这一工作并不是要在系谱的权威之下使某种解释论具有正当性，而是为了验证作为选项而成立的可能性，本章的侧重点不在于对历史事实的评论。首先以获得系谱的关联作为研究对象，但不止于此。接下来需要明确各个分歧点上是否存在某种前提，并假设其是在采用了其他前提的情况下而假定出来的关联。而且，在日本现行法的前提之下，追溯在包含前述假定的关联的基础上将其作为整体而得到的系谱上的关联，并期待能够浮现出一个可以被囊括至《专利法》第 102 条的选项，并将其作为结论。总之，本章同第 1 章一样，也是探寻可能被囊括至《专利法》第 102 条中的合理选项，并将这一研究工作在系谱的关联这种历史事实中显现出来，由此给第 1 章的结论赋上除解释者的主观以外的证据。此外，笔者还想要借助系谱的关联方面诸多先驱者的睿智，进而得到更加全面、具有深度的选项①。

本章按顺序分别探讨如下内容。第1节探讨昭和34年《专利法》修订设立第102条以前的损害赔偿制度；第2节探讨新设的《专利法》第102条的制定经过；第3节探讨在制定《专利法》第102条之时所参考的德国专利权侵权中的三种损害赔偿计算方法及其根据。从以上研究工作结果中得出的结论将在第4节中进行论述。

注　释

42 ① 这样一来，通过对系谱间关联的系统性分析，而不是通过系谱的权威来验证被囊括的可能性，采用这种方法的结果是，例如，在昭和34年《专利法》修订之时，关于起草者参考的德国制度，只要制度没有发生变化，便可以将参考时间点以后的判例和学说包含在系谱的关联内。此外，在使用这种方法时，如果现行法可以容纳相互之间不能并存的多个前提，那么根据各个前提，系谱关联的结论也可能会变成两个。在这种情况下，很明显可以被解释为两种方式中的任一种方式，那么最终应该如何解释，将成为下一章要讨论的课题。在此事先声明，本章的研究工作可能与平时被称为“系谱”的理解有些不同。另外，在追溯系谱的研究过程中，如果出现了外国法的情况，则通过对外国法的讨论来验证，并从其是否符合我国法律的可能选项这一目的的视点出发进行研究，这些工作会在后面的章节中展开。

第1节　昭和34年《专利法》修订前

1. 在抽象论上，现行《专利法》第102条第2款可被理解成客观上规定了相当的许可费金额的条款，这种理解占据主流地位，在具体的审判实务中，有时也会将能够从侵权人处所收取的许可费额度作为第2款的损害额来计算，这一点在前面已指出。但是，如果是后者所指的损害，完全可以根据《民法》第709条中的逸失利润来请求赔偿。

直到昭和 34 年《专利法》修订前，我国《专利法》中并没有对专利侵权的民事救济设置特殊的规定①。对于专利侵害的损害赔偿请求，主要是依据《民法》第 709 条而提出的（清瀬一郎,《专利法原理》，1936 年初版，严松堂，第 157—158 页；饭塚半卫,《无形财产法论》，严松堂，1940 年，第 172 页；末弘严太郎,《工业所有权法》，日本评论社，1942 年，第 60—61 页）。对这个时期许可费赔偿的处理方式加以确认后，可以认为，其很显然是通过《民法》第 709 条来解决的②。

2. 权利人承担损害额的举证责任这一命题在很久以前就被确立（大判明治 37・8・16 刑录 10 辑第 1616 页中附带的民事诉讼的案例）。顺便提及，如果不存在侵权行为，专利权人可以获得的利润，即逸失利润，就是损害额，这一点是很明确的（东京地判明治 43・10・25 法律新闻 680 号第 14 页中商标侵权的案例，东京地判昭和 17・1・23 法律新闻 4762 号第 16 页③）。但是， 43
同现在的审判实务一样，证明因果关系是一个很大的难题，想要认定由于销售减少而导致的逸失利润金额是很困难的［否定因果关系的判决有：东京控判大正 6・3・23 法律新闻 1258 号第 23 页（羽柴隆所著的《商标百选》中的商标案件），东京地判昭和 15・3・30 法律新闻 4561 号第 3 页］。

那么，如果按照当时的判决那样将损害考虑为逸失利润，可以假设如下两种具体将许可费的收入作为损害的示例类型。

第一种类型是在权利人授予或计划授予第三方许可的情况下，将从第三方处收取的许可费主张为逸失利润［大阪地判昭和 26・10・18 下民集 2 卷 10 号第 1208 页“学习用日本地图”案（著作权侵权的案例），东京地判昭和 38・10・12 判タ 154 号第

132 页“水壶”案（适用旧法的案例）]。虽说如此，即使可以证明权利人已经授予或计划授予第三方实施许可，也还需要进一步证明是因为侵权行为而导致第三方销量的减少。要证明后者，最终还是要回归前面对逸失利润的证明上，如前所述，难点是完全可被预见的（否定的例子有：东京地判昭和 34·10·6 下民集 10 卷 10 号第 2091 页“训话词典”案；丰崎光卫，《法律家》，第 256 号，著作权部分），这样的实际案例并不少见。

第二种类型是将应该从侵权人处收取的许可费主张为逸失利润的方案。

与后一种方案相关的初期判决，参见东京上诉法院裁判年月日不明的判决（《法律新闻》，第 3363 号，昭和 7 年 1 月 28 日，第 15 页）。本案被告并不知道购买的产品侵犯了他人的实用新型专利权并继续使用，实用新型专利权人提起了诉讼，请求赔偿与许可费金额相当的损害额。被告在知悉其使用的产品与原告的实用新型专利权抵触的权利范围确认判决的事实，开始停止使用涉案产品，并改为只使用以前同时使用的具有同等效果的其他产品。东京上诉法院认为，本案对于被告从何时开始存在过失没有进行举证，即使存在过失，也不能支持损害赔偿请求。假设被告从一开始就知道侵权产品落入原告专利权的权利范围，由于不能确定被告是否会为使用它而支付许可费，因此不能称之为是证明了损害④。

44 确实，如果直接适用逸失利润的因果关系这一要件，仅将从侵权人处应收取的逸失许可费视为问题，就必须证明如果不存在侵权应当向权利人支付的许可费。在无法确认侵权人还未支付许可费就实施的情况下，即在如果没有发生侵权则完全没有实施专利的情况下，如果不实施侵权行为，则权利人无论如何都收不到许可费，因此便不需要赔偿逸失许可费了。但是，对于侵权人而言，如果不实施侵权行为则自己的产品就完全无法实施，侵权人当然会选择侵权，以此为由便允许可以不支付现实中已经发生的实施行为的许可费对价。对于这种处理方式是否妥当，也产生了很大疑问。而且，对许可费赔偿请求的因果关系进行严谨思考的也仅限于最开始的判决，此后的判决并没有对这一点进行过多考虑，而是直接支持权利人的许可费赔偿请求⑤。

法院支持权利人的许可费请求的第一个案例是大阪地判昭和 9・2・24 法律新闻 3708 号第 13 页的案例*。该案的被告未经许可制造和销售了专利产品。地方法院根据权利人和第三方之间的许可参考例，认定产品销售价格的十分之一为许可费，只要没有进行反证，就推定被告的侵权行为产生了相当于上述许可费程度的损害，进而支持了损害赔偿请求。接下来，广岛地吴区判昭和 11・11・6 法律新闻 4102 号第 5 页的案例也在违法使用实用新型的案件中做出了同样的判断，即产生了与许可费程度相当的损害。

上述案件均是故意侵权。侵权人明知自己实施的是侵权行为而故意为之，侵权人不支付许可费的意图是很明确的。为满足因果关系要件，如东京上诉审判决要求，仅限于假设侵权人支付了许可费后实施侵权行为的情况，例如，由于已经对设备等进行了投入，对于侵权人而言，侵权产品的制造销售或使用是有必要的。尽管如此，两个判决在因果关系要件这一点上都不存在问题。在著作权侵权案件中也看到了同样的动向（东京地判昭和 10・12・7 法律新闻第 3947 号第 17 页“谁制造了世界大战？”案，东京地判昭和 15・6・14“蝴蝶夫人的幻想”案）⑥。

---

* 案件名不详。——译者

3. 其后，下一节会涉及昭和31年工业所有权制度修正审议
45 会答辩中提出的如下方案，即在《专利法》修订中将许可费的相当额作为赔偿额。昭和34年增设了现行《专利法》第102条第2款。上述答辩中还没有顺理成章地主张解释论。另外，现行《专利法》从昭和35年4月1日起开始实施，对于此前的侵权行为仍然适用旧法［《专利法实行法》（昭和34年法律122号）第1条］。有关第1款的利润，在未适用上述规定而是适用了旧法的案件中，推定是不被认可的（东京地判昭和36·11·20下民集12卷11号第2808页“书架用支柱”案，上述东京地方法院“水壶”案）。和从前一样，判决依然支持赔偿许可费的请求［名古屋高判昭和32·6·26下民集8卷6号第1165页“制材用送材车”案（品川澄雄，《专利百选》，初版），静冈地滨松支判昭和34·1·19下民集10卷1号第54页“羽毛球用羽毛”案，东京地判昭和38·9·21判タ152号第177页“乙烯树脂罐”案，上述东京地方法院“书架用支柱”案］。

4. 如果要对上述讨论进行总结，有关专利权侵权的案件可被评价为，在旧法中常将许可费作为损害额，而且被作为判例稳固了下来[7]。以专利权人销量的减少为理由的逸失利润与要求具有因果关系这一要件形成了对照。当时的审判实务是将逸失利润作为损害的概念加以考虑，而且在来自第三方的逸失许可费成为问题争论点的情况下要求具有因果关系，基于这些因素，法院采取了支持如果不存在侵权则侵权人应当收取的许可费的逸失部分就是损害的立场[8]。上述静冈地方法院“羽毛球用羽毛”案明确表示了这一立场，并指出“假设原告许可被告实施本案专利发明，被告应当向原告支付的客观上妥当的报酬可以是原告应得而未得的利润”。具体来说，原告与案外公司之间

销售价格的8%作为许可费率有些高，关于该许可费率的谈判，虽然没有认定“原被告之间缔结了许可合同，被告应支付与此相同的许可费率”，但却认定许可费率至少不会低于销售价格的5%，由此判定了赔偿额。请求逸失许可费时的特点是，因果关系其实并不是特别大的问题。

还没有等到《专利法》修订增设第102条第2款就确立了上述法理，这一点是值得注意的。当然，仅仅根据本节并不能得出结论，即第102款第2项是旧法中这些审判实务的确认性条款，还是规定了完全不同的损害概念。即便采用后者的结论，也不能 46
因此认定应从侵权人处收取的逸失许可费。可以说，这一方案其实是将其认定为《民法》第709条的逸失利润。

注　释

① 此外，明治42年的《专利法》（法律23号）第94条、大正10年的旧《专利法》（法律96号）第131条，对侵犯专利权的侵权人苛以了刑事责任，对于被没收的物品，如果被害人在判决送达前提出了请求，可以将其交付被害人。而且还有如下规定，被害人可以就超出被没收物品价格的部分请求赔偿。但是，几乎找不到关于该规定的公开判例，适用情况不明晰。顺便提及，在我国现行法中是不存在与其对应的制度的。

② 在本章的写作过程中，参照了兼子一和染野义信所著的《判例工业所有权法》（1954—1990年，《第一法规》），同时采用了网罗性提取判决的方法。

③ 这些判断都是在如果不存在侵权行为则权利人能够获利的情况下，将侵权人所获利润金额认定为逸失利润。

④ 被告的行为只是使用了侵权产品，并未进行销售，所以权利人的销售额减少并不是侵权行为所致。为此，本案原告请求赔偿许可费。另外，由于被告没有购买原告的产品，因此也可以认为发生了与销售一件原告产品相当的损害。但是，购买侵权产品并不属于侵权行为（参照旧《实用新型法》第6条第2款），被告购买产品的行为也不能被认定为侵权行为。产生这种损害的原因在于制造了侵权产品的诉外生产商的销售行为，因此应该向制造侵权产品的生产商请求损害赔偿。被告与生产商之间的共同侵权问题则另当别论。

⑤ 如无特殊情况，房产所有者可以向非法占有其房产者请求赔偿，并将租金的相当额作为损害额，当时已经确立了这样的判例［大判大正 7・5・18 民录 24 辑刊第 976 页，大判大正 10・5・3 民录 27 辑第 844 页（中川善之助，《判例民事法》），大判昭和 6・12・2 法律新闻 3357 号第 14 页］。

⑥ 旧《著作权法》（明治 32 年法律 48 号）与旧《专利法》一样，对于损害额并未做出特殊规定。此外，当时，与不当得利相关的判决有上述东京地判昭和 15・3・30 法律新闻 4561 号第 3 页的案件，这些案件认定专利权侵权行为成立，但并未支持许可费的返还请求。在本判决中，是因为被告对专利权侵权产品支付了实际费用而被告并无所得，而不只是因为对于许可费的举证不充分才驳回了不当得利返还请求。暂且不论这一论点是否恰当，可以肯定的是本判决没有否定许可费的赔偿请求。

⑦ 在此，附带性地提及当时的学说，参见：星子末雄，「特許侵害に因る損害賠償等の研究」，『特許と商標』，昭和 7 年 7 月号，1932 年。该文章认为，即使不能被认定为逸失利润，但既然未经许可就进行了实施，就可以认为社
47 会对这部分专利发明的需求会随之减少，专利权的价值多少会有所降低（同上文，第 32—33 页）。因此，需要针对侵权行为给予专利权人一定的救济，并主张应学习英国和德国的理论，权利人可以向侵权人请求赔偿适当的部分许可费金额（第 21、24—26 页）。赞同该结论的有：竹内賀久治，『特許法』，巌松堂，1937 年，第 371 頁；饭塚，同上书，173 页；永田菊四郎，『工業所有権論』，富山房，1950 年，第 303 頁。其实质性依据是为了避免与其合法请求权利人的许可还不如侵权更为划算这种不合理的事态的发生（蕁優美，『工業所有権法』，日本評論社，1939 年，第 116—117 頁）。此外，关于《民法》第 709 条中不当得利要件的解释，石田文次郎所著的《债权各论讲义》（弘文堂书房，1937 年）第 238 页和其所著的《债权各论》（早稻田大学出版部，1947 年）第 240 页中的学说认为，将许可费的相当额作为权利人的“损失”。根据这一学说，就相当于认可通过不当得利返还请求返还许可费相当额。

⑧ 顺便提及，这些判决不应该过于重视如下论点：例如，是否是相当的许可费（上述东京地判“塑料瓶”案）；再如，是否是客观上相当的许可费（上述名古屋高判“制材用运材车”案，上述静冈地判“羽毛球用羽毛”案，上述东京地判“书架用支柱”案）。如果将由于侵权人造成的逸失许可费视为问题所在，那么既然在侵权人和权利人之间没有具体缔结许可合同，如何认定相当的许可费金额则是迫在眉睫的。另外，在假想的许可合同中，根据许可费业界行情而定的情况也不少见，因此将业界行情认定为许可费金额并不是问题的解决之道。

第 2 节　昭和 34 年《专利法》修订经过

序

现行《专利法》第 102 条的确立过程大致可分为两个时期。

第一时期是昭和 31 年年底提出的工业所有权制度修正审议会答复成立之前的过程。答复主张，在专利权侵权中赔偿最低限度的许可费相当额，并规定专利权人能够请求侵权人返还由于侵权行为所获得的利润。

第二时期是答复以后到昭和 34 年现行法成立的过程。这一时期，除了对认可返还侵权人所获利润的前述答复进行修订以外，还做出了旨在将侵权人所获利润推定为损害额的规定，即现行《专利法》第 102 条。下面就按照这个顺序参考和酌定修订经 48
过吧[①]。

注　释

① 关于现行昭和 34 年《专利法》制定过程最直接且最详细的资料当属通商产业省别馆内的工业所有权参考资料中心收藏的“荒玉文库”。该文库收集了包含议事录、配附资料以及手写笔记等在内的大量资料，《专利法》修订期间是被放置在特许厅内并处于主导性的重要位置，此后主要是与第 48 代特许厅长官荒玉义人氏的寄赠相关的内容。

第1款　起草过程

第1项　工业所有权制度修正审议会答复

1. 草案作成

（1）二战后，内外产业经济结构变革之前，各方呼吁对自大正10年以来就没有太大变化的工业所有权制度进行彻底的探讨。昭和24年12月2日，内阁会议设置了探讨工业所有权制度的审议会；翌年7月31日，通商产业省省议决定，工业所有权制度修正调查审议会正式开始。审议会分为如下几个分会：处理工业所有权四法共通问题的一般分会；处理《专利法》《实用新型法》《外观设计法》相关问题的专利分会；处理商标法专有问题的商标分会［《百年史》（下），第262页］。

（2）一般分会自昭和25年第一次会议以来长期处于休停状态，关于专利权侵权中民事上的金钱救济，这一问题最初是在专利分会进行讨论的。

昭和26年1月1日，审议室确定了讨论项目，其中包括《规定专利侵权情况下的救济方法（损害赔偿额计算方法）》（《关于专利法修改中的问题点（一）实体规定部分》，“荒玉文库”，6，第37页；《关于专利法修改中的问题事项（实体规定部分）（修订版）》，“荒玉文库”，6，第276页）。

昭和26年4月17日第11次专利分会对其进行了讨论。会后得出结论，即在专利侵权案件中，损害额的举证非常困难，因此应将如下事项作为特别规定予以明记：第一，即使没有对实际的损害额进行举证，也应该如美国《专利法》中合理许可费赔偿的规定，专利权人理应得到相当于许可费这种程度的赔偿；第二，即使实际上没有发生损害，也应该让侵权人返还其非法使用专利权获得的利润，或者如德国那样成立准事务管理[①]（《第十一次专利分会会议事纪要》，“荒玉文库”，6，第 144—147 页）。在这个时间点上就已经明确了答复构成，这一点是值得关注的。 49

（3）其后，有关损害赔偿的问题，不局限于专利权，而是作为工业所有权四法共通的问题，对其进行讨论的舞台也从专利分会转移到了一般分会。在一般分会审议会再次召开之前，审议室参照了美国《专利法》第 284 条规定的合理许可费的赔偿、英国《专利法》中认定返还侵权人所获利润，以及德国专利制度中类推准事务管理等规定[②]，同时形成了在一般分会中要进行审议的草稿（《整备权利侵害相关的实体规定》，“荒玉文库”，29；《与侵权相关的第一次问题点》，“荒玉文库”，29）[③]。

注　释

① 实际上，在专利侵权案件中认可应该返还侵权人所获利润的德国专利制度与准事务管理是不同的。参照本章第 3 节第 2 款第 2 项 1。

② 但是，仅限于参考了法条和教科书中对该部分的介绍。参见：「工業所有権の侵害対策について」，荒玉文庫，29。

③ 在此期间，作为审议室于昭和 29 年 12 月 9 日出示的意见中有关改正的方向，参见：「技術の進歩と特許制度の問題点——改正の方向」，荒玉文庫，5（田村善之，「特許権侵害に対する損害賠償（1）」，『法协』，108 卷 6 号，第 75 頁）。

2. 一般部会

（1）昭和 30 年 6 月 25 日，一般部会再次召开了审议会（参见：《工业所有权制度改正审议会第二次总会会议纪要》，“荒玉文库”，13）。

有关损害赔偿部分，分别在第2次（昭和30年7月13日）、第3次（昭和30年7月27日）、第15次（昭和31年5月16日）、第16次（昭和31年5月23日）、第17次（昭和31年5月30日）一般分会等各审议会上进行了讨论。

在此期间，有关草案理论上的依据基本没有被阐明，并出现了一些对于草案实质的合理性进行批判的声音。

50 首先，对于适当的许可费的赔偿草案，出现了如下批判的声音，即使实施了侵权行为，最终只要支付了适当的赔偿金额即可了事，这种处理对于故意过失的侵权人来说未免太轻（《第十五次一般部会会议纪要》，“荒玉文库”，27，第5页;《第十六次一般部会会议纪要》，“荒玉文库”，27，第1页）。对此，反论者则认为，正因为如此，才支持侵权人所获利润和损害赔偿两种选择权（上述《第十六次一般部会会议纪要》，第1页）。但是，在有关利润返还的规定中设定一个比重方面，存在如下批判，即专利权人任由专利权不予实施，其他人实施专利权并获得了收益，而这种行为却是不合法的（上述《第十五次一般部会会议纪要》，第5页）。还有，现实问题是，即使规定了返还利润，利润是否是通过侵权行为所获得的，这一因果关系的认定是很困难的，由此表示出对于条款实效性的质疑（上述《第十五次一般部会会议纪要》，第5页；上述《第十六次一般部会会议纪要》，第1页）。从支持草案的立场出发，有观点指出，虽然存在将经营、资本和专利三分做法的反论（上述《第十六次一般部会会议纪要》，第2页），但是在利润形成过程中专利仅占其中一部分的情况下，是很难判断侵权行为在所获利润中所占比例的（《第三次一般分会会议纪要》，“荒玉文库”，27，第8页）。

对于上述批判声音，并没有找到有效的解决方案，最终不了了之。

（2）一般分会一旦进入最后阶段，答复的编写便成为了重点。

以审议室完成的初稿（《工业所有权法一般问题改正纲要（第二次草案）》，“荒玉文库”，29）为基础，特许厅于昭和31年4月27日确定了《工业所有权法一般问题改正纲要案（一）》（《工业所有权法一般问题改正纲要案》，“荒玉文库”，29）。相关部分公开如下：

> （二）关于恢复财产原状
>
> （1）基于故意或过失的侵权
>
> （イ）专利权人可以选择以下两个选项中的任意一个，作为损害赔偿额的计算基础并请求赔偿。第一，侵权行为给专利权人带来的损害；第二，侵权人通过侵权行为获得的利润或者被侵权的专利发明的适当的许可费。
>
> （2）对于善意无过失的侵权行为，侵权人获得的利润以专利权人蒙受的损害为限度，将已有的利润返还给专利权人。

上述纲要的（1）是以《民法》第709条规定的损害赔偿请求权为前提，作为特殊规定，专利权人可以选择由侵权行为带来的损害或者侵权人由于侵权行为获得利润，以及适当的许可费中 51
的任意一项。同时还明确了，请求返还侵权人获得的利润也是损害赔偿请求权的应有之义。在一般分会中，该纲要被提出之前，根本没有提到关于返还侵权所获利润理论的意见。参照其他资料可发现，这一形式来自审议室参照的德国法的依据。

审议室最初完成的草案只是简单地参考了英国法和美国法中的各个条文，这一点在前面已经提到。此后，关于德国法的讨论似乎有了较大进展。其成果可以在星埜一彦室员的《德国专利法权利侵害的处理(1)(2)》(载《发明》,第53卷第8、9号,1956年)一文中看到——其也参加了一般部会的讨论。根据该文献的记载,在德国,专利权人对存在故意或过失的侵权人请求损害赔偿时,可以从“被告丧失的利润”“适当的许可费”和“侵害人所获的利润”三个选项中选择一个作为损害赔偿的计算方法(第392—394页)。于是,审议室原本就想认可的返还侵权所获利润和赔偿适当的许可费,在德国《专利法》中找到了依据。上述纲要中提出的将三种方式作为损害赔偿额的计算基础,以及是以并列的方式列举了这三种方式,这两点都是基于对德国法的理解而来的。

昭和31年5月16日,一般部会第15次会议正式提出了该纲要案。

在一般部会第16次会议的讨论中,大家纠结于纲要案(1)中损害额的规定与《民法》第709条中应获利润的异同。另一方面,还有人提出应该将侵权行为产生的利润返还请求权作为不当得利的一种。这种主张是将专利侵权人视为《民法》第205条的准占有人,并拿出《民法》第190条“恶意占有人的果实返还义务”的规定,对于存在故意过失的专利侵权人而言,出于恢复绝对权原状的需要而负有利润的返还义务,而不负有损害赔偿义务。从这一立场出发,那么在形式上就不需要设计损害赔偿的计算规定,而应该以恢复原状的形式设置相关规定(上述《第十五次一般部会会议纪要》,第6页;上述“第十六次一般部会会议纪要”,第1页)①。此外,还有反对声音认为,对于(2)中关于不当得利的规定,无需设计与《民法》相同的规定,交由《民法》处理足矣。于是,特许厅拿出了替代方案(上述《第十六次一般部会会议纪要》,第1—3页)②

审议室接受了该意见并再次编写草案，并且于昭和 31 年 5 月 30 日在第 17 次一般部会中提出了《关于恢复财产原状的初案（前次结论）》，“荒玉文库”，27）。 52

这一草案在此后的答辩中几乎未发生改变，因此不做详细阐述。有关（1），为做出实质性的改变，上一次的结论被接受，仅废除损害赔偿的计算规定这种形式。还有意见认为，该草案中包含利润返还义务在内，都应作为与《民法》709 条的损害赔偿请求权相关的内容予以规定（《第十七次一般部会会议纪要》，“荒玉文库”，27，第 1 页），但并未被过多讨论，只有兼子一部会长对该意见做了概括性的总结。接着，对于（2），该草案做出了重大变动，具体如下：“对于善意并且无过失侵害专利权的人，专利权人不能请求利润的返还。”对此，可以解读为否定了利润返还权，但并未对其进行实质性的讨论（关于此，参见：上述《第十七次一般部会会议纪要》，第 5—6 页）。

注　释

① 对此并未附上详细理由。除了与《民法》第 190 条之间存在要件上的龃龉以外，这一学说中所指的绝对权的恢复原状请求权具体是什么意思，以及该请求权是否可以从该条文中提取出来，这些问题都是存在疑问的。此外，在专利权侵权中提出民法的占有规定，对此，我妻容委员在其他场合中表示质疑。参见下一个注释。

② 之所以设定了同《民法》中重复的规定，是因为有学说认为，在专利侵权中不应该认定不当得利（勝本正晃，「特許権侵害に因る損害賠償」，『法学新報』，55 巻 2 号，1984 年，第 75—77 頁；「工業所有権の侵害対策について」，荒玉文庫，29；「特許権侵害に関する実体的規定を整備すること」，荒玉文庫，29），在一般部会也有人拿出准占有的概念并以《民法》第 189 条为根据，否定对于善意无过失的侵权人的不当得利返还请求权（「“第二

回一般部会議事要録」，荒玉文庫，27，第 2 頁；前揭「第三回一般部会議事要録」，第 8 頁）。此外，我妻荣委员还做了如下发言：“虽然明确反对这一立场，但如果存在以上的疑问，也可以提前设计一个明文规定。”

3. 答复

由于在一般部会中没能得出结论，因此，特许厅提出的草案中还留存几个疑问。其一，侵权行为的利润返还请求权是以《民法》第 709 条为原则并与其损害赔偿请求权相关的规则，还是如一部分主张那样，它是对绝对权的恢复原状，而与损害
53 赔偿请求权并不相同。其二，关于草案（2）的意义存在疑问（《有关专利权侵害的初案的疑问》，“荒玉文库”，29；《关于权利侵害向我妻先生所提疑问相关事项》，“荒玉文库”，29）。但是，在完成答复时，对于第一个疑问，根据一般部会中部会长官的总结可知，是对于绝对权的恢复原状（特许厅编，《工业所有权制度审议会答辩说明书》，《发明协会》，1957 年，第 106 页）；对于第二个疑问，在善意无过失的情况下，并不存在损害赔偿请求权和利润返还请求权，这一点是很明确的，因此可以得出结论，即（2）继承了否定《民法》中不当得利返还请求权的趣旨（上述《关于权利侵害向我妻先生所提疑问相关事项》），这也算是恰当的。最终，答复案于昭和 31 年 12 月 21 日在工业所有权制度第 2 次总会上被提出（《工业所有权制度改正审议会答辩案》，“荒玉文库”，13）。由于是一般部会关系，兼子一部会长官作为代表说明了答复趣旨。答复就这样被确定下来（《工业所有权制度改正审议会第二次总会议纪录》，“荒玉文库”，13），并提交给通商产业省大臣［《百年史》（下），第 262 页］。

从上述经过可推知，答复与一般部会中最后提出的草案相比几乎没有变化。原文如下（特许厅编，同上书，第142—143页）。

“工业所有权制度改正审议会答复一般会议关系”

“第二，关于利润返还义务与损害赔偿义务增设如下规定。

（一）关于故意或过失侵害

（イ）专利权人对于故意或过失侵害自己专利权的人，可以请求返还侵害行为所获的利润或者请求赔偿自己蒙受的损害。

（ロ）侵害所涉及的专利发明的许可费相当额即专利权人所蒙受损害的一部分。

（二）关于善意无过失侵害

专利权人对于善意并且无过失侵害自己专利权的人，不能请求利润返还和损害赔偿。但不妨碍第一请求*。”

根据这一答复，设置上述规定的趣旨为，如果根据《民法》的侵权行为和不当得利，则“返还请求额应以专利权人所受损失为限，但对于所受损失的举证却并非容易之事”。除此以外，“如果工业所有权与所有权相同，并将其作为绝对权加以考虑，则可认为应完全将其恢复到原来的状态”。但是，“还有只 54
存在侵权不存在损害的情况，仅通过损害赔偿的请求对于权利人的保护是不充分的”。因此，“考虑到工业所有权的特性，对于故意过失的侵权人可以请求利润返还或损害赔偿”。于是便没有必要导入德国《民法》的准事务管理制度了。所获的利润

* 此处的第一请求是停止侵害请求权。——译者

或者受到的损害要与侵权行为具有相应的因果关系，立足于此，达到何种程度才算是相应的因果关系？工业所有权是无形财产权，这一问题在大多情况下判断起来是很困难的”，“将许可费的相当额作为侵害导致专利权人蒙受的损害额的一部分，针对这部分也是可以请求赔偿的”（特许厅编，同上书，第142—143页）。此外，在答复中，（二）否定了对于无过失侵权人的利润返还请求权。在答复中的其他地方还主张应该将专利权侵害人推定为过失（特许厅编，同上书，第143页。现行《专利法》第103条），“善意无过失的侵害是非常理想的状态，此时命令其恢复原状反而不妥，因此仅限于停止侵害请求权”（特许厅编，同上书，第107页）。

顺便一提，答复说明书中，在外国法律规定部分列举了德国法的三种损害计算方法。至于其他国家，例如美国《专利法》也只是一笔带过（特许厅编，同上书，上述第107页）。显然，答复的构成是以德国法为范本的（丰崎光卫，《新法案中工业所有权的保护》，《法律家》，第174号，1959年，第18页）。

第2项　法案形成过程

序

根据答复形成法案的准备工作主要由特许厅完成，自由民主党与法务省民事局之间的交涉也在持续推进。在此过程中，一般部会还没有终结讨论，因此在理论方面的武装较为脆弱的答复，遭受到无法与《民法》的规定相协调的批判。最初，特许厅内也存在同样的疑问，这些疑问起到了推波助澜的作用，承认侵权行为所获的利润的返还请求权的方案被废止，而改为损害的推定规定。本部分旨在追溯直到将法案提交给国会的整个经过。

1. 答复的法条化 55

一般部会的审议进入最后阶段，答复的四梁八柱会变得清晰起来。在这一时间点上，由审议室推进完成修改《专利法》草案的工作，审议室的织田季明事务官起草了第一次草案。在该草案中，有关权利侵害的财产救济的条文是直接将已经通过一般部会审议的上述草案（《关于恢复财产原状的草案》，“荒玉文库”，29）加以法条化而已（《专利法改正第一次草案》，“荒玉文库”，14，第 168 条和第 174 条）。接着，答复发表后的昭和 32 年 1 月 16 日，审议室完成了特许厅一读用的专利法草案。相关部分也只是将答复进行了条文化，草案中并未定义新用语，为了避免使用“许可费”这一用语（上述《专利法改正第一次草案》，第 168 条中所附标注），而选择使用了“与通常获得的金钱数额相当的金额”（《专利法案（第一次会）》，“荒玉文库”，14，第 174 条和第 175 条）。其后，除了对该规定进行文字上的细微调整外，并未做出实质性改变，并通过了特许厅内的一读会和二读会（《专利法案（第二次会）》，“荒玉文库”，14；《总务课第二次会案》，“荒玉文库”，14，第 179 条和 180 条）。其结果是，也算是三读会的法制局启动了第一次会，昭和 32 年 8 月 16 日开始与外部进行交涉，特许厅提出的专利法草案（第三次会）中的相关规定如下（《专利法案（第三次会）》，“荒玉文库”，16）。

“（利润返还义务和损害赔偿义务）”

第 186 条　专利权人或专有实施人对于因故意或过失侵害了自己的专利权或专用实施权的人，可以请求侵权人返还所获利润或者赔偿自己遭受的损害。

②在上述情况下，专利权人或者专有实施人至少可以以

实施该专利发明通常应获得的金钱相当的金额作为对自己所受损害的赔偿额。

第 187 条　专利权人或专用实施人对于善意并且无过失侵害自己专利权或者专用实施权的人不能请求返还利润或者损害赔偿。

这一规定除了对文字进行了细微的修改外，并无任何变化，直接沿用了特许厅于昭和 33 年 1 月 13 日总括第四次会（兼法制局第二次会）开始时提出的《专利法》草案（第四次会）的第
56 98 条和第 99 条（《专利法案（第四次会）》，“荒玉文库”，17）。

2. 导入轻过失参照规定

昭和 32 年 8 月，法制局会议开始后，特许厅与自民党和法务省就该《专利法》草案开始了交涉。

政府向自由民主党政务调查会传达了将向国会提出工业所有权修正案的意向。为此，自民党政务调查会商工部会于昭和 33 年 1 月 6 日设立了《专利法》等修订调查小委员会。任命该党众议院议员，也是当时的专利法学权威学者清瀬一郎为委员长。该调查会于同年 2 月 11 日完成调查，并拿出了报告书（关于以上内容，参见:《专利法等改正调查小委员会调查报告书》，“荒玉文库”，17）。

报告书由清濑委员长亲自撰写，并表明了如下立场：如果修订案与《民法》不符，那么寻求判例中的统一解释可能需要花费很长的时间。具体来说，从《民法》第 703 条看，第四次会中提到的《专利法》草案第 99 条（几乎与第三次案第 187 条相同）是有些过激的。最终，报告书主张将第 99 条修改为与

《民法》第 703 条相同内容的条款。除此以外，还提出了替代方案，第 99 条意图对善意无过失的侵权人提供救济，即使存在过失，但在侵权与不侵权的边界线处发生侵权时，令其与存在相当大的过失的情况一样进行赔偿，未免有些残酷。基于这样的判断，在侵权人不存在重大过失的情况下，法院可以参照侵权行为的具体情况计算赔偿额（参见:《专利法改正纲要中的问题点》，“荒玉文库”，19；上述《专利法等改正调查小委员会调查报告书》）。

特许厅没有直接同意要对第四次会议中的第 99 条进行修订，但决定接受报告书中主张的参照轻过失的方案（昭和 33 年 3 月 7 日《法制局审议（第二次会）问题点之三》，“荒玉文库”，17）。此后接受了修改，即现行《专利法》的第 102 条第 3 款。

3. 导入推定规定

在与法务省民事局进行交涉的过程中，上述第三次会议案中的第 186 条第 1 款和第四次会议中第 98 条第 1 款的利润返还请求权条款，与《民法》相关规定之间出现较大的协调问题。最初，民事局将这一规定视为问题所在，并强硬主张，该条款不符合《民法》中损害赔偿的规定，没有理由支持仅就专利侵权规定利润返还请求权。特许厅对于损害的计算非常困难这一点提出了反论，即如果是这样，索性就将推定的利润规定为损害来解决这个问题 57
好了（《法务省关于专利法案的意见》，“荒玉文库”，14）。

前面已经提到，在特许厅内部同样对答复以及法案中的利润返还请求权的规定存在理论上的质疑。那时，特许厅向身为一般部会委员的我妻荣提出了上述疑问（昭和 31 年 11 月 10 日《关于权利侵害部分向我妻先生提出的疑问相关事项》，“荒玉文库”，29）[①]。其后，法务省民事局认为，相关条款不符合《民法》中的损害规定，因此反对答复。为此，特许厅着手讨论民法学权威我妻荣的学说（关于我妻的学说，参照序章第2节第2款7）。其结果是，我妻说认为，基于侵权人的特殊才能和机会所带来的利润不应被返还，而在第四次会中形成的《专利法》草案规定侵权人应全额返还由侵权行为所产生的利润，这是二者之间的最大差别。《专利法》草案还规定了比我妻说更为苛刻的返还义务（《专利法案（第三次会）》，“荒玉文库”，16，第186条附注）。也有理解认为，这一差异成为了批判的对象（织田，《新专利法详解》，第368页）。还有意见认为，如果《民法》中的损害是这样广义的概念，那么用《民法》来解读即可［昭和33年2月25日特许厅内的讨论。《专利法案（第四次会）》，“荒玉文库”，17，第98条附注］。

其后，昭和33年4月1日，在特许厅与清濑议员会谈之际，清濑议员提出了与民事局相同的方案，即废除利润返还的规定，改为将利润推定为损害的规定。特许厅直接接受了这一方案（《清濑先生的意见》，“荒玉文库”，17）。次日，在与民事局的会面过程中提出了方案，并取得了民事局的同意（《与民事局会面的结果》，“荒玉文库”，17）。之后，还将与现行《专利法》第102条第1款几乎一致的推定条款纳入次日完成的《专利法》草案（《专利法案（第五次会）》，“荒玉文库”，17）。如此迅速的应对，或许是因为，对于《民法》中的损害概念，特许厅内正确理解了我妻说，因此并不需要规定利润返还请求权，或者利润返还请求权的规定有些过激。顺便一提，很久后出版的我妻荣所著的《民法讲义》（V_4）第928—929页也提及，《专利法》第102条第1款采纳了我妻说这一点。

注　释

① 我妻荣委员缺席了昭和31年5月30日的一般部会，兼子一部会长很想要听取我妻委员的意见，这或许也是向我妻委员发送问题函的原因之一吧。(《第十七回一般部会议事要录》，“荒玉文库”，27，第2页)。

4. 最终调整 58

就这样，昭和33年4月3日，特许厅向法制局第三次会（总括第五次会）提出了专利法草案（第五次会），损害赔偿部分如下（《专利法案（第五次会）》，“荒玉文库”，17）。

“(损害额的推定等)”

第102条　如果专利权人或专有实施人对于故意或过失侵害了自己的专利权或专用实施权的人请求赔偿侵害行为致使自己所蒙受的损害，侵权人由于侵权行为获取利润时，将该利润的金额推定为专利权人或者专有实施权人所受损害的金额。

2. 上述情况下，专利权人或专有实施人可以请求将与实施该专利发明通常应获金钱的额度作为自己所受损害的额度。

3. 如果过失侵害专利权或者专有实施权的人并无重大过失，法院在确定损害赔偿的金额时，应参酌此点。

4. 专利权人或专用实施人不能请求无故意或无过失侵害自己专利权或者专用实施权的人返还利润。

但是，法务省民事局又对该法案发起了全面攻击。昭和33年5月23日，在会谈上，民事局对以下事项持有质疑：第一，第1款将侵权人所获的利润推定为损害；第二，第 2 款将许可费规定为通常的损害额；第三，第 3 款参酌轻过失；第四，第 4 款不认定利润返还。除此以外，对第 1 款与第 2 款之间的关系是否明确也表示了质疑（《有关专利法案（第五次会的问题点）》，“荒玉文库”，17）。最后一个疑问是对上述法条应进行纵向理解还是重叠理解。对此，特许厅内部没有进行讨论，民事局也没再提及该问题。但特许厅对第 3 款和第 4 款进行了重新思考（《法制局以及法务省审议（第三次会）问题点》，“荒玉文库”，17）。最终，在昭和 33 年 9 月 15 日特许厅、自民党和民事局的会谈上，决定删除第 4 款（《专利法案（第五次会）》，“荒玉文库”，17，第 102 条附注）。

其后，《专利法》草案经过了昭和 33 年 11 月 20 日的法制局第四次会议案，最终案于昭和 34 年 1 月 1 日在第五次会议案后完成（《专利法案（第四次会）》，“荒玉文库”，17；《专利法案（第五次回）》，“荒玉文库”，17）。进入最终调整阶段后，同年的 1 月 20 日，民事局要求一并删除第 1 款和第 3 款，并提议将第 2 款作为第 1 款，将“前款规定不妨碍对超出该款规定的金额请求赔
59 偿”作为新的第 2 款。特许厅对删除第 1 款和第 3 款未作出回应，但决定在对第 3 款的参酌轻过失进行限定的范围内接受新的提案。清濑议员继续支持了第 1 款，在这一方案上，特许厅没有吸收法务省的反对意见（《对于专利法案的意见》，“荒玉文库”，17）。

最终，《专利法》修订案的相应部分就成为了现行《专利法》第 102 条的模样，并被提交给了国会。

第 2 款　立法过程

昭和 34 年 2 月，《专利法》草案与其他工业所有权相关的三份草案被一并提交给了国会［《百年史》（下），第 271 页］。

当时身为通商产业省政务次官的中川俊思政府委员在众议院商工委员会上对《专利法》第 102 条作为《民法》特别规定的趣旨进行了说明［《第 31 次国会众议院商工委员会会议记录第 30 号》（昭和 34 年 3 月 17 日），第 2 页］。在参议院商工委员会上，由时任特许厅长官的井上尚一政府委员对该规定的含义进行了说明。设定第 1 款推定规定的趣旨是在侵害了工业所有权的情况下，权利人往往会由于证明损害的金额难度高而得不到充分赔偿，为此通过推定的规定给予保护［《第 31 次国会参议院商工委员会会议记录第 8 号》（昭和 34 年 2 月 11 日），第 4 页］。答复中更为详细的是，在完成法案的过程中还提到，认可返还侵权人所获的利润的请求权的答复。对此，法务省对于根据《民法》中不当得利返还请求权即可解决这种意见表示了强烈反对，如果对超出权利人所受损害的部分也认可其利润返还请求权，这对于侵权人而言未免过于苛刻，过于保护权利人违背了《民法》中的公平原则，因此，否定了答复中的利润返还请求权［《第 31 次国会参议院商工委员会会议记录第 10 号》（昭和 34 年 2 月 18 日），第 2 页］。另外，有关第 3 款的参酌轻过失规定，在侵害了工业所有权的情况下，是否构成权利侵害，很多时候是很微妙的，要么完全赔偿，要么完全不赔偿，这种处理也是不妥当的，因此才要参考过失的程度（上述参议院商工委会议记录第 8 号，第 4 页）。答复中还有如下提案，对于可以举证自己没有过失的侵权 60
人不能请求利润返还，但在与法务省讨论后，也有答复认为，仅对侵害工业所有权的情况下设定这样的规定未免不妥，既然是权利侵害的行为，就应该服从《民法》中的不当得利返还请求，至此才暂且平静（上述《参议院商工委会议记录第 10 号》，第 2 页）。其中并未特别提及第 2 款。

国会对《专利法》第 102 条未进行如前面所介绍过的讨论，最后也未对该条进行任何修改，便正式形成了《专利法》第 102 条。

第 3 款　小结

1. 从立法过程中形成的材料看，国会未进行实质性的讨论，用于确定是否是可囊括至《专利法》第 102 条中的可能选项是不太充分的。

2. 如果将视角转移到起草过程，如前所述，工业所有权制度审议会答复主张应该赋予专利权人向侵权人请求利润返还的权利。但是，答复显示的方针无奈被改变，被修改为推定侵权人获得的利润为损害额。起草者是如何考虑这一规定的趣旨的呢？

首先，有关第 1 款推定的意义。在法案的制定过程中，没能找到以具体案例对该条款进行讨论的痕迹，不可否认会有一种得不出结论的感觉。在起草过程中，唯一一次提到推定条款趣旨的是昭和 34 年 1 月 1 日法制局第五次会中将于同年 1 月 16 日对《专利法》草案发表的逐条解说。也就是说，关于第 102 条，“第 1 款规定，如果请求人能够举证侵权人通过侵权行为所获利润的金额，则推定该金额为损害额。因此，在对该利润的金额进行举证后，如果侵权人未对权利人的损害额进行举证，就认定侵权所获利润的金额为损害额”（《专利法案逐条解说》，“荒玉文库”，20，第 102 条解说）[1]。昭和 33 年，撰写逐条解说的织田季明事务官在其他场合对该推定条款的意义进行了如下说明：“该条款
61 仅仅是‘推定’，如果侵权人能够证明专利权人或者专有实施人所蒙受的损害比自己所获的利润少，所获利润未必一定是对方的损害，那么其中一部分是可以被自己保留的。”（织田季明，《改

正专利法案中五个问题点》,《专利管理》，第 8 卷第 8 号，1958 年，第 367 页)。

根据上面的理解，如果权利人能够证明侵权人所获的利润，则可将其推定为损害额。此时，侵权方通过证明权利人的损害额进而免于推定，这也是理所当然之事。证明权利人的实际损害额比推定的额度少时，对于明显可由侵权人所获部分的赔偿可以豁免。在此，应该注意的是，例如，对于该条进行纵向理解的审判实务和学说所意向的思考方式是，在一定情况下，推定完全起不到作用，而权利人必须对损害额从零开始举证，这种全有或全无的思考方式未被起草者所采用。另外，将损害的发生与损害额进行区别，第 1 款仅推定了损害额，这种理解也没有出现在起草过程中。根据织田的观点反倒是侵权人即使可以证明权利人的实际损害比推定的金额少，也不过是推翻了将侵权人所获利润的全部作为实际损害这种推定，侵权人只能就利润的一部分——即能够证明的部分——免于赔偿。换言之，推定仅能就差额部分进行推翻，对于不能免责的额度依然推定为权利人受到的损害。

上面对权利人和侵权人之间主张和举证的攻防过程的理解更加符合重叠理解，即在权利人证明了侵权人所获的利润时，侵权人对其进行利润上的分配。进一步，也不能忽视我妻说成为特许厅内部变更答复的内在动因这一情况。我妻荣认为，原则上应将侵权人所获的利润视为损害额，但应该去除归属侵权人特殊才能的部分，我妻说与计算第 2 款的相当的许可费金额时以侵权人获得的利润为基准的计算方法类似。如果第 1 款是这样的规定条款，那么应该是倾向重叠理解。后来，在织田所著的《新专利法详解》第 368—369 页中也写道，根据第 1 款，应将侵权人所获的利润全额推定为损害额，如果其中包含侵权人通过特殊才能和体力所获的利润，那么侵权人可以据此证明对方所受损害的额度较自己所获的利润少，由此减少损害的额度。

62 但是，对于本章来说最为重要的问题即《专利法》第 102 条第 1 款和第 2 款的关系。对此，民事局仅提出过一次质疑，但没有给出直接解答。在答复阶段，第 1 款和第 2 款的前身作为分别独立的请求权而被规定，相互关系并不存在问题。此后，在法案制定过程中，将第 1 款修改为推定的规定，两者之间的关系在形式上发生了变化，而特许厅并未改变最初答复时的理解，将第 1 款和第 2 款的关系理解为互不关联，或许是没有考虑过这个问题吧。此外，在哪个范畴内捕捉起草者的意图也是个问题。例如，清濑议员和法务省民事局意图使其与《民法》的损害概念相符从而导入推定规定，这是很明确的，但作为其前提的《民法》的损害概念却是不明确的。原本关于损害的概念，第 2 款也应存在问题。这一条款是为了划定最低限度的损害赔偿额而被起草的，这一点在目前为止的讨论中也已经被明确了，从法案形成的大概过程可知，这一条款中实施专利发明通常应获金钱的额度之意可以被替换为适当的许可费。但是，其理论依据却是不明确的。如果追溯答复以前的阶段，只可获知其是想导入德国的相当许可费赔偿制度和美国的合理许可费赔偿制度。

3. 这样来看不得不说，想要验证可能囊括至《专利法》第 102 条的制度选项，仅讨论起草过程在材料上是不充分的。

前面已指出，答复中“三根支柱”的结构是效仿德国法的。在法案修订之初，关于侵权人获利返还制度参照了英国《专利法》，有关许可费赔偿参照了美国《专利法》。从最终的效果看，其是制定了与答复中几乎相同的雏形。但是，在特许厅内却找不到对英国和美国的《专利法》超出条文理解的详细研究的迹象。

在当时的学界，也几乎没有可入眼的研究成果。可以说，那时我们对这两国专利侵权中损害赔偿额计算的实际情况并不完全了解。这一点上，笔者发现审议室内部关于德国法的了解相对比较详细，其在一般部会中途提出以德国法为模版的纲要草案，最终直到答复。无论从起草过程看，还是从答复说明书的记载和答复中规定 63
的结构来看，关于制度的整体结构的答复都是以德国法为模版的。

如果是这样，为检证重叠理解能否被囊括至《专利法》第 102 条，既然起草过程中材料不足，那么对作为《专利法》第 102 条第 1 款、第 2 款前身的答复试图导入的德国法制度加以探究，势必大有益处。下一节我们就进行这一工作。

注　释

① 与第 102 条相关的记录与之后出版的《逐条解说》第 261—263 页是相同的。

第 3 节　德国法

第 1 款　损害的三种计算方法（**dreifache Schadensberechnung**）

序

在德国，专利权人或其他排他实施人可以从以下三种方法中选择任意一种方法，向具有故意或过失的侵权人请求损害赔偿。第一种方法是针对自己的逸失利润进行赔偿；第二种方法是支付相当的许可费；第三种方法是返还侵权行为给侵权人带来的利润[①]。这三种计算方法在德国《专利法》的条文中找不到依据[2]，而是通过已确定的判例中总结得出的。19世纪以后，帝国法院（Reichsgericht）在著作权、专利权、实用新型权、外观设计权等各类侵权案件中，适用了上述三种方法。联邦最高法院（Bundesgerichtshof）也继承了这一传统，在商标权案件中适用上述三种方法。在铁打不动的判例面前，学说上对于以上三根支柱的结构并无太多非议，而仅仅对如何附以第二种和第三种计算方法以理论根据这一点持有一定争议。既然德国的制度是以判例为主导而形成的，那么就有必要从《专利法》第102条的系谱源头来正确理解判例所采用的三种方法的具体内容[3]。

注　释

64 ① 在德国，实施权包括排他实施权（ausschließliche Lizenz）和普通实施权（einfache Lizenz）两种。其中，排他实施人（ausschließlicher Lizenznehmer）可以请求损害赔偿，而且与专利权人一样，可以通过三种方法来计算损害的金额［RG13.10.1937=RGZ 156,65（67）=GRUR 1937, 1072（1073）; BGH 13.3.1962=GRUR 1962, 401（402）—Kreuzbodenventilsäcke Ⅲ］。此外，许可第三方排他实施的专利权人，能够将约定的许可费的减少部分作为第一种计算方法的逸失利润，请求侵权人赔偿（RG 28.5.1932=RGZ 136,320）。排他实施人向侵权人请求赔偿逸失利润时，通过将应向专利权人支付的许可费的费用从销售额中扣除后，再计算损害赔偿额，以防止侵权人双重支付［RG 28.5.1932.a.a.O.,（321）; RG 12.9.1936=GRUR 1937,531（534）］。

② 现行《德意志联邦共和国专利法》（Patentgesetz, vom 16. Dezember 1980, BGBl. 1981 Ⅰ S. 1）第139条第2款1规定，故意或过失实施该行为（第1款中规定的专利侵权行为。——译者）的人，对于权利人负有赔偿由此发生的损害之义务。但是，《著作权法》［Gesetz über Urheberrecht und verwandte Schutzrechte（Urheberrechtgesetz）, vom 9. September 1965, BGBl. Ⅰ S. 1273］第97条第1款2，以及《外观设计法》［Gesetz betreffend das Urheberrecht an Mustern und Modellen（Geschmacksmustergesetz）, vom 11. Januar 1876, RGBl. S. 11］第14条a第1款2（eingefügt mit Wirkung vom 1. Januar 1975 durch Einführungsgesetz zum Strafgesetzbuch vom 2. März 1974, BGBl. Ⅰ S. 2501）却
65 规定，专利权人可以请求侵权人返还由侵权行为所获的利润来替代损害赔偿。

③ 在日本，最早介绍这三种计算方法的文献或许是星子末雄的如下文章：「特許侵害に因る損害賠償等の請求」，『特許と商標』，昭和 7 年 7 月号，1932 年，第 24—33 頁。此后，基本没有进一步的研究文献。关于这三种方法的德语文献不胜枚举，本款的目的在于明确判例中采用的具体计算方法，立足于这一观点，似乎都没有超出如下文献的内容。此处的文献是指：Fischer, Schadenberechnung, S. 35ff.。

第 1 项　逸失利润（entgangener Gewinn）

1. 概览

第一种计算方法是逸失利润。专利权人可以请求赔偿由于侵权行为所丧失的利润的金额。

这种计算方法是直接从《民法典》（Bürgerliches Gesetzbuch vom 18. August 1896, RGBl. S. 195）推导得出的，而非专利侵权中特有的计算方法。根据《民法》第 249 条第 1 款，损害赔偿人负有将权利人的状态恢复至如不存在侵权行为所应有的状态的义务。但是，在专利侵权中，恢复原状是不可能的，因此根据《民法》第 251 条第 1 款，义务人通过金钱的方式进行赔偿。多数说认为，如果根据判例中的差额说[①]，计算该金额时应以第 249 条为基准，而且需要通过赔偿将权利人的财产状态恢复至与未发生侵权行为时相同的状态，因此必须要对从如果未发生侵犯权利人应该拥有的财产数额中扣除现实的财产数额后的差价进行赔偿。如《民法》第 252 条第 1 款的规定，这一赔偿额中包含侵权行为导致的专利权人不能获得的利润。因此，如果是专利侵权，权利人对于侵权行为导致自己减少的利润额进行举证后，可以请求损害赔偿。这种方法属于第一种计算方法。[vgl. RG 13.10.1937=RGZ 156, 65（67）=GRUR 1937, 1072（1073）; Rudolf Kraßer Schadensersatz für Verletzungen von gewerblichen

Schutzrechten und Urheberrechten nach deutschem Recht. GRUR Int. 1980, S. 262]。

从观念上可以假设多个例子，但在实施判例中可被承认的逸失利润的具体判例大致分为以下两类（vgl. Albert Preu, Richtlinien für die Bemessung von Schadenersatz bei Verletzung von
66 Patenten, GRUR 1979, S. 756; Kraßer, a. a. O., S. 262）。一类是在专利权人销售专利发明的实施产品的情况下，侵权行为导致产品的销量变少，逸失利润是失去的利润，是权利人每单位产品的利润乘以侵权行为所导致的减少的销量，由此来计算逸失利润（vgl. Preu, a. a. O., S. 756f.）。另一类是在权利人赋予第三人实施权时，实施人的销量减少导致权利人应收取的许可费作为减收部分[2]。但是，大多判决和文献都只考虑前一种逸失利润[3]。

注 释

① 有关德国的差额说，参见：北川善太郎，「損害賠償論序説（1）」，『法学論叢』，73卷1号，1963年，第7—10頁；同「損害賠償論の史的変遷」，『法学論叢』，73卷4号，1963年，第31—56頁；平井宜雄，『損害賠償法の理論』，第26—28頁；平井宜雄，「『損害』概念の再構成（1）」，『法協』，90卷12号，1973年，第1523—1526頁；吉村良一，「ドイツ法における財産的損害」，『立命館法学』，150号，154号，1980年，第795—799頁。

② 支持赔偿赋予第三人排他性实施权的专利权人后一种许可费收入逸失利润的案例有：RG 28.5.1932=RGZ 136,320. Vgl. auch Klauer-Möhring, Patentrechtskommentar Band Ⅱ, S. 1391（Hans Gerd Hesse）。

③ 差额说所把握的损害包括侵权产品低劣导致专利发明信用丧失的损害等，以及市场混乱和信用丧失所导致的损害（Marktverwirrungsschaden: Diskreditierungsschaden）。Fischer, Schadenberechnung, S. 68ff.; Kraßer, a.a.O., S.259ff. 另外，侵权产品廉价销售时，专利权人为了不丧失客户不得不降价，这时降低的额度也是损害。Fischer, a.a.O., S. 63; Preu, a.a.O., S.756. 为求方便，本书中第一种计算方法以不包含上述两者之意使用。此外，关于能否与其他计算方法并存等问题，必须指出有必要将由于市场混乱导致的损害与本文中例示的逸失利润的意思进行不同处理。Fischer, a.a.O., S.100f., 120.

2. 因果关系

逸失利润赔偿面临的难题是侵权和权利人的利润减少之间存在因果关系的证明要件。作为典型例子，例如，如果侵权人没有销售侵权产品，权利人能够销售自己的实施产品，就是需要证明的要件（RG 29.3.1919=RGZ 95, 220；BGH 13.7.1962=GRUR 1962, 580（583）—Laux-Kupplung Ⅱ）。

关于逸失利润，《民法》第 252 条第 2 款中规定，"从事物的通常形态来看，根据盖然性能够期待的利润，或者是根据特殊情况，特别是已经形成的措施以及准备，就可以成为逸失利 67
润[①]"。判例和多数说将该条款理解为可以减轻证明的规定，而将该条适用专利侵权案件的结果是，专利权人没有必要将因果关系要件证明到确定性的程度，只要证明到盖然性的程度即可（Albert Preu, Richtlinien für die Bemessung von Schadenersatz bei Verletzung von Patenten, GRUR 1979, S. 756; Eike Ulmann, Die Vershuldenshaftung und die Bereicherungshaftung des Verletzers im gewerblichen Rechtsshuts und Urheberrecht, GRUR 1978, S.618; Rudolf Kraßer, Schadensersatz für Verletzungen von gewerblichen Schutzrechten und Urheberrechten nach deutschem Recht, GRUR Int. 1980, S. 262）。但是，问题并未因此得以解决。

帝国法院在 1919 年 3 月 29 日的判决中，以抽象论的形式说明，如果适用《民法》第252条第2款，那么在专利侵权案件中，需要假设专利权人由于侵权产品的存在导致销量减少，并且必须以此为出发点。但结论也不过是没有认定因果关系而已［RG 29.3.1919.a.a.O.（221）. 此外，引用了 RG 8.2.1890=JW 1890,162. Nr.17］。进一步，帝国法院在 1920 年 2 月 23 日的判决中引用了上述判决并阐述了同样旨意的假设，在购买了侵权产品的人中，以安装带有专利发明的实施部分的机器为购买动机的人数是无法确定的，因此驳回了原审将所有侵权产品的购买者认定为逸失利润的赔偿。还要明确说明的是，在事实不确定时做出有利于原告的理解，这在法律上是存在错误的［RG 23.2.1920=GRUR 1920,103（105）］。因此，即使根据这些判决，也不能得出帝国法院根据《民法》第 252 条第 2 款推定权利人存在逸失利润的结论。不仅如此，特别是根据后面这个判决，帝国法院得出的结论是，仅根据存在专利侵权这一事实无法直接认定《民法》第 252 条第 2 款的盖然性，并表明了因果关系的举证责任仍然在专利权人一方的立场。而且，联邦最高法院在 1962 年 7 月 13 日判决中明确阐述，专利权人必须证明因果关系，并由此驳回了认定赔偿逸失利润的原审判决，而对于侵权产品的国外消费者，则需要审理如果不存在侵权行为权利人是否能供给相应的产品，因此将案件发回重审（BGH 13.7.1962. a.a.O）[②]。与《民法》第 252 条第 2 款无关，判例必须证明因果关系的责任在专利权人一方。

68　具体来说，只要能够证明存在如下事实，就可以认定存在因果关系。这一点的处理与日本的审判实务相类似。

首先，专利权人本人或从专利权人处获得许可的实施人实施了专利发明，这是最低限度的要求（Preu, a.a.O.,S.756; Kraßer, a.a.O., S.262; Rolf Pietzcker, Richtlinien für die Bemessung von Schadensersatz bei der Verletzung von Patenten, GRUR Int. 1979, S. 344）。判例中，在使用了专利发明的权利人未能得到专利权人的许可而实施使用的情况下，即在权利人没有完全实施专利发明的案例中，否定了逸失利润［RG 6.11.1929=RGZ 126,127（131）］。

另外，即使专利权人销售了实施产品，也不能直接肯定具有因果关系，还必须证明另外一个命题，即如果没有侵权行为，购买侵权产品的消费者就会购买专利权人的产品（vgl. Kraßer, a.a.O., S.262; Pietzcker, a.a.O., S.344）。

如果将判例中的认定方法图式化，则具体如下。

实际上，只要能够认定购买侵权产品的消费者的购买动机是专利发明的实施产品这一事实，上述命题便自然成立［RG 19.10.1936=GRUR 1937,375（376）］。

但是很少有法官直接认定这一事实，大多数是通过确认如下事实来间接确定。专利权人的实施产品在市场上处于几乎没有竞争产品的状态，或者即使存在类似产品，但专利发明凭借技术上和经济上的优势等，可以与市场上的其他产品相区别，也就是说实际上处于无竞争产品的状态。法院将这种状态称为独占地位［RG12.9.1936=GRUR 1937,531（534）; RG 19.10.1936,a.a.O.］。如果实施产品处于独占地位，考虑到购买侵权产品的消费者误以为侵权产品是专利发明的实施产品才进行购买，因此推定如果不存在侵权行为，这些消费者都将会购买专利产品，由此证成了上面的命题（Fischer, Schadenberechnung, S.57f.）。但是，影响这种独占地位认定的事实却是多种多样的。例如，侵权人或者其他第三方制造销售类似产品的情况。根据判例，在这种情况下，为了肯定独占地位，仅凭发明专利在技术或经济效果方面有一定 69
的改良这种程度的事实是不足以证明上述命题的。必须能够证明到如下程度，即在其他地区可入手的其他型号的产品不能带来与专利发明相同的效果，因此不能认为构成实质上的竞争（RG 29.3.1919. a.a.O）。

当然，因为存在侵权人或其他第三方的竞争产品所以不能认定完全的独占地位，在这种情况下，虽然购买侵权产品的消费者不会全部购买专利发明产品，但至少会有一部分消费者购买，这种情况也是存在的。但是，在实际判决中却未发现对这一部分认定逸失利润的案件[③]。因此，在专利侵权案件中，即使是在应该存在一部分逸失利润的情况下，由于不能证明盖然性，使用第一种计算方法无法得到任何赔偿的事态也常有发生。很多学者很早就指出，逸失利润的证明常会遇到困难［Ulrich Loewenheim, Möglichkeiten der dreifachen Berechnung des Schadens im Recht gegen den unlautern Wettbewerb, ZHR 135（1971）, S. 116; Reimer, PATENTGESETZ, S. 1654（Karl Nastelski）; Busse, Patentgesetz, S. 745; Kraßer, a.a.O., S.262; Preu, a.a.O., S.756 f., u.a. Vgl. auch BGH 19.1.1973=BGHZ 60,168（173）= GRUR 1973,478（480）—Modeneuheit; BGH 30.11.1976=GRUR 1977,250（254）—Kunststoffhohlprofil Ⅰ］。

此外,《民事诉讼法》(Zivilprozeßordnung vom 30. Januar 1877 in der Fassung der Bekanntmachung vom 12. September 1950, BGBl. S. 533）第287条规定，当事人之间对于是否存在侵权行为，对损害额以及利润额存在争议时，法院可以根据全部情况凭借自由心证进行裁判。在计算损害赔偿额时，扩大了法官的自由心证范围，减轻当事人的证明，但是要求存在大概能够进行适当计算的事实材料。在认定存在逸失利润时，常常会缺少这样的事实资料，因此撞在暗礁上的事态也防不胜防[④]。

注 释

① 关于《民法》第252条第2款，参见：平井宜雄,『損害賠償法の理』，第199—200頁；北川善太郎,「損害賠償論序説（1）」,『法学論叢』，73巻1号，1963年，第25—27頁；今西康人、椿寿夫、右近健男編，『ドイツ債

権法総論』，日本評論社，1988 年，第 57 頁。

② 顺便提及，具体的案情是以专利权人按照自己的计算实施，并以此为条件准许再许可给他人实施，排他实施人以专利权人违反再次实施许可合同为理由请求损害赔偿，前面提到的三种计算方法的适用不仅包括专利权人，还可以适用于排他性实施人，另外，本判决因是合同侵权而未做特殊处理。 70

③ 但是，在国内市场上，侵权人的其他产品与专利权人的实施品产生竞争，查明该事实后，原判决判定侵权产品需求的三分之二为逸失利润。认为该判决合理适当的判决有 BGH 13.7.1962. a.a.O。

④ Vgl. RG 5.6.1919=GRUR 1920,105 一案中阐述了《民事诉讼法》第 287 条的趣旨后，原判决没有论证如下关系，即如果不存在侵权行为，原本购买侵权产品的消费者就会转移至专利产品，而是直接认定赔偿逸失利润，因此，原判决被发回重审［Pietzcker, a.a.O., S. 345. Vgl. auch Klauer-Möhring, Patentrechtskommentar Band Ⅱ, S. 1390（Hans Gerd Hesse）］。

第 2 项　相当的许可费（angemessene Lizenzgebühr）

1. 概览

第二种计算方法是将相当的许可费的金额作为损害额[①]。这种方法被认为证明难点少且非常方便，因此最容易适用［Reimer, PATENTGESETZ, S. 1658（Karl Nastelski）; Busse, Patentgesetz, S.745; Albert Preu, Richtlinien für die Bemessung von Schadenersatz bei Verletzung von Patenten, GRUR 1979, S.758,759; Bernhardt/Kraßer, LEHRBUCH, S.629f.］。如果排除已经给他人设定了排他实施权的情况，权利人通常可以通过这种方法将相当的许可费作为损害额来计算[②]。也就不用将如不存在侵权行为则专利权人所获的利润就能提高作为要件（RG 29.3.1919=RGZ 95,220; RG 8.6.1895=RGZ 35,63—Ariston）。如果不存在侵权行为，是否能与侵权人之间或与其他第三方之间缔结许可合同，以及能否收到许可费，这一点便不是问题了。即便是不能从基础专利的专利权人处获得许可而导致自己无法实施，也无法许可第三方实施的专有专利权人，同样可以请求相当的许可费赔偿[3]。

从帝国法院时代开始，第二种计算方法这种制度在判例上就没有动摇过，并被联邦最高法院继承下来。但在此期间，法院未
71 明确其法律依据，常常将已经确定的判例作为依据，甚至还以产生了惯例法的效力（gewohnheitsrechtliche Geltung）为由。除此以外，还有如下理由，即在侵权人进行合法行为时，只要支付约定的许可费，就可以实施其专利发明，因此必须将侵权人置于相较实施人不好也不坏的位置上才行。

注　释

① 这种方法也被称之为假定许可（Lizenzanalogie）。

② 专利权人许可第三方排他实施时，排他实施人能够请求赔偿相当的许可费。这时，如前所述，专利权人可以将约定的许可费收入的减少部分作为逸失利润加以请求。本款序注释①。但是，也有判决阐述道，还存在专利权人仍然可以请求相当的许可费的情况。在专利许可合同中，实施人再次请求许可时，与专利权人做出了约定，即如果许可侵权人实施，则需要向专利权人支付一定的对价，在这种情况下，仍然可以请求相当的许可费。RG21.3.1934=RGZ 144, 187（189）=GRUR 1934,438（440）. 但是，约定这样的条件反而是倾向于将许可费作为逸失利润来处理。Vgl. Rolf Sack, Die Lizenzanalogie im System des Immaterialgüterrechts, Festschrift für Heinrich Hubmann, Frankfurt 1985, S.390. 因此，暂且不论如何说理，将此定位为支持赔偿相当的许可费金额的判决处理是受到质疑的。

③ RG 6.11.1929=RGZ 126,127 这一判决的判旨为，如果侵权人获得了实施和使用专利的许可，必须向基础专利的专利权人和原告支付许可费。Vgl. RG 11.1.1902=RGZ 50,111（115）一案中解释道，对于存在在先申请的专利权的实用新型专利权人，要支持其将许可费作为侵权行为的损害赔偿来计算。

2. 损害的发生

在专利侵权案件中，法院常常采用第二种方法计算损害赔偿。但也有极少一部分文献提到，在判例中权利人必须要证明发

生了什么样的损害，同时还列举了几个判决。

例如，某评论阐述了如下看法，即判例中相当的许可费请求只是简单计算现实中发生损害的方法，权利人概括性地证明损害的发生即可，但不能免除证明责任，其结论是，被侵害的权利没有完全被利用，将来也不会被利用。在这种情况下，第二种计算方法的功能是无法发挥的［Benkard, Patentgesetz, 72
S.1190（Rüdiger Rogge）］。但是，如前所述，在判例中，专利权人自身也好，第三方也好，完全不具有实施可能性的独占专利权人也好，都可以请求赔偿相当的许可费。另外，专利权人许可他人排他实施时，第二种计算方法被否定的概率比较高，但这时排他实施人能够请求赔偿相当的许可费。这样便可以窥探到，判例中对于客观上具有价值的专利发明通常是会给予赔偿的。对此，上述评论引用了侵害未使用的商标权的判决作为证据，即联邦最高法院在 1971 年 11 月 19 日的判决［BGH 19.11.1971=GRUR 1972,180（183）—Cheri］。但是，在德国注册主义之下，不同于专利权需要经过一定要件审查才能授权，可能存在商标的客观价值无法被认可的情况。这一判决的依据是赫尔曼·克罗伊奇（Hermann Kroitzsch）的论文。的确，该论文也赞同上述结论，但理由是，商标权具有与其他物体财产权不同的特殊性，因此采取了与专利权不同的处理方式（Hermann Kroitzsch, Schadensersatz bei der Verletzung unbenutzter oder nur wenig benutzter Warenzeichen, FESTSCHRIFT FÜR WOLFGANG HEFERMEHL, Heidelberg 1971, S.123 ff., insbesondere 125）。在商标侵权案件中，认定相当的许可费作为损害额的赔偿请求始于 1966 年 1 月 12 日联邦最高法院做出的“梅斯默品牌茶Ⅱ”案判决（BGH 12.1.1966=BGHZ 44,372=GRUR 1966, 375—Meßmer

Tee Ⅱ）。此后，鉴于未使用商标的特殊性，对于商标侵权案件中的相当的许可费赔偿与专利侵权案件是否相同，也是存在疑虑的。反言之，应当考虑到，将商标侵权案件判决中的说理直接适用到专利侵权案件中，要慎重考虑。

此外，西奥·费舍尔（Theo Fischer）还介绍说，德国判例得出的结论是，在使用第二种计算方法时，必须证明权利人发生了一定的损害（Fischer, Schadenberechnung, S.12,85）。但是，引用该结论的联邦最高法院在1958年2月14日做出的“赫仑赖特”案判决及1959年3月18日做出的“卡特琳娜·瓦伦特”案判决，这两个案件都是被告在侵害了人格权的状态下，将原告的肖像或姓名登载在广告中，原告基于人格权的侵害请求赔偿。这两个判决都否定了原告相当的许可费的损害赔偿请求，理由是原
73 告不可能许可被告将自己的肖像或姓名用于涉案广告（后一案件是指所有广告）中，原告并未发生财产损害，因此无法支持原告相当许可费的赔偿请求［BGH 14.2.1958=BGHZ26,345（349）=GRUR1958,408（409）—Herrenreiter[1]; BGH 18.3.1959=BGHZ 30,7（15）=GRUR 1959, 430（433）—Caterina Valente］。除费舍尔外的其他多数说指出，这类判决的思考进路在专利侵权的第二种计算方法中是绝对找不到的。确实，在专利侵权案件中还没有出现过这样的判决［Ernst Steindorff, Abstrakte und konkrete Schadensberechnung, AcP 158（1959）, S.454; Lutz, SCHADENSBERECHNUNG, S.66; Rolf Sack, Die Lizenzanalogie im System des Immaterialgüterrechts, Festschrift für Heinrich Hubmann, Frankfurt 1985, S.390 f.］。顺便提及，在德国，限制对损害请求赔偿的法条有《民法》第253条和第847条，因此，针对人格权侵害请求精神赔偿这条路径在很长一段时间就被关闭

（参见：齐藤博,《人格权法研究》，一粒社，1979 年，第 145—147，328—349 页）。直到 1956 年，终于出现了一件有关人格权的侵权案件，该案中的原告是一位著名影星，其肖像未经许可就被用于带有广告目的的宣传中，法院判定将相当的许可费作为损害赔偿额，这就是“保罗 · 达尔克”案判决。该判决确立了如下一般论，即在专利权和著作权侵权中被认定的相当的许可费，是基于不允许让未经许可做出侵权行为的侵权人比取得合法许可的人获得更有利的待遇这一公平性和实际必要性的习惯法而计算得出的，通常可以适用通过对价和交换就可以获得许可的全部排他权的侵权案件。而且本案中还论述道，通过对价和交换是可以取得登载著名艺术家肖像许可的，基于这一事实，认定本案中也应赔偿相当的许可费［BGH 8.5.1956=BGHZ 20,345（353）—Paul Dahlke］。此后，很快就宣判的 1958 年“赫仑赖特”案判决中，“保罗 · 达尔克”案判决书中一般论的后半段说明和具体案件的适用方法被赋予了独特的意义。如前所述，虽然财产上的损害被否定，但“赫仑赖特”案判决类推适用第 847 条这样的法律构成，开启了在人格权侵权案件中支持精神赔偿请求的先河（参见：齐藤博,《德国判例百选》）。进一步，上述“卡特琳娜 · 瓦伦特”案判决在否定了财产损害的同时，启示可以通过承认一般人格权适用《民法》第 823 条第 1 款的可能性，并得 74
出支持精神赔偿费请求的结论。“赫仑赖特”案判决以后，有文献指出，基于人格权的赔偿请求从财产损害转移到请求精神损害［vgl.Ulrich Loewenheim, Möglichkeiten der dreifachen Berechnung des Schadens im Recht gegen den unlautern Wettbewerb, ZHR 135（1971）, S.103］。另外还有如下观点，即“保罗 · 达尔克”案判决是在认定精神损害赔偿费之前采取了一个过渡方案（齐藤博,

《德国判例百选》，第 338—339 页）。至少，该判决是在人格权侵害相关判例处于变动时期做出的，从这一点看，本案具有一定特殊性。虽说相当的许可费作为损害赔偿额被论述过，但也不能武断地认为，人格权侵权案件中也存在同专利侵权一样的相当许可费。更何况，费舍尔引用这些判决得出的结论是，第二种计算方法也要求证明损害的发生，因此并不是直接支持。

究竟要将什么样的判决确定为判例，在这一点上，即便考虑到德国和日本两国间存在差异，但前面已指出，在与专利权侵权相关的判例中几乎不存在有关人格权判决的论理，也没有学说或判决支持前面的评论和费舍尔的见解。虽然只是一部分学说的异议，但至少在专利侵权案件中，没有将损害的发生视为问题，判例中通常采取的立场是根据第二种方法来计算赔偿。

注　释

① 有关该判决的详细介绍，参见：村上淳一、田中英夫他著，『外国法の調べ方』，東京大学出版会，1974 年，第 207—227 頁。此外，还有文献就本判决所揭示的论点介绍了与本判决持完全相反观点：［長谷川隆，「無断使用による権利侵害と不当利得法視点（1）」，『富大経済論集』，35 巻 3 号，1990 年，第 118—119 頁，第 120 頁注（11）］。

3. 事后确定的客观上相当的许可费

接下来探讨第二种计算方法如何具体计算赔偿的数额。

如果想要确保与判决所使用的理论根据的推理方法之间的整合性，根据第二种方法计算得出的损害赔偿额应该是什么样子
75 呢？在理论根据中，侵权人只有在合法实施时支付了约定的许可费的情况下才能实施专利，这一论据就变成了“假设侵权人取得

了实施许可，缔结合同后可以预见的许可费”。另外，必须将侵权人置于与合同中的实施人不好也不坏的位置，根据这个理由，或许也可以考虑为是“其他合法实施人支付的约定许可费”。

但是，判例中关于计算标准的论述是“在合理的当事人缔结许可合同之际，如果已经认识到侵权期间的现实情况，必须设定要约定一个什么样的许可费的问题”[BGH 29.5.1962=GRUR 1962,509（513）—Dia-Rähmchen Ⅱ.Vgl.auch BGH 12.1.1966=BGHZ 44,372（380,381）=GRUR 1966,375（378）—Meßmer Tee Ⅱ]。此处假定的许可合同的当事人并非侵权人和权利人，而是想象出来的合理当事人。除此以外，假设该当事人认识到了侵权期间的现实情况，根据该公式，许可费自然就变成了要考虑过去的现实情况之后进行事后确定。这样的许可费并非假定出来的前述两个许可费概念中的任意一个，而是属于“事后确定的客观上相当的许可费”[①]。

暂且不论抽象论，在实际计算中，事后确定的客观上相当的许可费是一个什么样的概念呢？当然，在计算时必须要考虑各案中的各种情况[vgl.RG 29.3.1919=RGZ 95, 220（224）; RG 21.3.1934=RGZ 144,187（192）=GRUR1934,438（441）; RG 13.5.1938=GRUR 1938,836（839）—Rußbläser; BGH 13.3.1962=GRUR 1962,401（404）—Kreuzbodenventilsäcke Ⅲ; BGH 29.5.1962.a.a.O.; BGH 6.3.1980=BGHZ 77, 16（25）=GRUR 1980, 841（844）—Tolbutamid]。但是，在计算过程中，综合考虑各判决应考虑的结论和不应纳入考虑的结论后可知，这种分配是基于上述公式得出的。从判例可以看出，为了判断“事后确定的客观上相当的许可费”，只需要考虑必要的情况，排除不需要的情况（Fischer, Schadenberechnung, S. 88 ff.）。

首先，从“客观上相当的”金额这一观点出发来筛选资料[②]。

相当的许可费是由被违法实施的专利发明的客观价值决定
76 的（BGH 6.3.1980. a.a.O.），而不是假设侵权当事人和权利人签订合同时会约定的许可费。因此，尽管考虑到侵权人不会同意超过一定限度的许可费，但相当的许可费也不会因此而降低［RG 16.9.1941=GRUR 1942,149（151,152）—Bekämpfung von Grubenexplosionen; RG 13.2.1942=GRUR 1942,316（318）[③]; RG 20.6. 1944=GRUR 1944, 132（134）—Oberlichtöffner］。反之，权利人和侵权人之间存在激烈的竞争关系，如果拿不到高额的许可费则不会与侵权人签订实施许可合同，这种情况并没有被考虑进来［KG 30.6.1937=GRUR 1938,836（838）］[④]。

接下来的内容是关于“事后确定”客观上相当额的立场。

首次提出这一立场的是帝国法院1941年9月16日做出的判决。在认定了相当的许可费请求之际，原审法院计算了假设侵权开始时当事人缔结了实施许可的相当许可费，以及如果侵权开始时履行强制许可手续能够预见到的相当的许可费，帝国法院认为这种计算方法存在法理上的错误。原审法院忽略了相当的许可费请求是要求“对于过去发生的专利侵权行为给予相应的补偿”这一点。在侵权开始时的相当许可费是在对将来不确定的情况下进行预测后判断得出的金额，如果将此作为计算对象是不妥的，因此应该基于“侵权行为结束后已经明确的情况来确定相当的许可费”［RG 16.9.1941=GRUR 1942, 149（151）-Bekämpfung von Grubenexplosionen］。

在一般的实施许可合同中，首先是对相关专利发明的价值，例如可预见的收益等将来可能发生的诸多不确定的情况进行预测，然后再来确定一个许可费。与之相对，作为损害赔偿的相当许可费是对过去发生的侵权行为加以回顾，是一种溯及既往地确定相应对价的方法，只有将已经明确的诸多情况作为判断基础，由此才能更为准确地计算出客观上相当的许可费。然而，趣旨在于没有必要特意采用缔结合同时基于不确定性预测的许可费的计算方法。

帝国法院在 1943 年 6 月 29 日做出的判决对此法理进行了详细说明。判决指出，对于强制许可后发性地确定相当的补偿额，这样的判决与计算损害赔偿的相当许可费一样，必须要事后确定客观上相应的许可费。该判决作为确立了相当的许可费标准的先 77
例，被此后的判决频繁引用。此后的判决采用了同样的计算公式和趣旨，这一点是值得参考的。

本案被告曾向特许厅申请过强制许可，通过临时处分准许其实施。本案还确定了赋予被告强制实施权的补偿额，但在最终判决做出前，被告撤销了申请。被告撤销申请的意图并不明确，也许是因为确定出来的补偿额过高吧。原告是专利权的排他实施人，其主张被告的实施行为从最开始就是违法的，并主张损害赔偿。帝国法院认为，根据当时 1936 年《专利法》第 41 条第 5 款，申请强制许可这一行为是合法的，但需要实施人支付相应的补偿作为对价。在此基础上，原审法院将根据特许厅在先的决定计算得出的相应补偿额作为标准的做法被推翻。其理由是，如本案一样，“对过去的实施发明专利的行为事后确定许可费时，并非基于赋予实施许可或实施发明专利时已经得知的情况，也不是以对未来的情况展开预测的情况作为计算标准，而应是基于在实施期间终止后已经明确的现实情况作为计算标准。亦即，如果合理的合同当事人在实施期间终止时缔结了许可合同，假设已经预测到了未来的发展，特别是发明专利的利用期间和程度，或者更为极端地说，以最初尚未确定而后来明确的事项为基础对对价的性质和额度达成合意的情况下，约定的事宜就成为了问题”［RG 29.6.1943=RGZ 171,228（239）=GRUR 1943, 288（294）］。此后有关损害赔偿中相当许可费的判决，常引用这一部分作为计算公式的说理。

进一步，帝国法院在该判决中阐述的法理部分富有启示性。事实上，原告专利权人的主张与上述判决恰恰相反，认为应该根据此前特许厅确定的高额的补偿额进行计算。帝国法院基于以下理由驳回了这一主张，即撤销强制许可申请的被告不应该被置于较之于获得了强制许可权而实施和使用发明专利的人还要优越的地位。换言之，原告主张的事态也不过是因为未考虑临时禁
78 令这一情况而计算补偿额才发生的。亦即，判决是以实际的专利使用范围和实际使用期间为基准计算出的结果，而没有根据对将来发展的推测计算得出的补偿作为标准。“申请强制许可的过程中，必须确定会对未来使用或使用的可能性支付补偿，同时要将预测未来可能发生的情况一并考虑。与此相对，在做出判决这个时间点上，实际可能使用的期间已经确定，未来的使用已经不是问题，与考虑到未来发展的情况相比，具备了更为确凿的证据。但不能得出结论认为，法官没有采用可以使判决更为公正的确实证据，而采用了被认定为错误的证据。”（RGZ 171,240=GRUR 1943,294）有些文献还对事后判断的优点进行了详细论述[5]。

事后[6]判断客观上的妥当性，从这一观点出发，实际上要考虑的情况首先是发明专利的经济价值（RG 13.2.1942.a.a.O., S.320; BGH 13.3.1962. a.a.O., S.405）[7]。如果市场上并不存在与专利产品相同的其他产品，或者通过与专利不发生抵触的方法

无法取得相同的效果，这时发明专利在市场享有独占地位，就可以支持高额的相当许可费（vgl. RG 13.5.1938. a.a.O., S.839）。反之，如果其他产品也能取得相同的效果，这时相当的许可费就要降低［RG 21.3.1934. a.a.O., S.193（RGZ）, 441（GRUR）］。有的判决指出，在没有发生逸失利润的情况下，只把通常应该支付的费用作为相当的许可费（RG 29.3.1919. a.a.O., S. 223）。另外，如果发明专利所解决的技术问题并不是很重要，也倾向于降低相当的许可费的额度［RG 13.10.1942=GRUR 1943,167（169）— Kippwagen］。如果是以计算出客观的许可费作为目标，在侵权人廉价销售产品时，将销售价格乘以许可费率后得到的金额设定为比一般的许可费要高一些，这也是被允许的［BGH 6.3.1980. a.a.O., S.26（BGHZ）,844（GRUR）］。进一步，由于是在事后判断该发明专利的客观价值，因此需要考虑包含侵权期间的交易实情在内的所有情况。例如，如果没有获得该发明的实施许可，市场上除侵权产品外，发明专利产品还没有大量上市，在这些情况下，也可以考虑降低相当的许可费的额度［vgl. BGH 79
24.11.1981=BGHZ 82,310（314）=GRUR 1982, 286（287）— Fersenabstützvorrichtung］。但是，原判决的说明在上诉审中并没有成为争议点。同样，还可以考虑在审判的时间点上该发明专利已经明确获得的利润额（RG 16. 9. 1941. a.a.O. S.152.Vgl. auch RG 13.2. 1942 a.a.O.S.318;RG 20.6.1944. a.a.O.）。如果专利权对应的只是产品的一部分，由于发明专利的存在而使得产品整体价值得以增加，这时可以将产品的整体价值作为基准来分配相当的许可费［RG 21.3. 1934. a.a.O., S.192（RGZ）, 440（GRUR）; RG 20. 6. 1944.a.a.O.］。有时，不是以这部分的价格或产品整体价格为基准，而是以使用了发明专利的该产品后所获得的利润作为计算基准，由此来确定作为相当许可费而应该被分配的额度（RG 13.2.1942. a.a.O., S.317[⑧]）。而且，销售该专利产品还给侵权人的其他产品带来附加的宣传效果，这也是提高该专利发明的实施价值——即相当的许可费——的主要原因。

注　释

① 很多德文文献指出，判例的公式是以事后确定客观上相当的额度为目的的。例如：Fritz Lindenmaier, Zur Höhe der Lizenzgebühr als Entschädigung für Patentverletzung, GRUR 1955,S.360;Fischer, Schadenberechnung, S.88ff.; Joachim Schmidt-Salzer, Zur Technik der topischen Rechtsbildung: Angemessene Lizenzgebühr und Verletzergewinn als Grundlagen der Schadensberechnung, JR 1969, S. 86.; Rudolf Kraßer, Schadensersatz für Verletzungen von gewerblichen Schutzrechten und Urheberrechten nach deutschem Recht, GRUR Int. 1980, S.263; G. Barth, GRUR 1980,845。除此以外，还有文献指出，这种处理将侵权人与合法的实施人同等对待，这与计算公式之间发生了矛盾。例如：Haines, BEREICHERUNGSANSPRÜCHE, S.18; Rolf Pietzcker, Schadensersatz durch Lizenzberechnung, GRUR 1975, S.56f.; Albert Preu, Richtlinien für die Bemessung von Schadenersatz bei Verletzung von Patenten, GRUR 1979, S.758ff.。

但是，还有如下的观点主张，应以侵权结束时已经明确的情况作为基础来计算。这主要是考虑到收集了许多与侵权行为发生时发明专利价值相关的材料，而侵权结束时已明确的情况与审判中明确的情况几乎重合，因此二者之间的差异并不成为决定性因素。无论如何，这样的主张并非是以排斥一定时间点以后的资料为目的才使用了这样的表达，其实是没有意识到二者间的差异。对此就不需要再进一步的评论了。

80 此外，一般来说，这种标准多被称为“基于实际情况的客观上相当的许可费”（objektive, sachlich angemessene Lizenzgebühr）。本书为更进一步明确其含义，使用“事后确定的客观上相当的许可费”（ex post objektiv angemessene Lizenzgebühr）。Vgl. Haines, a.a.O., S.18.

② 但是，最初的判例并非是以客观的许可费作为计算对象，而是以假设的侵权人支付给权利人的许可费为计算对象。RG 26.1.1912=JW 1912,407 Nr.8. Vgl. RG 8. 6. 1895=RGZ 35, 63（68）—Ariston. 力图以客观的相当的许可费为计算对象的判例是 RG 29.3.1919. a.a.O。

③ 该案中侵权人作为制造者主张相当的许可费必然要低于销售专利产品时能够获得的差价。帝国法院的判决表示，是否残存利润这种风险应该由违法实施专利的侵权人来承担，侵权人必须赔偿专利权人对于实施行为所要求的相应对价。

④ 顺便一提，也有判决表示，考虑到侵权人同时也在实施自己的专利发明，因此倾向于降低相当许可费的额度。RG 21.3.1934. a.a.O., S. 193,441. 然而，这并不是要理解为，该判决认为酌情考虑主观情况较好。即使采取计算客观上相当的许可费这种立场，侵权产品中还包含被侵权发明专利以外的其他发明的实施部分，在这种情况下，必须认定该产品所获利润中被侵权的发明专利所贡献的比例，因此倾向于降低相当许可费的额度。

⑤ 与此同时，本判决的案件事实表明，如原告指出的，与寻求缔结实施许可合同的情况相比，实施侵权行为的侵权人有时反而更有利，事后确定客观上相当的许可费的法理上存在这个缺点。

⑥ 需要注意的是，此处所指的“事后”判断的讨论，与一般的损害中将损害的基准点置于侵权时间点上或是审判的时间点上这样的讨论，在论证方法上是有所区别的（关于德国对损害的基准点的讨论，参见：北川善太郎，「損害賠償論序説（1）」，『法学論叢』，73 卷 1 号，1963 年，第 17—18 頁）。本案中所谓的基准点至少是指侵权发生的时间点，而侵权发生的时间点上的发明专利的许可费是问题之所在。但是，这不过是为了计算而参照了事后明确的资料。如果强行使用市场上实际的许可费，如 RG 29.6.1943. a.a.O., S. 240（RGZ）, 294（GRUR）中所述，如果实施之际还没有确定对价，那么许可费就应该是实施终止后的一定时间点上对过去的实施行为溯及既往地设定对价时的许可费。但是，有时会无意识地使用错误词汇。Vgl. OLG Düsseldorf in GRUR 1962, 402—Kreuzbodenventilsäcke Ⅲ.

⑦ 在确定是否存在损害赔偿的义务时，即在确定是否侵犯了专利权时，需要考虑其与该专利发明的技术水平之间的差距。对此，一旦确定了负有赔偿义 81
务，就要转到损害额的计算阶段，重要的问题反而变成专利权人可以从专利发明获得利润这一经济性的立场。在判断是否合适时，技术方面当然要被考虑在内，但也不会逃出确认专利权人是否存在经济上的优越性时补充材料的范围。明确这一法理的案件是 RG 13.2.1942, a.a.O。因此，即使存在优越于该专利发明的技术，但如果其在经济上处于劣势，这时也不会降低相当的许可费。在本案中，侵权人主张将在德国没有获得专利权的美国的发明专利作为比较对象，但由于其不被德国业界所知悉，因此在市场上不具有影响力。而且，虽然在技术层面上要比被侵权的专利发明优秀，但其在降低费用的效果方面处于劣势，因此法院没有支持参照这一技术优势而降低相当的许可费的主张。

⑧ 原告是轮转印刷机干燥装置的专利权人，被告侵犯了这一专利权并制造和销售了印刷机，原告请求被告对其损害进行赔偿。相当的许可费的计算标准不是干燥装置的价格，也不是轮转印刷机的整体价格，而是以安装了该装置的印刷机印刷出的各个印刷物的价格为基准，进而将其视为适当的一定数额的总价。其理由是，该干燥装置强化了印刷能力与整个印刷工程相关。在另外一个案件（Vgl. auch RG 16.9.1941. a.a.O., S. 152）中，原告持有与采矿的防爆方法相关的专利权，侵权人使用了相同的方法进行采掘作业，原告请求侵权人对其损害进行赔偿。法院在能够显示专利发明使用程度的证据上，以侵权人矿山石炭开采量作为基准，最终认定每单位开采量乘以一定数额后得出的额度作为损害赔偿额。

4. 与约定的许可费的关系

计算事后确定的客观上相当的许可费时，实际上已经就该专利发明签订过实施合同，在这种情况下，约定许可费也可再做参考［RG 20.6.1944=GRUR 1944,132（134）—Oberlichtöffner］。有些判决是以业界中许可费的行情作为基准，并对约定许可费进行修正后加以参考的［BGH 24. 11.1981=BGHZ 82, 310（313,316）=GRUR 1982,286（287）—Fersenabstützvorrichtung］。当然，即使是与被侵权专利发明相关的约定许可费的实际例子，也未必是事后确定的客观上相当的许可费，这时如果考虑到上述诸多情况，不是说就不可以进行一定程度上的调整［RG 13.3.1938=GRUR 1938, 836（837,838,840）—Rußbläser①］。进一步，如果从客观的角度来看约定许可费并不恰当，在这种情况下也就无需进行参考［BGH 13.3.1962=GRUR 1962, 401（405）—Kreuzbodenventilsäcke Ⅲ②］。

顺便提及，在确立了事后确定客观上相当的许可费之法理以
82 前，帝国法院在1938年5月13日的判决中表示，在业界行情稳定的情况下，可以将其作为相当的许可费。如果针对被侵权的发

明专利，在交易过程中存在已经确定下来的许可费，则无需考虑如下情况。例如，侵权人并未完全侵害发明专利的权利要求，而只是实施了其中一部分；或者侵权人也可以采取不侵害专利发明的方法等，理由是，以交易价格已经确定的商品买卖为例，即使买方无意完全使用商品，或者还存在使用替代品的可能性，但买方必须要支付确定的价格，这个道理同样适用于专利实施许可［RG 13.5.1938=GRUR 1938,836（839,840）—Rußbläser］。

本案的问题点在于侵权人实施了部分权利要求，至少在当时侵权行为是可以成立的[③]，案件事实方面，虽然实际上可以认定侵权行为，但计算许可费时是否要考虑这一部分的实施，关于这一点，依据此后的判例所倾向的“事后确定客观上相当的许可费”这一基准，也能得出同样的结论。原判决所附理由是，一般来说，专利权人受到的打击一般而言与完全实施专利发明的情况没什么不同，因此未考虑其适当性［KG 30.6.1937=GRUR 1938,836（838）］。这一理由在回顾过去的同时，又客观把握了侵权行为给权利人带来的损害，与今后的判例具有整合性。随后，联邦最高法院在 1981 年 11 月 24 日的判决中重视如下事实，即侵权人为避免侵权，在实施侵权行为时只实施了发明专利的一部分，还有一部分未被实施，而是使用了其他发明专利技术，这种改变不但没有让产品价值提高，反而增加了侵权人的费用。从预期利润的观点看，无益的尝试反而会使许可费降低，这一点对于合理的实施许可方来说是无法接受的，因此，在计算相当的许可费时，法官没有充分考虑到未完全实施的情况［BGH 24.11.1981. a.a.O., S.315,317（BGHZ），287,288（GRUR）］。该理由正是从先前所示的现有判例的计算标准的论述中推导得出的。概括来看，这几乎等同于将着眼点置于专利权人被剥夺了什么这一点上，这并不是上述“鲁塔鼓风机”案中帝国法院的观点，这与原审高等法院抛出来的法理有关。

83 这样一来，对“鲁塔鼓风机”案判决的评价是确立事后确定的客观上相当的许可费之法理之前的过渡期而做出的判决。不仅如此，该判决中还存在许多启示。假设下面一个例子。侵权人实施侵权行为时，预测到该发明专利会有很可观的收益，因此在这个时间点上许可费的行情很高。但是，后来这一发明并没有获得预期的收益，于是在事后确定的情况下，低于侵权行为开始时许可费的行情才是客观上相当的许可费。判例中根据第二种计算方法认定的赔偿是事后确定的额度，支付较之于如果侵权人合法缔结许可合同必须要支付的金额要低的赔偿额才是合理的。实际上，对事后确定相当的许可费相关法理进行说明的上述帝国法院1943年6月29日的判决就采用了这个结论，我们在前面已经提到过。如果考虑到这一解决方案的妥当性还存有一些疑问，“鲁塔鼓风机”案判决将损害额固化为确定的许可费，这个意义再次浮现出来。关于这一点，将在下一章中检证三种计算方法在制度上存在的问题时展开论述。

此外，最近下面这个问题存在争议，即根据第二种计算方法，合法的实施人是否可以向侵权人请求超出相当的许可费部分的赔偿。换言之，是否应该对侵权行为承认溢价费用。关于此，我们将在下一章中具体讨论。

注　释

① 由于无法预测是否能够获得实施约定例中10%左右的收益，因此将许可费率从10%减到了7%，原判决得以维持。此外，有关应该考虑的事项，参见vgl.Fischer,Schadenberechnung,S.90ff.。

② 在专利技术仅为产品一部分的案件中，原判决参照过去的实施约定例的 7%，然后认定在侵权人产品整体的销售价格之上乘以 7% 后得到的数额作为相当的许可费。但是，帝国法院认为，未安装专利部分的其他型号的产品可能会被大量制造并销售，因此应该以产品的整体价格还是专利部分的价格作为基准，这一点是有待斟酌的。尽管如此，原判决认定的金额几乎与专利部分的价格相等，从这一点看，没有参考 7% 的实施许可例。

③ 用“至少当时”加以限定是因为，根据 1978 年《专利法》修订（Gesetzüber internationale Patentübereinkommen vom 21. Juni 76）中增设的第 6 条 84
a（现行 1981 年《专利法》第 14 条），德国也变为根据权利要求来确定专利权的保护范围。关于法修改前对该问题的处理，参见：Dietrich Reimer，「課題の部分的充足による特許侵害」，布井要太郎訳，『特許侵害訴訟』(再増補版)，酒井書店，1983 年，第 377—378 頁；染野啓子「不完全利用と特許侵害」，『新・実務民事訴訟講座 5』，日本評論社，1983 年，第 434—440 頁。

第 3 项　侵权人所获的利润（Herausgabe des Verletzergewinns）

1. 概览

第三种计算方法是侵权人所获的利润的赔偿请求。权利人对于具有故意或过失的侵权人可以请求返还侵权行为所获利润并作为损害赔偿。同第二种计算方法一样，如果不存在侵权行为，权利人所获利润是否会有所提升，这些都会成为问题［RG 8.6.1895=RGZ 35,63—Ariston；RG 31.12.1898=RGZ 43,56; RG 6.11.1929=RGZ 126,127 ——使用专利权的案例；RG 11.1.1902=RGZ 50,111（115）——存在在先申请专利权的实用新型专利权案件］。这一点与第一种方法中计算逸失利润是不同的①。

返还侵权人所获的利润的法律性质归根到底还是损害赔偿请求权。因此，无法适用《民法》第 818 条第 3 款限制不当得利返还额的规定［BGH 29.5.1962=GRUR 1962, 509（512）—Dia-Rähmchen Ⅱ］。但是，判例中没有明确为何要以此作为损害赔偿的法律依据，通常类推适用《民法》第 687 条第 2 款的准无因管理规定。但是，这种计算方法只要存在过失就可以适用，这一点是有所不同的②。在这个意义上，还是无法适用。除此以外，大多观点都是在强调，这是帝国法院时代以后确立的判例，自然也就成为了习惯法。

注　释

① 但是，在专利权人没有完全使用发明专利时，否定了损害结果的发生是这种计算方法也被否定了。参见：Albert Preu, Richtlinien für die Bemessung von Schadenersatz bei Verletzung von Patenten, GRUR 1979,S.757。

② 我国也有文献介绍，第三种计算方法只有在侵权人存在故意或者过失的情况下才能够被认定（好美清光,「準事務管理の再評価」,『谷口還暦』(3)，第 409 頁），这是不正确的。另外，德国 1887 年最初的《专利法》（Patentgesetz, vom 25. Mai 1877, RGBl. S. 501）第 34 条是以侵权的
85 故意作为损害赔偿的要件，1891 年《专利法》（Patentgesetz, vom 7.April 1891,RGBl. S. 79）第 35 条第 1 款是以侵权人的重大过失作为损害赔偿的要件。当然，根据 1891 年《专利法》做出的判决，第三种计算方法仅限于侵权人故意或重大过失的情况［RG 3.2.1909=RGZ 70,249（252）. Vgl. Lutz, SCHADENSBERECHNUNG,S.70］。此后，1936 年《专利法》（Patentgesetz, vom5. Mai 1936, RGBl. Ⅱ S. 117）第 47 条第 1 款最先承认，即使是轻过失的情况也支持损害赔偿。同时，对于故意或过失的侵权人也认可第三种计算方法［Vgl. BGH 29.5.1962=GRUR 1962,509（511）—Dia-Rähmchen Ⅱ］。

2. 利润分配

通过第三种方法计算返还的利润仅限于侵权人由于专利侵权行为所获的利润。专利侵权与所获的利润之间存在因果关系（Ursachenzusammenhang zwischen Patenteingriff und Verletzergewinn）是成立要件，权利人必须对其进行证明［Reimer, PATENTGESETZ, S. 1664 f.（Karl Nastelski）; Benkard, Patentgesetz, S.

1193f.（Rüdiger Rogge）]。

因此，如果因果关系如一般被使用的那样被解释为“若无彼，则无此”的意思，那么应该如何考虑作为与侵权行为存在因果关系的利润呢。假设如下的场景，即除实施发明专利以外还有其他的选择方案，虽然侵权人也可以使用其他的选择，但毕竟还是触及专利侵权行为。在这种情况下，按照通常对因果关系的理解，只有实施专利发明较之于其他方案多获得的利润差额部分，才与侵权行为具备因果关系（vgl. Fischer, Schadenberechnung, Basel 1961, S.117）。但在判例中，实际上并没有根据因果关系的用语，如想象的那样解决问题（如下案件中进行了非常细致的分析：Fischer. a.a.O., S.108ff.）。

首先需要留意的是，在明确使用因果关系这种说法的判决中，除销售发明专利实施产品的差价中产生的利润以外，还涉及是否需要扩大侵权人所获的利润这个特殊问题。如何确定能否作为专利侵权行为所带来的利润，使用了因果关系的论证方法[①]。即便如此，此处的因果关系的意思是否就是“若无彼，则无此”，也是不确定的。从后面将会提到的应该归属发明专利所贡献的利 86
润这一观点出发来探讨这个问题，得出的结论也是一样的。

除去这些特殊的案件，关于这一要件的判决如下所示。

根据帝国法院在 1930 年 10 月 22 日的判决，侵权人制造销售专利侵权产品而蒙受了损失，如果制造销售不侵犯其他专利权的同种产品，则会蒙受更多的损失。侵权人由于侵权行为而减少了损失。如果从“若无彼，则无此”的意思出发，减少的损失（Verlustersparnis）与侵权行为具有因果关系。实际上，原判决将此认定为侵权人所获的利润。但是，帝国法院表示，侵权人所获利润的返还应仅限于侵权人确定获得利润的情况［RG 22. 10.

1930 =RGZ 130,108（110）[2]]。因此，判决书否定了将此利润处理为与其他方案进行比较的思考方法[3]。

与损失的减少相反的问题，即虽然现实中专利侵权产品产生了利润，但制造同样产品的其他方案也可以带来利润。在这种情况下，是应该全额返还现实中产生的利润，还是仅需要返还与其他方案相比产生的差额部分。有关这一点，还没有与专利权直接相关的判例。从与先前损害的节约相关的判决看，在这种情况下被认定的应该是全额利润[4]。

进一步，在因果关系要件的视野范围内讨论的案件中还存在如下问题，即很多个因素都对侵权所获的利润做出贡献时如何确定利润返还额。例如，侵权人实施的产品由多个发明专利的实施部分组成，或者侵权人实施的产品包含侵权人自身持有的专利权，这时，其中的一名专利权人是否可以请求返还全额利润？如果根据“若无彼，则无此”这种因果关系论来处理，那么由其他多个不可替代的发明实施部分相互组合后完成一件产品，这时各专利发明与利润全额均具有因果关系，因此，每个专
87 利权人都可以请求全额赔偿。但是，实际的判决没有采用这种思考方式（Fischer, a.a.O., S. 109ff. Vgl. Kraßer, a.a.O., S. 264）。判决中是将全额的利润按照各个发明所做贡献进行分配［vgl. RG 15.11.1937=RGZ 156,321（326）=GRUR 1938,36（38）］。此外，在侵权人同时侵害了基础发明和利用发明的情况下，根据二者的使用比例以及其经济价值来进行分配［RG 6.11.1929=RGZ 126,127（132）;RG 11.1.1902=RGZ 50,111（116）——有关存在在先申请专利权的实用新型专利权的案件；RG 15.11.1937=RGZ 156,321（326）=GRUR 1938,36（38）］。以上，各权利人只请求返还与自己的发明相对应部分的获利金额[5]。

虽然由于判决数量比较少，因此很难做出判断。但这样来看，判例遵从了多数说，而将因果关系要件理解为，首先着眼于现实利润，然后再对被侵害的专利发明的贡献额度进行分配（vgl. Fischer, a.a.O., S. 109ff.; Jakobs, Eingriffserwerb, S. 123f.; Kraßer, a.a.O., S. 264.; Bernhardt / Kraßer, LEHRBUCH, S. 635; A. Preu, a.a.O., S.757）。还有文献指出，这样计算得出的金额与相当的许可费并不存在本质上的差异（Kraßer, a.a.O., S. 264.; vgl. auch Haines, BEREICHERUNGSANSPRÜCHE, S. 19）。

注 释

① BGH 29.5.1962=GRUR 1962, 509（512）—Dia-Rähmchen Ⅱ案中，侵权行为所获的利润并不限于销售专利发明的产品得到的差价。即使侵权人从侵权产品的销售中并未获得任何利润，但给侵权人其他产品带来了宣传效果，并促进了这些产品的销售，在其他产品带来的利润中，将发明专利的技术特征所起到的宣传效果所带来的利润额认定为损害赔偿额。RG 22.10.1930=RGZ 130,108（114）案中，侵权人没有向权利人返还侵权行为所带来的利润，而是对自己的营业模式进行投资，进一步产生利润，由于与侵权行为不具有因果关系，因此不需要返还。

② 只有侵权人夺取了专利的果实而给权利人带来损害，这才是问题所在。侵权人实施发明的行为反而蒙受了损失的情况下，支持权利人可以请求赔偿使用其他可用的制造方法而获得的利润，这与损害赔偿的概念是不相符的。

③ 很多学说批判此判决。Fischer, a.a.O.,S.113; Reimer, a.a.O., S. 1665（K. Nastelski）. 这些学说认为，较之于其他方案，实施专利侵权行为所节约的损失这部分差额，即节约的损失，也是专利侵权所获的利润。至少在这个方面，因果关系被理解为“若无彼，则无此”而被使用。但是，也有观点认为，有必要从专利权的利用行为产生利润来理解，赞同上述判决（Lutz, SCHADEN- 88
SBERECHNUNG,Diss. Tübingen 1974, S. 71f.; Rudolf Kraßer, Schadensersatz für Verletzungen von gewerblichen Schutzrechten und Urheberrechten nach deutschem Recht, GRUR Int.1980, S. 264）。

④ 但是，商标方面改变了以往的判例，适用第三种计算方法的案件有BGH 24.2. 1961=BGHZ 34,320=GRUR 1961,354（356）—Vitasulfal。与专利侵权

中返还应归属于专利发明的利润一样，只需要返还如果没有贴上该商标则无法获得的利润。原判决认定，应将侵权人现实中可获得的利润（15000 德国马克）的约 7%（1000 德国马克）作为侵权人所获的利润返还给权利人，法官认定这是比较妥当的。在利润的贡献度这一点上，商标权较之于专利权处于劣势，虽然无法否认商标权的特殊性，判决理由的后半部分是通过比较得出的利润的概念。但是，前半段部分引用的案件多数都是专利侵权案件［RG 15.11.1937=RGZ 156,321（326）=GRUR 1938,36］，从这一点看，也可以理解为存在多数对利润做出贡献的影响因素。最终，判决还是没有意识到两者之间的差异性。

学说上也是仁者见仁智者见智。主张全额返还现实中产生利润的有 Kraßer a.a.O., S. 264 案。即使是将节约的损失归结为与其他方案相比较应该获得的利润的学说，也认为此处的利润应为现实中的全额利润，而非与其他方案相比较后的差额。Reimer, a.a.O., S. 1665（K.Nastelski）. 暂且不论这个观点是否适当，至少在理论上是不连贯的。关于这一点，费舍尔（Fischer, a.a.O.,S. 117; Fritz Lindenmaier, Die Herausgabe des Verletzergewinns, ZAkDR 1936, S. 164f）认为，这种情况下也应该是差额部分。但是，将侵权人可以利用其他替代方案作为扣除条件。费舍尔还进一步将其他替代方案不受任何工业所有权的保护作为条件。

⑤ 有学说认为，与是否也要对专利发明以外的利润贡献因素进行利润上的分配这个问题相关，侵权人的劳力投入和设备投入等已经作为制造成本从利润中扣除，因此，如果再对这些通常的因素进行利润分配，就变成了二重评价，这是不应被允许的。Hans Erich Brandner, Die Herausgabe von Verletzervorteilen im Patentrecht und im Recht gegen den unlautern Wettbewerb, GRUR 1980, S. 361（但也有立场认为，以不当得利返还请求权来认定侵权所获的利润）。即便是站在这种立场，将特殊技术和技术诀窍等作为费用加以计算也是不充分的，因此应该对此进行利润上的分配。Brandner, a.a.O.; Albert Preu, Richtlinien für die Bemessung von Schadenersatz bei Verletzung von Patenten, GRUR 1979, S. 757. 顺便提及，BGH 24.2.1961. a.a.O 一案所涉的产品并不存在其他类型的无形财
89 产权。在本案中，应归属于侵害商标权的利润额仅为 7%。在此，根据商标权的贡献度对利润进行分配。Kraßer, a.a.O., S. 264.

第 2 款　三种方法的法律根据

序

通过前面这些工作，可以看出德国三种计算方法相关判例的大概轮廓。我国的学说是以逸失利润为前提对《专利法》第 102 条展开解释的，其后果是导致第 102 条的功能被抹杀，这一点我们在前面已经阐述过。德国的三种计算方法中，第二种"请求相当的许可费"和第三种"请求返还侵权人所获的利润"都无法用差额说加以说明，而是专利侵权中所特有的损害赔偿计算方法。鉴于这一事实，要找出适合《专利法》第 102 条的理论根据，就要寄希望于逸失利润以外的理论。在上述认知的背景下，德国法中的多种观点都尝试将这三种计算方法理论化。因此，我国在构建《专利法》第 102 条时，如果能参考德国的观点必定会大有裨益。本部分正是致力于开展这一工作。德国的讨论错综复杂，本部分作为系谱论中的一部分，将考察哪种理论最能解释被认为是《专利法》第 102 条的系谱源流的三种方法，并以此为视角进行验证。

那么，为认定这种特殊的计算方法，在理论构成上存在两种可能性：其一，以差额说为前提并基于非损害赔偿的其他法理；其二，构建非差额说的其他损害概念。叙述顺序上，首先分析用差额说进行说明而带来的挫败，然后介绍基于准无因管理或不当得利这种损害赔偿以外的法理的根据论，最后探讨在判例的三种计算方法中，形成专利侵权中特有的损害概念的可能性[①]。

注　释

① 目前还没发现一次性网罗本款所需理论的文献。其中，对多个学说加以整

理的文献有 Lutz, SCHADENSBERECHNUNG。但是，如果考虑到叙述简洁且立体性这一点，以下这篇文章则更胜一筹：Ulrich Loewenheim, Mö-
90 glichkeiten der dreifachen Berechnung des Schadens im Rechtgegen den umlauten Wettbewerb, ZHR 135（1971）,S.97ff.,108ff.。此外，关于不当得利和准事务管理，虽然多少存在偏向本学说的嫌疑，但是 Jakobs,Eingriffserwerb 涉猎了截至彼时大部分的判决和文献。在最新的成果中引用的文献比较丰富的是：Rolf Sack,Die Lizenzanalogie im System des Immaterialgüterrechts，Festschrift für Heinrich Hubmann,Frankfurt 1985，S.373ff.。

第1项　差额说

1. 侵权事实的选择权

三种方法可以追溯到帝国法院在 1895 年 6 月 8 日做出的阿里斯顿著作权侵权案判决［RG 8.6.1895=RGZ 35,63（66）—Ariston］。本案的案件事实为，被告未经原告许可，就将原告创作的乐曲复制到了被告制造销售的自动演奏装置内修复用的光盘中，原告以侵犯其著作权为由请求损害赔偿。原告自费出版其乐谱，但反倒是被告的复制和传播行为使这个乐谱变得知名起来，乐谱的销量也随之大增。上诉法院抓住了这一点，以没有发生损害为由驳回了原告的请求。

帝国法院撤销原判决并发回重申。下面介绍这一判决的要旨。

首先，关于损害的概念。帝国法院阐述道，“根据主导的见解，应被赔偿的损害是侵权行为引起的财产上的不利润，即假设没有侵权事实情况下的财产状态与发生侵权行为后现实中财产状态的差额”。在此，帝国法院做出了与差额说毫无差别的定义。

发生的背离之处是马上要继续的说明。“此处的问题是，如何认定侵权事实。”“根据《著作权法》（Gesetz, betreffend das Urheberrecht an Schriftwerken, Abbildungen, musikalischen

Komponisten und dramatischen Werken, vom 11. Juni 1870,RGBl.S. 339）第 4 条，未经权利人许可进行机械复制的人负有损害赔偿义务。另外，复制人期待获得授权许可，并且复制人为权利人的利润考虑而实施了复制行为，这时显然还未产生赔偿义务。”如果这样考虑，“本案中的违法性则在于，侵权人出于自身利润的 91
目的，未经著作权人许可就实施了复制行为”。而且，“在此其中，究竟何为侵害事实，也要看权利人的选择”。

而且有论述认为，从上述违法性的构成要件中，权利人能够选择的侵权构成有三种。第一，权利人完全否定被告的行为，被告复制著作物的行为被视为整体侵权。在这种情况下，如果没有发生侵权行为，则将如果被告不复制著作物原告应有的财产状态与原告现在的财产状态的差额作为损害赔偿；第二，只将被告未经原告许可这种行为视为侵权。在这种情况下，如果没有发生侵权行为，即原告实际上没有获得被告向原告请求许可时的许可费，而实际上原告并未获得这部分许可费，因此可以请求将此许可费作为损害赔偿；第三，被告没有出于对原告利润的考虑而按照原告的意思行动，而是出于对自己利润的考虑行动，将这一点认定为侵权。因此，如果没有发生侵权行为，即被告按照原告的意思行动，原告可以从被告继受的著作权所获利润，作为现实中并未获得的利润，可以请求对这部分进行赔偿[①]。以上就是这三种损害赔偿计算方法的起源。

帝国法院在 1898 年 12 月 31 日的判决完全接受了上述判决的说法，并使用了完全相同的论证方式，明确在专利侵权中适用这三种损害赔偿计算方法［RG 31.12.1898=RGZ 43,56（58）］。换句话说，关于 1877 年《专利法》（Patentgesetz, vom 25. Mai 1877, RGBl. S. 501）第 34 条第 1 款[②]和 1891 年《专利法》

（Patentgesetz, vom 7. April 1891, RGBl. S.79）第 35 条第 1 款[③]中关于损害赔偿的适用，也可以理解为，根据一般认定的损害概念，对侵权行为所导致的财产状态的差额加以赔偿，在这种情况下，还可以从不同观点来看，例如究竟什么样的行为构成侵权。关于此，有学说认为，从侵害他人专利权的实施行为的整体看，或是从未获得专利权人许可这一点看，又或者是从将实施行为所获利润作为自己应得的利润看，采用何种立场可以由被侵权人决定[④]。[⑤]

在计算作为差额的损害时，由于要和现在的财产状态进行比较，因此必须假设如果没有发生侵权应有的财产状态。但是，在
92 侵权人没有实施侵权行为的情况下，对于其会采取什么样的行动，可以做出各种假设。如果要考虑专利发明完全没有实施的情况，或许也可能获得实施许可加以实施。虽然是几乎不可能的事情，但是在权利人的计划内出于利润的考虑而实施了专利发明，并将获得的利润转给权利人，这在理论上也不是不可能。两个判决的特征在于，将作为侵权应该把握的事实交给请求权人的选择，其结果是，请求权人可以从上述三种可能性中选择自己喜好的状态。因此，也就不需要证明如果没有侵权是否真的就会变成假设的财产状态这种因果关系了。

但是，有批判的观点认为，损害额并不会被权利人如何把握侵权所左右［Ulrich Loewenheim, Möglichkeiten der dreifachen Berechnung des Schadens im Recht gegen den unlautern Wettbewerb, ZHR 135（1971）, S. 108.; BayObLG 22.1.1965=NJW 1965,973（975）. Vgl. auch Wilburg, ungerechtfertigte Bereicherung, S.99］[⑥]。“阿里斯顿”案判决显示的三种损害无一不是如果没有发生侵权行为权利人可获的利润，服从自这两个判决以后 1900 年开始实

施的德国《民法》第 252 条有关逸失利润的规定。虽说该条第 2 款降低了证明责任，但如果连可以获得利润的盖然性都不能证明，逸失利润的赔偿也是无法被认可的。在上述三个选项中，被认为可恢复的财产状态也仅限于根据盖然性可预见的状态（vgl. Kisch, a.a.O., S. 669）。根据《民法》的规定是无法推导出权利人可从三个选项中选择假定的财产状态这一结论的。

前面两个判决没有采用这种解决方案的理由是什么呢？对于第二种观点，"阿里斯顿"案判决已经明确表达了趣旨。在本案中，被告侵权人正是出于不想向权利人支付许可费的意图才实施侵权行为的，也就是说，被告不可能征求原告的许可后再实施复制行为，由此主张无法假设原告从被告处拿到了许可费。对此，判决中的要旨论述道，既然实施了违法利用行为，也就不能拒绝假设被告能在未侵害权利的状态下使用，从而否定了上述主张 93
（RGZ 35,68）。假设从这三个选项中选择了如果没有侵权行为依据盖然性可预见的情况，则必须要多考虑侵权人的情况。原来如此，在侵权人没有支付许可费而实施该发明的意图时，根据盖然性可预见的只有第一种完全不实施专利发明的选项。但是，现实中侵权人已经实施了侵权行为，并已经违法地选择了一个行为。着眼于这一点，"阿里斯顿"案判决采纳了在计算损害时无需斟酌其他选项的立场。需要记住的是，第二种计算方法的出发点是基于也可被称为禁止反悔原则的考虑，即侵权人必须要被自己的违法行动所约束。

但是，在此后的判例中，"阿里斯顿"案判决的理论构成再也没有被使用。也许是考虑到与不久以后便要实施的《民法》中相关规定之间的整合性吧。暂且不论其原因，在此必须加以留意的是，随着计算标准相关判例的变迁，"阿里斯顿"案判决中的理由已经无法说明目前判例中的第二种和第三种计算方法了。谈到第二种计算方法，"阿里斯顿"案判决已经明确阐述，将从被告收取的许可费作为对象[7]。因此判定在行为合法时，应被赔偿的许可费是被告认为可能性较大的金额。但是，用这种方法不能明确时，则必须计算被告需要支付的相当许可费（RGZ 35,68）。然而，现有的判例并未将相当的许可费作为这样简单的证据来考虑。如前所述，第二种方法将客观的相当许可费作为赔偿对象，因此未考虑权利人和侵权人之间的特殊情况。"阿里斯顿"案判决的问题也不在于能从被告收取的许可费（vgl. Joachim Schmidt-Salzer, Zur Technik der topischen Rechtsbildung: Angemessene Lizenzgebühr und Verletzergewinn als Grundlagen der Schadensberechnung, JR 1969,S. 86f.; Haines, a.a.O., S. 18）。再看第三种方法，现有的判例是将侵权人所获的利润按照被侵害的专利发明的贡献度进行划分再计算的，这一点前面已经提到
94 过。但是，如"阿里斯顿"案判决那样，如果按照视为侵权人按照权利人的计划行动这种理论根据，那么就需要返还全部的利润额。也有文献认为只应认定费用的返还（vgl. Rudolf Kraßer, Schadensersatz für Verletzungen von gewerblichen Schutzrechten und Urheberrechten nach deutschem Recht, GRUR Int. 1980, S. 269）。此处，我们看到了两者之间的龃龉之处。

注　释

① 判决要旨认为，只有第三种计算方法与其他方法不同，不存在故意和过失的侵权人也要承担损害赔偿责任。这是基于1870年《著作权法》第18条第6款的如下规定，"侵权人无责任时，以其所获利润为限度，对著作权人或其继承人负有赔偿所发生损害的责任"。（RGZ 35, 70,74）当然，这不能说明

是要将此扩大至专利侵权案件中。

② 对于具有故意的专利侵权人，规定其负有损害赔偿的义务。

③ 对于具有故意或重大过失的专利侵权人，规定其负有损害赔偿的义务。

④ 在本案中，权利人选择了第三种观点，但原判决仅认定了逸失许可费的赔偿。帝国法院按照本文这样的论述，并撤销了原判决。

⑤ 此外，石田文二郎认为，本判决应被理解为是以不当得利为依据（参见：石田文二郎,「不当利得に於ける『損失』について」,『法学論叢』, 37 巻 4 号, 1937 年，第 579—580 頁）。然而，帝国法院最终支持了当时《专利法》第 35 条的损害赔偿请求权（RGZ 43,58）。因此，根据该条款，是需要主观要件的（RGZ 43, 60）。确实，判决中谈到了罗马法和普鲁士一般邦法中的不当得利，其采用了第 35 条的损害计算中包含侵权人的利润这个结论。但是，也只是简单地参照上述两部法律而已（RGZ 43, 59—60）。但是，以下文献谈到创设了苛以主要要件的不当得利返还请求权：Jakobs, Eingriffserwerb, S. 68f., 84。

⑥ 另外，威廉·基什（Wilhelm Kisch, Schadensersatz und Bereicherung bei Patentverletzung, LZ 1927, S.675; Haines, BEREICHERUNGSANSPRÜCHE, S. 5f.）批判道，侵权人没有义务返还利润或请求有偿的实施许可，然而，将所获利润据为已有或未经许可就实施侵权行为，从这些点出发来寻找违法性本身就陷入了一种循环论法当中。Vgl. auch Wilburg, a.a.O., S. 99.

⑦ 对于如下争论点，特别明确地表明了立场。本案被告持有名称为阿里斯顿的有关复制原告乐曲的磁盘的专利权。上诉审判决指出，由于与专利权相抵触，原告没有许可第三人使用磁盘复制乐曲，因此无法将许可费视为损害赔偿额。帝国法院认为，问题不在于对第三人的许可费，而在于对被告本人的许可费，因此未采纳这一论证方法。

2. 逸失利润 95

原来也曾尝试过在一般的差额说框架内将第二种计算方法作为逸失利润加以说明。帝国法院也偶尔将第二种计算方法称为逸失许可费（entgangene Lizenzgebühr）[RG 22.10. 1930=RGZ 130,108（109）; RG 16.9.1941=GRUR 1942, 149（151）—Bekämpfung von Grubenexplosionen]。这只是名称上的问题，更为明确的是，权利人没有收到侵权人必须要支付的许可费，我们是可以找到以此作为理由的判决书的［RG 13. 10. 1937=RGZ 156,65（67）=GRUR 1937, 1072（1073）］。过去也有学说认为，逸失利润的依据是《民法》第252条（Werner Pinzger, Berechnung des Schadensersatzes wegen Patentverletzung, GRUR 1931 668 ff.）。

但是，将第二种计算方法作为逸失利润的考虑遭到了极为强烈的批判，特别是与如果存在侵权常会认定这种计算方法这一点相互矛盾的批判［Robert Neuner, Interesse und Vermögensschaden., AcP 133（1931），S. 283f.; Philipp Möhring, Einzelfragen der Schadensliquidation im gewerblichen Rechtsschutz und Urheberrecht, GRUR 1931, S.421f.; Ernst von Caemmerer, BEREICHERUNG UND UNERLAUBTE HANDLUNG, FESTSCHRIFT FÜR ERNST RABEL, Tübingen 1954, S. 354f., Ernst Steindorff, Abstrakte und konkrete Schadensberechnung. AcP 158（1959），S.452; Fischer, Schadenberechnung, S.12f.; Haines, BEREICHERUNGSANSPRÜCHE, S.6; Klauer-Möhring, Patentrechtskommentar Band Ⅱ，S. 1392（Hans Gerd Hesse）; Lutz, SCHADENSBERECHNUNG, S.54f.; Rolf Sack, Die Lizenzanalogie im System des Immaterialgüterrechts, Festschrift für Heinrich Hubmann, Frankfurt 1985, S. 388ff.］。确实，在赔偿逸失利润方面，需要以侵权和逸失利润之间是否存在因果关系为要件。为了将应从专利权侵权人处收取的许可费作为逸失利润，至少要证明如果没有发生侵权则侵权人会向权利人寻求实施许可的盖然性，严格来说，权利人还必须证明其给予了侵权人实施许可。即使在个别的案件中能够证明，一般也不会认为这种证明是合理的。例如，如果要支付许可费，那么就干脆不实施专利发明，采取这种行动的侵权人不在少数。再者，权利人对侵权人授

予实施许可权存在法律上的障碍，这种情况下对于专利权的利 96
用，也可以使用第二种计算方法。在这种情况下，即使不存在侵权行为，最终也无法期待能从侵权人处收取许可费（以上，主要是依据 Sack, a.a.O., S. 389f. 的相关说明）[①]。另外，即使不是以侵权人的逸失许可费为理论依据，而是以第三人的逸失许可费为理论依据，也会产生同样的问题。在专利权人已经设定了实施权，或者可以预见将来会设定实施权的情况下，也可以证明约定许可费的减收部分作为逸失利润（vgl.RG 28.5.1932=RGZ 136, 320）。但是，像第二种计算方法那样，要将此普遍适用于所有情况，这也是不可能的[②]。

关于这一点，将侵权人支付的许可费这个时代的判例，主要是以下述理由对第二种计算方法附以理论根据的，即以侵权人违法实施了专利发明为趣旨，而且以违法侵害了专利权人的立场不应较之于合法征求权利人实施许可的情况为理由，这样，如果没有实施侵权行为则侵权人就不实施专利发明的反论不能成立。因此，第二种计算方法便有了根据[③]。也有批判的观点认为，这与损害赔偿相关法律是不相吻合的（Fischer, a.a.O., S. 13；Sack, a.a.O., S. 391f.）。确实，如果立足于这个观点，就能推导出不需要证明与逸失许可费之间的因果关系的结论。

问题反而在于第二种计算方法的效果，其缘由何在呢。在现有的判例中，第二种计算方法的计算对象已经不是侵权人与权利人之间约定的金额，而是客观上相当的许可费，这是不能通过从侵权人处收取的逸失许可费加以说明的（Joachim Schmidt-Salzer, Zur Technik der topischen Rechtsbildung: Angemessene Lizenzgebühr und Verletzergewinn als Grundlagen der Schadensberechnung, JR 1969, S. 86f.; Haines, a.a.O., S. 18）[④]。

较之于合法的实施人，违法实施专利发明的人不应具有更为有利的立场，基于此，必须按照与权利人签订了实施合同这种形式进行处理，这种论证方法已经散见于此后的判决中［RG 21.3.1934=RGZ 144, 187（190）=GRUR 1934,440;RG13.10.1937= GRUR 1937,1072（1074）; RG 16.9.1941.a.a.O.; BGH 1941.29.
97 5.1962=GRUR 1962, 509（513）—Dia-Rähmchen Ⅱ］。从判决的结论来看，在某种程度上，说明部分除了侵权人必须向权利人支付观念中的许可费这个理由外，再找不到其他的理由了。这种衡平感是恰当的。但不得不说，至少就说明第二种计算方法这一点，还没能达到解决全部问题的程度。

目前，几乎没人支持将逸失利润作为第二种计算方法的理论基础，这一学说似乎已经成为过去时了。此外，关于第三种计算方法也找不到仅以逸失利润加以说明的学说。基于权利人自己无法实施专利发明这样的理由，即使专利权人不能预见等额的利润，这时也支持损害赔偿，而如果将逸失利润作为理论根据，这便是不可能的，因此必须要列举其他法律根据［Haines, a.a.O., S. 6; Ulrich Loewenheim, Möglichkeiten der dreifachen Berechnung des Schadens im Rechtgegen den unlautern Wettbewerb, ZHR 135（1971）, S. 115; Bernhardt/Krßaer, LEHRBUCH, S. 636］[⑤]。

注　释

① 再者，还有人指出，即使权利人一方不存在法律上的障碍，但为了保持独占地位，很多情况下也无法认为权利人授权侵权人实施许可。Möhring,a.a.O.421f.;Fischer,a.a.O.,S.12f.

② 此外，如"阿里斯顿"案判决所示，侵权行为反而使得被侵权人的作品变得知名，虽然根据差额说的意思可能没有产生损害，但也支持相

当的许可费赔偿。Eugen Ulmer, Urheberrecht und Verlagsrecht, 3. Aufl., Berlin · Heidel-berg · New York 1980, S.557; Caemmerer, a.a.O., S. 354.; Karl Larenz, LEHRBUCH DES SCHULDREHTS BAND Ⅰ, 14. Aufl., MÜNCHEN 1987, S. 515.

③ 前者是在上述案例（RG 8.6.1895=RGZ 35,63（68）—Ariston）的论据基础上展开的，后者是以 RG 26.1.1912=JW 1912,407 Nr.8 为始，后面被频繁地用在判决中的说理部分。至于前者，甚至还有关于对于人格权侵权的相当许可费请求返还不当得利的案件，也阐述了此理。BGH 8.5.1956=BGHZ 20,345（355）—Paul Dahlke.

④ 此外，Neuner, a.a.O., S. 284 已经指出，根据判例，原告权利人主张只有支付特别高的许可费才给予侵权人实施许可，但这并不能左右赔偿额。从这一点看，结论和差额说发生了背离。

⑤ 此外，还有判决认为，第三种计算方法立足于如下经验法则，即如果权利人自己实施发明专利，可以获得多少利润［BGH 8.10.1971=BGHZ 57,116（119）=GRUR 1972,189（190）—Wandsteckdose Ⅱ］。但也不能由此断定，仅以经验法则就完全能够说明。Vgl.auch Caemmerer, a.a.O., S. 360. 98

第 2 项　准无因管理或不当得利

序

只以差额说为前提，是无法将第二种和第三种计算方法作为损害赔偿来说明的。基于这种认识，作为问题的解决方案之一，可以在损害赔偿的框架之外寻求理论根据。下面尝试将准无因管理规定的类推和不当得利作为理论根据的构成内容。

1. 准无因管理规定的类推

关于第三种计算方法，判例常常在类推适用《民法》准无因管理规定的第 687 条第 2 款和第 667 条中寻求依据。但是，第 687 条第 2 款将管理他人事务但不具为他人之意作为要件，对此，如何解释第三种计算方法也可适用于过失侵权案件，这是理论上最大的问题点。

关于这一点，应该留意的是，判例最初提倡类推适用第687条第2款的目的在于，没有援用第667条的返还侵权人利润反而是认定了第三种计算方法，在此前提之上援用第666条，是想要将与侵权人利润相关的信息计算请求权（Anspruch auf Auskunfterteilung oder Rechnungslegung）赋予权利人（Jakobs, Eingriffserwerb, S.91）。这种论证方法的先驱是德国《民法》实施前的帝国上级商事法院（Reichsoberhandelsgericht）在1877年9月12日做出的判决［ROHG 13.9.1877 =ROHGE 22,338（340）］。该判决以1870年《著作权法》第55条第4款规定的权利人对侵犯表演权的侵权人请求利润返还的权利作为前提，为了认定权利人对侵权人享有计算请求权，判决将该条款中请求权的法律性质理解为无因管理（negotiorum gestio）。此后，德国《民法》开始实施，明确准无因管理需要以管理他人事务但不具为他人之意作为要件[①]。《民法》实施后不久，1900年3月7日帝国法院做出的判决在认定了三种计算方法的前提下，专利权人为确定侵权人所获的利润的金额，请求侵权人计算其所获得的利
99 润。在这个案件中，法院参照《民法》第687条第2款、第681条和第666条［RG 7.3.1900=RGZ 46, 14（18）］，予以支持。并且，帝国法院在1909年2月3日的判决中也提到，在第三种计算方法中，认定计算报告请求权并非是直接适用了准无因管理的结果，只不过是类推适用，既然当时1891年《专利法》没有区分故意和重大过失，那么对重大过失侵权行为也应该支持计算报告请求权［RG 3.2.1909=RGZ 70,249（250）[②]］[③]。

此后，不限于第三种计算方法，其他计算方法也认定信息计算请求权，其根据不是类推适用《民法》第687条第2款，而是诚实守信原则[④]。因此，虽然最初的目的已经丧失殆尽（vgl.

Lutz, SCHADENSBERECHNUNG, S. 133ff.），但还是说明这被后来的判决继受，将第三种计算方法作为第 687 条第 2 款的类推适用进行阐述的判决依然还存在［RG 22.10.1930=RGZ 130,108（110）;RG13.10.1937=RGZ 156,65（67）=GRUR 1937,1072（1073）;RG15.11.1937=RGZ 156,321（326）=GRUR 1938, 36（38）.Vgl.auch BGH 29.5.1962=GRUR 1962, 509（511）—Dia-Rähmchen Ⅱ（eingehend）］⑤。

此处，谈到历史起源的问题，笔者无意否定这个论证方法。最初的目的并不在于找到侵权人所获的利润为什么成为损害的理论根据，而是以已经被认定的损害作为前提，为了推导出用于探知损害赔偿额的辅助手段，没有填补第 687 条第 2 款不包括过失的情况这一空缺就进行了类推适用。因此，除了认为结论公平的以外，没有给出其他有意义的说明［vgl. Fritz Lindenmaier, Die Herausgabe des Verletzergewinns, ZAkDR 1936, S. 16; Reimer, PATENTGESETZ, S. 1663（Karl Nastelski）］。以上是目前的实际情况。如果将目光转移到学说上，对于过失侵权人也适用这一条款是不恰当的，这样的批判的声音居多。仅以这一条款来说明第三种计算方法，在要件论的阶段就遭受到了挫折［Wilhelm Kisch, Schadensersatz und Bereicherung bei Patentverletzung, LZ 1927, S. 670; Philipp Möhring, Einzelfragen der Schadensliquidation im gewerblichen Rechtsschutz und Urheberrecht, GRUR 1931 S. 423f.; Werner Pinzger, Berechnung des Schadensersatzes wegen Patentverletzung, GRUR 1931, S.672; Lutz100, a.a.O., S. 95f. Vgl. 100
auch Lindenmaier, a.a.O., S. 164; Reimer, a.a.O., S. 1663（Karl Nastelski）］⑥。

另外，还必须注意，即便我们假设可以忽略要件上的不一致之处，但在专利侵权中“管理了他人事务”究竟在何处，这也是问题所在。简单从构成上看，可以主张如下思考方式，即如果将专利侵权人视为事务管理人，则在法律上发明专利只能由专利权人来实施，侵权人未经许可实施发明专利的行为就构成了“管理他人事务”，可以从此处找到论据（Lutz, a.a.O.,S.94）。但是，想要立足于这种思考方式，就必须要克服从很早以前就存在的一个疑问，即在专利权人没有制造和销售专利产品的情况下，是否也算是“他人的事务”（Kisch, a.a.O.,S.670）。除此以外，还被指出的一个问题是，如果根据这一理论构成准无因管理，那么侵权人就应该返还全部的利润，但根据第683条的要件，只能得出请求返还一定费用（vgl. Haines, BEREICHERUNGSANSPRÜCHE, S. 9）这个结论。根据判例，在第三种计算方法中，侵权人只要返还侵权所获利润中被侵权的发明贡献的额度即可；而且，具有贡献关系是侵权人所获利润返还的要件，权利人必须对此进行举证证明。因此，在效果上，第三种计算方法是无法被说明的（Rudolf Kraßer, Schadensersatz für Verletzungen von gewerblichen Schutzrechten und Urheberrechten nach deutschem Recht, GRUR Int. 1980, S. 269; Bernhardt / Kraßer, LEHRBUCH, S. 636）。

关于这一点，判例支持如下结论，即只有单一实施行为的一部分构成“管理事务”，由此只需要返还所获利润的一部分。这一理论的出发点在于，仅仅在侵权人使用了专利发明这种他人的财产之处来寻求他人的事物性。借用对此进行详细阐述的判决中的说明：通过侵害专利发明制造的物品是受保护的发明思想的具象物，非权利人以营业的形式进行销售的行为包含同时出
101 于对自己利润的考虑使用他人财产的行为，由此肯定第687条第2款中的“他人的事务性”。从这种观点出发，这一判决也可

以理解为，在一个实施行为中同时包含侵权人自身的事务和他人的事务，这时也可以推导出，仅将如果不利用他人财产就得不到的利润作为返还对象这个结果［BGH 24.2.1961=BGHZ 34, 320（322）=GRUR 1961, 354（355）—Vitasulfal[⑦]］。对于这种论证方法，学说中有批判的声音认为，这一理论在准无因管理和不当得利的界限上是暧昧不清的（Haines, a.a.O.,S. 10f.）。确实，如后文所述，着眼于使用了他人财产的观点，根据不当得利返还请求权推导出按比例进行利润分配这种方法被大力提倡（Wilburg, a.a.O., insbesondere S.122ff.）。假设在不当得利中允许这种构成，那么特意类推准事务管理的意义又在何处呢？这一点是值得探讨的［Walter Wilburg, Zusammenspiel der Kräfte im Aufbau des Schuldrechts, AcP 163（1964）, S. 351］[⑧]。

综上，为了根据准无因管理说明第三种计算方法，在理论上存在必须要逾越的障碍。特别是，在不能涵盖过失侵权这一点上，恐怕没有解决之道。判决本身也承认这一点。这不过是《民法》第 687 条第 2 款的“类推”适用，不能完全作为第三种计算方法的理论根据。

注　释

① 关于普通法时代的学说变迁以及第 687 条第 2 款的形成经过，具体参考：Jakobs, a.a.O.,S. 92ff.。

② 此外，判决还提及，无论专利权人是否实施其专利发明，本案侵权人都属于第 687 条第 2 款中实行权利人事务的事务管理者。

③ 此外，关于商标侵权，否定了侵权人所获利润的计算报告请求权和作为其前提的侵权人所获利润的返还请求权，并予以驳回的案件有 RG 24.6.1904=RGZ 58, 321（323—325）。本案提到了《民法》第 687 条第 2 款和第 666 条。但是，判决中并未提到第 667 条，而且驳回了权利人的请求，因此未直接处理对于故意以外的侵权是否也类推适用这些规定的问题。此外，有关基于 1894

年《商标法》(Gesetz zum Schutz der Waarenbezeichnungen, vom 12. Mai 1894, RGBl. S. 441）违反了第15条的损害赔偿请求，RG 30.11.1900=RGZ 47,100（103）一案的处理也是一样的。此外，1894年《商标法》第15条的规定是现行《商标法》(Warenzeichengesetz, vom 2. Januar 1968, BGBl Ⅰ S 1,29, BGBl Ⅲ 423-421）第25条装潢权规定的前身。参见：涉谷達紀,『商標法の理論』, 東京大学出版会，1972年，第107—115頁。

④ 此判决是帝国法院做出的第一例商标侵权案件。RG 4.5.1923=RGZ 108,1（7）
102 对赔偿义务人苛以信息请求权，由此权利的实现才变得容易起来，权利人通过合乎情理的方法也不能准确呈现与权利的存在和范围相关的信息。另一方面，本质上必然伴有赔偿义务人可以毫无困难地提供信息这种状态的法律关系中，必须根据诚实信用原则，赋予权利人以信息请求权。

⑤ 我国的文献还有如下理解：当时的德国《专利法》是排斥《民法》的决定性规定的，因此不能直接适用《民法》，这才导致类推适用了《民法》第682条第2款(参见：好美清光,「準事務管理の再評価」,『谷口還暦』(3)，第408、409、410頁)。但是，如本文介绍，最初类推适用《民法》第687条第2款，只是为了将认定返还侵权人所获的利润作为前提推导出信息计算请求权，才援用了这个条款，此后是因为，对于过失侵权人也适用第三种计算方法，背离了限定为恶意的《民法》第687条第2款的要件规定。另一方面，《专利法》作为决定性规定的论据，也并非是以准无因管理的脉络登场，而是如后面所述，是作为与不当得利返还请求权之间的关系而使用。这不单纯是形式上的排他，考虑到《专利法》的趣旨而否定适用《民法》中不当得利的规定。

⑥ 顺便一提，在维尔博格（ungerechtfertigten Bereicherung, S. 24f.）的文章中存在如下观点，即让误以为是自己事务的管理者，甚至完全无责任的管理者返还从客观的事务管理中所获的利润。对于这种说法的批判如下，即纯粹的事务管理者负有利润返还的义务，这是符合管理人意思的。对此，对出于自身利润考虑进行事务管理的人也苛以利润返还的义务则需要特别理由。对于恶意者，可以从此处推导得出这是符合第687条第2款的。但是，对于善意者，也可以客观上侵害了他人财产和违背了排他权等为由，让其负有利润返还的义务，那就掺杂了与无因管理无任何关系的观点。此外，有关于普通法以后的学说，参见：vgl. auch Jakobs, a.a.O., S. 92ff.。

⑦ 本案是商标侵权案件，判决一改以往的观点，将返还侵权人所获的利润作为损害计算的一种方法引入。此外，作为旁论，做出了同样旨意的判决有：RG 4.5.1923 =a.a.O.,S. 5. Vgl. ROHG 13.9.1877 =ROHGE 22,338（340）; auch BGH 29. 5. 1962. a.a.O。

⑧ 但是，如后文所述，如果在依据不当得利的情况下应归属侵权人的劳务和设备的获利是不能被认可的，但如果依据准无因管理，在这点上就可能存在差异。

2. 不当得利

（1）德国《民法》第 812 条第 1 款规定，“通过他人给付或其他方式，没有合法根据取得不当利润，并造成他人损失的，应当将获取的不当利润返还受到损失的人”，并对不当得利返还请求权设置了一般规定。另外，在不能返还现物时，根据第 818 条第 2 款的规定，义务返还人还必须支付相应的对价。 103

但是，尽管《民法》中存在这种概括性的规定，但在过去的专利侵权中，在通说和判例中占据主流的是否定不当得利返还请求权的观点。

这种否定说的历史源流要追溯到德意志帝国最初的《专利法》，即 1877 年《专利法》时代。《专利法》第 34 条规定，只有具有故意的专利侵权人才负有损害赔偿的责任。帝国法院在 1888 年 6 月 9 日的判决中表示，如果不具有故意的侵权也负有损害赔偿责任，会让判决变得繁杂和不确定，因此应将这一规定的趣旨理解成维护德国产业界的公共利益①。该法表明要对德意志帝国全国规定完全相同的趣旨。其结论是，即使一般邦法（Landesrecht）规定，“就提起诉讼后的部分，与侵权人是否具有故意无关，都会产生损害赔偿义务”，但优先适用帝国《专利法》，因此不适用上面的一般邦法②［RG 9.6.1888=RGZ21,68（71—72）］。此后，德国《民法》从 1900 年开始实施，问题便从是否适用一般邦法，变成了是否适用《民法》第 812 条。但是，帝国法院还是引用了以前的判例，并表明了否定不当得利返还请求权的态度。例如，1913 年 12 月 22 日的判决将当时 1891 年《专利法》中把具有故意或重大过失作为赔偿责任的要件理解为对专利侵权的民事责任要件相关的决定性规定，因此得出了不适用《民法》第 812 条的结论，并否定了不具有故意或重大过失的侵权人的不当得利返还请求（RG 22.12.1913=JW 1914, 407 Nr.8.）[③]。此外还有几个做出了同样阐述的判决（RG 24.6.1908=WarnRspr 1908, 535 Nr.658[④]）[⑤]。

如果将目光转向当时的学说，还有人会列举《专利法》的趣旨并支持否定说。这一论述的要旨是《专利法》在权利性质、内容和范围上均是不明确的。1891年《专利法》为了避免过多的
104 事实关系调查，有意免除了轻过失侵权人的赔偿责任。如果连善意无过失的人都要返还所获利润，这就违背了《专利法》的趣旨，而应解释为《专利法》对于专利侵权相关的赔偿责任进行了决定性规定，不适用《民法》第812条（Josef Kohler, Lehrbuch des Patentrechts, Mannheim und Leipzig 1908, S. 192f.；小西真雄译，《专利法原论》，严松堂，1916年，第354页）。另外，《民法》第812条的解释是，即使不存在侵权行为，专利权人也无法获得侵权人获得的利润，在这种情况下，专利权人并没有产生损害，因此侵权人所获的利润不能被理解为该条中“他人的损失”（auf anderen Kosten）。也有观点以此为由（虽然只是一部分理由）否定了不当得利（Wilhelm Kisch, Schadensersatz und Bereicherung bei Patentverletzung, LZ 1927, S.672）。甚至还存在如下这样的学说，侵权人通过自我的制造活动来实现获利，并以此为由对所有情况都否定“他人的损害”的要件，进而排斥不当得利（Hermann Isay, Patentgesetz, 1. Aufl., Berlin 1903, S. 330[⑥]）。此外，如果适用《民法》第812条，侵权人所获利润的全额都应该作为不当得利加以返还，将这种理解作为前提，认定责任本身就等同于助长他人侵权的态度，而这种理解是不恰当的，从这种实质论的观点出发支持否定说的也不在少数。[Bolze, Gibt es einen Anspruch auf Schadensersatz oder Herausgabe der gezogenen

Nutzung wegen einer Patentverletzung, die weder wissentlich noch grobfahrlässig begangen ist?, AcP 92（1902）, S. 343.; Isay, a.a.O., 5. Aufl., S. 561; Franz Leonhard, Besonderes Schuldrecht des BGB, München · Leipzig 1931, S.458.[⑦]][⑧]。

（2）对上述否定说进行有力反驳的是不当得利类型论的鼻祖瓦尔特·维尔伯格于 1934 年发表的论文（Wilburg, ungerechtfertigten Bereicherung[⑨]）。

瓦尔特·维尔伯格以《民法》第 812 条规定的不当得利中包含通过给付所获的利润和其他方式所获的利润两种类型的命题作为立论的出发点。亦即，通过给付所获利润的返还请求权是在错误的给付中产生的。与此相对，通过其他方式所获利润的返还请求权是基于获利的基本权利目的。在前一种情况下，不当得利返还请求权作为取消法律行为的一种给付返还请求权 105
（Leistungsrückgabeanspruch）；在后一种情况下，作为权利存续效果所产生的请求权（Rechtsfortwirkungsanspruch）来处置（Wilburg, a.a.O., S. 49）。下面我们主要介绍论述的要旨。

在通过给付所获的利润中，该利润是基于给付者的意图行为的（a.a.O., S. 7ff.）。值得信赖的学说是在给付人与利润所得者之间的债权关系上寻求捐赠的基础。亦即，这一原因关系一旦无效，那么便缺少了“法律上的原因”，于是产生了不当得利返还请求权（S. 10f.）。但是，过去的学说的错误之处在于，无法通过给付获得的利润类型也被纳入类型化的考虑中。对于无法通过给付获得的利润，为了将所获的利润正当化，也不是一定都要具有特殊的原因（S. 12ff.）。另外，如果只在公平和正当性上寻求不当得利的依据，由于不当得利自身固有的性质并不是很明确，因此无法将不当得利诉讼委任于不受控制的法官在各案件中表现的公平正义（S. 18f.）。在实体法与形式法的相克中看不出不当得利的本质。即使这一请求权形成了无此则不存在的法律状态，但这不是不当得利返还请求权本身固有的性质，而是所有请求权的共通性质。不当得利也并没有体现现行法与更高位阶的法律之间的矛盾，因为不当得利返还请求权自身是以现行法作为基础的（S. 20f.）。

通过给付无法获得的利润中，将特定的财物以及对该财物的利用分配给权利人，这种被侵害的权利目的决定了获利的不正当性（S. 27）。例如，所有权中存在与归属性，即将物品归属所有权人相关的规定，以及将利润给谁的规定。这一理念奉行的是占有者的所有物返还请求权和对妨害者的妨害排除请求权中所表现出来的对物的支配。但是，所有权的经济目的并不止于这些诉权，而是超越了这些诉权在发挥作用。物由于丧失或灭失了独立性，也就丧失了行使对物权利的可能性，即使这样，也要通过其他方式主张其效力。亦即，首先是从侵权的观点创设损害赔偿请求权，而且更为极端一些，从利润分配（Zuweisungsgehalt）的观点出发，对收取物的收益的人创设不当得利返还请求权。在他
106 人消耗了所有物的情况下，被使用的物要归属权利人，由于对物的收益也只能分给权利人，因此产生了金钱上的请求权。他人对所有物的利用违背了所有权的目的，因此要求根据所有物的效力进行清算。从所有权产生了不当得利返还请求权（S. 28）。

同样，其他类型的绝对权也会产生不当得利返还请求权（S. 35ff.）。将利用知识创作物的权利留给创作者的无形财产权就是一个例子。有学说认为，如果是无形财产权的情况，由于权利的边界并不清晰，因此不会发生不当得利，但交易变复杂的危险与未经许可实施侵权行为产生障碍的危险这二者之间处于一种相克的关系。特别是，专利权和商标权这两类知识产权，只要通过查

找登记就能简单获知权利是否存在。进一步而言，即使侵权人不负有任何责任，但由此从他人的财物所获的利润也是无法被正当化的。此外，反对说还指出，所获的利润是侵权人的行动果实，不应允许权利人坐等他人通过实施其专利发明来赚钱，这些问题将在后面通过正当计算返还额来解决。不仅需要考虑利润是基于侵权人的活动而产生的，还必须考虑要利润同时也基于被利用的发明。结论是，对所有无形财产权都认可不当得利返还请求权。不当得利不仅适用侵权人的有责性不能被证明的情况以及损害赔偿请求权的诉讼时效消灭的情况，比起这两者，在侵权人所获的利润大于权利人受到损害的情况下，不当得利的实用性功能更能发挥作用（S. 40ff）。

过去，如果提到应该被认定的权利存续效果请求权的效果，基本上属于权利分配领域的所有财物都是返还对象[10]。在无形财产物的情况中，利用被侵害的财产所产生的收益便成为返还对象[11]。但是，返还请求权与请求权以外的人的财物和给付相互关联时，请求权人并不是常能收到返还利润的全部。即使从经济方面看收益完全是基于请求人的财物时，返还请求权也不能及于全部的利润。在大多数情况下，所获的利润同时归因于利润者的资产、劳动，以及事业活动。这时，他人财产的产出物是利用自己的财产的结果，不当得利返还请求权也接受相关利润人对其成果享有权利的抗辩。为解决这一问题，有学说认为，在这种情况下没有 107
必要否定不当得利返还请求权，只要计算得出适当的返还额即可。同将返还额扩大至全部利润一样，全面否定返还请求权具有片面性（S. 126）。在这种情况下，通过两种方法计算返还利润额：其一是根据贡献度分配成果；其二是计算相当对价的方法（S. 128）。后一种方法是在难以分配前者利润或者分配前者利润不切实际的情况下，在自由交易中通常使用财物转移的对价手段。由此给法官一个凭借经验法则测算不当得利返还额的抓手（S. 133）。因此，按比例分配与相当对价并不是相反的概念。后者变为前者的意思，前者只是后者所包含的一种形态（S. 136）。

以上介绍的瓦尔特·维尔博格的分配内容起到的作用是消除了以往学说中关于专利侵权的一些疑虑。以往的学说是把所获的利润放在现实的财产变更或变动之中来看，因此在部分或全部专利侵权案件中得出了否定不当得利的结论。但是，瓦尔特·维尔博格是将与专利权的分配内容相抵触的部分作为不当得利来考虑，因此可以不考虑现实中专利权人是否向侵权人转移了财产[12]。虽然这种规范的获利概念与不当得利的返还范围相联系，但同时也与如下结论紧密相关，即无需返还现实中所获的全部利润，只要以专利发明所做贡献为限度加以返还即可。因此，把侵权人所获的利润归属于侵权人的活动，成功地在不当得利的效果方面体现出了认定返还全部利润额实际上并不妥当的衡平感。

瓦尔特·维尔博格的这一类型论，以及其中包含专利侵权案件在内的、通过他人财产获利的案件中的分配内容说，后来得到恩厄斯特·冯·凯莫勒（Ernst von Caemmerer）的支持（Caemmerer, a.a.O., S. 333ff. [13]），从此成为了一个被业界普遍接受的观点［vgl. Walter Wilburg, Zusammenspiel der Kräfte im Aufbau des Schuldrechts, AcP 163（1964）, S. 348ff.］。凯莫勒的逻辑是，就不当得利的两种主要类型中的获利的不正当性来讲，虽然与格瓦尔特·维尔博格并无不同之处，但却常被引用，以下有必要进行一些介绍。

108 凯莫勒认为，不只有瓦尔特·维尔博格分析得出的给付返还请求权（Leistungskondiktion）和从他人财产所获的利润

（Bereicherung aus fremdem Gut）这两种类型（a.a.O., S. 340. 有关其他类型，见 S. 360ff.）。凯莫勒对此持保留意见的同时，还是承认二者可以作为不当得利的两种大的类型。也就是说，给付返还请求权上的问题则变为，是要返还归因于失败的给付，还是返还归因于因果关系处理后的给付。关于倒退请求权（Rückabwicklungsanspruch），在《财产变动法》（Recht der Güterbewegung）中，属于补充或更正的手段（S. 342）。对此，如瓦尔特·维尔博格所指出的，来自他人财产的获利，特别是侵权获利（Eingriffserwerb）案件中获利的不正当性，应该承认对物的利用违反了所有权的内部分配这一点。在这种情况下，不当得利返还请求权与物权的妨害排除请求权、物权的返还请求权，以及有责任的绝对权侵害的损害赔偿请求权，或者恶意的无因管理的利润返还请求权一样，奉行的是对财产的保护（Güterschutz）（S. 352f.）。这时，不只是通过所有权，还可以通过其他的绝对权对不当得利给予法律上的保护。在专利权、实用新型专利权和著作权侵权案件中，判例得出的三种损害赔偿计算方法中，相当的许可费赔偿没有对权利人的损害加以考虑。但是，得出这样的结论的原因在于，《民法》第 818 条第 2 款中不当得利返还请求权成为了问题的关键（S. 354f.）[⑭]。

（3）1936 年《专利法》修订，修订后的第 47 条将损害赔偿责任扩大到了过失侵权人。这样在与《民法》上的侵权行为的要件方面就不存在不一致之处了，与其他种类的绝对权的侵权人相比，《专利法》的趣旨应是对侵权人的宽容处理，这样的否定说也便无法适用（Carl Schramm, GRUNDLAGENFORSCHUNG AUF DEM GEBIETE DES GEWERBLICHEN RECHTSSCHUTZES UND URHEBERRECHTES, Berlin · Köln 1954 S. 354）。因此，只要消除了实质的不正当性和理论上的疑虑，便可以说是已经具备了认可不当得利这种大趋势的前提条件。能够达到这一效果的，正是瓦尔特·维尔博格的内容分配说。

于是，德国联邦最高法院终于在1967年11月30日的判决中改变了过去联邦法院否定不当得利的判例，在专利权和实用
109 新型专利权侵权中也认可了不当得利返还请求权（BGH 30. 11. 1976=BGHZ 68, 90=GRUR 1977, 250—Kunststoffhohlprofil Ⅰ[15]）。更进一步，法院在1981年11月24日的判决中明确表示，在效果上，应该是将相当的许可费而非侵权人所获利润作为返还额［BGH 24.11.1981=BGHZ 82,299（305）=GRUR 1982,300（303）—Kunststoffhohlprofil Ⅱ］。

在学说中，多数说通常是将权利人的相当许可费作为不当得利请求返还。立足于分配内容说，根据在专利发明的利用中找出应被返还的取得物（Erlangte）这一联邦最高法院最有力学说的讨论，侵权人将专利权排他地归属给权利人的发明专利作为一己之物，这一点属于不当得利，必须将其返还专利权人。返还利用之物本身是不可行的，根据《民法》第818条第2款，必须赔偿其价额。实施专利许可时，作为对价支付的许可费属于实施价额，因此应返还的额度应该是许可费［Rolf Sack, Die Lizenzanalogie im System des Immaterialgüterrechts, Festschrift für Heinrich Hubmann, Frankfurt 1985, S. 380f.；BGH 24.11.1981. a.a.O., S. 307-308（BGHZ），303（GRUR）. Vgl. auch Karl Larenz, LEHRBUCH DES SCHULDREHTS BAND Ⅱ, 12. Aufl., MÜNCHEN 1981, S. 534］。此外，“塑料中空型材Ⅱ”（Kunststoffhohlprofil Ⅱ）案判决否定了与获取物相关的其他观点（BGHZ 82,306-307=GRUR 1982,303）[16]。也就是说，侵权人

并没有通过侵权行为获得利用权限[17]。侵权行为还是如以前一样无权限。另外，也并非只获取了事实上的利用可能性[18]。这种利用可能性对知道工业所有权内容的人都是开放的。同样，也不能认为主要是节约了许可费。尊重工业所有权的结果是，未触及侵权行为的人节约了专利许可费这一问题[19]。

那么，从类型论的立场出发，最有力的学说认为，侵权获利时不需要损失要件。卡尔·路德维格·巴奇（Karl Ludwig Batsch）对此进行了批判，其认为如果损害要件和财产转移（Vermögensverschiebung）不是问题所在，那么在侵权获利时，即使确定了获利者，其到底在何处，与谁具有法律上的关系，这些问题从来都没有被明确过。巴奇主张，这时一定要维持损害要件，财产的转移一般都是不当得利返还请求权的发生要件 110
（Batsch, VERMÖGENSVERSCHIEBUNG, S. 92 f. [20]）。但是，巴奇主张，要将财产的概念进行法律上的理解而非经济上的理解[21]，通过将损害和财产的转移规范化，最终得出与上述最有力的学说相同的结论。亦即，将与客体的利用相关的排他性决定可能性（使用或不使用）作为财产权来理解，在未经许可使用或利用的案例中，获利者剥夺了权利人的这种决定可能性，通过行使来决定（使用或利用），并将其作为不当得利返还（a.a.O., S. 105f., 112ff.）。根据《民法》第 818 条第 2 款，获利者必须返还其获得的决定（使用或利用）的客观价值，使用或利用的通常对价符合此规定（S.114）[22]。另外，避开巴奇的一般论，并且不会与类型论构成对立，而是尝试从遵循《专利法》趣旨的角度来把握专利权的分配内容，由此提倡规范的获利和损失概念的是鲁道夫·克拉瑟。鲁道夫·克拉瑟主张，在侵权人仅停留在制造阶段还未销售专利产品时，着眼于可以恢复原状这一点，让专利权人独占的市场机会成为权利人的损失的同时，也成为了被侵权方获取之物。侵权人从满足了需要的时间点开始获取了专利权人的市场机会并进行消费（Rudolf Kraßer, Schadensersatz für Verletzungen von gewerblichen Schutzrechten und Urheberrechten nach deutschem Recht, GRUR Int. 1980, S. 268f.）。“塑料中空型材Ⅱ”案判决对于克拉瑟的观点，以对市场还未产生效果的实施行为同样包含在无形财产权的分配领域内为论据展开了反论（BGHZ 82,306=GRUR 1982,303）㉓，但是反过来，在可能恢复原状的时间点上，鲁道夫·克拉瑟对提前认可获利这一点也提出了异议（同时还有其他的反对观点：Bernhardt / Kraßer, LEHRBUCH, S. 629）。但是，无论站在哪个立场上，相当许可费作为返还额这一点是不变的。

此外，还有学说立足于传统的差额说而非分割内容说，以支出的节约为由给许可费返还附以基础，同时权利人可以提高相应利润时也支持侵权人利润的返还。特别是关于支出的节约，侵权人主张，由于受到权利人行为的约束，如果不实施侵权行为
111 则不能获得许可，因此不能免于许可费的返还义务，这样的论述也受到了关注（Eugen Ulmer, Urheber-und Verlagsrecht, 3. Aufl., Berlin · Heidelberg · New York 1980, S. 560）㉔。此外，将不当得利作为将侵权人的财产状态返回至如果不存在侵权行为应有的状态的制度，海因里希·雅科布斯（Horst Heinrich Jakobs）和哈特穆特·海内斯（Hartmut Haines）立足于这一立场，主张原则上应肯定侵权人利润的返还，但这也只是少数说㉕。

（4）在判例中并存的作为不当得利的许可费相当额的返还请求和作为损害赔偿的相当许可费请求在效果上的不同点只有以下

几点。例如，前者适用《民法》第 818 条第 3 款，即获利灭失时将返还额限定为现存获利，后者适用《专利法》第 139 条第 2 款第 2 项的轻过失侵权人的损害额减免规定，或者后者适用《专利法》第 141 条的短期的已过诉讼时效期间的规定等。只要请求许可费，将侵权人的有责性作为问题的必要性仅限于这种程度上的差异（vgl.Kraßer, a.a.O., S. 268f.）[26]。另外，不当得利肯定说几乎是在总结相当的许可费，作为同一种返还对象的计算方法，瓦尔特·维尔博格提出按照贡献度的比例对利润进行分配的方法，并致力于使判例中的第三种计算方法也按照贡献度进行利润分配，这一点极具启发性。如果根据该理论，也可以根据不当得利返还请求权构成与第三种计算方法类似的制度（Wilburg, a.a.O. AcP 163, S. 351）。

另一方面，代替过去的着眼于现实的财物转移和变更的不当得利否定说，瓦尔特·维尔博格通过将获利的概念规范地把握，成功地将与第二种或第三种计算方法类似的不当得利制度理论化。从这一事实可洞悉，即使在侵权行为的情况下，通过将损害加以规范把握也是可以对三种损害计算方法附以理论根据的。实际上，在不当得利论中就已经在损害要件方面出现了这样的讨论，这一点前面已经有所论述。另外，后面会论述，在德国，存在尝试将损害概念从差额说解放出来，并将第二种或第三种计算方法囊括至损害赔偿的框架内的尝试。除此以外，暂且不论德国学说上的认识，着眼于侵权人获利的不当得利返还请求权和着眼于权利人的损害的损害赔偿请求权中，无论如何想要将获利或损害的概念加以规范化，最终可以看出在效果 112
上不存在特别大的差异[27]。更何况，我们可以认为，我国《专利法》第102条，特别是其第二款已经确立了规范的损害概念。既然该条款的系谱能够在德国判例的三种损害计算方法中找到，那么便无法否认应探讨德国法中损害赔偿理论依据的必要性了。这一工作我们将在下一节中展开。

注 释

① 这是符合起草者的意图的。Vgl. Die Motive, abgedruckt im Josef Kohler, Deutsches Patentrecht, Mannheim · Straßburg 1878, S. 452.

② 在本判决以前，1878年约瑟夫·科勒在论文中明确论述道，斟酌1877年《专利法》起草者的趣旨，从文义来看，本法是就专利侵权产生的债务相关的决定性规定，这是非常清楚的。约瑟夫·科勒还表达了通过《专利法》否定不当得利返还请求权的观点。Kohler, a.a.O., S. 456f. 但是，作为立法论（S. 456），要求制造业者具备相关知识也不为过，约瑟夫·科勒以此为由表示了疑虑。S. 452ff.

此外，除本判决外，RG 5.2.1886=RGZ 15, 121（132）案在旁论中也阐述了同样的旨意。在此之前，RG 8.7.1885=RGZ 14,69 案上诉审中，关于1874年《标识保护法》（Gesetz über Markenschutz, vom 30. November 1874, RGB1. S. 143）（本法将侵权人的故意作为要件）第14条，法官基于完结性规定的逻辑，采用了完全不同的观点，并驳回了原审判决。

顺便提及，关于1870年《著作权法》第18条第6款，RG 24.4.1884=RGZ 12, 105（106）案判决指出，该条款是在德国全国范围内设立的统一性规定，而非邦法那样的多样性规制，并具体否定了普通法（gemeines Recht）。但是，该条款规定，即便不以侵权人的有责性为要件，也能够请求返还所得利益。在这个意义上，当时将故意或重大过失作为要件的《专利法》与邦法之间的关系是不同的。

③ 有文献指出，《民法》实施后，没有优先适用《专利法》而是对德国全国统一适用，帝国法院以此为理由继续引用从前的判例，这是不妥当的。Jakobs, Eingriffserwerb, Bonn 1964, S. 79f. 但是，对德国全国进行统一规定这种逻辑是需要被轻过失侵权人免责这样的实质论支撑的。既然《民法》第823条对轻过失的绝对权侵权也认定赔偿责任，那么就不得不说，过去判例做出的实质论在现在这个时代依然被适用。

④ 此外，在旁论中确认了这一法理的判决有RG 9.6.1928=RGZ 121,258（261）。但是，该判决认为，既然《民法》已开始实施，就不需要排斥多种类型的一

般邦法的规制，那么仅对具有故意或过失的侵权人规定损害赔偿责任的《文学著作权法》(Gesetz, betreffend das Urheberrecht an Werken der Literatur und der Tonkunst, vom 19. Juni 1901, RGBl. S.227. 该规定为第36条）也不过只是疏漏了不具有故意或过失的利润返还相关的规定，因此法院适用了《民法》113
第812条并支持返还不当得利的请求。从与《专利法》历史变迁上的不同点看（参照注释②），这时不同的处理方式是具有正当性的。此外，关于其后的著作权侵权判例，参见：vgl. Batsch, VERMÖGENSVERSCHIEBUNG, S. 20f., 32f.。

此外，将《专利法》视为决定性规定而否认不当得利返还请求权的逻辑散见于一些文献，这些文献只是将此作为单纯的形式论介绍。在此基础上只要不被形式上的理由所束缚，就可以直接认定不当得利，也只是进行这样的推定（参见：好美清光,「準事務管理の再評価」,『谷口還暦』(3)，第408—410頁；長谷川隆,「無断使用による権利侵害と不当利得法的視点（1）」,『富大経済論集』，35巻3号，1990年，112頁）。但是，只要参考作为起源的上述判决就会注意到，这一逻辑只是想要照顾当时对故意或重大过失侵权限定损害赔偿责任的《专利法》。另外，如后文所述，必须留意这与《专利法》的趣旨无关，作为《民法》第812条的解释，是存在对专利侵权否定不当得利的论据的。

⑤ 但是，雅科布斯（Jakobs, a.a.O., S. 84ff.）引用了作为三种计算方法起源的判决（RG 31.12.1898=RGZ 43,56—Ariston）。第三种返还侵权人所获利润的计算方法被理解为，认可将主观要件限定为故意或者重大过失的不当得利返还请求权。此后这一判决未做出改变，并被后面的与三种方法相关的判决引用。因此，不当得利认可说在判例中暂且被延续下去了。对此，参照前一项的注释⑤的说明部分。

⑥ 此外，在后一版中这一点有所改变。即便如此，只要考虑到实质上的妥当性，就应该否定不当得利返还请求，这被评价为大审院的判例形成的习惯法。5.Aufl., Berlin 1931, S. 561f.

⑦ 从这一观点出发，仅就侵权诉讼审理后认定不当得利返还请求权的立法论的有：Pinzger, Der Bereicherungsanspruch im gewerblichen Rechtsschutz und Urheberreht, GRUR 1927, S. 272f.。在解释论方面，尝试得出同样结论的有：Bolze, a.a.O., S. 342ff.,349ff.。这些学者都是尝试在专利侵权诉讼中构建一个与《民法》第987条规定的所有者返还占有者利润相同或类似的规定。但是，现在只要是与有形物的无权限使用者相关，多数说的观点是,《民法》第993条第1款规定与无偿占有者被同样对待，允许善意占有者保有诉讼审理前的利润，排除这一条的适用，对原本就在本条规范范围外的无形财产权侵权案件扩张适用这一条款，这一点是存有疑虑的。Batsch, a.a.O., S. 11ff. Vgl. auch Jakobs, a.a.O., S. 76f. 关于《民法》第987条相关的日文文献有：川角由和，

「侵害利得返還請求権の基本的性格」,『法政研究』, 50巻3、4号, 1984年, 第474、477頁; 山田,『現代不当利得法』, 第403—429頁。

⑧ 此外, 否定不当得利返还请求权的立场可被理解为, 在损害赔偿请求权的诉
114 讼时效消灭后, 诉讼时效消灭前的损害赔偿请求权发生了性质上的改变, 对侵权人附以《民法》规定的不当得利返还义务的1936年旧《专利法》第48条和现行法第141条限定到侵权人所获利润的限度内。因此, 有责性成为其中一个要件。Reimer, PATENTGESETZ, S.1774f.(Karl Nastelski). 对此, 从支持不当得利肯定说的立场出发, 认为该条款与《民法》第853条相同, 同时要注意到, 竞合的损害赔偿请求权的诉讼时效消灭后, 不当得利返还请求权依然存在。Ernst von Caemmerer, BEREICHERUNG UND UNERLAUBTE HANDLUNG, FESTSCHRIFT FÜR ERNST RABEL, Tübingen 1954, S. 356,395.

⑨ 加藤对此进行了简单明了的介绍, 参见:『財産法の体系』, 第150—164頁,

⑩ 与他人的合法财产具有经济关系的全部利润都是返还请求权的对象。在此成为标准的是"利用"(Verwendung)的观点。在对物进行消费(Verbrauch)、加工、附和和转让的情况下, 与有形物相关的利用成果是物的实质价值。但是, 在对物加以使用(Gebrauch)时, 返还对象就被所产生的果实和收益限制了。S. 122f.

⑪ 无形财产的利用(Verwertung)介于上述(上一注释)的消费与使用之间, 相较于实质性的利润与收益, 更应该将其区别为技术上的取得物和经济上的取得物。前者属于作为侵权对象的专利产品, 应归还给权利人或被销毁, 对此做出了多种规定。而后者, 即经济上的取得物为利用被侵权财产所产生的收益, 是不当得利返还的对象。S. 123f.

顺便一提, 专利权人的侵权产品的返还请求是不被认可的(有关不同的学说, 参见本项注释㉕), 但现行《著作权法》第99条对支持著作权人请求以制造费为最高限度的相应代价和侵权物品的返还请求, 现行《外观设计法》第14条第3款也准用这一条款。

⑫ 顺便一提, 关于《民法》第812条第1款的"他人的损失"这一要件, 瓦尔特·维尔博格基于具体使得这一要件无法发挥作用的判例、学说或者起草过程谈道, 不当得利返还请求权是利润分配的目的, 不同于损害赔偿, 是不需要这个要件的。S. 97ff。

⑬ 关于该论文, 在加藤所著的《财产法的体系》一书中第164—175页有简单明了的介绍。

⑭ 以下, 凯莫勒论述道, 侵权获利中不当得利返还请求权的对象并不是侵权人所获的利润, 而是被获取的物的价额。而且, 以专利侵权为例, 如果不仅让无责任的专利侵权人归还被保护的利用成果, 还要归还通过自己活动和设备所获的利润, 实际上这种做法是不恰当的。接下来, 这种情况如果被允许, 作为专利权人只要收取他人利用自己的专利权所获利润即可, 那么就可能导

致专利权人坐等其权利被利用的消极态度。在这一点上，如果返还额只限于利用的价额，就不会产生上述疑问。所获取的物在性质上属于返还不能的情况，这个结论也适合于负有价格赔偿义务的《民法》第 818 条第 2 款。即使 115
并非有责任，如果侵害他人专利权的人认识到被保护的利用所具有的价值部分即专利权的存在，就只能获得诚实地支付的许可费这一部分获利。S. 356f., vgl. auch S. 381.

顺便一提，瓦尔特・维尔博格意图在效果方面贯彻权利分配内容这个观点。为此，如上文所述，瓦尔特・维尔博格尝试从分配内容的立场客观地计算正当的价值作为赔偿额。然而，凯莫勒论述道，作为客观计算价值的手段的瓦尔特・维尔博格的按比例分配利润，超出简单的价值赔偿认定按照贡献度利润的赔偿，这一点是存在疑问的。S. 357. 但是，瓦尔特・维尔博格又提到，按比例进行利润分配是计算应受赔偿的价值的一种手段，与相当的对价同义。也就是说，凯莫勒一定没有准备把握好这个道理。Vgl. auch Wilburg, a.a.O., AcP 163, S.350. 上面介绍的对于没有责任的专利侵权人返还许可费的理由中，肯定了必须支付的许可费的节约部分存在获利，或者在其他处存在开支上的节约（Ersparung von Aufwendungen），进而使利润的返还正当化，这两种做法比起依据第 818 条第 2 款更为简洁，更容易为人所接受。S.381. 参见：川角由和,「不当利得法における『出費節約』観念の意義」,『島大法学』, 34 巻第 2 号，1990 年，第 16—18 頁。但是，如果立足于分配内容说，如瓦尔特・维尔博格，在效果方面，将被侵害的权利的分配内容作为问题，即规范地且客观地计算返还额，在理论上是具有一贯性的结论。参见：川角由和,「不当利得とは何か（2）」,『島大法学』, 33 巻 1 号，1989 年，第 168 頁。但是，又参见：ungerechtfertigten Bereicherung, S.126。

此外，关于描述了支出节约这种主观的价值概念与客观的价值概念相悖的文献有：川角由和,「不当利得とは何か（1）（2）」,『島大法学』, 32 巻 3、4 号（1988 年），33 巻 1 号，34 巻 2 号。

⑮ 以下内容中有相关介绍：川角由和,「不当利得とは何か（2）」,『島大法学』, 34 巻 2 号，1988 年；长谷川，同上书，第 112 页。

⑯ 对于无过失商标权人认定相当许可费作为不当得利返还请求的判决（BGH 18.12.1986=BGHZ 99,244（247）=GRUR 1987,520（523）—Chanel No.5 I）也重复了同样的说明。川角由和在以下文献中进行了介绍:「不当利得とは何か（2）」,『島大法学』, 34 巻 2 号，1988 年，第 28—29 頁。

⑰ 艾克・乌尔曼（Eike Ulmann）的论文（Die Vershuldenshaftung und die Bereicherungshaftung des Verletzers im gewerblichen Rechtsshuts und Urheberrecht, GRUR 1978, S. 619）提出，侵权人肆意决定专利发明的利用与否，因此侵害了专属于权利人的决定是否利用发明专利的权利，这一点与专利权的分配内容相矛盾，因此，这种“被篡夺的权限”被侵权人所获取，

116 作为价额的相当许可费应作为返还额（精要的翻译参见：桑田,『比較法』, 第 123—124 頁)。但是，以往在侵权获利时，将权利的变更和转移作为不当得利请求返还权要件的弗兰兹·莱昂哈德（Franz Leonhard），在无形财产权侵权案件中否定了不当得利的事实（Leonhard, a.a.O., S. 454ff.），专利权人的决定权确实被剥夺了，正因如此，侵权人只是违法利用而未获得权限。Vgl. auch Haines, BEREICHERUNGSANSPRÜCHE, S. 35ff. 因此，如“塑料中空型材Ⅱ”案判决指出，乌尔曼的理论有了很大飞跃。

⑱ 对很早以前就存在的这种讨论加以概览，在此基础上，还增加了本判决中使用的反论的文献有：Jakobs, a.a.O., S. 78; Haines, a.a.O., S. 37ff.。

⑲ 这一批判在注释㉔中被介绍，侵权人必须受自己行为的制约的讨论有所改变。

⑳ 试着进行介绍的文献有：山田，同上书，第 424—426 页，第 66—69 页。

㉑ 简要地说,《民法》第 812 条中的财产并非经济学上的概念，而是法律概念。而且，既然法律学与权利和法律关系息息相关，那么法律中财产的对象必须作为利用可能权（verfügbares Recht）=财产权（Vermögensrecht）来理解。这时，经济上的价值并不是问题。该（排他性）财产权被定义为，决定是否行使该财产权排他性地归属于权利人的、客观上对于壳体的决定可能性。S.99ff.

㉒ 有关无形财产权的侵权，得出同样结论的文献有：S. 23, 112。将相当许可费假定为这时的返还额的文献参见：vgl. auch S. 22。此外，对于将利用可能性视为获利的“塑料中空型材Ⅱ”案和注释⑱所揭示的文献的批判，不属于巴奇的理论范畴。因此，巴奇是在法律的维度上将获利视为了损失。

㉓ 其他批判有：Martin Falk, Zu Art und Umfang des Bereicherungsanspruch bei Verletzung eines fremden Patents, GRUR 1983, S. 490f.。

㉔ 关于对人格权侵权的相当使用费的不当得利返还请求，明示该论理的判决有：BGH 8.5.1956=BGHZ 20,345（355）—Paul Dahlke。对此进行介绍的日文文献参见：川角由和，前揭『島大法学』，33 巻 1 号，第 152—153 頁。Vgl. dagegen Ernst-Joachim Mestmäcker, Eingriffserwerb und Rechtsverletzung in der ungerechtfertigten Bereicherung, JZ 1958, S. 521f.; Haines, a.a.O., S. 116f.

㉕ 雅各布斯在 a.a.O., S. 67ff. 中论述如下，对于与产品相关的专利权侵权，原则上应认定侵权人所获利润金额的不当利润返还请求。
原本，既然只有权利人可以利用侵权产品，那么也应该认定与制造费用作为
117 交换请求侵权产品的返还权利，这符合权利人和侵权人双方的利润。因此，权利人首先可以将技术上的侵权取得物的侵权产品作为不当得利请求返还。S. 73ff., 77.（但是，不使用被侵害的专利也能制造出同样的产品，这种情况除外。S. 128f, 132.）而且，既然对这样的侵权产品也认定了责任，那么如果不认定经济上的侵权取得物的利润返还，不免有前后不一致之嫌。另外，侵权人转让或利用侵权产品，这样就在此侵害了专利权人的权利，与未侵害专利权人权利的情况相比，不应被置于更有利的立场。只有权利人可以利用

侵权产品，将这种利润归属于权利人才更加具有正当性。因此，由侵权所获的利润的不当得利返还请求权也应该被认可。S. 76f. 这样，被认可的请求权的效果是由不当得利的目的所决定的，即将侵权人的财产状态恢复至未发生权利侵权的状态。S. 123.

雅各布斯还认可从禁止权推导出结果上积极的利用权能，以及由此推导出侵权产品的返还请求权这两点在理论上的突破；同时指出，后者违背了《专利法》(vgl. Haines, a.a.O., S. 139ff.)。更为根本的问题是，雅各布斯论证的出发点是将不当得利制度把握为将侵权人的财产状态回归到没有侵权行为发生时的状态，与还原权利人的财产状态的损害赔偿制度相对立。海内斯（a.a.O., S. 49,5）也表达了几乎相同的理解，但是除此以外的支持很少。另外，这种思考方式影响到效果论时，除侵权行为以外，如果能够获利则必须要缩减返还额，将构造论贯彻至此。对此，雅各布斯和海内斯自身也是有所犹豫的。Jakobs, a.a.O., S. 123ff.（参见：田村善之，「特許権侵害に対する損害賠償 (2)」，『法協』，108 巻 7 号，1991 年，第 1192 頁）。Haines, a.a.O., S. 127ff. 此外，有关雅各布斯不当得利的讨论，参见：川角，前揭『法政研究』，50 卷 3、4 号，第 454—472 頁。

㉖ 扎克在 a.a.O., S. 383ff. 中论述到两者之间几乎不存在差异。

㉗ 总之，立足于瓦尔特・维尔博格提出的分配内容说，如果将第二种计算方法作为不当得利进行理论化，也无法得出根据专利发明的实施行为可返还全额利润的结论。但是，作为损害赔偿的构成，在专利权人自己可以实施专利发明的案件中，却可以得出全额返还所获利润的结论吧。但是，还没有发现德国对于这种观点的讨论。更何况，日本《专利法》第 102 条，特别是其第 2 款，将其确立为规范的损害概念来理解也尚留有余地。既然该法条的系谱为德国判例中的三种损害计算方法，那么尝试对德国损害赔偿的依据加以讨论，其必要性也就不可被否认了。此项任务留在后面。

第 3 项　规范的损害概念 118

1. 习惯法的效力

联邦最高法院也认识到，如果以差额说为前提，很难给第二种和第三种计算方法提供理论上的根据，因此帝国法院成立以来所确立的判例产生了习惯法的效力，通常会以此来寻找这三种计算方法的依据所在。“第二或第三种计算方法没有适用损害赔偿法的一般规定，而是作为具有财产价值的绝对权侵权案例相关的习惯法上的补充而被承认。”［BGH 14.2. 1958=BGHZ 26,345（352）=GRUR 1958, 408（409）-Herrenreiter. Vgl. auch BGH 8.5.1956=BGHZ 20,345（353）—Paul Dahlke; BGH 8.10.1971=BGHZ 57,116（119）=GRUR 1972,189（190）—Wandsteck-dose II; BGH 6.3.1980=BGHZ 77,16（25）=GRUR 1980, 841（844）—Tolbutamid）］

由于判例并未发生变化，是否认可这种效力也不是没有疑问的[①]。但是，很多学说在积极评价判例的同时，还倾向于从认定这种补充的必要性以及为何采取根据相当的许可费和侵权人所获的利润这两种计算方法的角度来加以探讨。

注　释

① 卢茨（Lutz, DIE ERWEITERTE SCHADENSBERECHNUNG, Diss. Tübingen 1974,S. 36f.）中以学说中三种损害赔偿计算方法存在各种问题为由，否定了习惯法的效力。对此，约阿希姆·施密特·萨尔泽（Joachim Schmidt Salzer）对于通过审判来创造法律规范这一点给予了肯定（Zur Technik der topischen Rechtsbildung: Angemessene Lizenzgeühr und Verletzergewinn als Grundlagen der Schadensberechnung, JR 1969, S. 81ff.）。

另外，沃尔夫冈·多布勒（Wolfgang Däubler, Anspruch auf Lizen-zgebühr und Herausgabe des Verletzergewinns—atypische Formen des Schadensersatzes, JuS 1969, S. 50,52ff.）主张，在第二种或第三种计算方法中，习惯法上被认定的请求权在权利发生上属于损害赔偿法，在权利效果上属于不当得利或准无因管理，得出这样的结论后，与请求权相关的个别法律问题都可以归结到这两个层面来加以解决，这有助于提高思考的效率。例如，有关时效问题，无需在《专利法》中设定损害赔偿的特殊条款，只要适用《民法》第195条
119 即可。但是，这种处理最终还是背离了损害赔偿请求权处理的判例的立场。Lutz, a.a.O., S. 75f. 有关时效的问题，参见：vgl. BGH 29.5.1962=GRUR 1962, 509（512）—Dia-Rähmchen Ⅱ。多布勒认为，除习惯法的效力以外，不存在特别的法律依据，这与判例之间存在的龃龉是致命性的。仅仅对此加以统一处理的思考效率进行补偿，这样的论据未免有些薄弱。Vgl. auch J. Schmidt-Salzer, a.a.O., S. 89.

2. 被侵害权利的客观价值

有些学说强烈主张，在专利侵权中应该尝试通过承认差额说以外的特别的损害概念来给第二种和第三种计算方法提供理论根据。这一主张的先驱是罗伯特·诺伊纳（Robert Neuner）在 1931 年发表的论文。该论文对许可费的赔偿进行了如下论述，并附以了理论根据［Robert Neuner, Interesse und Vermögensschaden, AcP 133（1931）, S. 277ff.[①]］。

诺伊纳指出，在德国的损害赔偿体系中，差额说对所有案例都通用。以单一的损害概念作为前提，诺伊纳还在列举了德国《民法》条文上或判例中的几个实例后，指出这种理解是错误的（a.a.O., S. 291. 有关差额说不恰当的实例：S. 279ff.）。此外，他还表示，损害赔偿法应该被理解为具有如下构造。一方面，损害赔偿义务是由于侵犯了绝对权、债权、生命、自由和名誉或保护法规定保护的利润而发生；另一方面是由于如《民法》第 826 条那样违反了公序良俗的侵权行为而产生。在后者的情况中，损害的恢复成为问题；在前者的情况中，损害赔偿请求替代追求权利的请求（rechtsverfolgender Anspruch），或者两者共同致力于对侵害权利或受保护的利润的行为进行制裁（S. 291）。总而言之，在德国的侵权行为中，除《民法》第 826 条的例外条款，最重要的问题并不是发生了损害，而是权利或利润受到了侵害。因此，损害的发生作为损害赔偿的要件绝不是明确的事情（S. 303f.）。原本在请求恢复原状时，侵权人不能以在差额说的意义上没有给被侵权人带来不利润为由进行抗辩。如果是这样，恢复原状则是不可能的，因此只能请求金钱赔偿[②]，对于这种情况也应该做同样的理解吧。在这一点上，采纳差额说就比较困难。此处，将财产的损害定义为对于具有财产价值的财物的侵害或剥夺

120（Verletzung oder Entzug eines vermögenswerten Guts），只要能客观计算其量值，相关问题也就迎刃而解了（S. 306f.）。请求超出客观价值的损害，特别是间接损害时，再从差额说的意义上的损害概念进行考虑（S.307）。

接下来，作为这种以客观价值进行定义的损害比较妥当的一个例子，诺伊纳列举了专利侵权判例中的第二种计算方法。专利权作为绝对权的一种被侵害时，虽然接受在最低限度上对利润价值给予赔偿，但并不是侵权所获的全部利润，而应是去除归属给违法利用者的劳务和特殊情况的部分。在专利侵权中，这种分配比较简单。在交易中需要支付的许可费或认为相当的许可费就体现了这种利用价值。因此，在任何情况下都可以认定这种许可费的赔偿。但是，从损害赔偿的观点看，对于超出许可费的部分的侵权人所获利润也要加以返还，这一点是不具有正当性的（S. 308f.）。

注　释

① 对该论文进行介绍的日文文献有：北川善太郎，「損害賠償論序説（2）」，『法学論叢』，73 巻 3 号，1963 年，第 41—42 頁；吉村良一，「ドイツ法における財産的損害概念」，『立命館法学』，150、154 号，1980 年，第 817—820 頁。

② 在德国，根据《民法》第 249 条的规定，损害赔偿的原则是恢复原状。

3. 制裁和预防功能

（1）受到诺伊纳权利追求权性质这一理论的启示，恩斯特·施泰因多夫（Ernst Steindorff）于 1959 年发表的论文［Abstrakte und konkrete Schadensberechnung, AcP 158（1959）, S. 431ff.①］强调损害赔偿制度的制裁功能，避开绝对权的一般化而着眼于专利侵权的特殊情况，并主张将许可费的赔偿正当化。

施泰因多夫的立足点是损害的计算问题绝不单纯是诉讼法中的问题，应该先解决哪部分应该得到赔偿这种实体法上的问题。关于这一问题，将损害等同于利润进行理解，这种差额说是支配性的，但差额说是不能满足实体法的价值判断的（a.a.O.,S. 432f.）。接着，施泰因多夫还列举了几个例子，这些例子并不是差额说那样的具体的损害赔偿计算（konkrete Schadens-berechnung），而是舍弃了赔偿债权人的具体情况的抽象损害计算 121
（abstrakte Schadensberechnung），专利权等无形财产权的侵权也是其中一例。无形财产与有形物不同，侵权人容易接触，因此具有容易发生侵权的特点。鉴于抽象的损害计算作为权利追求的一个手段这一点，正是受到这种容易受到侵害的危险性的威胁，许可费的赔偿请求应被定位为用于保护权利的制裁手段（S. 454f.）②。

施泰因多夫在谈到实体法的价值判断时，从其使用法政策的价值判断（rechtspolitische Wertung）这样的措辞（S. 457）就可看出，这种价值判断是非常具有政策性的产物。其理由是，认可抽象的损害计算仅限于为了保护容易被侵害的权利时需要有一定强度的制裁这种情况（S. 458）。因此，未经许可就对不具有这种特殊情况的有形物加以利用时，只认可具体的损害计算，即否定抽象的损害计算（S. 457f.）。这一点与前面提到的对绝对权均允许客观价值的赔偿这一诺伊纳的观点形成对比。施泰因多夫也对诺伊纳的从权利追求的观点推导出自己的学说进行了陈述（S. 457f.）：由于诺伊纳仅停留于，在替代不能行使的权利认可客观价值的脉络中使用了该词汇，因此可以看出施泰因多夫更强调对侵权行为的预防功能［Ulrich Loewenheim, Möglichkeiten der dreifachen Berechnung des Schadens im Recht gegen den unlautern Wettbewerb, ZHR 135（1971）, S. 113］。

（2）虽然施泰因多夫只是对专利侵权相关判例中使用的三种方法中的许可费赔偿提供理论根据，但如果重视制裁和预防功能，那么出现将赔偿额不限定于许可费金额的学说，或者出现特别是对在判例中已被认可的侵权人利润的返还进行说明的学说，都是丝毫不意外的。实际上，约阿希姆·施密特·萨尔泽（Joachim Schmidt Salzer）于1966年就从制裁和预防功能的观点出发，尝试对第二种和第三种计算方法的相关判例加以正当化分析（Joachim Schmidt-Salzer, Zur Technik der topischen Rechtsbildung: Angemessene Lizenzgebühr und Verletzergewinn als Grundlagen der Schadensberechnung, JR 1969, S. 81ff.）。另外，乌尔里希·勒文海姆（Ulrich Loewenheim）在1971年还主张，无形财产权容易受到
122 侵害，需要特别保护，因此应该凸显损害赔偿制度的制裁和预防功能，这种讨论应变得更为精细化，并对许可费的金额和侵权人所获利润的赔偿提供理论根据（Loewenheim, a.a.O., S. 97ff.）。以下为避免重复，对两者的论证要点加以整理一并说明。

无形财产权容易受到侵害而需要特别保护，理由如下：第一，无形财产权的侵权行为不受形式和空间上的限制，与物权不同，无法从物理上采取对策；第二，较之于有形物，无形财产权的权利界限比较模糊。就专利权而言，保护范围是要在侵权诉讼中加以明确的，并不是专利权授权手续。而且，只有专利权人才能够证明；第三，具体的损害，即权利人的财产差额，原本就是不可证明的；最后，不可忽略的是，发现侵权行为也是偶然的事情。鉴于上述情况，实施无形财产权的侵权行为风险相对很小。如果侵权人只负有对几乎不存在或者不太可能被证明的权利人的财产差额进行赔偿的义务，较之于合法请求实施许可，侵权行为反而更加有利。虽然法律中还规定了刑事处

罚，但在实务中，刑事处罚对于抑制侵害行为的实效性却很微弱（Loewenheim, a.a.O., S. 115ff.）。基于侵权的容易性和保护的必要性，允许损害赔偿制度设定激励对侵权行为加以制止，可以说无可厚非（a.a.O., S. 117）。损害赔偿除了具有填补功能（Ausgleichsfunktion），还具有预防侵害的一般性功能。通常这种抑制功能都隐藏在赔偿功能背后，但在预防功能不起作用的特殊情况下，这种抑制功能就被推到了前面（S. 119）。其结果是，首先要允许许可费的赔偿。通过让侵权人赔偿如果合法实施行为需要支付的额度来发挥侵权的抑制效果（Schmidt Salzer, a.a.O., S.87f.）。另外，如果存在超出许可费的利润，只负有赔偿许可费的义务就等于允许侵权人由此赚取钱财，那么就起不到预防侵权行为的效果。这个问题可以通过让权利人选择返还侵权人所获的利润加以解决。其理由是，如果成为实施权人就能够保留一定的 123
利润，由此，侵权人所获利润的返还就变成了对实施合法行为的激励（Schmidt Salzer, a.a.O., S. 89）。

（3）以施泰因多夫为首，针对萨尔泽和勒文海姆通过已经完成的制裁和预防功能对三种方法提供理论根据的想法，出现了反对意见，即认为损害赔偿不具有除填补功能以外的功能。但是，判例中呈现将三种计算方法作为损害赔偿的姿态，那么就必须认同判例中凸显制裁和预防功能。而且，主张制裁和预防功能的论调出现后，强调通过无形财产权侵权的容易性和保护的必要性对作为习惯法成立的三种计算方法加以正当化的判决也逐渐增多［（BGH 16.2.1973=BGHZ 60, 206（209）=GRUR 1973,375（377）—Miss Petite; BGH 18.2.1977=GRUR 1977, 539（541）—Prozeßrechner］。有的判决甚至直接复用了勒文海姆的论证方法［BGH 8.10.1971=BGHZ 57,116（118）=

GRUR 1972,189（190）—Wandsteckdose Ⅱ］。在损害赔偿的框架内说明这三种方法时，已经呈现这种良好的态势，即已经很少有学说完全不考虑损害赔偿的制裁功能或预防功能［Albert Preu, Richtlinien für die Bemessung von Schadenersatz bei Verletzung von Patenten, GRUR 1979, S. 755; Rudolf Kraßer, Schadensersatz für Verletzungen von gewerblichen Schutzrechten und Urheberrechten nach deutschem Recht, GRUR Int. 1980, S. 269f.; Lutz, SCHADENSBERECHNUNG, S. 116ff. insbesondere 127f.（für den dritte Berechnungsart）; dagegen jedoch, Heines, BEREICHERUNGSANSPRÜCHE, S. 7］。综上所述，将制裁和预防功能也吸收进损害赔偿制度中的想法承认了存在除差额说以外的损害概念，所以与判例一样，在损害赔偿的框架内开辟了一条使得第二种和第三种方法也具有正当性的路径。

但是，如果只从制裁和预防功能的观点立论，就可能要主张认可更高额度的损害赔偿额。这个额度到底是多少才合适，这一问题的讨论也是非常困难的。萨尔泽的论述要点是，如果不认定许可费和侵权人所获利润的赔偿，制裁和预防功能就起不到作用，对这一点的说明有些微妙，为何不能认可超出许可费的赔
124 偿，对此部分的论证是不充分的。赔偿的额度越高，制裁和预防功能就发挥得越好，因此以许可费和侵权人所获的额度为线来加以制止是基于其他方面的考虑，这一点也没有被明确说明。另外，从制裁和预防的观点出发，即使可以成为要求侵权人高额赔偿的理由，但为何要归于被侵权人这一点是不明确的，可以说不具有充分的正当性。

勒文海姆也认识到这是一个问题，并指出仅根据制裁预防原理只能解决为何从侵权人处剥夺许可费或侵权所获的利润，至

于为何要归属权利人，则要从其他的观点来加以解释。为了找到解决办法，勒文海姆立足于以下的认识，在侵权人为了自己的利润冒用了他人法律地位的案件中认可三种损害赔偿计算方法。而且，以此时权利人享有的法律地位为线索，从制裁或抑制的观点出发，将侵权人必须返还的价额分配给权利人是具有正当性的（Loewenheim, a.a.O., S. 120f., vgl. auch S. 130）。

勒文海姆的论述仅止步于此，假设尝试将其理论具体体现在损害赔偿法的要件中，对于他所提到的线索，就需要在“损害”这一要件上寻找了。其理由是，在损害赔偿相关的法律中，被侵权人的损害是使得赔偿额归属被侵权人具有正当性的要件构造。施泰因多夫提出的制裁预防功能论，是在尝试使得或多或少地超出差额说的赔偿额正当化，当然这也是在摸索差额说以外的损害概念。因此，理论完善还需要进一步证明并将损害概念明确化。而且如前所述，只是根据制裁和预防功能很难确定赔偿额，那么明确损害概念也是不充分的。勒文海姆转换了视角，从被侵权人的法律地位的观点出发，尝试论证将侵权人剥夺的额度归属权利人具有正当性。最终，这也无非是在尝试 125
根据被侵害的权利等法律性质来构建规范的损害概念道路上迈出的第一步。

注　释

① 对该论文进行介绍的文献有：北川善太郎，「損害賠償論序説（1）」，『法学論叢』，73 巻 1 号，1963 年，第 23、24 頁；吉村良一，「ドイツ法における財産的損害概念」，『立命館法学』，150、154 号，1980 年，第 822、823 頁。

② 继承这种说明的是：BayObLG 22.1.1965=NJW 1965,973（975）。其中，无形财产权侵权中认可的相当许可费的赔偿是以侵权的容易性为理由被特别认定的具有习惯法效力的特别损害赔偿，并不适用所有权的侵害。

4. 市场机会

在德国，包括前面介绍的内容在内，在损害赔偿法中主张除差额说以外的规范的损害概念，这一尝试日渐兴隆[①]。从如何使关于专利侵权的判例中的三种计算方法正当化这一观点来看，目前的情况是只认可客观的损害赔偿，诺伊纳的讨论并没有进一步发展下去。其理由是，如前所述，诺伊纳提到，被侵害的权利的客观价值作为损害的同时，专利侵权时的损害也应是客观价值，也就是说，这已经给损害赔偿提供了理论基础。但是，即使未经许可被使用，也不妨碍专利权人自己实施，那么有必要对利用的客观价值为何等于被侵害的专利权的客观价值这个问题进行回答。按照诺伊纳的论证方法，在这一点上确实存在空白。

填补这个理论上的空档的是费舍尔于1961年提出的观点。费舍尔并没有将差额说作为损害来考虑，而是将权利的独占利用可能性（Alleinbenutzungsmöglichkeit）的剥夺作为损害，并进一步论述道，对经济价值的减少进行的赔偿即相当的许可费，同时对第二种损害计算方法提供了理论上的根据（Fischer, Schadenberechnung, S. 13f., 85）。由此，无形财产权的经济价值存在于排除了侵权并排他性地享有经济利润的权利。侵权人未经许可实施，这种行为剥夺了权利人独占利用的可能性。这种剥夺
126 本身就构成了侵权，因此必须恢复原状。但恢复原状又是不可能的，因此通过金钱来加以赔偿。这时，并不是对通过差额说那样的价额进行计算后得出权利人的财产减少的部分进行赔偿，而是对彻底不能换算成金钱的恢复原状进行赔偿。对这种恢复原状进行换算时，无需测算财产的减少，通过相当许可费进行衡量是最佳的方案。独占地保留给无形财产权人的利用可能性是随着专利实施被消费的，将这种利用可能性转让给实施权人时，即在进行

专利实施许可时，无形财产权人作为代价获得的许可费可以作为其等价物来对待（Fischer, a.a.O., S. 14）②。

费舍尔的论证方法是从以往的构思，也就是公平的观点出发，来假设侵权人恰好与专利权人缔结了许可实施合同，由此来给许可费的赔偿提供理论上的根据。更为简洁的说法是，以往的论证方法着眼于侵权人获得了什么，而费舍尔的论证方法则不同，他着眼于权利人被剥夺了什么，再尝试说明许可费赔偿的理由。为构建损害概念，还有很多优秀的想法适合作为想法上的转换。费舍尔的功劳在于，应该对作为许可费赔偿根基的损害概念进行明确，至于那个损害概念为何较为妥当，有关这一点的法律根据，并未提出新理论③。

关于损害论的正当性依据，特别是关于专利侵权，受到关于不当得利的分配内容说影响的鲁道夫·克拉瑟的观点值得关注。分配内容说是发现获利的不正当性与权利的分配内容相互矛盾的学说。在专利侵权方面，最近的讨论主要集中在如何把握专利权的分配内容上。克拉瑟承继了上述讨论，于 1980 年尝试在把握《专利法》的趣旨的基础之上在损害赔偿中确立规范的损害论（Rudolf Kraßer, Schadensersatz für Verletzungen von gewerblichen Schutzrechten und Urheberrechten nach deutschem Recht, GRUR Int. 1980, S.268,269 f.）。克拉瑟尝试在不当得利中论述专利权的分割内容的基础上（参照第 2 项 2、3），也用同样的论证方法在损害赔偿中来构筑一个包含第三种计算方法在内的损害概念。

克拉瑟的着眼点在于，与未经许可使用有形物的情况不同，无形财产权的侵权中，到达特定的时间点前是可以完全恢复原状 127
的。这一点是鲁道夫·克拉瑟所关注的。以专利为例，他人未经专利权人许可制造专利产品，确实属于侵害他人专利权的行为。

但是，专利权人可以通过请求停止违法制造的产品的流通，完全恢复自己所持有的专利权的价值。这时，请求停止侵权的专利权人是不能请求支付合法制造时实施人应支付的许可费的。原因是，对于许可费的请求采取了与停止侵权相矛盾的态度。也不能请求返还侵权所获的利润，因为侵权行为还未产生利润。这样，鲁道夫·克拉瑟确立了如下命题，即专利权的价值不能恢复到侵权人将专利产品置于流通的时间点。侵权人通过对专利产品进行交易满足市场需求，剥夺了专利权人根据专利权所保有的市场机会。这部分也就是专利权人减少的市场机会。其理由是，即使对专利发明的利用附以量上的限制，经济上可获得的收益的机会是受到市场中的收容可能性的限制的（a.a.O., S. 268,269 f.）。

接下来，以与排他性利用联系在一起的权利人的市场机会作为损害来说明第二种和第三种方法。在侵权人违法实施进而满足了需要的限度内，权利人的市场机会是无法被恢复的。如果将此作为损害，就与权利人是否产生逸失利润无关，可以请求被侵权人利用的市场机会的客观价值的解释，这样就具有了正当性。第二种计算方法被理解为测算这种客观价值的标准。在专利实施许可合同中，必须要支付许可费作为保留给权利人的市场对价。当然，必须要承认的是，没有考虑权利人某日利用被侵权人的市场机会的可能性就认定许可费的赔偿，在这一点上，并没有与《民法》相对应的条款（S. 269f.）。在此限度内体现出来的并不是填平原理，而是前面出现的制裁和抑制功能。第三种对侵权获利的请求也可同样被理解为，是对被侵权人剥夺的应归属权利人的市场机会的价额进行赔偿。其理由为，在判例中，比较并衡量产生其他利润的诸多要素后，对应还原
128 给被侵害的权利的利用所产生的收益进行分配。与许可类推之

间的差异仅在于，侵权获利更能反映各案的特殊性，更接近具体的价值标准。这种对损害利润的赔偿可以考虑为涉及各个财产的填补原理的表现，只有在权利人不可能利用侵害人实现的利润的机会时，背离于填补原理的制裁预防功能才会表现出来（Kraßer, a.a.O., S. 270,264.）。

作为系谱论的一环，如何给作为《专利法》第 102 条系谱源头的判例中的三种计算方法提供理论根据，从这一角度来看，克拉瑟的观点与判例形成了有效的整合，这一点值得注意。在第二种方法的计算中，支配判例的原则与事后确定客观上相当许可费的意思相同，这一点也已经在前面指出。在此，根据克拉瑟的观点，将市场机会作为计算对象，并且如果考虑到采用审判时已经明确的证据来计算，优点是可以网罗性并整合性地给与个别问题相关的判例附以理论根据。

首先，判例的第二种计算方法完全不考虑是否有缔结许可合同的可能性，但从被剥夺的市场机会而非某种许可费的立场出发，超出因侵权行为而导致的丧失了市场机会的损害，自然是不被允许的。另外，判例中作为赔偿额采用的客观的相当许可费完全不考虑侵权人与权利人之间的特殊情况。着眼于侵权人，假设通过某种许可合同来进行说明，是得不出上面的结论的。但如果以市场机会的丧失作为损害，从这一立场出发，被剥夺的市场机会的利用价值成为了问题关键，与究竟谁是侵权人无关，以上结论便也是水到渠成。另一方面，专利权人对专利发明享有独占地位，对这样的专利发明的经济意义进行测评，对于计算专利权人丧失的市场机会的价值起到决定性的作用，这一点必须加以考虑。在此，可以得出与判例完全相同的结论。

根据克拉瑟的立场，之所以依据实际的许可费，其理由在于，虽然不是合法行为，但作为从结果上被夺取的市场机会的对价而被设定，不过是在寻求等价性而已。因此，应被计算的对象最终还是被侵害的市场机会而不是许可费。例如，除专利产品的
129 差价或其获利的金额等以及许可费以外，如果还有可以明确利用市场机会的经济意义的指标，那么与判例一样也还是依据市场机会。另外，即使是以许可费作为指标，也仅仅是用于计算被剥夺的市场机会的价值，这种计算方式当然不能受许可合同特有的情况左右，由于这种特殊情况，许可费并不能正确反映权利的利用可能性的价值，这时必须进行修正，有时甚至还需要否定将其作为参照。即使在这种情况下，也符合判例的结论。进一步地，在没有完全实施权利要求时，根据被合理利用的实施方式，而不是侵权人的实施方式计算相当的许可费，这是审判实务中的立场，如果将市场机会的经济价值的剥夺部分作为损害额，就可以简单地得出上述立场。如果不是将侵权人的获利部分，而是将权利人的市场机会的利用价值的丧失部分为计算对象，那么侵权人是否完全利用就不是问题的关键。

这样，在第二种计算方法中，如果将被侵害的市场机会作为损害概念，则可以对判例中各种问题的结论无瑕疵地进行说明[④]。这一点是克拉瑟的观点最具有优越性的一处。

再者，不只是第二种计算方法，将第三种计算方法作为确定被剥夺的市场机会的价值的尺度之一提供理论依据，在这一点上，克拉瑟的观点也是具有启发意义的[⑤]。为了探究作为第三种计算方法根基的损害概念，克拉瑟的出发点是，判例采取了将专利发明贡献额度的一部分分配给专利权人的态度，而未将侵权人的利润全额分配给专利权人。于是，第三种计算方法与第二种计算方法一样，以已经明确的事实为基础，对侵权所造成的丧失

的市场机会的价值给予事后的计算补偿。克拉瑟自身也阐述道，完全统一地说明第三种计算方法是不可能的（Bernhardt/Kraßer, LEHRBUCH, S. 637）。今后，将第三种计算方法作为损害赔偿的德国的学说和判例只要设定了能进行统一说明的分配标准，那么找出作为这种计算方法根基的损害概念也很容易。而且，如果 130
这种损害概念是克拉瑟指出的丧失的市场机会的事后价值，那么在第二种和第三种计算方法中损害的概念完全相同，而两种方法的唯一不同之处就在于其作为证据是否能将侵权人所获的利润摆放在前面。今后的理论发展值得期待。

注　释

① 下文中有详细介绍：吉村良一,「ドイツ法における財産的損害概念」,『立命館法学』, 150、154 号，1980 年，第 817—832 頁。

② 对费舍尔的观点进行详细阐述的是：Lutz, SCHADENSBERECHNUNG, S. 61ff. insbesondere 65ff.。此外，支持费舍尔的有：Alois Troller, Immateralgüterrecht Band Ⅱ, 3. Aufl., Basel・Frankfurt am Main 1985, S.988。

③ 此外，费舍尔以以下内容作为自己的观点的母体：Philipp Möhring, Einzelfragen der Schadensliquidation im gewerblichen Rechtsschutz und Urheberrecht, GRUR 1931,S. 426ff.。默林（Möhring）进行了如下论述：权利人的财产上的减少并非损害，权利的侵权自身才是损害，根据《民法》第 249 条，恢复原状最为重要。但恢复原状是不可能的，因此根据《民法》第 251 条换算金钱时，不是依据差额说进行计算，而是以不可能恢复的原状为对象，根据法院自由心证的整体情况来计算。在专利侵权的判例中，在任何情况下都是计算相当许可费，不是计算差额，而是计算侵权行为本身的相当对价。

④ 此外，截至目前，判例中还未触及的领域内的问题，例如，在权利人没有给予他人许可承诺对市场机会享有独占利用可能性的情况下，可以参考的许可费的实例并不是单纯的实施权，而是排他性实施权的许可费。Vgl. Rolf Pietzcker,Schadensersate durch Lizenzberechnung,GRUR 1975,S.56.

⑤ 例如，如果事后判断专利权人失去的市场机会的价值，只要认定专利权人可以获得该市场机会，那么侵权人所获利润就应该被全额赔偿，如果不能获得，就应该从侵权人所获利润中分配出一部分。

131

第4节　总结

1. 本章以系谱论作为标题，以立法者的意图、起草者的意图，甚至是作为系谱源头的外国法的制度作为考察对象，但本章的最终目的还是要得出可以囊括至法律条文中的制度选项。

在本章所选取的材料中，作为立法者的国会的意图占有相当大的比例。国会拥有立法权，除文理以外，从审议的过程看国会对法律条文渗透的意思变得明确，也具有其一定的意义。但不能据此就得出最终的解释论①。另外，参照参与法律制定的学者们的意图及其理由，正是通过获知法律条文被寄予何种期待，来得出可能被囊括的选项。起草过程中还参照外国法中的相关制度，或者参照与作为解释论的对象法律条文具有类似构造的外国法中的制度，也是源自于同样的目的。因此，立法者的意图、起草者的意图或者外国法制度等方面的历史事实，这些不一定非要被囊括至《专利法》第102条中，也是理所当然的道理。更进一步，仅仅指出这些事实，也无法证明立法者的意图、起草者的意图或者外国法制度等的历史事实中显示出的制度就一定能被囊括到102条中。本章追溯系谱的工作不过是要通过对前面显示的材料中的理论进行整理，并从系谱中提取可囊括到《专利法》第102条中的制度选项。后面会给出答案。

2. 制定《专利法》第102条以前，从针对专利侵权只基于《民法》第709条来请求损害赔偿这个时代开始，许可费的赔偿便受到了关注。正是从最初就要求与《民法》第709条具有同样的因果关系，所以才存在如下的判决，即即使不发生侵权行为，侵权人也应该会就实施行为请求与权利人签订实施合同，因此可以认定权利人应该能够获得许可费的收益。但此后就不再要求这种因果关系要件了，认定许可费的赔偿的判决也相继出现。

这些历史事实的背后表明，侵权人较之于寻求实施许可的人，不应由于侵权行为被置于更为有利的立场。至少让其支付许可费，还具有一定的衡平感。即使根据《民法》第 709 条，这种认定许可费赔偿的处理方法也逐渐稳定下来，这一点需要铭记。为方便起见，我们将其称之为逸失许可费。 132

3. 关于新制定的《专利法》第 102 条，作为立法者的国会并没有对其进行任何实质性的讨论。

若将目光转移至起草过程，起草者在专利侵权中设定这样的特殊规则的必要性在于，损害的计算比较困难，需要对权利人给予救济。德国的学说对于专利侵权的特殊性进行了更为缜密的分析。要言之，由于权利对象的无形性，侵权行为容易进行，但对其采取物理上的防御措施却是困难的。而且由于这种无形性，到底发生了什么样的实际损害，对这一点进行判断也是困难的。这样，侵权人一方反而有利，专利权作为排他权的趣旨也可能随即丧失。因此，需要就损害额设定一个特殊规定，并设定对权利人进行救济来抑制侵权的激励。

那么，具体要如何设定这种规则呢。

首先，对作为实体规定的第 102 条第 2 款进行检讨。将目光转移至起草过程可知，就第 2 款而言，目的在于赔偿适当的许可费。从起草过程可知，该款是以德国相当许可费赔偿为模板。但德国的相当许可费赔偿制度是以事后确定的客观的相当许可费作为赔偿额。采用这种计算标准的趣旨为，作为损害赔偿的相当许可费并非是基于对将来发生的未确定的诸情况的预测从而确定的许可费，而是回顾过去的侵害行为追溯性地确定相当的对价的方

法，这时将已经明确的现实中的诸多情况作为判断基础，由此可以确定客观的相当许可费。而且，并无必要特意依据基于不确定
133 的预测事后表明并不合适的侵权开始时的许可费。暂且不论起草者对于这一制度的理解是否深刻，既然起草者是基于构筑适当的许可费赔偿制度这一趣旨来制定第2款，那么德国的制度中从裁判时间点来判断适当性的理由一定是因为可以更准确地计算许可费。从系谱来看，《专利法》第102条第2款应被理解为在裁判时间点上将相当许可费作为损害赔偿额的制度[②]。

因此，从起草过程看，逸失许可费与第2款的相当许可费之间的不同点似乎没有被特别考虑，但从德国的讨论看，并不能说明作为逸失利润的应从侵权人收取的许可费可以作为相当许可费。因此，本章的结论是，确定第2款的相当许可费损害额的赔偿，从结果上看，需要确定逸失利润以外的损害概念。除此以外需要铭记的是，在德国可以以规范的损害概念为前提，将作为第2款的前身的相当许可费赔偿制度理论化。

接着，对第1款进行讨论。起草过程中，对认定侵权人所获的利润的返还的答辩进行修正后改为推定规定。从系谱来看，将该款理解为推定规定也是被否定的。但是，仅根据起草过程进一步描述具体的制度图像是很困难的。特别是，对第1款和第2款的关系并未进行任何讨论。起草者似乎无意识地对此问题进行了纵向理解，但作为第1款和第2款的前身的答辩将两者作为分别独立的请求，这与起草者的纵向理解发生了背离，设定推定规定只是因为没有对作为根本问题的第1款与第2款之间的关系加以考虑而已。因此，这种无意识的理解中并不具有什么直接的合理理由。不论是重叠理解还是纵向理解，关于从系谱论中应推导出哪个结论，需要借助对相关联的诸问题的判断和沿革的演绎之手。

起草者认为，根据第 1 款的“推定”，权利人证明了通过侵权产生的利润额时，侵权人必须对需要从上述利润额中扣除的额度进行举证。关于这一点，销售额的减少没有导致逸失利润，这一点被明确后，则全额的推定都被否定。另外，权利人必须从零开始证明损害额，较之于这种纵向理解，将侵权人所获的利润推定为第 2 款的损害额，侵权人必须进行分配，这种重叠理解更为 134
适合。问题是，设想何种损害作为应被推定的损害，修改为推定规定时参照的我妻说与从审判时间点来确定相当的许可费作为损害额这种想法是相通的。然而，增设“推定”的规定是以采取了我妻说中的分配思考为趣旨，还是坚持以差额说意义上的逸失利润作为损害概念为趣旨，关于这一点，特许厅似乎倾向于前者的立场，但仅根据起草过程来看，无论如何都存在一些不明确之处。

于是，唯有通过进一步追溯系谱来得出结论了。原本第 1 款的前身为认定侵权人所获利润的返还的答辩。答辩试图导入的德国侵权人所获利润的返还制度是将侵权所获利润中专利权贡献的部分分配给了专利权人，其基本想法是重叠理解中的从审判时间点来考虑相当的许可费的分配的思考。德国的侵权所获的利润的返还和差额说的关系，通过逸失利润是不能加以说明的，二者完全不同。相反，有关侵权人所获的利润的返还与作为第 2 款前身的相当的许可费赔偿之间的关系也指出，赔偿额在本质上并无不同。不仅如此，从能够最好地说明判例的相当许可费赔偿制度的损害论的立场出发，两者被认为是以同一市场机会的丧失这种损害概念为前提进行赔偿。虽然是关于不当得利返还请求权的论证，但按照比例计算利润分配替代了计算相应的对价，反过来也成立。于是，作为相互独立的计算依据时，第 1 款的系谱的前身被理解为是一种“作为计算第 2 款系谱的前身的相当许可费赔偿制度为计算作为计算对象的损害的额度”的“其他方法”从而发挥作用——前者丧失了作为独立根据的依据，只是通过变为损害额的推定规定，变为推定第 2 款的损害额。从系谱来看是符合道理的。从系谱论能够得出的结论为，《专利法》第 102 条第 2 款是将在审判时间点上将相当许可费规定为损害额，第 1 款的推定对第 2 款的损害也起作用，这种重叠式的理解是可以被推导出来的。

4. 因此，本章的结论为，作为可囊括到《专利法》第 102 条中的制度，上述重叠式的理解便浮出了水面。

135 但是，本章只是例证了可被囊括至法条中的制度选项而已，该结论并不等同于解释论。本章的结论也并非通过逻辑等其他理由来排斥在解释论中采用其他可被囊括的制度。可被囊括的选项有多个时，无论将哪个制度作为解释论来采用都是另外需要考虑的问题。在解释论中，必须明确的是，哪个制度是立足于目前的法律状况做出实质性的、妥当的判断后再做出决定的。这项工作不是本章的任务。这一点留在后面继续讨论。

注　释

① 但是，仅根据国会的意图是得不出最终的解释论的。由于国会采取的不是显示审议过程的纪事录，而是法律，因此如果只是反映国会的意图，而逻辑上不可能实现，就不能作为解释论被采用。再者，过去的状况下，立法者在过去的国会中的判断与当前的状况下作为当前的立法者在现在的国会中的判断是否相同，这一点谁也无法保证。当前的立法者对法律条文的意思做出与当时制定者不同的解释，反而可能认为没有改变的必要，持续下去就好。在构建解释论时，不存在必须拘泥于过去的立法者制定条文时的意图这一理论上的必然性。

② 此外，关于起草过程中最初被参照的美国的合理许可费赔偿制度，至少在日本现行《专利法》的起草者对其进行参照的时代，也是从裁判时间点上计算相当许可费的制度。

第3章　制度论

序

从前一章的讨论可以判明，从系谱来看，《专利法》第102 136
条采用的制度是以德国的损害计算方法为原型，并将第三种计算方法变更为推定的损害额。最近，在德国，指出三种计算方法在制度上的问题点的动态变得活跃起来，对此也有人尝试解决。因此，本章首先在第1节中参考德国有关实效性的讨论。在构建《专利法》第102条的解释论时，期待通过提前把握好作为参考原型的德国制度上的问题点来获取可以用于检证是否恰当的视点。

再者，本章第2节还参考了美国专利侵权案件中的损害赔偿制度。通过前面两个章节的考察，第2款可被理解为在审判的时间点上来确定相当的许可费，并将其作为损害额，这一点已经很明确了。美国过去也存在以合理的许可费赔偿为名，来实现从审判的时间点看相当的许可费的赔偿制度。但是，这种合理许可费赔偿制度演变为如下制度，即假定在侵害开始时权利人与侵权人之间缔结了实施许可合同的情况下应当支付的许可费，即本书中所指的逸失许可费。在这一制度的演变过程中，判决意识到了合理许可费赔偿制度的界限，有人尝试采取一些对策来改善。第2

节对制度演变背景以及改进的尝试进行了讨论，以期明确在审判的时间点上确定相当的许可费赔偿的优缺点。

进一步而言，《专利法》第 102 条中，根据第 1 款来推定第 2 款的损害额这种重叠式的理解立足于以下前提，即在计算第 2 款的赔偿额时，以侵权人获利的金额作为标准进行分配，这样的
137 计算过程起到了重要作用。但是，德国在计算相当许可费时，侵权人所获的利润却起不到重要作用。独立于许可费的赔偿，认定侵权人所获利润的赔偿作为第三种计算方法。既然如此，只要明确了侵权人所获的利润，直接裁判返还这一利润即可，也无需使用第二种计算方法。对此，后面还会加以阐述，美国是普通法国家，在普通法诉讼中，专利侵权是不能请求返还侵权人所获利润的。另外，目前美国已经取消了原本的返还侵权人所获利润的制度。因此，通过对美国的合理许可费的赔偿制度进行讨论，为还没有独立形成侵权人所获利润的返还制度的日本获得一些可用在审判时间点上确定相当的许可费这一计算方法的具体材料。

关于本章的构成，第 1 节和第 2 节分别对德国法和美国法进行讨论，第 3 节论述本章得出的结论。

第 1 节　德国法

第 1 款　现行制度的问题点

如前文介绍，对于三种计算方法而言，损害赔偿的制裁预防功能前置化逐渐成为了主流的观点。因此，三种损害计算方法被评价为抑制侵权的制裁手段。那么，这种制裁手段作为一种激励手段究竟能否提供充分激励？下面尝试从这一观点出发对三种方法进行验证。

第一种计算方法是逸失利润的计算，证明因果关系要件非常困难，这一点已经在前面介绍过。与之相对，第二种和第三种计算方法无需证明因果关系要件，这一点是优势所在。也正因如此，才能够期待损害赔偿的制裁效果，并承认这些计算方法是相互补充的。

但是，第三种计算方法同样被难以计算侵权行为所获的利润额这一问题所困。最大的难点是，如果不掌握侵权人的经营状况，就很难计算出其所获的利润额度。即使根据《民事诉讼 138
法》第287条的证明责任减轻规定，也必须提出大体上可以用于计算的材料［BGH 29.5.1962=GRUR 1962, 509（513）—Dia-Rähmchen Ⅱ］。如果承认信息计算请求权就能够起到一定作用（BGH 2.4.1957=GRUR 1957,336—Rechnungslegung; BGH13.3.1962=GRUR 1962,398—Kreuzbodenventilsäcke Ⅱ）[①]，但如果让赔偿义务人来计算赔偿额，恐怕额度会被压得很低，因此不是十分妥善的解决方案。此外，很难证实计算额度这个问题依然存在（vgl. Albert Preu, Richtlinien für die Bemessung von Schadenersatz bei Verletzung von Patenten, GRUR 1979, S. 757）。

因此，势必要选择第二种计算方法。虽然通过这一方法计算得出的数额绝不会太高，但与其他方法相比，证明上的困难相对少，能够简便地获得赔偿，因此最为常用。但是，也有人指出，该制度存在侵权人实施侵权行为却不承担任何风险的可能性。即使寻求合法地实施许可合同，但也必须支付许可费，因此侵权人的风险仅限于诉讼相关费用。假设对于权利人的说辞没有争论，那么这部分费用也可能减少。另外，如果专利被无效掉则无需赔偿。在这一点上，较之于即使专利无效但却不能请求返还已支付许可费的实施人，判例中的侵权人一方更为有利。这样来看，除非专利实施上必须依赖权利人的支援，或者存在被权利人请求停止侵权的风险，除了这两种情况，侵权人无需在意侵权行为的细微风险。因此，只有实施人自发地尊重交易上的礼节时才可能会寻求申请专利实施许可。这样便无法起到抑制侵权的功能了（Rudolf Kraßer, Schadensersatz für Verletzungen von gewerblichen Schutzrechten und Urheberrechten nach deutschem Recht, GRUR Int. 1980, S. 265; vgl. auch Preu,a.a.O., S. 758f.）。

为了解决这一问题，如下所述，判例和学说都在尝试摸索能
139 够提高第二种计算方法的赔偿额的方法。另外，作为问题根源的第一种计算方法中如何证明因果关系，以及第三种计算方法中如何证明侵权人所获利润，其困难性没有得到根本解决。

注　释

① 参照第2章第3节第2款第2项1中所述。其他日语文献包括：小橋馨，「特許侵害訴訟における損害額の証明——訴訟資料の収集について」，『六甲台論集』，34卷3号，1987年，第126—133頁；同「特許と訴訟」，『ジュリ』，948号，1990年，第196—197頁。

第2款　扩充许可费赔偿的尝试

第1项　侵权人的溢价（Verletzerzuschlag）

如果权利人除许可费赔偿外还可以请求溢价的部分，那么上述问题自然可以通过溢价的量度加以解决。但是，以往的判例根据第二种计算方法中侵权人较之于合法实施人处于不好也不坏的地位为由，权利人只能请求相当的许可费赔偿，不支持溢价部分的请求［RG 21.3.1934=RGZ 144,187（192）=GRUR 1934,438

（441）; BGH 29. 5. 1962=GRUR 1962, 509（513）—Dia-Rähmchen Ⅱ]。

但在下面的案例中，音乐著作权集体管理组织 GEMA（Gesellschaft für musikalische Aufführungs und mechanische Vervielfältigungsrechte）向未经许可演奏自己管理的著作物的人请求损害赔偿时，法院认为该组织请求使用者赔偿通常的许可费的倍数是妥当的①。这一法理能否扩张到专利侵权案件中呢？下面就来探讨。

联邦法院最初采取这一立场并对其加以明确的是 1955 年 6 月 24 日的判决。判决理由如下，为发现侵权行为，GEMA 支出了巨额的监控费用。从公平的角度出发，这一费用需要由侵权人完全负担，且必须按正常使用费溢价后的金额进行赔偿，原判决考虑赔偿通常使用费的倍数并不违法［BGH 24. 6. 1955=BGHZ 17, 376（383）=GRUR 1955, 549（552）］。但是， 140
监控费用并非侵权行为导致，不少学说批判上述判决缺少对于作为损害赔偿要件的因果关系的考虑［Albrecht Spengler, Einige Rechtsfragenbetreffend die GEMA, GRUR 1953, S. 79; Walter Wilde, Schadenberechnung und Gerichtsstand bei Urheberrechtsverletzungen,UFITA 1955 S.107; Fischer, Schadenberechnung, S. 81; Ulrich Loewenheim, Möglichkeiten der dreifachen Berechnung des Schadens im Recht gegen den unlautern Wettbewerb, ZHR 135（1971）, S. 118f.; Klauer-Möhring, Patentrechtskommentar Band Ⅱ, S. 1393（Hans Gerd Hesse）; vgl. auch Ernst Stein dorff, Abstrakte und konkrete Schadensberechnung, AcP 158（1959）, S. 456］。还有人指出，在合法支付使用费的人群中，也有一部分是因为监控系统的存在才请求许可的，如果

只由侵权人承担监控的费用，这未免有些牵强（Rudolf Kraßer, Schadensersatz für Verletzungen von gewerblichen Schutzrechten und Urheberrechten nach deutschem Recht, GRUR Int. 1980, S. 270）。对此，再次确定倍数赔偿的是联邦法院在1972年3月10日做出的“双重关税费”案（Doppelte Tarifgebühr）判决。该判决并没有直接反驳难以论证因果关系这一争点，而是从更为衡平的观点出发，采取了迂回论证的方法。侵权极为容易但发现却很困难，这是区别于其他无形财产权的演奏权侵权所特有的情况。同时，鉴于这种情况而设立监控侵权的GEMA的特殊性，应当让侵权人负担监控侵权的费用。

特别是从专利侵权的适用可能性的观点看，在该判决的说理中，下面几点尤为重要。在演奏权侵权中存在不同于其他无形财产权侵权的特殊情况。其理由是，在商标侵权或专利侵权，抑或是违法出版或违法录音的案件中，侵权商品或侵权产品充斥在市场中，侵权人的广告等因素必然影响市场竞争，权利人可能由此受到侵害。除此以外，侵权人多为业界内的相关竞争者，但是很多人都可以未经许可演奏音乐作品。而且，区分、辨别侵权行为也是困难的。之所以设立GEMA，也是由于单个权利人个人无法处理这种未经许可的演奏行为。在这种情况下，在各个侵权
141 案件中，证明利润额是非常困难的，因此损害赔偿自然就集中在相当许可费这一方法上。原判决以监控费用并非由各案中具体的侵权行为所引起因此与侵权行为之间欠缺因果关系为由，认定与GEMA收取的统一费用相同额度的赔偿。但是，根据这种解释，侵权人则不需要承担任何经济风险。侵权容易但发现困难，那么演奏权便身陷完全不能被保护的状态。更进一步，巨额的监控费用使得许可费的额度提高，进而转嫁给合法使用者，这是不正当

的。判决最后的结论是，鉴于上述特殊情况，从衡平的角度出发维持了赔偿许可费倍数的请求［BGH 10.3.1972=BGHZ 59, 286（287）=GRUR 1973, 379—Doppelte Tarifgebühr］。

像这样，GEMA 诉演奏权侵权一案中着眼的是案件的特殊性，并表示出与其他领域有所区别的态度。“双重关税费”案接受了这一点。而联邦法院 1980 年 3 月 6 日的“甲苯磺丁脲”案（Tolbutamid）判决则认为，在专利侵权案件中是不承认这种特殊情况的，也不支持较之于正常许可费的溢价［BGH 6.3.1980=BGHZ 77, 16（26）=GRUR 1980, 841（844）—Tolbutamid[②]］。由于列举的这些难点，很少有学说提倡将一般许可费的溢价法理扩张到专利侵权的领域，而是将其理解为立法论的范畴（Kurt von Falck / Albert Ohl, Zur Reform der Bestimmungen über Schutzbereich und Verletzung des Patents, GRUR 1971, S. 547; Fischer, Mitteilungen aus der Deutschen Vereingung für gewerblichen Rechtsschutz und Urheberrecht, GRUR 1979, S. 766）。

注　释

① 作为 GEMA 前身的 STAGMA（Staatlich genehmigte Gesellschaft zur Verwertung musikalischer Aufführungsrechte），从战前时代开始就已经被允许请求倍数额度。KG 2. 9. 1937=UFITA 1938, 55（57）; KG 19. 1. 1939=UFITA 1939, 194（196）. Vgl. Cristian v. Bar, Schadensberechnung im gewerblichen Rechtsschutz und Urheberrecht und allgemeine Schadentheorie, UFITA 1978, S. 61f., 69f.

② 有关本判决的翻译，参见：桑田，『比較法』，第 140—154 頁。
此外，这一判决还可理解为，作为具体的许可费率，在通常的许可费基础上提高 60%作为侵权人的溢价费。桑田，同上书，第 133 页。但是，如本文介绍，本判决明确表示否定侵权人的溢价费用。在许可费的基础上加算 60%
是考虑到侵权人以低于权利人产品价格 42% 的低价销售，因此作为许可费 142
的额度，只赔偿与合法实施人必须支付的额度几乎相同的金额［（100−42）×（100 + 60）= 92.8%］。

第2项　侵权人获利（Verletzervorteil）与加算利润（angelaufene Zinsen）

1. 虽然过去的“甲苯磺丁脲”案判决明确否定了一般性的溢价费，但在说明中没有完全否定即便案件具有特殊性也不能提高溢价的费用。此后，联邦法院在1981年11月24日的判决（“脚跟支撑装置”案）中指出，在个别的案件中，较之于实施人，对侵权人实施侵害行为的利润与不利润进行比较衡量后，如果侵权人所获的利润更多，则倾向提高许可费的额度。

在本案中，较之于合同中的实施人，侵权人不承担即使专利权被无效也必须要支付许可费这一风险，这种情况下是否还倾向提高许可费的额度，成为了争议焦点[①]。前面提到的“甲苯磺丁脲”案的判决中，与合法的实施人不同的是，侵权人无法保证继续实施，因为不知何时就会被停止侵权。除此以外，判决还指出，侵权人还可能被要求支付超出许可费额度的损害赔偿[BGH 6. 3. 1980=BGHZ 77, 16（25）=GRUR 1980, 841（844）—Tolbutamid]。“脚跟支撑装置”案上诉审判决书继承了以上说辞，即本案中用较少的投资就能实施发明专利，短期内便可以收回投资额，因此侵权人的不利润较小[②]。最终，侵权人所获的利润部分较高，因此原判决认定应提高损害赔偿的额度是妥当的[BGH24.11.1981=BGHZ 82,310（314,316）=GRUR1982, 286（287）—Fersenabstützvorrichtung]。

再者“脚跟支撑装置”案判决认为，原判决令侵权人在被认定的相当的许可费上课以《民法》规定的延迟利息一同赔偿，这是妥当的，因此驳回上诉。联邦法院将其归结为，此举并不是认定侵害的溢价费用，而只是将侵权人与合法实施人做了同样的处理，这是一直以来都存在的命题。从实施许可合同的一般实务来
143

判断，合理的当事人在缔结实施许可合同时，一般会约定最长为一年的支付期限，如果延迟则需支付超过规定的延迟利息的高额利息。因此，根据同等对待的原则，对侵权行为同样课以相同的利息义务是具有正当性的［BGHZ 82, 310（321）=GRUR 1982, 286（288）］③。

2. “脚跟支撑装置”案判决中对侵权人所获利润的衡量以及加算利息的认可，均沿袭了以往判例中第二种计算方法上将侵权人与实施人二者做同等处理这一抽象论。同时，将二者进行同等处理这一原则并非仅停留在形式上，而是基于实质性的衡量。最终提高赔偿的额度这一点可以被认为是制裁手段上的扩充。

但是，判决中尤其是关于侵权人所获的利润的理由却蕴含着问题点。最终，“甲苯磺丁脲”案判决更重视判例中作为抽象论的同等处理原则，因此不得不选择这一论证方法。但是，原本根据支配具体计算原则的事后确定客观上的相当许可费这一标准，自然地可推导出“脚跟支撑装置”案判决的结论。在实际的实施许可合同中，实施人一方需要背负将来专利权被无效的风险，以及作为合同对象的实施行为可能不被包含在专利权保护范围中的风险。对此，在事后确定客观上的相当许可费时，针对的是至今仍没有被无效的专利权，而且是以被认定为落入专利权保护范围的侵权行为作为计算对象，没有必要考虑前面所述的要将约定的许可费减额的情况。因此，参照实际的约定许可费事后计算客观上的相当的许可费时，需要去除这些减额因素，许可费的额度要被认定得高一些（R. Moser v. Filseck, GRUR 1962, S. 515 最早指出了这一点）。另外，约定许可费的前提是要按时向权利人支付许可费，在延迟的情况下需要支付利息。也就是说，在延迟支付的情况下，约定的许可费只是一种低于当事人认为妥当的许可费

的额度。对此，侵权人支付的日期是在判决做出之后，缺少以上
144 前提，从事后确定客观上相当的许可费的观点看则必须将迟延的部分加算进来，而且加算过程当然要以利息作为标准。

再者，侵权人所获利润这一理论存在一个问题，即与适用原来判决中的理论这一解决方法相比，支持溢价请求这一要件的难度反而变高了。换句话说，在使用事后确定客观上的相当许可费这一计算方法时，可以将侵权人所获的利润的情况直接反映到溢价的部分中。对此，在与侵权人的不利益进行比较衡量的过程中，如果侵权人的利益被抹杀，根据同等处理原则，侵权人所获的利润在理论上对溢价部分不予认可。在具体案件中，如果前者大于后者则认可溢价，因此对溢价的适用课以更为严格的要件要求。具体来看，有观点认为，在计算相当的许可费时，需要考虑到不知道何时会被请求停止侵权等情况，这是对已经考虑的侵权期间进行了双重评价（G.Barth,GRUR 1980,S.845）。

如前所述，原本第二种计算方法是指计算客观上相当的许可费，侵权人所获的利润和不利益只是主观上的评价，在理论上带入这种主观的评价是存在困难的。再者，考虑到侵权人的不利益的着眼点是侵权人获得了什么，但如前所述，在第二种计算方法中，计算对象原本就是权利人受到的损害，这本就与侵权人的不利益等情况无关。侵权人获利理论执着于并不支配具体计算过程的相同处理原则，其结果是与相当的许可费赔偿的趣旨发生背离。为此，考虑了不该被考虑的情况。根据这一理论，例如，侵权人没有完全利用专利权，或者较之于合法的实施人，侵权人未获取正确的技术信息，这些情况都被认为是侵权人的不利益，因而本应该得出倾向于降低赔偿额的结论。但如果是这样，权利人被夺取的利益就得不到完全的赔偿，这也是不恰当的。有关

不完全的利用，“脚跟支撑装置”案判决本身在其他地方否定了需要减额的可能倾向［BGHZ 82, 310（315）=GRUR 1982, 286 145
（287）。这在前一章第3节第1款第2项4中介绍过］。但这在纯粹的理论上是不贯通的。另外，由于缺少计算所获利润和不利益的标准，恐怕在处理上也很困难④。

总的来看，根据原来的事后确定客观上的许可费标准，可以得出“脚跟支撑装置”案判决中支持溢价部分和加算利息赔偿的结论。关于溢价部分，该判决和“甲苯磺丁脲”案判决提出的侵权人获利的论证方法不过是桎梏于同等处理原则这种抽象论的产物，不仅是不需要的，而且还被认为产生过渡抑制溢价的反作用效果。

注　释

① 有判例指出，即使专利权被无效，实施人也不能请求返还已经支付的许可费。参见：佐藤義彦,「特許無効と受領済み実施料の返還義務」,『馬瀬古稀』, 第799—831頁。

② 有关“甲苯磺丁脲”案的判例评释，G. Barth, GRUR 1980, S. 845已指出，在投资额较小的情况下，本案中侵权人受到的不利益是微不足道的。

③ 以前就有对专利侵权人课以《民法》中超出规定利息的尝试。Rolf Pietzcker, Schadensersatz durch Lizenzberechnung, GRUR 1975, S. 57.

④ 例如，支持“脚跟支撑装置”案判决，对侵权人获利赔偿进行阐述的是：Eberhard Körner, Die Aufwertung der Schadensberechnung nach der Lizenzanalogie bei Verletzung gewerblicher Schutzrechte durch die Rechtsprechung zum „Verletzervorteil“ und zu den „aufgelaufenen Zinsen“, GRUR 1983, S. 614。上述文献认为，如果被无效的概率为50%，则侵权人无需支付许可费的概率为50%，这属于侵权人所获的利润，因此赔偿额为通常许可费的2倍。这种思考与基于已经确定的事后计算许可费的判例是不相融的（vgl. Barth, a.a.O., S. 845）；除此以外，无效的概率为多少这原本就是个问题。无效的概率越高，被认定的损害额就越高，理论上这个数值可达到一个天文数字，但如果越多人认为专利权应该是无效的则无效的概率就会变得越高，因此会得出侵权人责任变小而赔偿的数额却变高的结论，不得不说这样是不妥当的。

第 3 项　侵权开始时相当的许可费赔偿与事后许可费赔偿的选择权

146 如前所述，事后确定客观上的相当许可费这一标准成为了提高实施许可合同中许可费额度的契机。例如，除了前文所述的专利权无效或者实施行为可能未落入专利权保护范围这些情况外，在实际缔结专利实施许可合同时需要降低许可费的因素中，有不少是需要在计算赔偿额时必须加以考虑的因素。在实施许可合同中实施人根据通过实施获得的技术信息的通知条款的情况下，要考虑此条款的存在是否倾向于降低许可费额度，但对于侵权人而言，则无需考虑这种情况。另外，在能够预见实施许可合同期间会有持续或可观的收入而将每单位产品的许可费设定得较低的情况下，只要侵权人的实施数量未达到一定程度，就不能用统一的许可费乘以实施的数量。这种情况下计算赔偿额必须要提高许可费的比例（vgl. Albert Preu, Richtlinien für die Bemessung von Schadenersatz bei Verletzung von Patenten, GRUR 1979, S. 760）[①]。

相反，事后确定客观的许可费也可能让侵权人从中获利。专利实施许可合同是一种有风险的契约，双方在签订时都应该承担一定的风险。其中，实施人的风险在于，很难提前确定专利权的经济利用价值。有时实际上获得的利润很少，也有时会获得超出预期的利润。但是，侵权人一方就不存在这样的风险。事后确定必须要赔偿的客观上相当的许可费是基于侵权期间过后已经明确的实际市场情况而进行计算的。这样来看，许可费的额度在合同缔结时间点上和侵权期间过后的时间点上并不是一致的。事后确定的相当的许可费有时比缔结实施许可合同时要低（Rolf Pietzcker, Schadensersatz durch Lizenzberechnung, GRUR 1975, S.

56f.; Preu, a.a.O., S. 759f.)。的确，对于侵权人而言，这种情况 147
要比缔结专利实施许可合同的情况更为有利。

着眼于此，罗尔夫·皮茨克提出了如下新的提案。支配判例中具体计算方法的原则，即事后计算相当的许可费原则，可以参考侵权期间已经明确的新市场的相关信息，因此能够更为客观地确定相当的许可费额度。但是，这样被确定出来的相当许可费也可能比侵权开始时的行情要低。在这种情况下，侵权人只要支付较低的额度即可，权利人要接受较之于被请求专利实施许可时额度还要低的赔偿。考虑到由于侵权行为的出现，若从权利人没有通过独占专利权自己设定市场条件的可能性这一点来看，这一结论是不妥当的。另外，较之于合法的实施人，侵权人反而得到了更为有利的对待，其后果是，违背了判例中的另外一个教条，即要将侵权人和实施人等同对待的原则。此处也可以考虑为，侵权人在实施侵权行为时处于可能知道侵权开始时的市场行情或者应该知道市场行情的状态，因此将其作为侵权结果并无不当之处。在这个意义上，偏执于事后确定相当的许可费可能存在诱发侵权行为的危险性是不恰当的。另一方面，相当的许可费反而较之于侵权开始时的行情高，在这种情况下侵权人享有选择的权利，风险应由侵权人而非权利人承担（Pietzcker, a.a.O., S. 56f.; vgl. derselbe, Richtlinien für die Bemessung von Schadensersatz bei Verletzung von Patenten, GRUR Int. 1979, S. 345f.）。

虽然还不能说理论根据是明确的，但这种观点却很具启发性，开始有人持全面赞同的态度（A. Preu, a. a. O., S. 759f.）[②]。根据这一观点，如权利人所期待的，较之于侵权开始时的行情，赔偿的许可费可能会被高额认定，而不会被低额认定。有评价认为，这是意图利用这两者之间的偏差提供抑制侵权行为的激励。

特别是，事后确定的相当许可费赔偿没有生硬地推导出侵权人获利和加算利息所期待的提高许可费赔偿的额度的结论。通常在考虑提高许可费的契机时是可以期待其实效性的。

148 但是，皮茨克是在较之于合法实施人必须给予同等对待这一判例中的抽象论的基础上而展开的，因此仅指出应将侵权开始时的许可费行情作为损害额。但是，在侵权人与专利权人处于激烈的竞争关系的情况下，侵权人合法寻求专利实施许可需要支付的许可费恐怕要高于侵权开始时的行情，因此即使将当时的行情作为损害额，侵权人一方也是有利的。这一点没有发生改变。当然，如果考虑到专利权人与侵权人之间的这种特殊情况，则可能超出客观的相当许可费，那么在现有的第二种计算方法的延长线上支持超出的溢价部分是很困难的。相反，这一数额等于应从侵权人收取的逸失利润的额度，这本应作为第一种计算方法的内容构成。例如，在“阿里斯顿”案判决中，优选的解决方案是侵权人受到自己行为的约束，专利权人通常可以请求这个额度，但侵权人不能质疑因果关系［RG 8. 6. 1895=RGZ 35, 63（68—Ariston.），参照前章第3节第2款第1项1、第2项2注释㉔］。于是，接下来只要根据能够相互选择三种方法的已有判例，就可以很轻松地推导出与第二种计算方法之间的选择权。这种构成方法在效果上可以很好地体现皮茨克的意图，同时法律依据上的障碍也很少，可以说是不错的选择。

注　释

① 此外，在市场中侵权人免于支付导入产品的费用和许可费，因此有时会廉价销售。这时应以专利权人或实施人的产品价格而非侵权人产品的销售价格作为标准进行计算。Preu, a.a.O., S. 760.

② 此外，费舍尔（Fischer, Schadenberechnung, S.9）表示了如下意见，即在行情稳定时，要将这一固定的额度作为损害额。以下判决也表达了同样的观点（在第 2 章第 3 节第 1 款第 2 项 4 中有所介绍）：RG 13.5.1938=GRUR 1938, 836（839,840）—Rußbläser。

第 2 节　美国法

序

现行美国《专利法》第 281 条规定，专利权人可以通过提 149
起民事诉讼对侵害自己专利的行为寻求救济（28 U.S.C. § 281）。即便侵权人存在故意，也不会受到《刑法》的处罚。

寻求民事救济的诉讼由联邦地方法院（United States District Court）专属管辖，不能在州法院提起［28 U.S.C. § 1338（b）］。另外，过去在各地区设立了 12 个上诉法院（Court of Appeals），针对一审联邦地方法院做出的判决，可以向这 12 个法院提起上诉。1982 年以后，专利侵权案件的上诉案件由新设的联邦巡回上诉法院（Court of Appeals for the Federal Circuit）专属管辖（28 U.S.C. § 1295）。

民事救济手段包括请求禁令（injunction）（35 U.S.C. § 283）和请求损害赔偿两种[①]。关于后一种救济手段，美国《专利法》第 284 条规定，在认定构成专利侵权行为后，法院必须判给原告足以赔偿其所受到的侵害的赔偿额（35 U.S.C. § 284），不需要具有故意或过失等主观要件[②]。

判例中是通过逸失利润（lost profits）、确定的许可费（established royalty）和合理的许可费（reasonable royalty）三种方法来计算赔偿额的。关于此，《专利法》第 284 条规定赔偿额为“无论在任何情况下，赔偿额都不得低于侵权人实施发明必须支付的合理许可费再加上法院确定的利息和费用”。此外，后面会进行阐述，恢复侵权人所获的利润（recovery of an infringer's illicit profits）目前还没有被认为是独立的计算方法[3]。

接着，第 284 条还规定，在陪审团不能确定赔偿额时，法院必须进行估算。但是，在任何情况下，法院都可以将赔偿额增
150 至确定或预算额度的三倍。赔偿额的增加主要是针对故意侵权行为（willful infringement）。即使侵权人认为自己的行为并未侵权或者认为专利权将会被无效，但如果疏于合理的调查义务也会被认定为故意侵权，赔偿额便会增加[4]。虽然侵权人的主观样态并不是损害赔偿的构成要件，但却在确定是否适用三倍赔偿时起到了决定性作用。据此期待通过赋予合理的激励让使用者进行适当的调查［参见：Richard. L. Stroup, *Patentee's Monetary Recovery from an Infringer*, 59, J. PAT.OFF.Soc'Y.362,400（1977）］。我们应该可以认为，增加赔偿额在抑制侵害行为方面所起到的效果是非常明显的[5]。

假设事后确定相当的许可费，那么具体应该如何进行计算？本节的目的是要对此进行例证，同时检讨其优缺点。因此在上述制度中，如何计算合理的许可费是最主要的讨论议题。尽管如此，考虑到美国专利侵权损害赔偿额的计算方法是与衡平法和普通法的区别相互交织着的，经历了复杂的历史沿革，因此有必要基于历史研究，以整体制度作视点对合理许可费的含义进行明确。我们首先从明确损害赔偿额计算方法这一历史的发展过程和整体制度的全貌这一工作着手。

注　释

① 但是，对于联邦政府或为了联邦政府无权限地制造和使用行为，专利权人仅享有向法院（United States Claims Court）请求“合理且完全的赔偿”一种救济手段，而不能请求停止侵权。28 U.S.C. § 1498（a）.

② 此外，专利权人在专利产品上没有贴附专利标识时，对于向侵权人发出警告之前的侵权行为，不得请求损害赔偿。35 U.S.C. § 287.

③ 但是，对于外观设计专利侵权，至今还没有明文规定要返还侵权人所获的利润。35 U.S.C. § 289.

④ 联邦巡回法院的主导案件有：Underwater Devices Inc. v. Morrison-Knudsen Co., Inc., 717 F. 2d 1380, 219 U.S.P.Q. 569, 576—577（Fed. Cir. 1983）；Central Soya Co., Inc. v. Geo. A. Hormel & Co., 723F. 2d 1573, 220 U. S. P. Q. 490, 492—493（Fed. Cir. 1983）。另见：5 CHISUM,PATENTS,chap.20, pp. 151
174.1—185。关于这两个判决以及其后联邦巡回上诉法院的判例动向，参见日文文献：古城春実,「アメリカにおける意図的特許侵害と賠償の増額——その理論と連邦控訴裁判所判例の動向（1）～（3）」,『発明』，85卷第4—6号，1988年。

⑤ 有关三倍赔偿制度的制裁和抑制功能，参见：田中英夫,「二倍・三倍賠償と最低賠償額の法定」,『英米法研究3』，東京大学出版会，1988年；田中英夫、竹内昭夫,『法の実現における私人の役割』，東京大学出版会，1987年，第151—172頁。

第1款　损害赔偿额计算制度的历史沿革

序

1938年《联邦民事诉讼规则》（Federal Rules of Civil Procedure）将衡平法和普通法两种程序统一以前，权利人向专利侵权人提起诉讼时，选择衡平法或普通法的方式，相应的救济手段并不相同，这样的状态一直持续着。作为美国联邦最初《专利法》的1790年《专利法》，以及之后的1793年《专利法》和1800年《专利法》，都规定了只能通过普通法诉讼（action at law）请求损害赔偿。在衡平法诉讼（suit in equity）中也可以将返还侵权人的不法利润理解为金钱救济，但不认可逸失利润或确定的许可费这种实际损害的赔偿。另一方面，还有一点区别是，普通法中不承认侵权人所获利润的返还。其后的1870年《专利法》虽然在衡平法中也认可损害赔偿，但衡平法的审判管辖是由能否请求停止侵权所决定，在专利权的有效期间截止或者侵权人停止侵害的情况下，想要寻求金钱救济的权利人是不能提起衡平法诉讼的；而在普通法诉讼中，则必须对实际损害的额度进行举证。实际损害中允许逸失利润和确定的许可费这两种计算方法，但前者在因果关系的证明上存在困难，后者在确定要件的证明上存在困难。另外，即使可以进行衡平法诉讼，但如果想要返还侵权人所获的利润，也需要证明侵权人的利润额以及在此其中专利发明所
152 占的比例，这也并非易事。针对这一问题点，为了防止专利权人除名义上的额度以外得不到充分赔偿，判例中便形成了合理许可费赔偿法理，并于1922年被纳入条文中。1938年，普通法与衡平法统一合并后，救济手段上的差异也被消除。1946年《专利法》将1922年《专利法》中明文规定的返还侵权人所获利润的条款从条文中正式删除。1952年《专利法》承继了这一做法并持续至今。1946年，联邦最高法院根据这一条文上的变化做出了否定侵权人所获利润的赔偿的解释。

本款将对上文概览的历史沿革进行探讨，同时想要明确现有制度的全貌。本款论述顺序如下：首先，通览衡平法和普通法在诉讼中救济手段的变迁；其次，介绍普通法和1870年以来衡平法诉讼中被认可的将逸失利润和确定的许可费作为实际的赔偿额的判例；再次，介绍衡平法诉讼中可以请求的侵权人所获利润的返还制度及其被废除的经纬；最后，在以上基础上通览合理许可费赔偿制度的形成过程①。

注　释

① 有关计算的历史变迁，5 CHISUM, PATENTS, chap. 20, pp. 5-70 一文中有详细介绍，本款中的记述大多依据于此。另外，“鲁特诉铁路公司”案判决中对于与衡平法与普通法的区别相关的判例进行了概括性的整理；“美国谷物公司诉劳霍夫公司”案对于合理许可费赔偿萌芽期的判例进行了概括性的整理。

第1项　衡平法和普通法在救济手段上的不同

1. 联邦议会基于美国《宪法》第1章第8节第8项赋予的立法权，于1790年制定了第一部《联邦专利法》，并分别于1793年、1800年进行了修订。下面对这三部法律中有关赔偿额的规定加以梳理。

首先，1790年《专利法》第4条规定，侵权人必须向专利权人支付“陪审团估算的损害赔偿数额（damages）”，并且需要返还侵权产品（Act of Apr. 10, 1790, ch. 7, §4, 1 Stat. 111）。与 153
该条款不同，1793年《专利法》第5条规定，侵权人必须向专利权人支付“专利权人转让或许可他人该专利发明的使用权时通常可获得对价的三倍的额度”，并以许可费作为标准（Act of Feb. 21, 1793, ch. 11, §5, 1 Stat. 318）。但是，1800年《专利法》第3条又对此进行了修改，侵权人必须向专利权人支付“专利权人所受的实际损害（actual damage）三倍的额度”（Act of Apr. 17, 1800, ch. 25, §3, 2 Stat. 37, 38）。修改理由是，专利权人独占实施发明时，也是存在发明价值的，在这种情况下，无法以许可费作为损害赔偿额的计算标准（“西摩诉麦考密克”案）。但另一方面，该条款又继承了1793年《专利法》中的三倍赔偿制度。法院有必要在义务上加倍而且必须乘以三倍的倍数，这一点是特点所在［Donald Shelby Chisum, *The Allocation of Jurisdiction*

Between State and Federal Courts in Patent Litigation, 46 WASH. L.REV.633,637（1971）]，而且也没有发现根据侵权人的主观样态进行区别的观点。现有条文中“可以将额度增加至三倍”的表述方式是在1836年《专利法》中形成的。

接下来，关于审判的管辖，1790年《专利法》并未就联邦审判权进行特殊规定，因此根据当时联邦审判管辖的一般规定，只有州籍不同的市民之间的诉讼（diversity of citizenship cases）才可以向联邦巡回法院提起上诉，其他情况则必须到州法院提起上诉（Judiciary Act, Act of Sept. 24, 1789, ch. 20, § 11, 1 Stat. 73. 见Chisum, op. cit., p. 635。参见：田中英夫，《美国法的历史》（上），东京大学出版社，1968年，第168—176页）。这一点，1793年《专利法》第5条将管辖扩大到州法院外的联邦法院。1800年《专利法》第3条还规定可以在联邦巡回法院请求损害赔偿[1]。

最后，关于诉讼方式，1790年《专利法》第4条、1793年《专利法》第5条、1800年《专利法》第3条都规定了在侵权或侵害诉讼案件（action on the case, trespass on the case. 参见：田中英夫，《英美法总论》（上），東京大学出版会，1980年，第80—81页）中可以请求损害赔偿，在条文上，普通法诉讼是请求损害赔偿的前提条件（Chisum op. cit., p. 635）。但是在当时，
154 在专利权人提起衡平法诉讼的情况下，法院可以根据衡平法理颁发禁令（“鲁特诉铁路公司”案）[2]。这时，原则上由州法院管辖，但在当事人的州籍不同时，也可以向联邦法院上诉。

2. 踏足这三部法律背后的历史首先要追溯1819年制定了联邦巡回法院对衡平法诉讼具有专利权侵害案件管辖权的法律（Act of Feb. 15, 1819, ch. 19, 3 Stat. 481-482）。由此，联邦法院

并存着普通法与衡平法两种救济手段。此后，在1836年全面修订《专利法》时，直接变成了《专利法》的第17条（Act of Jul. 4, 1836, ch. 357, § 17, 5 Stat. 117）。

1836年《专利法》中关于损害赔偿制度的概貌如下。

根据1836年《专利法》第14条，以普通法诉讼方式起诉时可以请求实际的损害赔偿，法院还可以将额度增至三倍。

根据该法第17条，在衡平法诉讼的情况下，原告可以请求禁令。关于是否能够请求金钱救济，没有明文规定。但是，通过申请禁令救济一旦获取了衡平管辖权，法院可以附带性地命令侵权人返还违法所获的利润（“利文斯顿诉伍德沃斯”案，“迪恩食品公司诉玛森公司”案）。根据弹性利用救济手段的衡平法理，可以将上述判决理解为赋予权利人完全的救济而创设出来的一种救济形态③。

比较两种诉讼方式，其不同点在于，普通法诉讼只能请求实际损害的赔偿，不能请求返还侵权人所获的利润（“伯德尔诉德尼格”案）。相反，衡平法诉讼不能请求赔偿权利人所受到的损害（“伊丽莎白诉美国尼克尔森路面公司”案。本案为法修订前提起的诉讼，因此未适用1870年《专利法》）。因此，对于想要寻求金钱救济的原告而言，选择哪种诉讼方法来寻求救济的结果是完全不同的。

3. 这两种诉讼方式在救济手段上的不同在1870年《专利法》 155
修订中得以化解。1870年《专利法》第55条规定，在衡平法诉讼中，权利人可以请求返还侵权人所获的利润，也可以请求所受损害的赔偿（Act of July 8, 1870, ch. 230, § 55, 16 Stat. 201）。

但是，普通法诉讼并未做出任何改变，根据该法第59条，只可以对实际的损害请求赔偿（“云支出软件公司诉罗耶尔公司”案)。于是，难以证明实际损害的被侵权人为了请求返还侵权人所获的利润而提起了衡平法诉讼。但是，联邦最高法院在“鲁特诉铁路公司”案中指出，是否具有衡平法管辖权取决于作为本体请求的禁令，驳回了原告在专利权存续期间届满后仅申请返还侵权人利润的诉求。其理由是，以上结论是从衡平法上的救济只有在普通法的救济不充分的情况下启动这一前提中推导得出的。侵权行为仍在持续，将来也存在可能侵权的风险，如果寻求普通法损害赔偿的救济就需要多次诉讼，而对于专利权人来说，这是非常不便利的。为了克服这种不便利，需要将请求停止侵权作为衡平法上的救济手段，让衡平管辖具有正当化基础。但本案中，原告只请求返还侵权人所获的利润，普通法诉讼中的救济并非不充分[对其进行批判的有：3 WILLIAM C.ROBINSON,THE LAW OF PATENTS FOR USEFUL INVENTIONS 406-408 (1890)]。

按照“鲁特诉铁路公司”案的判决，在由于没有发生侵权行为或专利权的存续期间已经到期等原因无法请求停止侵权救济的情况下，即便专利权人很难证明实际损害，也无法再寻求返还侵权人所获利润而提起衡平法诉讼(5 CHISUM, PATENTS, chap. 20, pp. 16-18)。但是，如果侵权人停止侵权行为但存在再次侵权的风险，则应该支持衡平管辖(“高盛制造有限公司诉迈尔斯制造公司”案)。再者，在专利权到期前15日提起衡平诉讼的案件中，专利权存续期间届满并没有令衡平管辖权随之丧失(“加
156 勒森诉克拉克”案。本案判决支持将确定的许可费作为实际损害加以赔偿)。但是，这些方案都只是偶尔适用个别案件的权宜之策，直到1938年联邦民事诉讼规则中衡平法和普通法两套程序的合并，救济手段才真正完全统一[④]。

注　释

① Chisum, op. cit., p. 636 还进一步解释，该条规定了联邦法院的排他管辖权。但是，“鲁特诉铁路公司”案判决阐述道，根据 1836 年《专利法》第 17 条，首次归属联邦专属管辖。

② 实际案例中颁发禁令的专利侵权案件如下：Whitny v. Fort, 29 F. Cas. 1089（No. 17,588）（C.C. Ga. 1807）—Livingston v. Van Ingen, 9 Johnson 505, 588（N.Y.Ct. of Errors 1812）; Whitny v. Fort, 29 F. Cas. 1070, 1071（No. 17,583）（C.C. Ga. 1810）。著作权侵权案件如下：Morse v. Reed, 17 F. Cas. 873（No. 9,860）（C.C. N.Y. 1796）—Livingston v. Van Ingen, at 587。

③ 参见：3 WILLIAM C. ROBINSON, THE LAW OF PATENTS FOR USEFUL INVEN-TIONS 492-493（1890）。专注于返还侵权人所获的利润的根据的判决不在少数，其中有判决认为，其根据在于剥夺利润防止违法行为横行（“多瓦亚克制造公司诉明尼苏达莫林犁公司”案）。寄期望于侵权人所获的利润的返还可以起到抑制侵权行为的效果，并将其理解为补充停止请求侵权功能的制度。此外，还有判决提到，要将侵权人视为权利人财产的受托人（“分组公司诉西课乐公司”案，“伯德尔诉德尼格”案，“伯索尔诉柯立芝”案）。但是，侵权人与权利人之间并不存在信任关系，因此这种逻辑只是在利润返还这一点上与信托具有同样的效果，而没有对理论根据加以探究（“鲁特诉铁路公司”案）。

④ 对这一规则的制定经过进行概括性梳理的文献参见：高橋宏志，「必要的共同訴訟の試み（1）」，『法協』，92 巻第 5 号，1975 年，第 518—522 頁。

第 2 项　逸失利润（lost profits）赔偿和确定的许可费（established royalty）赔偿

1. 联邦最高法院最先在专利侵权案件中做出损害赔偿决定的 157
是 1853 年的“西摩诉麦考密克”案。

本案案情如下。专利权人以其割草机座位部分的相关专利权受到侵害为由，提起了普通法诉讼，请求侵权人对其损害部分加以赔偿。原审法院做出决定的前提是，如果侵权人没有制造和销售产品，侵权产品的消费者就一定会购买权利人的产品，并向陪审团进行了说明，即使发明专利只是产品的一部分，这一前提也不会有所改变。最后，原审法院基于产品整体认定逸失利润就是实际的损害，应该进行赔偿。

原告专利权人曾经以每台割草机收取10美元的许可费许可被告侵权人进行制造和销售。据此，最高法院撤销原审判决，理由是：发明专利有多种，权利人的使用方式也有多种。如果是最新产品的发明专利，则可以排斥其他竞争者，满足市场上的全部需求，由此独占市场利润。在这种情况下，如果仅赔偿许可费，恐怕会破坏这种独占性。但另一方面，在有些情况下，权利人并没有独占市场，这时实际的损害的额度不过是侵权人未支付的实施许可费。此外，还有些情况是专利权人自身会通过实施许可的方式来行使其独占权，这时专利权人会将实际的损害额固定为实施许可费的额度。以上这些情况中，要将侵权人所获利润的额度作为损害的标准，需要存在特殊情况。实际损害的额度不是法律推定的，而必须要基于具体事实来证明。

“西摩诉麦考密克”案判决给出的启示是有两类实际损害的概念。一类是原判决认可的，即后面被称为逸失利润的损害概念。对此，美国联邦最高法院阐述道，不能只根据专利权是否存
158 在来推定[1]。另一类是确定的许可费法理。美国联邦最高法院指出，在专利权人通过实施许可的方式来行使权利的情况下，如无特殊情况，要将许可费的额度作为损害额。

集中爆发于19世纪末的联邦最高法院判决逐步明确了这两种损害概念的具体意义。

2. 明确逸失利润的赔偿法理的是“耶鲁锁公司诉萨金特公司”案。本案是衡平法诉讼，由于当事人没有证明侵权人所获的利润，因此争议点集中在实际损害的赔偿上。美国联邦最高法院

认为，本案中专利权人未做出实施许可，因此原告专利权人是以保持独占的状态来行使专利权的，在这种情况下，损害应该是侵权行为发生后的财产状态与若无侵权行为则应有的财产状态之间的差额。在具体的判断中，美国联邦最高法院很重视侵权人是专利权人唯一的竞争者这一点，并认为原审法院认定专利权人产品价格下降是由侵权行为引起是恰当的。

将逸失利润作为实际损害加以赔偿，这种做法曾一度不存在任何疑问。但是，如果没有侵权应获得相应的利润，在因果关系要件的证明上也是存在困难的。而且，“西摩诉麦考密克”案以后，因果关系由权利人一方来举证（“菲利普诉诺克”案，“纽约诉兰塞姆案”案，“布莱克诉罗伯逊”案；另见“科尼利诉马克瓦尔德”案）。为此，在很多判决中由于无法证明因果关系而否定了逸失利润的赔偿，还有判决只认定了 6 美分的额度这种名义上的赔偿（nominal damages）。例如，在市场上除专利权人和侵权人的产品以外还存在其他竞争产品的情况下，即便侵权人没有销售侵权产品，也不能假定消费者一定会购买专利产品而不是其他制造者的产品（“瓦亚克制造公司诉明尼苏达莫林犁公司”案）。在侵权人产品的价格低于专利权人产品的价格时，也是一样的处理方法（“多布森诉多南”案——外观设计专利权侵权案）。从专利权人的生产设备等状况看，如果不能对除了目前的供给量外是否还有能力满足侵权产品的需求部分进行举证证明，也会认为是不满足因果关系要件的（“瓦亚克制造公司诉明 159
尼苏达莫林犁公司”案）。在发明专利的实施部分只是侵权人产品一部分的情况下也遇到了一些困难（“多布森诉哈特福德地毯公司”案；另见“耶鲁锁公司诉萨金特公司”案，“布莱克诉罗伯逊”案，“加勒森诉克拉克”案）。另外，即便专利权人只主张自己产品价格的下降而带来的损害，但只要无法排除与侵权产品竞争以外还存在其他原因的可能性，就无法得到支持（“博世诉格拉”案，“科尼利诉马克瓦尔德”案）。

3. 作为实际损害被认定的另外一种损害赔偿是确定的许可费。

如前所述，确定的许可费的法理源于“西摩诉麦考密克”案。本案中，联邦最高法院指出，在专利权人通过实施许可来行使专利权的情况下，将合同中的许可费固定为实际的损害额。通过确定的许可费赔偿可以让权利人获得高于名义上的赔偿额的赔偿，这一点对权利人是有利的。但另一方面，一旦认定了确定的许可费，就不能再接受超出确定的许可费的赔偿，这可谓是一把双刃剑。如果专利权人没有选择自己实施专利权来独占市场，而是选择许可他人实施来收取一定的许可费，在这种情况下，专利权人所持有的专利权的价值受到后者约束，因此如果他人实施了侵权行为，要将应该收取而未收取的许可费作为损害，而不能再主张超出许可费额度的赔偿（“西摩诉麦考密克”案，“分组公司诉西课乐公司”案，“伯德尔诉德尼格”案）。因此，对于并未放弃独占市场的专利权人而言，只要曾经有过实施许可例，或者表面上已认定了确定的许可费，在这些情况下恐怕缺少足够的保护。相反，即便考虑到侵权人的立场，但在少数案件中，由于
160 签订了高额的实施许可合同，就很容易认定确定的许可费，侵权人一方面承担了过高的赔偿责任。

因此，对于确定的许可费赔偿法理的评价如下：使得损害额固化，功能僵硬，应慎重加以适用（参见：5 CHISUM, PATENTS, chap. 20, pp. 113-114）。也有判决在旁论中提到，只要最初有过实施许可例，就可以将其作为确定的证据（“纽约诉兰塞姆案”案）。但其后的判决对于“确定的”要件却变得严格

起来。而且，如果专利权人无法证明这一要件，则与逸失利润一样，赔偿额仅限于名义上的赔偿。主要案件是“鲁德诉韦斯科特”案。也就是说，与缔结合同的时间点相距几年之久的实施例，不能准确评价专利权的价值。例如日用品的销售，如果想要确定市场价格，就需要进行十分频繁的对比[2]（另见“云支出软件公司诉罗耶尔公司”案）。

根据这一要件，在存在多个实际的实施许可例的情况下，法院认为是存在确定的许可费的（“克拉克诉伍斯特”案）。但是，如果是缔结和解合同中的实施许可例或实际上并未支付许可费的约定实施例，即便存在很多，也不能将其认定为确定的许可费（“鲁德诉韦斯科特”案）。另外，如果侵权行为在数量和时间上都受到限制，就不应该机械地将其作为确定的许可费（“伯索尔诉柯立芝”案）。

4. 如上所述，无论是逸失利润还是确定的许可费，各自都存在因果关系或确定要件上的障碍。从19世纪开始，虽然另外还存在与这些制度不同的侵权人所获利润的返还制度，但前面已经提到过，这种请求只限于衡平法诉讼，而衡平管辖又取决于禁令颁发的可能性，因此对于那些无法获得禁令的专利权人而言，存在得不到金钱方面充分救济的危险。除此以外，即使认定了衡平 161
管辖，也存在难以证明侵权人所获利润的困难点，这一点后面会重点讨论。在此，只顺带提及现有判例中有关逸失利润或确定的许可费赔偿的实际情况。

关于逸失利润，在此介绍的几个美国联邦最高法院的判决中做出的因果关系的判断标准被现在的判例所承继下来。“泛达公司诉斯塔林兄弟光纤工厂有限公司”案将用于认定逸失利润的标准加以公式化：（1）市场对专利产品有需求；（2）市场上缺少可替代的非侵权产品；（3）专利权人具有满足需求的制造与营销能力；（4）专利权人可获得的利润额。美国联邦巡回上诉法院对此的评价是，虽然不是排他性的标准，但应该推荐（“拜奥实验室有限公司诉尼科莱特仪器公司”案），而且实际上这一标准也常常被引用（例如，“中央大豆公司诉荷美尔公司”案，“纸张加工机械公司诉麦格纳图形公司”案）[③]。

另一方面，回顾一下确定的许可费赔偿的制度变迁。首先，在与后来确立的合理许可费赔偿制度之间的关系上，如前所述，确定的许可费功能存在一定僵化。这是因为，如现行《专利法》第 284 条所明确的那样，合理的许可费被规定为要划定一个赔偿额的最低限度[④]。再者，后文会提及的合理许可费的赔偿是从过去的事后确定的相当许可费赔偿制度演变为现在的对于应从侵权人收取的许可费进行赔偿的制度。在此，如果存在确定的许可费，至少可以表示在侵权开始的时间点上要以这一额度的许可费来缔结专利实施许可合同，因此除这一额度外都不是合理的许可费（“尼克森工业公司诉罗尔制造公司”案）。于是便产生了如下疑问，即独立的确定许可费这一概念的必要性又在何处？当然，如果存在确定的许可费，这一许可费便是合理的许可费的心证是
162 很强烈的，因此有必要通过某些证据来证明合理的许可费与此并不相同（“尼克森工业公司诉罗尔制造公司”案）。但这只是证明上的问题，而在实体法上却并不是确定的许可费让损害额固化的问题（参见：CHISUM, op. cit., p. 102-103, 110-118）。另外，确定的要件中包含否定逸失利润赔偿的要素，即原本专利权人自己没有实施，而是通过实施许可的方式向他人收取许可费，在这种情况下，就应该是否定逸失利润的问题（“三重奏工艺公司诉 L. 戈德斯坦之子公司”案）。这也不过是理论上证明逸失利润的因果

关系的问题，与许可费是否是固定的数额以及是否稳定无关。因此，确定的许可费赔偿不再是独立的制度，应该被转化为计算合理许可费时的一个有力证据［参见：John M. Skenyon & Frank P. Porcelli, *Patent Damages*, 70 JPTOS 762, 772-775（1988）］。

注　释

① 但是，美国联邦最高法院似乎没有区分逸失利润与侵权人所获的利润。57 U.S.(16 How.)489. 另见“卡西迪诉亨特”案。

② 对于与确定使用的实施许可例无关的侵权人来说，为了将此处的许可费确定为损害赔偿额，应该附以如下理由，即足以表明偶尔实施发明专利的人具有一般意义上的相当性并会接受上述许可费。

③ 此外，根据联邦巡回上诉法院对这一标准的适用，因果关系的证明未必非常困难，指出这一点的文献有：John M. Skenyon & Frank P. Porcelli, *Patent Damages*, 70 JPTOS 762, 778-783（1988）。

④ 为避免存在助长专利侵权的嫌疑，有文献指出，确定的许可费在概念上与诚实的实施权人应支付的许可费的额度是相同的，应该作为赔偿额的最高限度。Richard L. Stroup, *Patentee's Monetary Recovery from an Infringer*, 59 J. PAT OFF. SOC'Y. 362, 384-385（1977）.

还看到有判决将业界行情的许可费称为确定的许可费，例如“拜奥实验室有限公司诉尼科莱特仪器公司”案。

第 3 项　侵权人利润的返还（recovery of an infringer's illicit profits）及其废除

1. 如前所述，专利权人在衡平法诉讼中可以请求返还侵权人所获的利润，但能够被认定返还的只是侵权人现实中所获的利润，而不是侵权人可以获得的利润（“利文斯顿诉伍德沃斯”案）。而且，也不一定要返还全部的利润，不应该归属给专利发明的部分还是要留给侵权人，即有必要进行所谓的利润分配（apportionment）。 163

具有引领性意义的案件是“莫里诉惠特尼”案。本案指出，在多重复杂的制造工序中，专利权仅关系到其中一道工序，因此专利权人不能请求侵权人返还全部工序所带来的利润，驳回了原审判令侵权人返还全部利润的决定。如果在其他各道工序中也存在专利权，侵权人必须返还自己所获利润的数倍额度，这也是不恰当的。较之于公众可免费使用且能够得出相同结果的其他方法，侵权人使用专利权人的发明获得了什么利润这一点应该是问题所在。这中间的差额就是侵权人通过实施发明专利获得的利润。

该判决做出后，围绕如何设定利润分配的标准这一问题积累了一些判例。首先，在发明效果及于产品整体价值的情况下，命令侵权人返还通过销售实施产品获得的全额利润。在专利权仅涉及产品一部分的情况下，在产品整体价值源自发明或者如果没有专利则产品就销售不出去的情况下，也应该返还产品的全部利润（“多瓦亚克制造公司诉明尼苏达莫林犁公司”案，“赫尔布特诉席林格”案，“克罗斯比蒸汽表和阀门公司诉联合安全阀公
164 司”案，“沃伦诉凯普”案。这被称为整体市场价值规则）。但是，如果发明的效果仅及于销售产品一部分或者不过是对现有产品的改良，则只需返还所获利润中归属发明专利的部分（“利特菲尔德诉佩里”案，“加勒森诉克拉克”案）。另外，在关于方法专利发明的侵权案件中，如果其他可选择的方法也能够带来相同的效果，在进行比较后，法院认为返还一部分利润即可（“莫里诉惠特尼”案，at 650—651）。

与分配的证明责任相关的判例主要概括如下。如果原告专利权人证明了侵权人混合了发明的实施部分和非实施部分以致不能进行利润分配，在这种情况下，应该赔偿专利权人的全部利润

（“西屋电气制造公司诉瓦格纳电子制造公司”案）。即使这样，证明责任也还是在专利权人这一点没有发生改变，专利权人负有提出能够大概预算赔偿数额的证据或者证明完全不可能进行利润分配的证明责任（“多瓦亚克制造公司诉明尼苏达莫林犁公司”案）。因此，无法证明分配额度的专利权人只能获得名义上的赔偿（“加勒森诉克拉克”案）[1]。

决定分配需要很多程序，可以说诉讼中很多时间都花费在这个计算程序上［参见：H.R. Rep. No. 1587, 79th Cong., 2d Sess. 2（1946）］。

2. 1938 年衡平法和普通法的程序统一合并后，1946 年《专利法》就救济手段进行了修订。原来的规定是“原告除侵权人应该赔偿的利润外，还享有就自己所受到的损害部分接受赔偿的资格”，有关侵权人所获的利润部分的文字被删除，变为“原告除法院判定的费用和利润，还具有就适当赔偿该发明的制造、使用和销售的一般损害赔偿的资格”（Revised Statutes Section 4921; Act of Aug. 1, 1946, ch. 726, § 1, 60 Stat. 778）。现行 1952 年《专利法》第 284 条未做任何实质性改变就继承了下来［参见：Norman C. Fulmer, *Measure of Damages in Patent Infringement Suits*, 36 J. PAT. OFF. SOC’Y. 317, 319（1954）］。

联邦议会 1946 年修订《专利法》的趣旨是为解决诉讼手续延迟的问题，并废除了侵权人获利返还制度（H.R. Rep., op. cit.[2]）。165
此后，也短暂出现一些认为应当维持侵权人获利返还制度这样的少数说［Note, *The Enforcement of Rights Against Patent Infringers*, 72 HARV. L. REV. 328, 345（1958）］[3]，但美国联邦最高法院“阿罗制造公司诉敞篷车顶更换公司”案（“阿罗Ⅱ”案）明确指出，侵权人获利返还制度作为独立的赔偿制度被废止，由此才尘埃落定。

该判决是与现行《专利法》第271条（c）[35 U.S.C. §271（c）] 规定的间接侵权（contributory infringement[4]）相关的案件。直接侵权人已经与专利权人和解，但美国联邦最高法院认为，和解并不能完全阻止侵权人应就和解前的间接侵权人的侵权行为负有赔偿责任，于是撤销了原审，决定发回地方法院重审。为了避免诉讼周期变长，美国联邦最高法院还就原判决和当事人间没有争论的损害赔偿的数额做出了判断。也就是说，法院认为应该仅就直接侵权的损害进行赔偿，但这时专利权人所遭受的财产性损害便成为了问题。这是因为，1946年《专利法》修订时已经废除了侵权人获利返还制度（377 U.S. 476, 505-506）。

尽管以上案件在是否是案件所需或者对这一点持赞同观点的法官不在少数[5]等方面都包含抹杀本案先例价值的要素，但此后的审判实务中，根据“阿罗Ⅱ”案判决，都一致采用了废除侵权人获利返还制度的意见。因此可以认为，这一解释作为判例被固定了下来[6]。

注　释

① 此外，也有判决是可以准确地证明全部利润来自发明专利而不是最初就将证明责任附加给侵权人的（“伊丽莎白诉美国尼克尔森路面公司”案）。

② 但是，也有如下记述：“趣旨并不是要将一般损害中的任何一个要素都排除掉。”这是指，在计算合理的许可费时，侵权人所获利润成为其中一个证据，并成为日后意见发生分歧的一个因素。

③ 有关下级审判的动向参见：Notes, *Recovery in Patent Infringement Suits*, 60 COL. L. REV. 841, 843-844（1960）; 5 CHISUM, PATENTS, chap. 20, pp. 67-70。

④ 关于美国间接侵权法理参见：ジャイルス・S. リッチ，（松本重敏訳および
166 補筆），「米国特許法における間接侵害の法理」，『ジュリ』，497号，1972年，第99—110頁；Donald S. Chisum（紋谷暢男監訳），『アメリカ特許法とその手続アメリカ特許法概論』，雄松堂書店，1987年，第228—233頁。

⑤ 四位法官的意见是：专利权人与直接侵权人和解，由此可以免除间接侵权人

的赔偿责任。另外还有一名法官对于损害额不是很熟悉，因此不作为审判意见。也就是说，九位法官中有四位赞同。

⑥ 参见“罗克伍德诉通用灭火器公司”案。有关其他判决参见：CHISUM,supra note3，pp. 68-70。还有人指出，废除侵权人利润返还制度意味着允许不当得利而无法抑制侵权，这一点在立法论层面是存在疑问的。Paul H.Hubbard, *Monetary Recovery under the Copyright, Patent, and Trademark Acts*, 45 TEX. L. REV. 953, 972-973（1967）. 顺便提及，还有德文文献只引用了重述部分讨论美国专利侵权案件中是否应该支持返还侵权人所获的利润，参见：好美清光,「準事務管理の再評価」,『谷口還暦』(3)，第411頁。

第4项 合理许可费（reasonable royalty）赔偿的形成

1. 截至19世纪末，逸失利润与确定的实施费已被明确作为实际损害，但二者分别在因果关系或确定要件的证明上存在困难。后来被废除的侵权人获利返还制度在利润分配上也存在问题。于是，如果根据现有法理，很可能会因为证明不充分而导致专利权人得不到充分保护。为了解决这一问题，形成了如下计算方法：在参考所有证据后，对被侵害的专利权价值进行估算并将此作为赔偿额。这正是后来被命名为合理许可费赔偿制度的源头[①]。

“西摩诉麦考密克”案以后，在确立逸失利润和确定的许可费赔偿法理过程中，主要是以下级审为中心，对可以从专利发明获得的利润进行估算，由此测量被侵权的发明专利的价值，并尝试将此作为赔偿额（“美国谷物公司诉劳霍夫公司”案）。美国联邦最高法院在“萨福克诉海克尔”案中支持了采用这种计算方法的原审判决。但是，至于这一计算额为何能够作为损害赔偿额，其理论根据却是不明确的。美国联邦最高法院在另外一个 167
案件中，以不能证明实际损害为由，驳回了使用这种计算方法的原审判决（“纽约诉兰塞姆案”案，“分组公司诉西课乐公司”案）。终于，“云支出软件公司诉罗耶尔公司”案判决论述道，这种计算方法混淆了只能在衡平诉讼中认定的返还侵权人所获的利润与实际的损害赔偿，并呈现排斥使用这种计算方法的姿态②。

2. 但是，与美国联邦最高法院的趋势如何无关，作为与逸失利润和确定的许可费并列的第三种损害赔偿概念依然使用了合理许可费这一措辞，将被估测的专利权的价值作为损害额，这样的下级审虽是少数，但还是存在的③。即使这种方法已经被命名为合理许可费，但考虑到所有情况后估测专利权价值的方法为何能够作为计算损害赔偿额的方法，依然是不明确的。可以说，在这种计算方法被美国联邦最高法院认可之前，理论根据是有待进一步明确的。

完成这一使命的案件是第6巡回法院丹尼森（Denison）法官经手的“美国谷物公司诉劳霍夫公司”案。这一判决是在衡平法诉讼中做出的，侵权人并没有由此而提高收益，因此法院没有支持返还侵权人所获利润的请求。另外，关于逸失利润，市场上存在多种竞争产品，专利权产品只占很小份额，无法认定侵权产品的需求者一定会购入专利产品，由于缺少因果关系，逸失利润赔偿也没有被支持（216 Fed. 610, 614）。再者，也不存在确定的许可费。要言之，根据现有法理，除名义上的赔偿外，无法支持其他任何赔偿请求，最后原审法院只判定了名义上的赔偿。

但是，丹尼森法官并没有采用这一结论，并论述如下。

专利权被确认有效也就是说被告侵权，而且由于专利权被侵
168 害导致了某种损害，这一点毫无异议（216 Fed. 614-615）。即使专利权人没有实施专利，侵权人没有破坏专利权人市场这一结论也是错误的。专利权这种独占权的存续期间是17年。而且，专利权人也不会被强制要求必须满足市场上的全部需求。出于政策上的理由，或者迫于需要而无法直接满足需求，即便如此全部

市场需求在专利权存续期间内也都归属专利权人。然而，在专利权人行动之前，侵权人供给了部分市场需求，进而导致这部分市场需求永久性地被满足，结果是原本属于专利权人的市场需求被剥夺（216 Fed. 623-624）。这样一来，既然已经可以证明存在损害，就应该尽量避免由于无法证明特定的额度而导致专利权人得不到任何赔偿的事态发生。

从理论上考虑，专利侵权属于侵权行为（tort），由此剥夺了专利权人的财产权，因此可参照基于一般性的财产权的侵权行为而发展起来的损害赔偿计算方法。通常来说，在确定应该支付给权利被他人剥夺的财产权人的赔偿额时，权利的市场价格或者被毁损的价格部分是计算赔偿额的尺度。如果侵权行为是制造和销售专利产品，那么被剥夺的自然就是制造和销售的权利。这种权利是专利权人赋予他人实施许可的权利。而实施许可的价格才是赔偿额的尺度。明确地说，确定的许可费是表示这一制造和销售权利市场价格的证据。因此，确定的实施费赔偿并非专利侵权中特有的理论，其只是适用一般财产权侵权的理论。在权利人独占使用专利权时，有时是不存在市场价格的。而在一般财产侵权中，在这种情况下如果不存在侵权行为，则可以使用权利人可获得的利润这种方法。专利侵权中的逸失利润赔偿也属于这种方法。因此，应当与其他财产权侵权一样，要做完全相同的处理。

剩下的就是既不存在市场价格也无法明确逸失利润的案件。如果是通常的财产权侵权，财产权人不会以自己的财产权没有购买例，或者以自己没有收获任何收益为由而被强制性地进行名义上的赔偿。最终，通常被剥夺的真实价值就成为了问题的关键。169
证明市场额度只是表明此问题的一种方法。另外，证明逸失利润也是证实此问题的一种方法。即使不能使用这两种方法，法律也会允许其他适合的方法。在房地产案件中，如果不存在市场价格，则计算真实的公正价格就属此列。在这种情况下，应该酌情考虑与案件相关联的所有特殊情况。这种方法在一般私有财产案件和人身损害案件中都予以认可（216 Fed. 615-616）。

专利侵权案件中不存在无法使用同样方法的理由。在市场价格和逸失利润方面适用与一般财产权完全相同的理论，同时没有理由必须否定适用所谓的一般的损害（general damage）。在专利侵权案件中，陪审团可以知晓原告专利权这种财产权以及被告的侵权程度。再者，通过比较或者通过侵权人所获的利润和费用上的节省等，也可以判断专利权的实用性和商业价值。从可实现的利润中去除属于制造过程和商业风险的部分，应该归属专利发明的部分占多大比例？关于这一问题，可通过业界在利润和销售额上对该发明的利润分配占多大比例来判断。

另外，严格来说，这类损害赔偿并非许可费赔偿。但是，其常被称为“合理许可费”。为方便起见，就将其作为这种赔偿计算方法的名称。或者，虽然没有确凿的证据，但由于损害是通过一般的方法计算出来的，因此也可以将其命名为“一般的损害”（216 Fed. 617）。

因此，在普通法诉讼中支持这类损害赔偿请求。如果是这样，就必须认为同样对实际损害加以赔偿的衡平法诉讼也应认可这种损害赔偿。在普通法诉讼中，陪审团起到衡平法诉讼中辅助法官的作用（216 Fed. 625）。本案中，专利发明的实用性和优点都很明显，也有实质性的证据可对这些优点进行金钱上的评估，因此
170 应该赔偿专利权人合理许可费或一般的损害（216 Fed. 617）。

如前所述，丹尼森法官撤销了原审判决，将案件发回原审法院重审。

丹尼森法官通过简洁的论述，首次阐述了参考所有材料计算被侵害的专利权的价值，并将其作为损害额处理的理论根据。法官着眼于被侵害的权利的价值谈道，确定的许可费不过是计算这一价值的一种方法。通常被称为合理许可费的计算方法，其最终的计算对象也是被侵害的专利权的价值。模拟许可合同不是目的而是手段。也就是说，法官明确着眼于专利权人被剥夺的价值来构建损害的概念。究竟将什么作为被侵害的专利权的价值，可以从法官在专利侵权中论述存在损害的部分得以明确。法官谈道，专利权人由于侵权行为失去了满足市场上对专利发明的需求的机会，因此可以作为损害。这一论证方法与后来德国的鲁道夫·克拉瑟论述的将市场机会解释为损害的立场无任何区别[4]，只是名字不同而已。这样一来，将至少对专利权被剥夺的价值进行赔偿作为目的并对其进行评价时，应该考察能够证实专利权价值的所有证据。对于法官而言，合理许可费的措辞不过是为使用上的方便，并非支配计算过程的原理，更不能作为损害赔偿的理论根据。这一点在后来的判例变迁中被遗忘，为了探讨合理许可费赔偿法理形成时的判例，有必要留意专利权价值的毁损部分才是计算的对象这一点。

3.“美国谷物公司诉劳霍夫公司”案中表明的一般的损害或者合理许可费的赔偿，在后来1915年“多瓦亚克制造公司诉明尼苏达莫林犁公司”案中，连同其理论构成一起被联邦最高法院所接受。本案是衡平法诉讼，判决认为发明专利只是产品的改良，侵权人所获的利润不能全额归属专利发明，而是需要进行分配，但无法证明分配比例，因此不支持返还侵权人所获利润的请求（235 U.S. 644-648）。另外，关于逸失利润，市场上 171
存在其他竞争产品，专利权人是否具有满足对侵权人的需求的额外的供给能力也存在疑问，由于不能证明因果关系，因此不予支持（235 U.S. 648）。如果仅仅依据现有的法理，本案中名义赔偿以外的赔偿也不能被认可，原审第8巡回上诉法院只判定了名义赔偿。

但是，美国联邦最高法院表示了与丹尼森法官相同的见解，撤销原判并发回重审。也就是说，“专利权保护的独占权是财产权，其侵害是通过侵权行为剥夺了财产权的一部分，因此损害赔偿额的标准尺度应该是被剥夺的价值。假设作为侵权诉讼原告的专利权人在对发明的实施品进行交易时选择了许可他人实施的方法，在这种情况下可以通过确定的许可费来证明被剥夺走的价值，也可以将其作为计算损害的证据。但是，专利权被维持在独占状态时不存在确定的许可费。在这种情况下，参照发明专利的性质、实用性、优点以及被使用的范围来证明合理许可费是怎样的额度，并用其表明被剥夺的价值。这种方法被认为是一个良策。虽然这种证明会变得更加困难，但不失为一种与确定的许可费同样恰当的方法”（235 U.S. 648）。

在此，联邦最高法院以判例的形式确立了合理许可费的概念，并将其作为与逸失利润和确定的实施费并列的第三种计算标准。

4.“多瓦亚克制造公司诉明尼苏达莫林犁公司”案以后，1922年《专利法》修订中对衡平救济手段进行了调整。1870年以后的条文中，都附有如下文字：“原告因为侵权行为遭受损害，或者证据可以表明应归属原告的利润但无法计算得出一个具有合理性和准确性的数字时，法院可以基于……鉴定、专家证言以及其他记录上的所有证据，命令被告赔偿原告合理的额度作为利润或一般的损害，并将其作为被告对其侵权行为所要付出的代价。”（Revised

Statutes Section 4921; Act of Feb. 21, 1922, ch. 58, 42 Stat. 392）

虽然在文理上存在一些问题[⑤]，但参照所有证据后估测被毁损的专利发明的价值并将此作为赔偿额的计算方法，这在专利法中是有明文规定的。该规定中没有采用合理许可费的措辞，而是使用了“作为利润或一般的损害的合理额度”这一表达。除此以外，从规定了基于所有证据进行计算以及使用一般的损害这一措辞来看，它们承袭了丹尼森法院和“多瓦亚克制造公司诉明尼苏达莫林犁公司”案的论证方式；也就是说，是基于所有证据来计算被剥夺的专利权价值毁损部分的思考方法。没有使用合理“许可费”这一点也能够很好地判别理论根据。 172

此后，1938年普通法和衡平法的程序统一后，救济手段上的分离便成为历史遗物。而且，1946年《专利法》修订废除了前面所述的侵权人所获利润的返还制度，而变更为如下条款：在认定专利侵权行为成立后，“原告除侵权人应赔偿的利润外，还享有就自己所受到的损害部分接受赔偿的资格”；关于侵权人所获利润的文字被删除，变为“原告除法院所确定的费用和利润，还享有就适当赔偿该发明的制造、使用和销售的一般损害赔偿的资格”（Revised Statutes Section 4921; Act of Aug. 1, 1946, ch. 726, § 1, 60 Stat. 778）。这次修订首次将合理许可费的措辞纳入法条中。同时，不受1922年《专利法》的束缚后，在条文中明确了合理许可费作为独立计算方法的地位。另外，根据该款条文，合理许可费划定了一个赔偿额的最低限度。此外，这一条文在未做实质性变更的基础上成为了1952年《专利法》的第284条，并沿用至今[⑥]。

接下来，前面所构建出来的合理许可费的具体计算过程便成为了问题之所在。后面将对此进行讨论。

注 释

① 5 CHISUM, PATENTS, chap. 20, pp. 21-32 一文中的总结是，在普通法的诉讼中，合理许可费赔偿作为侵权人所获利润的代替措施而形成。但是，正如后面会提到的构筑合理许可费赔偿基础的两个判决所象征的那样，合理许可费的赔偿是一种在衡平法诉讼中由于侵权人利润的返还额分配比例不明确等原因而无法证明时才会发挥功效的制度。

② 这一判决很有影响力，此后的很多下级审判决都以此为由否定了“萨福克
173 诉海克尔”案做出的判断。参见：United States Frumentum Co. v. Lauhoff, at 623-624。另一方面，“库博诉罗耶尔”案只是提到作为具体处理方法的证明还不充分，并没有完全否定将专利权价值作为赔偿额的做法（“卡西迪诉亨特”案，“麦库恩诉巴尔的摩与俄亥俄铁路公司”案，“美国谷物公司诉劳霍夫公司”案）。

③ 合理许可费的措辞是1878年求偿法院（Court of Claims）在“麦基弗诉美国”案中计算默示实施许可对价时所使用的。作为纯粹的专利侵权案件，1890年巡回法院“罗斯公司诉蒙大拿联合铁路公司”案中可以见到使用例。法院向陪审团说明，不只是语言上的问题，与侵权时间点以前存在的其他方法比较后，专利发明实施品的实用性和费用削减效果成为计算合理许可费的有力证据。再者，第9巡回上诉法院（Circuit Court of Appeals, Ninth Circuit）于1894年在“亨特兄弟水果包装公司诉卡西迪”案中做出判断，在不存在确定的许可费而且逸失利润也不明确的情况下，在考虑到所有情况的基础上，将侵权人应支付的合理许可费作为损害计算的标准，并确立了与确定的许可费完全不同的损害概念。具体来说，基于专利发明可获得的利润额来计算合理的许可费。原判麦肯纳法官在其经手的“亨特兄弟水果包装公司诉卡西迪”案判决中也阐述了同样的宗旨。

④ 丹尼森法官表达了将逸失利润也作为被侵权价值计算的一个证据的见解，这值得关注。

⑤ 1922年只对衡平法诉讼进行了修改，普通法诉讼中救济手段的相关规定没有做任何改动。另外，在文理上，以权利人存在损害或者侵权人获利为前提，除此以外，似乎可以将这些损害或利润由于合理的确定性而无法被证明作为适用要件。但是，一般来说不能将确定的损害额作为完全独立的计算方法。此后的审判实务并没有将以上两点看作赔偿合理许可费的要件。CHISUM, supra note 1, pp. 32-34.

⑥ 这次《专利法》修订以前，金钱上的救济手段一直是由两个条文所规定的，这不过是1938年衡平法和普通法合并前的遗物。1952年《专利法》就将其二者一体化了。

第2款　合理许可费赔偿额的具体计算方法

序

在前面探讨历史发展的部分已经明确，鉴于逸失利润、确定 174
的许可费和侵权人所获的利润各自都存在证明方面的障碍，由此催生了如下尝试，即即使无法证明这些数额，也要计算出一个适当的赔偿额，合理许可费就是在这种背景下产生的。如前所述，在计算合理许可费的赔偿额时，早期的判例和条文想要参考与专利发明经济价值毁损部分相关联的所有情况。可以说，从形成过程来看这是水到渠成的事情。

下面就对这一结论进行分析。按照“美国谷物公司诉劳霍夫公司”案和“多瓦亚克制造公司诉明尼苏达莫林犁公司”案的逻辑，这一方法的计算对象是专利发明的经济价值的毁损部分。参考审判时间点上已经明确的全部情况来计算毁损部分，无非也就是从审判时间点上来确定经济价值。在此，计算时通过假设某一假想的实施许可合同，从参考对象中删掉例如假想合同时间点以后的证据和假想合同当事人没有预见到的情况，由此再对证据进行取舍。以上案件中完全没有看到这种计算的设想。正如丹尼森法官明确指出的，这种方法最初并没有想要计算某一实施许可合同的许可费，而合理许可费也只是图以名称之便利。假设想要模拟计算某种许可费，这种计算方法就变成了站在审判时间点上回顾过去的侵权行为进而确定适当的对价的工作，因此属于事后确定的相当许可费。

此后的判例中关于合理许可费的具体计算方法大致可分为两个阶段。制度确立后，计算对于侵权行为的适当对价时，判例中

还是采取了参考相关所有资料的做法。几个判决都阐述道，作为抽象论，假想的实施合同是根据侵权行为开始之时假想的自愿许
175 可规则（willing licensor-willing licensee rule）作为计算基准，但没有涉足这一理论结论的具体计算。1970 年“乔治亚太平洋公司诉美国胶合板冠军纸业公司”案对这一规则的具体计算方法进行了明确阐述后，情况发生了极大转变。多数判决根据假想实施合同缔结时间点上当事人无法预测到的情况对侵权开始后的情况进行监测，并将其从参照对象中剔除，而将焦点集中在侵权开始时间点上当事人能够预测到的将来可能发生的情况。这一倾向直到美国联邦巡回法院将其作为判例才稳定下来。但是最近又呈现出左右摇摆的趋势。

按照顺序，第 1 项讨论以前的计算方法，第 2 项讨论当前的计算方法[1]。

注　释

① 5 CHISUM, PATENTS, chap. 20, pp. 104-164.9 中，以制度形成之时一直到现在的大量判决作为题材，并尝试对具体的计算标准进行总结。但是，不只是本书，包括美国大部分文献在内，都没有意识到合理许可费赔偿的计算标准是以“乔治亚太平洋公司诉美国胶合板冠军纸业公司”案为界分成了两个阶段。因此，不少文献在关于几个论点的论述上都认识到判例较为混乱的问题。究其根本是受困于自愿许可规则作为标语从前期就已开始使用，而对于这一规则在前后两个阶段能够作为具体标准并起到作用产生了错觉。

在这种情况下，应该将美国的哪些判决作为判例，围绕这个问题存在多种意见，但本章不需要触及。这是因为，本章讨论对象不是在美国法的权威下想要将什么样的标准正当化，而只是根据前面的有关方法论的探讨在损害计算中采用了抽象的标准时，具体判决能够得出什么样的结论。亦即，本章应该关注的是具体判决，而非文献中如何理解被采用的抽象标准。此外稍加说明的是，一些仅以当前通用的判决作为讨论对象的文献准确地理解和把握了当前的判决。例如，很具启发性的文献有：John M. Skenyon & Frank P.

Porcelli, *Patent Damages*, 70 JPTOS 762, 763-777（1988）（ヘンリー幸田抄訳，「特許訴訟における損害賠償の算定方法」，『発明』，87 巻第 9、11 号）。另外，“乔治亚太平洋公司诉美国胶合板冠军纸业公司”案发生前的文献中，没有文献正确认识到，将自愿许可规则作为具体计算标准的情况下能够得出什么样的理论性结论。在这个意义上，对于当时判例中采用的实际标准不存在 176
误解。因此，对于审判标准的误解仅限于对前后两个时期进行总结的文献。

第 1 项　以前的计算方法

1. 概览

本项将对“乔治亚太平洋公司诉美国胶合板冠军纸业公司”案发生前采用合理许可费来计算赔偿额的各个判决进行概览。这一时期的判决都没有基于假想的许可实施合同来监查，而是参考了与发明专利价值相关的所有情况，能够很好地体现这一制度的历史意义和丹尼森法官提出的理论根据。此外，1922 年《专利法》条文文本原本也是支持这些判决的。

在具体计算方面，有判决认为，即使不特别表明计算根据也无妨（“戈德温公司诉国际钢轨枕公司”案）。但是，这样的例子是很罕见的。大部分判决都指出，只要是与专利发明经济价值相关的都应加以考虑。尽管如此，能够作为证据而被采用的要么是实际的许可费例，要么是实施专利发明获得的利润。其他证据不过是用于对上述方法得出的赔偿额进行修正[①]。下面就对这两种类型加以具体说明。

注　释

① 例如，不少情况下将与合理许可费相关的本领域从业人员的证言和专家鉴定作为证据而出示，但是原告和被告双方的证言存在很大差异甚至相互矛盾

的情况也很多。为此，对于具体计算的影响度，只要能够证明在不存在其他确凿的证据的情况下能够起到某种作用即可，例如“国家拒绝者公司诉A.B.T. 制造公司”案。

2. 许可费例的标准

第一，有关将实际的许可合同中的约定许可费金额作为计算标准的判决。

177 在实际的许可合同金额的例子中，频繁地被使用的是过去有关该专利发明所缔结的许可费的金额。当然，如果许可费是确定的就作为确定的许可费金额，因此在合理许可费赔偿中的主要问题并非约定例中满足了确定的要件那样的频繁一致的许可费金额的情况[①]。计算确定的许可费时未予考虑的和解合同的许可费也可以在计算合理许可费时加以参考（“辛辛那提汽车公司诉纽约捷运公司”案）。在这种情况下，大多是直接认定这个额度（“国家制动与电气公司诉克里斯滕森”案）。但是，很多时候根据例如侵权人通过实施获取的利润（“邓克利公司诉弗鲁曼”案），或者专利权人能够获得的利润（“B. F. 古德里奇公司诉联合橡胶轮胎公司”案，“奥弗曼缓冲轮胎有限公司诉固特异轮胎橡胶有限公司”案），或者专家鉴定等其他证据验证出来的约定额度并不合适，最后需要对该额度进行调整（“霍瓦特诉麦科德散热器制造公司”案）。还有判例认为，被参考的许可费存在例如被许可人是专利发明人的亲属经营的公司等特殊情况，因此也应该对约定的许可费进行调整，将合理许可费认定为更高的额度（“切拉米诉奥尔热龙”案）。另外，也有判决考虑到被许可人为专利权人做出了宣传等情况进而降低了许可费金额，并没有将过去的实施许可作为参考例（“杜普拉特公司诉三重安全玻璃公司”案)。实施许可例有时也包括对其他发明的对价一并进行约定的情况。参考这种约定的许可费时必须在一定程度上降价,必要时还可能根据实施被侵害的专利发明所获的利润这样的证据进行检证或调整(“奥弗曼缓冲轮胎有限公司诉固特异轮胎橡胶有限公司”案,“B. F. 古德里奇公司诉联合橡胶轮胎公司”案)。但是,认定一并许可实施的其他专利发明完全不具备价值时就无需降价(“罗素盒子公司诉格兰特纸盒公司”案)。 178

有时也会参考专利发明以外的与类似发明相关的实施许可例。例如,参考与被侵权的发明密切相关的同一专利申请中其他权利要求相关的许可费例(“奥斯汀-韦斯特道路机械公司诉盘式平地机和犁公司”案),参考被侵权的专利权人对自己的其他专利发明设定的许可费(“兰道夫实验室公司诉专业发展公司”案,“比蒂西夫韦脚手架公司诉右上公司”案),甚至还会参考业界同种或类似产品的许可费的惯例(“企业制造有限公司诉莎士比亚剧团”案,“卓越汽车散热器公司诉毕夏普和巴布科克制造公司”案)。在这些情况下,从对比参考例中的发明与被侵害的发明的观点出发进行检证和修正(“企业制造有限公司诉莎士比亚剧团”案,“兰道夫实验室公司诉专业发展公司”案),同时还可以根据被侵权的发明可获得的利润等进行调整(“奥斯汀-韦斯特道路机械公司诉盘式平地机和犁公司”案)。

注　释

① 计算合理许可费时参考了由于数量较少而未能确定的实施费的判决有“伊丽莎白诉美国尼克尔森路面公司”案。另外,尽管存在多个许可合同例,但在数额上却存在很大的差距,因此考虑为未确定的许可费(“罗克伍德诉通用灭火器公司”案)。

此外，在专利权人和侵权人之间缔结过实施许可合同时，将约定的许可费作为损害赔偿额的判决有“麦基弗诉美国”案。但是，并未明确，赔偿的根据是否是合理许可费。

3. 可能获利的标准

第二，有关将专利发明可获利润作为标准的判决。

最频繁使用的是侵权人通过侵权行为所获得的利润。参考与非专利产品对比时专利产品的消减费用的判决，也被包括在这一
179 类型中（“美国圣戈班公司诉阿姆斯特朗玻璃公司”案）。

如前所述，在合并前的衡平法诉讼中，可以具体证明侵权人所获利润的额度时，如果根据这一法理认可侵权人所获利润的返还的情况，并没有适用合理许可费的余地。但是，在侵权人总营业额中侵权产品所获的利润与被侵权产品所获的利润的明细是不清楚的，或者除专利发明以外的部分也包含在制造销售的侵权产品中，但归属专利发明的额度是不清楚的。在这些情况下，无法计算出一个正确的返还额，因此有时会驳回权利人返还侵权人所获利润的请求。在计算合理许可费时，例如被计算得出的大概利润（“铸铁范围公司诉李”案），或者分配前的产品整体利润（“K.W 点火公司诉特姆科电机公司”案，“罗克伍德诉通用灭火器公司”案）也会被考虑。另一方面，程序合并前在普通法诉讼中不能请求返还侵权人所获利润。而且在1946年《专利法》修订后，根据美国联邦最高法院的解释，侵权人所获利润的返还制度作为独立的计算方法而被废除。在这些情况下，侵权人通过专利发明获得的利润被作为只有在计算合理许可费时会被考虑的因素处理。

另外，有时也会把专利权人通过实施发明所获得的利润作为

标准。例如，侵权人通过不具有经济效率的方法实施而没有获得收益。在这个案件中，法院就将侵权期间专利权人自己实施可获得的单位利润作为计算标准（“梅雷尔·苏尔公司诉奶粉公司”案）。也有判决是将专利发明假定可获得的利润作为标准，而没有将现实中获得的利润作为标准（“奥弗曼缓冲轮胎有限公司诉固特异轮胎橡胶有限公司”案[①]）。

如果将实施专利发明可获得的利润作为标准，那么接下来的问题就是，在这个额度当中应将多大比例作为合理许可费分配给专利权人。当然，如果制造销售的产品中包含专利发明实施部分以外的部分（“K.W 点火公司诉特姆科电机公司”案，876-879），包括多道程序的一道程序内包含专利发明等情况（“梅雷 180
尔·苏尔公司诉奶粉公司”案），为了抽出发明专利所应获得的利润而进行了利润分配。这种利润分配对应于返还侵权人所获的利润中进行的利润分配，但此处的问题不止于此。在合理许可费的赔偿中，还存在这样一个问题，即完成这一工作后，应归属专利权人的或许只是被分配后的利润的一部分。在衡平法诉讼中，由于无法确定利润额因此不支持返还侵权人所获的利润的案件中，法院推测出侵权人通过专利发明获得的利润，并将该利润的全额作为合理许可费（“铸铁范围公司诉李”案，898-900）。但是，原本在衡平法诉讼中侵权人所获的利润的返还就被认定为一种独立的赔偿方法，因此这一判决将合理许可费的赔偿作为无法证明侵权人所获利润的额度时的一种替代手段，并无难以理解之处，最终可以得出赔偿全额利润的结论。

如前所述，丹尼森法官在计算合理许可费时，明确指出可以参考通过专利发明能够实现的利润；在这些可实现的利润中，剔除应归属制造过程和商业风险的部分后，应归属专利发明的部分占多大比例这一问题，要根据业界利润和销售额中对实施同样发明应分配的比例来判断。在此，应该被分配的部分成为了一个被明确的前提。此外，“麦基公司诉嘉顿玩具公司”案对这个问题进行了研究。侵权人通过制造销售包含专利部分的侵权产品，每台获利 90 美分，但辅助法官将 1 美元作为合理许可费并报告给法官。判旨涉及多个方面，简要地说是将合理许可费认定为假定原告和被告都有许可意向时的额度，显然 1 美元超出了应该归属专利部分的利润额，因此本案将 40 美分认定为合理许可费。另外，“罗克伍德诉通用灭火器公司”案也阐述了大致相同的宗旨。
181 本案判决指出，作为合理许可费计算的额度应该是想要制造销售专利产品的人需要支付的许可费额度，而且即使支付了这个额度的许可费，也必须是通过制造销售专利产品能保留给自己的额度。从侵权人通过制造和销售专利侵权产品获得的利润中扣除侵权人附加的对于发明的费用削减部分，每件产品支付的许可费约 66—115 美元。再者，即使不能确定数额，也要考虑应扣除先行投资的利息部分。在此基础上，考虑到被侵权的专利发明所获得的改良效果后，合理许可费应是 33 美元。可以认为，本判决认为不能将全部的利润都分配给专利权人[②]。

其他多数判决也都没有从正面解决这个问题就确定了赔偿额。因此，从计算结果看，我们只能反推是以默示或者无意识作为前提，但可以发现对利润进行分配的做法比较常见。举例来说，在对实际情况进行检验的基础上，推定侵权期间侵权人可获得的利润大约是每年 3 万 6 千美元，因此判定 1 万美元是适当的许可费，在此情况的基础上并参考这一判断，原判决将 5000 美元认定为合理的许可费有些过少，这是不妥当的（“福克纳诉吉布斯”案）。也有判决认为，从结果看，原判决基于约定的许可费计算得出的合理许可费为实施专利发明可获得利润的五分之一，这一额度没有过高，因此维持了原判决（“奥弗曼缓冲轮胎有限公司诉固特异轮胎橡胶有限公司”案）。

注 释

① 专利权人由于侵权行为而面临竞争，因此降低产品价格。侵权人并没有因为自己的违法行为而获得有利的地位。如无侵权行为，专利权人可获得更高的利润，这时在计算合理许可费时应该参考的是假定没有侵权行为而应获得的利润。

② 另外，本案为衡平法诉讼，侵权产品中包含专利发明以外的利润因素，但原告专利权人无法证明应该归属被侵权的专利发明的分配比例，法院最终没有支持返回侵权人所获利润的请求。

4. 在审判时间点确定相当的许可费数额 182

1. 如上文所述，这一时期，法院在计算合理许可费时不会特别附加时间上的限制，而是全盘考虑侵权期间相关专利发明在审判时间点上呈现的所有情况[①]。可以说是在审判时间点上来计算相当的许可费的。下面列举两个具有代表性的例子。

第一个案件是“罗素盒子公司诉格兰特纸盒公司”案。本案根据被参考的许可费划分侵权期间，并对每个期间认定了不同的合理许可费。该案件具体划分了三个侵权阶段：第一个阶段，专利权人向未实施过发明的发明人按每单位8美元30美分的标准收费，考虑到这一数额适合业界同种产品的许可费，因此将其认定为合理许可费；第二个阶段，专利权人许可其他两位第三人实施，许可费为每单位5美元的标准，并将这一额度认定为合理许可费；第三个阶段确定为3美元，并将这一额度作为合理许可费。

另一个案件是“联合碳化物公司诉格雷弗坦克制造有限公司”案。本案考虑到侵权期间出现了与专利发明具有同样效果的替代品，从侵权人可以销售该替代品开始降低合理许可费的额度。本案涉及一种溶剂相关专利，侵权人制造并销售被认定为落入专利权范围的名称为 660 系列的溶剂。在侵权开始的时间点上，侵权人同时还制造和销售其他溶剂，但在性能方面较 660 系列溶剂差，因此不能作为替代品。但是，后来开发的 700 系列与 660 系列具有相同的效果则可以作为替代品。侵权人能够制造和销售 700 系列产品后，仍然继续制造和销售 660 系列产品。美国联邦巡回法院认为，在侵权人开始制造销售 700 系列产品后，计算合理许可费时必须考虑到存在替代品的情况。具体的额度被认定为：制造销售 700 系列产品以前，每镑销售额中的 5 分是合理许可费；制造销售 700 系列产品以后，作为名义上的赔偿，
183 销售价格的 1%（每镑约 0.5 分）是较为合理的，上诉后这一额度也被维持下来［on remand 243 F. Supp. 358, 145 U.S.P.Q. 446（N.D. Ind. 1963）, aff’d 345 F.2d 409, 145 U.S.P.Q. 240（7th Cir. 1965）］。

在这些处理中，即使假设侵权开始时双方缔结了实施许可，最终的赔偿额也未必因此而固定。如果模拟实施许可的过程，则必须要假设成即使情况有所改变也无需每次都要变更实施许可合同（参见：5 CHISUM, PATENTS, chap. 20, p. 129）。这里的设想是适当地把握时刻发生变化的专利发明价值后再计算出适当的价格。可以说，很好地体现了这个时代判例中对合理许可费的计算问题做出的思考。

2. 但是，此处列举的判决表现出了将适当许可费额作为计算对象的当时的计算标准的弱点。亦即，如果现实中获取的利润额

较之于侵权开始时两当事人预测的少，计算出的合理许可费则要低于侵权开始时侵权人合法实施应该支付的额度。那么，违法实施的人反而是有利的。

丹尼森法官很早就意识到这个弱点并且尝试寻找对策。在“美国谷物公司诉劳霍夫公司”案中，他对合理许可费赔偿作出理论上的解析。

如前所述，该判决明确提到合理许可费不过是图语言上的方便。此后，在“埃格里登记公司诉标准注册公司”案中改变了想法，假设在侵权开始时间点上当事人之间缔结了实施许可合同。值得注意的是，法官谈道，即使采用了这个想法，原则上也要考虑侵权开始后发生的情况。总结看，采用合理许可费作为损害赔偿的尺度，无非是假设侵权开始时已经缔结了实施许可合同，并在此基础上确定许可费应该是多少额度。实际上，法院是事后推测并确定这一数额的，这与追溯性地设定强制实施权其实是同义的。在确定额度时已经知晓后面发生了什么事情，以此为基础则
可以假想已经判断出未来将会发生什么事情。因此，侵权开始以 184
后专利权人发生的损害可以在确定该追溯性的许可费时考虑。但是，这并不意味着，在事后证明发明专利的价值并没有当初考虑的那样乐观的情况下，要溯及既往地将此适用最初的判断并反映在许可费的数额中。

丹尼森法官的逻辑论背后并非卸磨杀驴，而是灵活利用了参考所有情况计算适当数额这种方法的优点，同时隐含着先要克服前面提到的问题点的实质论。因此，法官没有首先计算事后被认为是合理的额度，而是构建了一套计算侵权开始时假想的实施许可合同中合理数额的框架。根据这一理论，不应该考虑侵权开始后专利发明所获利润等事后情况，但是法官想要通过侵权开始后

可预测到的中介项将计算时考虑到的事后现象正当化处理。另一方面，侵权开始以后，很明显发生了专利发明价值降低的情况，该中介项会起到反向作用，认定为侵权开始时不可预测，由此将上述情况从考虑对象中排除。是否考虑侵权开始以后的情况，结论已经在前面给出，中介项实际上与当事人的情况是否可以预测无关，最终认为是符合结论的，目的是进行实质上稳妥的计算。坚持将考虑全部情况作为原则，并矫正这一原则的弱点，这种一举两得式的理论面临着严峻的挑战。

但是，正如丹尼森法官提到的，这一论理存在难题和待解决之处，或者实质上的妥当性的意图没有被表现出来，又或者并非案件所需要的情况，这些在后来的判决中基本没有被参考。丹尼森法官一举两得式的尝试也没有被传承下来，原来的计算方法自身发生了转变，下一项会具体阐述。

注　释

185 ① 有判决指出，侵权期间结束后，与专利发明相关的技术和经济条件发生变化时，就不能再以这个时期的与专利发明相关的实施许可合同例作为参照（“邓克利公司诉弗鲁曼”案）。具体来说，在侵权行为终止后，专利权人成功对专利产品进行改良，因此不宜再以较之于侵权产品优秀的产品的许可费作为参照。但是，该判决只是否定将侵权期间结束后条件发生变更时的实施例作为参照，而如果条件相同，即使是后来缔结的许可费，也可以将其实施费作为参照。如果不是附加侵权期间开始时这样的时间限制，则不能将这一判决作为例外来处理。

第2项　现在的计算方法

1. 标语的形成

在制度形成初期，有些判例以抽象论的形式论述道，将模拟实施合同中的假想许可费作为合理许可费（“麦基公司诉嘉顿玩具公司”案，“奥斯汀-韦斯特道路机械公司诉盘式平地机和犁公司”案）。对这一说法进行深入说明的是“霍瓦特诉麦科德散热器制造公司”案。本案打出的标语是，合理许可费应该是自发性地想要寻求实施许可的实施人与自发性地想要给予实施许可的专利权人都能够接受的许可费的额度。换言之，必须根据合理的利润计算想要利用发明专利并销售其产品的人接下来会支付的金额。反复将这个标语称为自愿许可规则的判决不在少数。

但是，直到1970年代，这些判决都没有将以上标语作为计算标准来筛选证据。假设这个假想的实施许可合同是在侵权开始时缔结的，那么如果是侵权开始后的证据，只要是当事人根据可预期的论证方法不能加以理论化的，就应直接被排除在外。但是，下面几个判决对这些情况都毫不犹豫地给予了考虑，例如毫不犹豫地参考侵权开始后缔结的实施合同例（“霍瓦特诉麦科德散热器制造公司”案），还有被认为是侵权开始之前很难预 186
测到的情况，如侵权导致的专利权人的逸失利润（“雷诺弹簧公司诉洛杉矶杨氏工业公司”案）、专利权人或侵权人支付的费用（“奥斯汀-韦斯特道路机械公司诉盘式平地机和犁公司”案）、侵权人实施专利发明所获的利润（“麦基公司诉嘉顿玩具公司”案）等，以及侵权开始时存在可被使用的专利发明的实施品替代品等（“联合碳化物公司诉格雷弗坦克制造有限公司”案）。上述“霍瓦特诉麦科德散热器制造公司”案在对上述标语进行说明时，引用了丹尼森法官的说明，即参考所有情况来测算专利发明的价值，使用合理许可费不过是图一时之便。还有些判决不只是引用，而是明确提出，应该参考被侵权的发明的性质、制造销售的费用、销售价格和各种证据等（“奥斯汀-韦斯特道路机械公司诉盘式平地机和犁公司”案，福克纳诉吉布斯”案）。

要言之，这些判决通过使用这个标语，并不是要与最初的理论和当时判例的处理方法诀别，而使用新的计算方法，只是积极地考虑了当时的判决在审判时已经显露出来的全部情况。因此，这些判决中使用的自愿许可规则的标语只是受到合理许可费的束缚而进行文字上的转换而已，与参考所有情况后计算被剥夺的价值在理念上完全一致。有关假想实施合同会给计算过程带来什么样的影响，这方面的案件为数很少，只看到如下的判决。该案以侵权人可能不认为额度偏高为理由，从侧面肯定根据其他证据计算得出的数额（“K.W 点火公司诉特姆科电机公司”案）；前面所述的对利润分配附以理由的案件中，法院考虑到必须从侵权之
187 时支付许可费，因此将利息起算日设置为侵权开始时（“国家制动与电气公司诉克里斯滕森”案①）。

注　释

① 此外，有关利息起算点的判决还有很多。明确这一见解的是 1983 年美国联邦最高法院的“罗克伍德诉通用灭火器公司”案。本案判决指出，现行《专利法》第 284 条的解释是判决前的利息（prejudgement interest）必须在通常的事例中被认可，为保障专利权人与侵权人合法缔结实施许可时同样的地位并给予充分的赔偿，应该从支付许可费的时间点起算。顺便提及，判决前的利息被限制或被否定等例外，可以列举专利权人故意延迟提起诉讼的情况。

2.“乔治亚太平洋公司诉美国胶合板冠军纸业公司”案

一旦适用自愿许可规则，就要注意到应该被参考的情况附加了时间上的限制，即使这样也宣称要适用这个规则并成为后来判例的先驱的是 1970 年纽约南部联邦地方法院（District Court for the Southern District of New York）做出的“乔治亚太平洋公司诉

美国胶合板冠军纸业公司”案判决[①]。

这个判决首先列举了根据计算合理许可费时应考虑到的因素。在此基础之上，认为自愿许可规则是把应被参考的情况嵌入框架内这一方法的一种表达。即，根据这个规则，在确定了假想实施合同中自发的实施许可人和自发的被许可人达成合意时的额度的情况下，在相关联的限度内考虑各种情况。这是两方当事人需要直面的市场状态，例如，当事人的相对交涉力、实施许可人能够预测到的通过实施专利发明可获得的额度，以及过去专利发明的收益业绩等。简单来说，应当参考的是，具有辨别力的经济理性人在类似情况下对这种假想实施合同进行交涉时会考虑的经济因素。而且，假想的模拟实施合同是从侵权时开始的，在本案中即是从 1955 年 2 月开始，通过设定这样一个区间来参考相关 188
的情况。1955 年 2 月以后的情况是以当事人在模拟实施合同的时间点，即 1955 年 2 月这个时间点上可以合理预测到的限度内应该纳入考虑的事项（166 U.S.P.Q. 238-240）。

在具体的计算过程中，很多问题点都是在模拟了实施许可合同后才得出理论上的结论。第一，关于是否存在竞争产品，认定至少在最终被假想的交涉合理许可费的时间点，即侵权开始的时间点 1955 年 2 月，不存在与专利权人的产品进行竞争的其他产品。因此，在侵权开始时间点上，完全不存在能够与 1957 年的产品竞争的其他类似的进口产品。其结果是，专利权人采取了不对任何人发放实施许可、排他性制造销售并获取收益的政策，而且认定专利权人具备制造销售的实力。第二，在侵权时间点上，专利权人的产品的销售量没有减少，也没有人主张专利发明的价值应该降低。对此，侵权人提出的专利产品的人气衰减的证据只提及了 1955 年 2 月以后的状况，因此不能被采用。第三，侵权期间，即 1955 年 2 月至 1958 年 9 月，专利实施产品的销售业绩优良。对于这一事实要进行如下考虑，即当事人也预料会产生较高的收益，因此可以认为在模拟的实施许可合同中，专利发明产品维持了经济价值。第四，在侵权开始的时间点——即 1952 年——以前，专利权人获得的或者想要获得的利润是重要因素。专利权人计划独占实施销售专利产品来获取收益，在模拟的实施许可合同中，如果低于预测的许可费额度，专利权人就不会授予他人实施许可。1954 年 2 月，专利权的收益是每单位约 48 美元。对此，1955 年 2 月以后，侵权行为导致专利权人失去的逸失利润就不再是问题了。以不同于实际损害的尺度来计算合理许可费，这样就不会将二者混淆。第五，在侵权开始时，侵权人急切
189 地想要制造销售具有这一收益能力的专利发明产品，另外还可大概计算出专利权人能够获得的利润额，除此以外，还寄希望于销售专利侵权产品来扩大销售以便进一步提高收益，这些情况也都必须被考虑进来（166 U.S.P.Q. 241-247）。

考虑到这些情况后，联邦地方法院非常重视如果专利权人收不到每单位至少 50 美元的许可费则专利权人不会授予实施许可的推测。此外，法院还阐述道，侵权人愿意将可预见利润的一半，即每单位 25 美元，作为许可费支付给专利权人。如果这样，妥协点就是 37.5 美元，但进一步又酌情考虑了侵权人可预测的额外利润，最终认定 50 美元是合理许可费。还有文献提到，侵权人实施专利发明实际上每单位的销售额是 159 美元，因此即使支付 50 美元，侵权人一方还留有合理的利润（166 U.S.P.Q. 254-255）。

根据以上这个判决，有关自愿许可规则还有几处需要明确。

第一，在适用这个规则的情况下，计算对象是侵权开始时当

事人之间缔结的假想实施合同中的许可费，因此只在当事人能够合理预测的范围内考虑侵权开始后的情况。以前，包括只是将这个规则作为标语使用的判决在内，所有判决都没有对专利发明相关的所有情况附加时间上的限制就进行了参考。“乔治亚太平洋公司诉美国胶合板冠军纸业公司”案的历史意义在于，以前的计算方法无法从自愿许可规则直接推导得出，结果上是很明显的[②]。尽管如此，本案还是适用了这一规则，并对实际上应该参考的情况附加了时间上的限制。

第二，关于自愿许可规则中被假想的当事人，这个判决没有完全将其考虑为假想的理性人，而是采取了如下方式，即诉讼中的当事人——即原告专利权人和被告侵权人——期望缔结实施许可合同时怎样处理的方式。其理由是，需要着重考虑当事人之间的特殊情况，特别是如果可以出示侵权开始时各当事人支付多少许可费就会缔结实施许可合同这种主观的判断。这时判决特别重 190
视的是侵权开始时可预见的各方当事人未来的收益。以前的处理方式是，即使侵权期间的现实利润被视为问题，也没有考虑到这种当事人的主观预测事项。相反，以前被重视的客观情况，即市场上关于专利发明的经济性发生的诸多情况，如前所述原则上要附加侵权开始为止的时间限定。不仅如此，还必须通过正因为是侵权开始时模拟缔结了实施许可合同的当事人预测收益时重视的因素才被考虑这个过滤器。因此，前面呈现出来的不过是各个当事人的预测利润[③]。

注 释

① Modified and aff’d 446 F.2d 295, 170 U.S.P.Q. 369（2nd Cir. 1971）, cert. denied 404 U.S. 870, 92 S. Ct. 104（1971）. 之所以这个判决会成为引领性的案

例，是因为后来的许可判决都引用了这个判决并采用了与之相同的论述、宗旨和结论。举例来说，见“台湾大明制造公司诉杜拉公司和基德公司”案。

② 但是，本案判决中指出，以往判例所理解的趣旨是适用自愿许可规则来计算合理许可费，导致完全没有意识到脱节问题。

③ 此外，当事人对本案提起了上诉。就原判对证据附以时间上的限制这一点，作为上诉审的第二巡回法院认为，侵权开始以后的情况也作为附加条件来考虑，这只是说更加重视侵权开始以前的情况，而不能说这是一个应该推翻的错误，因此并没有否定这种方法本身。

3. 现在的计算标准

“乔治亚太平洋公司诉美国胶合板冠军纸业公司”案明确得出自愿许可规则的结论。此后，很多判决都放弃了以前的方针转而遵从这一判决的理论，以假定专利权人在侵权开始时与侵权人缔结合同可以收取的许可费作为计算对象。最近，偶有判决在这一规则的适用上产生了动摇。本部分来查看转变为标准后的判决。

191 在计算合理许可费的赔偿时，判例中大多是假定诉讼双方当事人在侵权开始时缔结实施许可合同可达成合意的额度作为计算对象（“泛达公司诉斯塔林兄弟光纤工厂有限公司”案）。在计算时多采用以如下的额度作为标准并进行适当调整的方式。

第一，如果各当事人在侵权开始时能够预测实施发明所带来的利润，这种情况多以此预测的额度作为标准。以此预测的额度作为标准并通过分配来计算合理许可费的方法，有时也被称为分析方法（analytical approach）[参见：John M. Skenyon & Frank P. Porcelli, *Patent Damages*, 70 JPTOS 762, 765-767（1988）；“台湾大明制造公司诉杜拉公司和基德公司”案]。

有关当事人预测的额度，如果能够根据当事人的记录等具体确定，则可以直接将其作为计算标准（“台湾大明制造公司诉杜拉公司和基德公司”案）；如果没有这样的直接证据，也可以根据其他情况来推测这个数额。在侵权开始时，专利权人从专利产品的制造和销售中可获得的利润额（“泛达公司诉斯塔林兄弟光纤工厂有限公司”案）常被用来推测。另外，侵权人就专利发明未来的收益进行的预测也常被考虑（“泛达公司诉斯塔林兄弟光纤工厂有限公司”案，“汉森诉高山谷滑雪场公司”案）。当事人能够预测到附随于专利产品的销售量会有所提高时，附随产品的利润也要被考虑进来（“迪尔公司诉国际收割机公司”案，“台湾大明制造公司诉杜拉公司和基德公司”案）。

但是，作为计算标准的是侵权开始时专利发明的可预见利润，侵权期间侵权人现实可获取的收益并不能作为计算标准。确定前者时不完全否定参考后者的可能性，但至少其意思只限于为了推测侵权开始时当事人可预测到的收益才加以参考（“乔治亚太平洋公司诉美国胶合板冠军纸业公司”案，“台湾大明制造公司诉杜拉公司和基德公司”案）。当事人没有预测到此后的收益会有所减少时，就不应该参考后者（“泛达公司诉斯塔林兄弟光 192
纤工厂有限公司”案）。假设侵权人现实中获取的利润低于合理许可费，也不会对计算产生影响（“泛达公司诉斯塔林兄弟光纤工厂有限公司”案，“汉森诉高山谷滑雪场公司”案）。这是与以前的计算方法相区别之处[①]。

被作为计算标准的可预见的利润也不一定能直接作为合理许可费。专利权人预测的收益与侵权人预测的利润存在差异时自然需要进行调整（“无线电钢铁制造公司诉梅特勒-托利多产品公司”案）。即使两者一致，很多判决也都会对可归属专利权人的额度和应该保留给侵权人的额度进行分配。对于进行分配时应该在何种程度上重视侵权人许可费的相关意图，判决中有不同做法。一部分判决认为，如果侵权人可以保留一定额度，那么必须从侵权开始时的许可费中扣除相应的额度（“乔治亚太平洋公司诉美国胶合板冠军纸业公司”案）[②]。在计算保留的额度时，会使用侵权人通常的收益率（ibid.）和业界平均纯收益率（“台湾大明制造公司诉杜拉公司和基德公司”案[③]）[④]。另一部分判决认为，两个当事人之间原本就不存在自发性缔结实施许可合同的意愿，因此与侵权人实际上是否会支付相应额度的实施许可费无关，由法院来确定合理赔偿费即可（“汉森诉高山谷滑雪场公司”案，“斯蒂克尔诉尤布林公司”案）。例如，有的判决采取了在作为计算标准的利润上乘以一定分配比例（例如二分之一，或三分之一）的方案（“紧身裤公司诉凯泽罗斯公司”案，“汉森诉高山谷滑雪场公司”案）。此外，进行分配时必须以专利权
193 有效而且侵权产品与专利相抵触的事实作为前提（“紧身裤公司诉凯泽罗斯公司”案）。侵权开始时专利权人自身可获得的收益被推测为是他人接受实施许可时最高限度的许可费（“迪尔公司诉国际收割机公司”案）。另外，还有判决认为，必须要考虑专利权人采取了不授予他人实施许可的情况（“泛达公司诉斯塔林兄弟光纤工厂有限公司”案）。

第二，如果存在确定的许可费，可以将此确定的许可费作为计算标准（“尼克森工业公司诉罗尔制造公司”案，“汉森诉高山谷滑雪场公司”案）。即使不存在确定的许可费，实际的许可费例有时也可以成为计算标准。在这种情况下，常使用与被侵权的专利发明相关的许可费，如果没有其他合适的证据，有时也会参考与之类似的专利发明的许可费（“美国原创公司诉詹金斯食品公司”案）[⑤]。参考专利权人和侵权人截至假想的合同缔结时间点已存在的许可费例来确定许可费。另外，即使是侵权行为开始后的许可合同例，与专利发明相关的各个条件也可能未发生变

化。因此，采用自愿许可规则时，要根据实际的约定例来推测假想的许可合同中的约定许可费，这不存在理论上的障碍[⑥]。

具体例子如下。专利权人与侵权人之间在侵权开始前缔结的实施许可合同中的许可费，与侵权开始前后专利权人和第三人之间的约定许可费的数额几乎相同，考虑到这种情况，认定其为合理许可费（“三重奏工艺公司诉 L. 戈德斯坦之子公司”案）。但是，如果是因为侵权行为蔓延至业界，实际的许可费由此而降低，这种情况就不能再将此作为参考（“紧身裤公司诉凯泽罗斯公司”案；另见：“泛达公司诉斯塔林兄弟光纤工厂有限公司”案，“三重奏工艺公司诉 L. 戈德斯坦之子公司”案）。此外，也有判决并不支持将第三人与专利权人之间在侵权开始后而且是与侵权人在诉讼中缔结的额度较低的许可费作为参考（“迪尔公司诉国际收割机公司”案）。另外，即使最终没有缔结实施许可合同，如果某一当事人申请缔结实施许可合同，这种情况下提示的 194
许可费可以用作侵权开始时假想合同中推测两方当事人达成合意的额度。但是，考虑到侵权诉讼中的相关费用，专利权人会以较低的许可费许可，这种情况就不会将其作为参考（“汉森诉高山谷滑雪场公司”案，“迪尔公司诉国际收割机公司”案）[⑦]。

注　释

① 此外，作为实际考虑到侵权人现实中可获取利润的案件，“环球制造公司诉阿尔尼曼父子公司”案的处理则不同，其是根据现行《专利法》第 289 条认定返还侵权人所获的利润的外观设计专利侵权案件。本案是关于眼镜片显像的外观设计专利权的侵权案件。返还侵权人所获的利润只适用外观设计产品，因此收纳至屏幕的眼镜片的销售所实现的利润是不能被直接返还的。但是，判决中提到，在计算合理许可费赔偿数额时是可以考虑的。

② 但是，这个判决将侵权人在侵权开始时估算到的收益（50 美元）作为标准，

同时在计算扣除额时，侵权人营业中的平均纯收益率是 9%，因此如果侵权人现实中每单位产品的销售额 159.41 美元乘以 9% 后得到的 19.35 美元是自己可以保留的部分，则可以推测这个额度与许可费是相适应的。如果要保持理论上的连贯性，如下一个注释中介绍的计算方法那样，则扣除额必须以侵权开始时侵权人能够预测到的销售额作为基准，而不是现实侵权期间获得的销售额。

③ 根据侵权人公司内的笔记，侵权人估算侵权产品的利润是 52.7%。从这个利润中扣除已经投入的费用，估算的利润被认定为 37%—42%，再扣除业界平均纯利润率 6.56%—12.5% 后，30% 就是合理许可费。

④ 有论文指出，这些判决方式无视被许可人的销量等，与想象上的实施合同不吻合［Drosey Baker, *Patent Damages—Quantifying the Award*, 69 JPTOS 121, 134（1987）］。

⑤ 但是，会否定与被侵权发明专利不太相关的许可费例。“铁路动力公司诉 A. 斯塔基公司公司”案；“班达格公司诉杰拉德轮胎公司”案。此外，应该还要考虑业界许可费的行情，这样的例子很少。例如，没有着重考虑许可行情的判决有“拜奥实验室有限公司诉尼科莱特仪器公司”案。

195 ⑥ 但是，必须要满足已介绍过的各个条件。此外，J. M. Skenyon & F. P. Porcelli, op. cit., pp. 772-777 指出，根据这个方法计算合理许可费是非常困难的，这才是原因所在。

⑦ 需要注意的是，《联邦证据规则》（Federal Rules of Evidence）第 408 条规定，有关和解以及尝试和解的许可费请求额不能作为证据使用。

4. 侵权开始时间点上可以从侵权人收取的许可费

（1）最后，对上述这个新的计算方法进行总结概括。与此前的计算方法进行比较后，存在如下几点不同之处。

第一点。过去，对于合理许可费赔偿未加以时间上的限制，而是直接将侵权期间发生的与专利发明的价值相关的各个情况都反映到具体的计算中，因此新的计算方法作为可把握好时刻发生变化的发明专利价值的计算方法而发挥效用。但是，新的计算方法作为自愿许可规则的一个归结性结果，在侵权开始时假设模拟实施许可合同，为此在侵权期间发生的情况仅限于侵权开始时能够被预见的才能够被参考。

在此，列举几个可以很好地体现新的计算方法思路的象征性判决作为用于比较的素材。这个判决与计算合理许可费时是否应该考虑侵权期间最初出现的可替代产品有关。前面已经提过，代表以前的计算方法的“联合碳化物公司诉格雷弗坦克制造有限公司”案判决，在侵权开始后，考虑到侵权期间已经出现替代品，市场上出现替代品这个时间点后被迫降低了合理许可费的额度。但是，使用了新的计算方法的“泛达公司诉斯塔林兄弟光纤工厂有限公司”案判决则表示出完全不同的理解。侵权开始之时，即1962 年 3 月，此时还未出现竞争产品。到了 1963 年 1 月，侵权人除了制造和销售侵权产品以外，还开始销售竞争产品。地方法院假设侵权开始时当事人已经估算到这种竞争产品未来可能会充斥整个市场，参考这个情况后，压低了合理许可费的额度。第六巡回上诉法院认为，根据证据无法推测侵权开始时当事人有能力预测上述情况，因此必须考虑侵权开始时专利权人的专利产品的 196
利润，故撤销了原审判决并发回重审。

第二点。此前的计算方法是以计算出专利发明的适当价值为目的，拒绝将当事人的主观判断反映到计算过程中。也就是说，目的是计算出客观的许可费。新的计算方法适用了自愿许可规则并假设侵权人与专利权人之间缔结了实施许可合同，在这种情况下需要进行哪些内容可纳入合同的问题设定。因此，新的计算方法与此前的计算方法不同，许可费相关当事人的主观意愿占据重要地位。

为分析具有这种特性的许可费计算方法，较为便捷的路径是与德国的相当许可费制度进行比较。德国主要是从抽象论层面来理解假想的实施许可合同，假设作为模拟的实施许可合同中作为当事人的侵权人和专利权人都是理性人，而且这些理性人能够掌握侵权期间可能发生的全部情况，具体结论就是计算得出基于全部情况的事后相当的许可费。这与美国此前的合理许可费的计算方法的结论是相同的。对此，目前美国的计算方法是限定仅参考侵权开始以后的情况，而且倾向于参考侵权人和专利权人的主观判断，假设侵权人和专利权人作为模拟的合同当事人，基于双方实际上在侵权开始时掌握的情况来计算许可费。可以认为，这种方法是计算如果在侵权开始时侵权人一方寻求缔结实施许可合同需要支付的许可费。

（2）但是，也有批评认为，如果过于坚持这个原则，实施侵权行为恐怕会变为取得强制实施许可权的简单手段。在侵权诉讼中，专利权人必须投入大量费用和时间，但侵权人只需要支付一般的许可费，这是不妥当的。没有必要处理得像不存在侵权行为一样（“泛达公司诉斯塔林兄弟光纤工厂有限公司”案[①]）。当然，只要是以前面的方式确立的规则作为前提，就无法在理论上肯定侵权的溢价，因此要想将这种平衡感反映到具体计算中，是
197 存在理论障碍的。虽然已经做出了几次尝试（下文介绍），但还没有判决给出令人满意的答案。一个方向是，原本双方当事人之间就不存在自发的意愿，根据自愿许可规则与侵权人实际上是否愿意以某一许可费获取许可无关，只要由法院来确定合理的赔偿额即可[②]。进一步深入下去，这一立场是将假想的理性人作为这一规则中模拟实施合同的当事人而不是侵权人。实际上，购买侵权产品并进行使用的被告侵权人主张，将侵权产品的购买价格的相当额度作为合理许可费是不合理的。对于这一主张，模拟的实施许可合同中的实施人并不是此前实际进行交易的当事人，当然不会表示出与被告侵权人同样拒绝的反应，因此驳回了请求（“斯蒂克尔诉尤布林公司”案）。

另外，也有判决认为，既然侵权人选择了侵权之路，就不能再主张如果选择了其他方式会获得什么样的经济地位这种设想的情况，进而寻求降低合理许可费的额度。例如，如果在侵权开始时实际上缔结了实施许可合同，在侵权期间出现了非侵权竞争产品时许可费过高的情况下，被告侵权人或许会进行再交涉并要求降低许可费或者干脆解除合同。但是，被告已经无路可选，因此考虑侵权开始以后发生的情况是错误的（“泛达公司诉斯塔林兄弟光纤工厂有限公司”案）。另外，侵权人明明可以购买非侵权产品但却没有，而是购买了侵权产品并进行使用，那么其购入非侵权产品在经济上会更为成功的主张便是不充分的（“汉森诉高山谷滑雪场公司”案）。

此外，参考产品中的非专利部分或者附随专利产品的非专利产品带来的收益进而来计算合理许可费，这一规则被称为整体市场价值规则（entire market value rule），其被认为是导致赔偿额过高的主要原因（参见：ヘンリー幸田，《美国专利诉讼中损害赔偿额上涨的现实》，《发明》，第 85 卷第 7 号，1988 年，第 43 198
页）。但是，如前面第 1 款第 3 项 1 中所述，这一规则原本就是在还认可侵权人所获利润的返还那个时代形成的。这个规则是在专利技术不过是产品的一部分，或者产品整体价值来自发明，又或者如果没有专利部分产品就销售不出去等情况下，不进行利润分配，而直接返还产品的整体利润。即便是现在，这一规则在逸失利润和合理许可费赔偿时也会被提及，但至少在理论上还不能作为独立的计算标准起作用。例如，在计算逸失利润时，如果没有发生侵权行为则专利权人是否能够预见包含专利部分的产品整体或者专利产品以外的产品的销量，是最根本的问题，这无非也是因果关系的问题（“纸张加工机械公司诉麦格纳图形公司”

案，"卡里诉威尔科 & 马什"案，"台湾大明制造公司诉杜拉公司和基德公司"案——以上这些是满足这一要件的判例；"金仪公司诉奥托里杯"案——这个案件中不明确原判决在认定中是否满足这一要件）。由此所推导出来的结论是否要被称为整体市场价值规则，也只是名称上的问题。另外，在计算合理许可费时，当事人能够预见包含专利部分的产品整体利润的增加和专利产品以外产品的销量增加的情况下，问题是缔结实施许可合同后假想的许可费额度恐怕会较高（"迪尔公司诉国际收割机公司"案，"台湾大明制造公司诉杜拉公司和基德公司"案，"环球制造公司诉阿尔尼曼父子公司"案，"无线电钢铁制造公司诉梅特勒-托利多产品公司"案）。如前所述，这不过是适用了自愿许可规则而已。从理论上看，被称为整体市场利润规则的这一规则，无论是在逸失利润的情况下，还是在合理许可费的情况下，以计算出适当的赔偿额为目的的结果是，产品整体利润和附随利润都不过是被参考的对象[③]。这一点是很明确的[④]。

199　不只是这个问题，最近常有批评认为，目前专利侵权案件中赔偿额过高，在实务中需要注意[⑤]。但这并不是说构建了将损害赔偿高额化的计算理论，而只是在侵权诉讼适用过程中出现了问题。例如，"宝丽来公司诉伊士曼柯达公司"案中，法院在逸失利润和合理许可费计算得出的赔偿额的基础上附加了利息，最终赔偿结果被宣传为是美国专利侵权诉讼历史上的最高赔偿额（8亿7300万美元）。但是，本案判决中否定了三倍赔偿，合理许可费是10%，这个结果并不是很出乎意料。侵权产品是销售量很高的柯达拍立得照相机，因此获取了如此高额的赔偿。这样一来，即便赔偿额的计算方法没有发生变化，只要最终被认定为构成侵权行为，就很容易将赔偿额朝着高额化的方向上处理。伴随自愿许可规则制度中的上述内在的问题点，在理论上还没有得到解决⑥。

（3）在理论上固有的僵局中，终于出现了一个判决。这个判决中的解释与“乔治亚太平洋公司诉美国胶合板冠军纸业公司”案培养出来的当前的计算标准做出了诀别。这一判决正是“弗洛姆森诉西部石版供应有限公司”案。

在本案中，美国联邦巡回上诉法院表明了一个基本立场，即计算合理许可费并不单纯是多少百分比的数字上的计算问题，而是被侵权方受到的损害问题。而且，本案判决指出，适用自愿许可规则的方法存在如下问题点，即即便假设侵权人被提起侵权诉讼并败诉，最后也可能是与最初选择尊重专利权一样，只要支付相同数额的许可费即可。这种方法恐怕与如下理解是紧密关联的，即专利权人作为一个个体，自己无法制造专利产品，在这种情况下，如果考虑不能提起诉讼和不能证明侵权的可能性，侵权一方反而可能获利。因此，在没有其他更加合适的方案的情况下也可以使用这个方法，但这是一个要谨慎适用的标准，应该要确保合理许可费的金额真正合理。当然，这个方法包含一些不确定 200
因素，但无论如何合理许可费应如《专利法》第284条所记载，至少要接近对侵权人实施发明专利支付适当许可费额度的赔偿。假想实施许可合同被认为存在如下风险，即其在模拟的过程中忘却了侵权人实施侵权行为本身就选择了与诉讼风险对赌这一基本现实，就如同选择支付约定的许可费这一选项同样有风险一样。

尽管如此，本案判决在计算合理许可费时，并没有宣称要回归考虑所有情况那种以前的计算方法。自愿许可规则这一计算方法的弹性的一面也因此而呈现出来。首先，该规则假设侵权开始时进行实施许可合同的交涉；再者，法院应允许考虑侵权开始后发生的诸个事实，即假想的交涉人所不知或未被预测到的诸事实。具体来说，法院要求斟酌侵权人所获利润并发回重审[⑦]。在参考了当事人侵权开始时无法预测到的材料这一点的处理上，明显背离了“乔治亚太平洋公司诉美国胶合板冠军纸业公司”案以后的计算思路，反而貌似采用了参考审判时间点上凸显出来的所有证据这种以往的计算标准。但是本案判决并非志向于完全返回原来的计算标准。本案中引用参考了侵权开始以后诸情况的判决，并在注释中引用了如下判决，即在侵权开始后出现了低额利润等这样对侵权人有利的情况，应立足于现有的标准并否定对这些因素的参考（略去评论）。

此处是否可以理解为，其与丹尼森法官在“埃格里登记公司诉标准注册公司”案中确立以往的计算标准时所表示出的苦恼的背后原因的价值判断是相同的呢？亦即，这种价值判断是在摸索同时满足二律背反请求的一种方案，一方面允许参考侵权开始后
201 的资料来计算适当的许可费，另一方面如果资料可能使许可费降低，则否定参考该资料后也可避免侵权方只支付很少的一部分金额就可了结事情。而且本案判决对自愿许可规则的弹性进行评价时，也没有像丹尼森法院一样，认为这种弹性是实现上述价值判断的隐形蓑衣。

此后，本判决的说理究竟激起了怎样的波纹，这是很有趣的。在此需要留心的是，无论是解决以往计算方法中的问题点的尝试，还是解决现有计算方法中的问题点的尝试，都是如出一辙的。接下来就进入本章的总结部分。

注　释

① 有批判认为，现实中两位当事人都没有自发性地缔结实施许可合同的意愿，

而自愿许可规则虚构了这种意愿。引用这种说法的判决有："迪尔公司诉国际收割机公司"案，"台湾大明制造公司诉杜拉公司和基德公司"案，"紧身裤公司诉凯泽罗斯公司"案。

② 以侵权人可预见的利润为标准来计算合理许可费，并阐述在侵权开始时专利权人可能会以更低的许可费达成合意这一点不是很重要。"汉森诉高山谷滑雪场公司"案；"台湾大明制造公司诉杜拉公司和基德公司"案。

③ 因此，由于并非将专利权扩张到非专利产品上，因此不构成专利权的滥用（"迪尔公司诉国际收割机公司"案）。

④ 此外，如前所述的根据通常的利润率来计算侵权人应该保留的额度这种方法也面临各方的批判。如果实际的许可合同期待高收益，这种情况下被许可人只保留通常的利润率而同意高额的许可费，这种情况是很难说的。在这个意义上，这种方法就孕育出了损害额高额化的契机。但是，这种方法是立足于自愿的许可人满意这个利润率这一前提的，因此只要展示出想象中的许可人并不会答应这个额度的许可费就足够了。虽然有些处理很容易不认可这一前提的推翻，但这都是应用层面的问题，而不伴随理论依据的问题。

⑤ Dorsey Baker, *Patent Damages-Quantifying the Award*, 69 JPTOS 121-122 202
(1987); Henry Schure，酒井宏訳,「特許権侵害による損害と関連責任の査定（1）」,『特許管理』, 38 巻第 8 号，1988 年，第 1015—4016 頁；古城春美,『米国特許侵害と三倍賠償』，発明協会，1989 年，第 2—7 頁。此外，有关高额赔偿判决一览表参见：長谷川俊明,《日米パテント・ウォー》，弘文堂，1993 年，第 110 頁。

⑥ 有文献给出的启示是作为针对近期的赔偿额高额化的适当的防御手段，但如果进一步深入探究，能够假定理论上的对抗手段的事实是缺少理论支撑的［John M. Skenyon & Frank P. Porcelli, *Patent Damages*, 70 JPTOS 762—785（1988）］。

⑦ 但是，更为主要的放弃的原因是，原判决仅就产品特定部分的销售额乘以许可费率，但没有明确表示分配理由。

第 3 节　结论

1. 上一章系谱论得出的结论是，日本《专利法》第 102 条是以德国专利侵权中的损害赔偿计算制度为基础，将侵权人获利返还制度修改为其他损害的推定规定。

德国的损害计算方法由逸失利润的赔偿、对事后确定的客观上的相当许可费进行赔偿的相当许可费赔偿及分配专利发明贡献利润的侵权人获利返还这三根支柱组成。此处存在如下三个阶段的问题：第一，因果关系作为逸失利润的赔偿要件在证明上存在障碍；第二，期待能够替代逸失利润来起作用的侵权人获利返还制度中，证明对方所获利润的明细很困难；第三，据说能被很好地利用的相当许可费赔偿制度中，在赔偿额这点上，如果侵权人支付与签订合同时相同的许可费即相当于免责，这一点是存在问题的。最后的结果是，侵权人很多时候都不背负侵权风险，上述三种计算方法的制裁和抑制功能会被大大降低。日本在构建解释论时，在制度设计上需要避免上述三个问题导致的侵权抑制功能的丧失。

203 在德国，还未发现有人尝试直接解决逸失利润赔偿和侵权人所获的利润的证明难题。德国法中没有特别规定，因此需要有关证明责任的一般论，这作为专利权或者无形财产权问题的解决方案，不免有杀猪焉用牛刀之嫌。有关相当的许可费赔偿，德国的学说和判例还没探索出成功的解决方案。值得注意的是罗尔夫·皮茨克的鉴言。侵权开始后，实际未获得预测的收益这一点被明确后，事后确定的客观上的相当许可费的额度低于侵权开始时的许可费。于是，侵权人只要支付较之于合法实施需要支付的许可费还要低的赔偿额即可。作为应对之策，罗尔夫·皮茨克认为，应当赋予权利人选择是以侵权开始时许可费的行情还是以事后确定客观上的相当许可费作为赔偿额的权利。有关其理论构成还存在一些讨论空间，但需要确保将合法的权利人应支付的额度作为赔偿额的最低标准，同时提倡通过事后确定客观上相当的许可费额度会给侵权人附加一定的风险，这两点是意义所在。特别是，使用客观上相当的许可费赔偿这一计算标准，可推导出侵权人所获的利润和加算利息变高的结论，其作为制裁方法的成效值得期待。

2. 另一方面，美国的合理许可费赔偿制度最初是事后计算相当的对价，但以“乔治亚太平洋公司诉美国胶合板冠军纸业公司”案为契机，转变为侵权开始时如果侵权人合法实施专利发明需要支付的许可费赔偿制度。

从历史来看，合理许可费赔偿是为了防止专利权人由于证明上的难点而得不到充分保护这一事态的发生，并作为对被侵权专利发明的适当价值进行赔偿的制度而诞生的。最初的计算方法很好地反映了这一历史意义，其没有拘泥于当事人能否预见的情况，而是参考了与侵权期间的发明专利价值相关的所有情况，因 204
此具有能够更为准确地计算出专利发明价值的优点。

但是，以往的这种计算方法犹如一把双刃剑，作为抑制侵权行为的激励方式有优点也有缺点。如果在侵权期间收获了多于最初预测的收益，则通过参考全部情况对发明的真正价值给出适当的赔偿。如果情况相反，即现实中没有收获最初预期的收益，计算得出的合理许可费也可能比侵权人合法实施专利发明时应支付的许可费低。这样，违法侵权一方反而更有利。

关于这个缺点，以侵权开始时模拟实施合同中的许可费作为计算对象，理论上将与合法实施时相同的额度作为赔偿额，可以说现在这一计算方法更为优秀。即便如此，这种计算方法较之于侵权人合法实施时不会有所得也不会有所失。如果逸失利润在证明上存在困难，那么这种许可费赔偿最终可能变为确保侵权人只要支付合法许可费时需要支付的额度就能够免责的制度。

从事后确定相当的许可费赔偿到应从侵权人处收取的许可费

赔偿这种全面的转变，很可能变为矫角杀牛的行为。尽管如此，美国确实完成了这样的历史转变。对这一转变进行评价时，是不能忽略美国《专利法》中三倍赔偿规定这一点的。在未能尽到适当调查义务的情况下，可能被认定成故意侵权，赔偿额会倍增至三倍。在这种法制下，与其设计成对有时会有利于侵权人的制度，还不如设计一套能够剔除与合法实施专利发明的许可费相同额度的赔偿制度，由此划定赔偿额的最低限度，并将抑制侵权行为的任务委托给三倍赔偿。从制裁的实效性看，这种制度设计反而更为合理。

反过来说，如果不设计三倍赔偿这样的抑制手段，只根据将合法许可时的许可费相同的额度作为赔偿额这种计算方法，是存
205 在诱发侵权行为风险的。美国也意识到了扩充合理许可费赔偿制度的必要性。

以往的事后确定相当的许可费赔偿的优点还保留着。如有可能，还挑战了如下问题，即只是为了克服问题点就要和现有的应从侵权人收取的许可费赔偿并用。“埃格里登记公司诉标准注册公司”案中丹尼森法官对以上挑战做了尝试，这也是“弗洛姆森诉西部石版供应有限公司”案努力的方向。日本的损害赔偿体系中没有设置与三倍赔偿类似的手段，如果可以实现，倒是有望完成他们勇敢挑战的课题。换句话说，采用从审判时间点来赔偿相当许可费制度的同时，与赔偿侵权开始时侵权人应支付的许可费的制度并用，以期弥补前面指出的不足。

这个结论是由罗尔夫·皮茨克提倡的。在探索实质上的合理制度这一点上，从美国法得到的启示和从德国法得到的启示分别给出了相同的结论。继续寻求这种系统性解释论的可实现性并非本章的任务所在。我们将在下一章展开解释论的工作。

第 4 章　解释论

序

1. 日本《专利法》采用了如下体系。凌驾于公知技术水平的发明人或者继承人，在申请了发明专利并一般性地开始了公开程序的情况下，作为补偿赋予专利权人禁止他人未经许可不得实施其发明的权利，即专利权，进而提高利润回收的可能性，由此奖励发明及其公开，以期鼓励专利发明的利用，从而促进产业发[①]。排他性权利作为专利制度的核心，《专利法》为保障其功能的实现，赋予专利权人请求停止侵权的权利（第 100 条）。此外，专利权人可以向基于故意或过失实施侵权行为的人请求损害赔偿（《专利法》第 68 条和《民法》第 709 条）。请求停止侵权可以预防未来侵权行为的发生，请求损害赔偿可以恢复过去遭受到的损害，各自实现不同的功能。 206

但是，专利侵权与以有形物为客体的所有权等不同，通过停止侵权请求权来确保排他性功能是存在局限性的。实施专利发明的侵权行为随处都可实施，权利人无法对侵权行为采取物理上的防御性对策。另一方面，侵权行为也不受场所限定，早期发现是很困难的，有碍于专利权人迅速请求停止侵权。因此在对专利权人的救济中，作为对侵权行为发生后的救济手段的赔偿制度尤为重要。但是权利的客体是无形物，很难预测现实中发生了什么样的侵权行为，赔偿额的计算也很困难。在赔偿额被计算得过低的情况下，相较请求合法的实施许可，实施侵权行为反而更有利，并会进一步诱发原本就很容易实施的侵权行为。这样一来，制度上可能无法保证想要实施专利发明的人会合法地请求实施许可，专利权作为排他性权利的功能也会被抹杀。反过来，如果赔偿额被计算得过高，则会导致对于专利权人的过剩保护，助长专利权人满足于排他权的现状不许可利用发明专利而坐等侵权行为发生
207 的情绪。这样就违背了《专利法》通过促进专利发明的利用以期实现产业发展的立法宗旨。

综上，我们期待一套能在制度上保障对发明提供合理保护的制度。《专利法》的体系是通过赋予专利权人排他权后使得有效率地回收利润变得容易。为了让这套制度不成为空中楼阁，则必须为损害赔偿请求谋求一个能够合理规制损害额计算的方式。可以认为，为了集《专利法》的体系于大成而设立了第 102 条作为一般法的特殊规则，这主要是为克服专利侵权的特殊性并给专利权人提供适当的救济。

2. 但是，仅以目前的多数说作为前提，《专利法》第 102 条就只是一个很脆弱的规定。因果关系要件的证明难度很大，可以认定逸失利润赔偿的仅限于少数例外的情况。《专利法》第 102 条第 1 款被期待能够发挥替代性功能，即侵权人所获的利润的推定规定，在专利权人自己不实施其专利发明等情况下完全不能适用，这样的案例不在少数。第 2 款的赔偿制度自然就被寄予了厚望。但是，尽管第 2 款的赔偿额常被认定为客观上相当的许可费，但在多数情况下，业界行情中的许可费被作为计算的对象，这是现实情况。那么在权利人不实施情况下的案件中，即使发生

了侵权行为，也只能保证侵权人只要支付与合法实施时需要支付的许可费相同的额度即可免责。究竟为什么设定作为特殊规定的《专利法》第 102 条这一点是模糊不清的。

3. 但是，目前审判实务和多数说所构建出来的关于《专利法》第 102 条的解释存在很多内在的矛盾。只要对此进行剖析，适合于制度目的的解释论便会浮出水面。

首先，关于逸失利润。专利权人请求对自己销量减少所带来的逸失利润进行赔偿的情况下，通常是将自己每单位产品的利润率（额）乘以侵权产品的销售额（数量）后得出的数额作为逸失利润赔偿。例如 30% 的利润率乘以侵权产品的销售额 3000 万日元得出 900 万日元的赔偿额。这种情况下，在目前的审判实务中，法院考虑的是，如果不存在侵权行为，那么对于侵权产品的需求是否就会转至专利权人的产品，也就是因果关系的问题。如果不能证明因果关系，便不会支持逸失利润的赔 208
偿。这样一来，审判实务经常会将目光转至认定第 2 款相当的许可费赔偿，并以业界中的一般行情这样的脱离具体专利发明的极为抽象的材料为依据进行计算。例如，业界中专利发明的许可费是 3%，第 2 款的赔偿额也考虑是 3%，3% 乘以 3000 万日元等于 90 万日元，那么 90 万日元就是赔偿额。但是，如果请求赔偿逸失利润，就需要提出能够表明权利人每单位产品利润率的材料。这个材料只能是实施具体专利发明可以获得的利润率。如果真正想要计算客观上相当的许可费，需要以权利人每单位的利润率作为标准，而不是依据不过是很多专利发明许可费平均值的抽象行情等再计算得出应该归属给专利发明的部分。例如，将 30% 的三分之一即 10% 作为相当的许可费率。如果这种计算方法可行，那么即使由于不能证明因果关系而在逸失利润的赔偿请求上受到挫折，也可以将行情中的几成作为第2款中相当的许可费作为赔偿。在这个例子中，10%乘以3000万日元得出300万日元，就可以将其作为赔偿额。如果是这样，逸失利润赔偿的困境便得到了很大改善。

接下来，讨论关于第1款侵权人所获的利润额的推定。如果权利人自己没有实施，在无法预测出能与侵权人所获的利润额（例如，30%×3000万日元）匹配的、由于销量减少所带来的逸失利润的案件中，多数说和审判实务都会完全否定推定的适用。在这种情况下，只认定第2款的赔偿额。而且，此处很多判决都是以业界的行情（例如3%）来计算第2款的赔偿额（例如，3%×3000万日元＝90万日元）。但是，如果能够出示表示侵权人所获的利润额的材料，那么这个额度正是实施侵权行为可获得的利润。如果是这样，相较于依据抽象的行情，直截了当地将能够表明具体专利发明价值的材料作为标准进行计算后，再分配得出应该归属给专利权人的部分，通过这种方法就能够得出更为恰
209 当的许可费（例如，30%×3000万日元×1/3＝300万日元）。但是，也有判例参考的是与专利发明相关的约定例，没有依据抽象行情计算第2款的相当额（例如，5%×3000万日元＝150万日元）。但是，约定的许可费是在实施行为前对实施行为未来可能获得的收益进行预测后缔结而成的。而且，利润率作为实施权人的商业秘密也不会向专利权人公开，因此多数例子都是以销售额作为基础乘以业界行情的许可费率来约定的。与之相对，在侵权诉讼阶段成为计算对象的实施行为，即侵权行为，已经发生。这样一来，明明可以出示能表明侵权人从其实施行为中获取的利润，即侵权人所获利润额，但却视而不见，而是基于预测出来的并不确定的约定许可费进行计算。

或者，可能有反对者认为，以侵权人所获的利润额作为标准来确定应该分配的许可费额度并非易事。但是，这恰恰肯定了第 1 款推定条款的意义。理由如下：原本第 1 款中被推定的损害额就没有被附加任何限定，因此如果在文理上理解为也能够推定第 2 款的损害额就更加直接了。即使权利人没有实施，既然存在第 2 款的损害额，则不需要推翻第 1 款的推定。于是，只要侵权人不能证明侵权人所获的利润额比通常会被支持的第 2 款的损害额还要少，就不会免于推定。而且，如果推荐通过将侵权人所获的利润额作为标准后进行分配计算得出第 2 款赔偿额的方法，那么将侵权人所获的利润额推定为损害额的第 1 款规定就会被认为是最终将分配过程作为侵权人的责任，为防止赔偿额过少计算而将其作为抑制侵权行为的激励。

这样与约定的许可费的计算方式不同，以专利发明的侵权人实际所获的利润额等作为标准，第 2 款中相当的许可费可以被认为是反映了具体专利发明价值的赔偿。再者，在实际的约定例中，考虑到支付了许可费的实施人的商业风险，可以降低许可费的额度，而第 2 款的赔偿额是以侵权人过去的实施行为作为计算对象，则无需考虑这种风险，从这一点看应当呈现高于约定许可费的倾向。

但是，如果从专利发明获取的利润明显低于最初预测的金 210
额（例如，最初预测的利润率是 15%，但实际只有 6%），那么一定也有第 2 款的相当额低于业界行情（例如 3%）或侵权开始以前的约定例（例如 5%）的情况（例如，6% × 1/3 ＝ 2%）。在这种情况下，为了防止侵权人反而更有利，期待制度上至少可以保障合法实施时需要支付的许可费（例如 5%）。关于这一点，没有必要过于烦恼。理由如下：《民法》第 709 条的逸失利润，即如果没有发生侵权行为则可获得的利润，常被理解为侵权人寻求合法的实施许可时必须支付的许可费（逸失许可费）。专利权人可以选择第 2 款的相当许可费和《民法》第 709 条的逸失许可费中较高的金额作为赔偿额（参照《专利法》第 102 条第 3 款）。因此，实施了侵权行为的人通常需要支付至少与合法实施时需要支付数额相同的赔偿额，抑制侵害行为的激励在这个限度内发挥作用。

注　释

① 现实中不是没有怀疑专利制度能否真正鼓励发明、促进产业发展的观点。但是，暂且不论能否带来期待的效果，但至少现行法将其作为目的，且采用了本文这样的制度，这一点是无误的。

第 1 节 《专利法》第 102 条第 2 款

第 1 款　设定规范的损害概念

211 1.《专利法》第 102 条第 2 款规定，专利权人可以请求侵权人赔偿“与实施其发明专利通常可获取的金钱相当的额度”。

序章中已介绍过，侵权人没有支付如果不实施侵权行为则必须要支付的许可费，这部分许可费被认为是专利权人的损害部分，有学说将其作为第 2 款的理论基础。但是，如果将这部分许可费作为赔偿额，无需设置特殊规定，根据《民法》第 709 条请求逸失许可费即可[①]。

更何况，专利侵权中很难证明逸失利润，如果将好不容易设定的特殊规定解释为民法的确认规定，那么第 2 款规定的目的究竟是什么？其趣旨是受到质疑的。而且第 2 款规定了与实施专利发明通常可获取的金钱相当的额度为损害额，因此如果将其解读为是与侵权人之间假设的个别具体的许可费额，则存在一定的不合理之处。从文理上看，第 2 款规定将侵权行为的适当对价额作为损害赔偿额，但必须将逸失利润以外的损害概念作为前提来理解。

2. 暂且不说损害论，关于赔偿额不论是判决还是学说，第 2 款是将适当或相当的“许可费”额度作为了赔偿额②。但这恐怕可能错误地理解了问题的本质，即模拟一个实施许可合同并将该合同中的许可费视为损害，在这个意义上使用第 2 款的措辞。在假想的实施许可合同的情况下，可能在计算损害赔偿额时考虑到假设的被许可人的情况，但第 2 款的问题应该是专利权人到底失去了什么。如果考虑到实施许可合同，就相当于给第 2 款的赔偿额套上了一个枷锁。

例如，将侵权人作为假想实施许可合同一方来考虑，侵权人和专利权人之间应该不会缔结独占的实施许可合同或专用的实施 212
许可合同，因此我们假定将普通实施许可中的许可费作为赔偿额。或者，尽管最终还是想要避免将侵权人作为假想的实施许可合同中的一方来考虑，而是将抽象的合理实施人作为考虑对象，专利权人自己实施时，无论被许可人是谁都不可能独占实施，又或者对专利权人也进行了假设，设想两当事人之间缔结了普通的实施许可合同，最终还是将普通的实施许可合同中的许可费作为赔偿额。实际上，在序章中已经介绍过，不少主张认为，应当参考普通实施许可合同中的许可费。但是，专利权作为排他权可预测其在独占实施的情况下收益最高。在专利权人保持独占状态的情况下，如果侵犯其专利权，则专利权人会失去独占利用这一需求的可能性。如是这样，第 2 款的相当对价就应当是独占的利用价值。这时独占实施许可中的许可费要比普通实施许可中的许可费更能反映专利权人丧失的价值，因此更适合作为被参考的对象③。

特别需要警惕如下逻辑，即缔结实施许可合同的人应该没有达成将从专利发明所能获得的全部利润作为许可费的合意，而是期待着保留一部分利润，因此应当降低第 2 款“许可费”赔偿的额度。假设专利权人自己独占实施，对于专利权人来说，其利用价值就是专利权所能获得的全部利润。在这种情况下，侵权行为带来的对于利用妨碍的对价应该是全部利润。

要言之，第 2 款的问题应该关注专利权人究竟失去了什么，而不是缔结了什么类型的实施许可合同，否则就会有损这一条款通过让侵权人对于侵权行为支付适当的对价来保护专利权人的立法宗旨。第 2 款将“许可费”规定为损害，这种理解背后的想法是考虑将模拟实施许可合同中的许可费作为了损害。如果是这样，则可以期待转变思路，构建一套着眼于专利权人究竟丧失了什么损害的概念④。

213　3. 想要正确理解作为一般法的特殊规定的第 2 款的趣旨，需要将专利侵权的特殊性作为基础并在《专利法》整体制度中理解第 2 款。

第 2 款究竟为何要将侵权行为的适当对价作为损害赔偿额呢？为避免与前面的讨论相重复，此处着眼于利润的返还，进而来理解我国《专利法》采用的体系。市场上存在实施专利发明的需求。为方便起见，我们将实施专利发明来满足这一需求的机会称为“市场机会”。《专利法》规定，第三人未经专利权人许可以营业为目的的实施专利发明的行为构成专利侵权行为，因此专利权人可以排他性地决定要通过什么样的利用形态，将能够预见到的、使用市场机会可以获得的利润返还给自己。专利权人可以选择自己实施专利发明或者是许可他人实施自己的专利发明来获取对价，具有利用市场机会的可能性。一次市场机会一旦被用了就会丧失[5]，取而代之将专利权人自己实施时的利润（或损失）、他人实施时的许可费作为对丧失的市场机会的对价返还给专利权人。《专利法》采用了如下体系设置，即赋予专利权人排他性地决定对于专利发明的需求的市场机会的利用形态，通过专利权人所选择的形态将实施专利发明可获取的利润返还给专利权人。

专利权的侵权行为是未经专利权人许可使用其市场机会的行为。侵权行为满足了对于专利发明的市场需求，使得专利权人丧失了利用市场机会的可能性。但是，专利权丧失的利用市场机会可能性的对价却没有任何回流。针对侵权行为，虽然赋予了专利权人请求损害赔偿救济，但仅仅因为权利客体是无形物，则很难确定侵权行为究竟给专利权人的财产带来了多大不利润，因此逸失利润赔偿恐怕很难给予专利权人恰当的保护。但是，损害赔偿之所以没有给予专利权人提供适当的保护，是因为作为侵权对象的市场机会的对价无法实现回流，因此通过专利权人选择的利用形态实现利润回流的体系未能发挥作用。《专利法》应该就专 214
利权人丧失的市场机会，将适当的对价作为损害赔偿给予专利权人，为专利权人提供适当的救济以维持专利制度的功能[6]。遭到侵害的市场机会的利用可能性的对价，无非是被使用的市场机会的利用价值。如果避免使用“市场机会”这样为图一时之便而采用的措辞，也可以称之为与被剥夺的需求相关的专利利用价值，或者更为极端的说法是被剥夺的市场需求的利用价值。第 2 款就变成了由于侵权行为丧失的发明专利的利用可能性直接被视为损害，将其对应的适当对价即专利的利用作为损害额的规定[7]。

4. 综上，将第 2 款理解为为彻底贯彻《专利法》的趣旨而确立了规范的损害概念而尝试对这一款赋予适当的理论根据，但无论站在哪种立场上，理论上都必须着眼于专利权人丧失了什么，而且能够满足将适当的对价回流给专利权人的第 2 款的趣旨，这一点是至关重要的。

基于这种想法，计算第 2 款的损害额有时也会参考实际许可合同中的许可费，实施许可中的许可费也作为专利权人丧失的市场机会的对价，在这一点上，将由于侵权人的侵权行为所丧失的市场机会作为损害来计算更为容易。因此，许可费是用于计算损害的手段，而并不是目的。在这个意义上，本款只是将针对侵权行为的“适当的对价”作为损害额。为避免误解，还是不要使用“适当的对价”为妙。但是，原来的立场是将第 2 款的赔偿额理解为适当或相当的额度，本书的立场只是从这个侧面彻底贯彻了原来立场的宗旨。不同的说法反而可以避免发生脱节，因此最终作为与“适当的对价”同义的用法并行使用“相当的许可费”。

注　释

① 或者，上述观点的背后可能存在如下理解，即如果没有设置通常会被认定的第 2 款的特殊规则，事实上的因果关系会成为问题，例如如果没有发生侵权行为权利人也不会实施发明专利时就不能认定损害。《民法》中不存在这样的问题，以及没有理由对专利侵权进行不同的理解，这两点将在后面阐述。

215 ② 此外，还有人将这一条款解读为实施专利发明通常可以获取的金钱。加藤一郎，「権利侵害に対する救済」，『ジュリ』，174 号，1959 年，第 16 頁；兼子一、染野義信，『工業所有権法』(改訂版)，日本評論社，1968 年，第 258 頁；前田，『不法行為法』，第 355 頁。从文理上看，这种解读方法是没问题的，即使将第 2 款解读为适当的对价额（相当的许可费），如后所述，在专利权人丧失的市场机会的利用价值与此相当时，二者并无太大差异，只是解读方法的问题。将第 2 款解读为相当的许可费这种理解比较稳定，没必要提倡不同的解读方法。

③ 在参考对象是专用实施权的情况下，如果约定的许可费包含授权程序的对价，那么这一部分也必然要被扣除。

④ 另外，在起草过程中，第 2 款的文字不过是“适当的许可费”的变形，立法者没有说明其理论根据，不过是在模仿德国相当的许可费赔偿和美国以前的合理许可费赔偿而已。而且如果转变思路，假设着眼于专利权人丧失了什么的损害概念，德国的相当许可费赔偿制度可以将许可费理解为计算丧失的价值的手段，在说明这一计算标准上不存在任何障碍。另外，对美国以前的计算方法附以理论根据的丹尼森法官，也将专利权价值的丧失作为损害来理解，许可费的用语不过是图一时的方便。在日本很早就提倡应该导入相当许可费赔偿制度的学者是星子末雄，他在论文中也是基于如下想法，即即便没有认定逸失利润，既然侵权人未经许可就实施了侵权行为，就应该认为社会对专利发明的需求有所减少，因此专利权的价值多少都会降低（参见：星子末雄,「特許侵害に因る損害賠償等の研究」,『特許と商標』, 1932 年，第 32—33 頁、第 24—26 頁、第 21 頁）。

⑤ 为了从理论上说明第 2 款的损害常发生而设定的“市场机会”这一概念，在定义上被考虑为市场中的交易，其并非以顾客的人格为单位。如果顾客持续购买专利产品，那么满足专利发明的实施，即专利发明的转让这部分市场需求机会有多次。因此，购买侵权产品的顾客以此为契机，即使以后可能购买专利产品，但由于侵权行为所丧失的一次市场这一点并未改变。如果侵权行为唤起了顾客购买专利产品诉求，即顾客下次会购买专利产品，在这种情况下后者的市场机会原本就已存在，只是对于专利权人而言以往无法获得而现在能够获得，这是其中发生的变化。因此这时原本两次的市场机会减少为一次。但是，于专利权人而言，是否能够获得丧失的市场机会这一点如后述将会影响损害额的评价。同理适用持续使用的方法专利。

⑥ 无故意或过失的侵权行为也会损伤系统的功能，其以侵权行为作为前提，并置于与作为抑制侵权行为的赔偿的第 1 款推定规定相结合的《专利法》第 102 条的框架之外，由后面提及的《民法》第 703 条的不当得利返还制度进 216
行规制。

⑦ 第 2 款中侵权行为与损害之间事实上的因果关系基本不存在问题，通常都会认定赔偿。既然这样，在构建这一款的损害概念时就可以省略事实因果关系的要件。采用丧失的市场机会作为损害概念，如前所述是对每个实施行为考虑市场机会的丧失，属于将这一结论变为可能的一个构成要件。另外，取代“市场的机会”，专利的“利用可能性”也是同样的意思，只是将丧失“利用可能性”作为损害来考虑。即使如此，根据第 2 款的要求，对于已经发生的每个侵权行为认定发生了损害时，专利的“利用可能性”归根结底必须

被视为与侵权人满足的需求相关的每个市场机会的损害。无论如何，第2款设定了一个差额说所不能说明的损害概念，这一概念可被理解为，是为贯彻《专利法》的立法趣旨而设定的规范的损害概念。

另外，本书中的论证方法受到了丹尼森法官和鲁道夫·克拉瑟的启示。对于不当得利的理解，卡尔·路德维格·巴奇同样是基于“利用可能性”遭受了损害这样的想法。市场机会这个词是由克拉瑟创造的，对“专利产品”的利用需求机会被视为市场机会，对此，本书将市场机会定义为对“实施专利发明”的利用需求的机会，以便将方法专利也纳入进来。从实施发明专利的时间点来考虑损害，本书的定义与克拉瑟并不相同，为方便起见，在行文中借用“市场机会”一词。

第2款　相当的许可费额（适当的对价额）的计算标准

序

接下来转到第2款损害额的计算上。如前所述，第2款的损害额变为与被侵害的发明专利相关的利用价值需求。但是，在具体的计算过程中，如何实现本款的返还专利权人适当对价这一趣旨至关重要。

第1项　参考权利人的利用样态

专利权人许可他人实施其发明专利时，无法将实施行为所获
217 的利润全部归给自己，需要与实施人来分配利润。对此，在专利权人自己实施利用专利的情况下，于专利权人而言，专利的利用价值就相当于实施行为，即制造和销售专利产品等所能获得的利润额。这样一来专利价值就被专利权人的利用形态所左右。

考虑将实际的实施许可合同作为参考例，自行实施专利发明的专利权人和未实施专利发明的专利权人在赋予他人许可时所要求的许可费应该会有差异。当然，实施许可合同还关系到另一方当事人，另一方当事人未必会按照权利人要求的额度签订合同。

即便如此，双方最终缔结的约定许可费的额度也能够反映专利权人所要求的额度，这一点不可否认[1]。在计算第 2 款的损害额时需要参考专利权人的利用形态，如果专利权人自己实施专利权，那么分配给专利权人的额度也不会被认定为较高的额度，这恐怕就无法确定出一个适当的对价，根本上有悖于本条款针对侵权行为计算得出适当的对价的趣旨[2]。

对于这种想法，有批判的观点认为，本款是将“客观”的相当许可费作为赔偿额，不应该参考权利人的利用形态。但是本款只规定了“通常应获得的金钱的额度”。的确，从文字上看，“通常应获得的”没有考虑特定的对方，特别是没有考虑侵权人，从这点看本款只规定了“客观的”额度。但是，这一额度指的是专利权人通常应获得的额度，还是指假想的不确定的抽象权利人通常应获得的额度，在文字上可做出任何一种理解。

如果站在假想的抽象的权利人来确定赔偿额的立场，则不能确定如何来计算赔偿额。假设可以省略各种附加情况并以此为由，将自身未实施发明专利的权利人考虑为专利权人，并将此专利权人“通常应该获得的”金钱额度作为赔偿额。于是现实中被侵权一方自己实施或者想要实施时，如果第 2 款的赔偿额大幅低于适当的赔偿额，则与第 2 款的趣旨相悖。对此，本条款的趣旨是给予专利权人“最低限度”的赔偿额，因此有观点认为只要是最低的额度即可。但是，如果这样处理，何处才 218
能体现给予专利权人适当的保护？对于原本意图给予适当保护的第 2 款，若戴上“最低限度”这种无意义的脚镣，反而可能导致无法提供适当的保护。如果是这样，究竟为什么要把第 102 条纳入《专利法》中则不得而知。确实，在一般的文献中，偶然见到第 2 款是给予“最低限度”赔偿额的说法，但这种说法只说明本款的额度至少能赔偿多少额度，这并不妨碍更高额度的赔偿。因此，无法得出本款中所指的赔偿额只要是“最低限度”的额度即可的结论。

综上，为了充分利用赋予专利权人适当的对价这一趣旨，必须得出将本款规定的损害额解释为专利权人“通常应获得的金钱的额度”的结论。但这绝非意味着要将赔偿额委任给对专利权人实施行为对价的主观判断，而是要参考专利权人利用其发明专利的市场机会的样态，最终由法院判断“通常应获得的”金钱的额度。在这个意义上是把“客观的”额度作为赔偿额。不同于出于自己的意愿选择许可方式使得市场机会转换为经济利润的利用形态，第2款中的专利侵权行为中，违反了上述意愿，专利权人丧失了市场机会才不得不请求对价，因此如果从专利权人的利用样态着手无法计算适当的对价，则无法贯彻《专利法》赋予专利权人决定专利权利用样态的宗旨。更无需考虑违法侵犯对方专利权的侵权人的特殊情况等。《专利法》第102条第2款规定了“通常应获得的”金钱的额度，并设定了舍弃对方的对价概念，这被评价为很好地体现了《专利法》的制度趣旨。

注　释

① 另外，对于自行实施专利权的专利权人而言，通过实施许可使其专利权价值金钱化的激励较低，如果对方给出的许可费低于要求的额度，专利权人很容易做出拒绝许可的决定。专利权人以很强硬的立场在交涉中观望，因此存在差异。

② 《逐条解说》第263页论述道，在计算第2款的赔偿额时，完全未许可他人实施与已经对多人发放普通许可，这两种情况下侵权行为所对应的许可费是不同的（这一记录是昭和34年《专利法》修订的起草人之一、法修改审议室室员织田季明执笔所撰写的）。

第 2 项　从审判时间点看相当的许可费额（从审判时间点看适当的对价额）

从文字看，第 2 款中“与实施该专利发明通常应获得的金钱相当的额度”至少有两种解读。一种解读为通常应得到的许可费，第 2 款的赔偿额作为侵权开始时相当的许可费。另一种解读是法院认定的通常应得到的对价，第 2 款的赔偿额是在审判时间点（具体来说是审判时，更为准确地说是事实审的口头辩论终止时）上参考呈现的全部资料后判断得出的适当对价。关于在解释论上选择哪一种理解，应当合理推导第 2 款的立法趣旨后再加以演绎。 219

如果理解为前者侵权开始时相当的许可费，必定会导致计算不得当的事态发生。在计算过程中，侵权期间与现实中专利发明的收益能力相关的证据或基于此的相当额度，以及侵权开始时基于对未来不确定的收益进行估算的相当额度，在这两个证据都明确的情况下，理论上应该舍弃前者关于现实中收益能力的证据，并将后者基于不确定的收益进行预测的相当额作为赔偿额。如果不参考现实中已经明确的与专利发明相关的情况，特意基于错误预测的证据来计算相当的额度，这明显违背了本条款将适当的对价规定为赔偿额的趣旨。

《专利法》第 102 条第 2 款规定了“通常应获得”，保证专利权人获得侵权行为适当对价的赔偿。为了计算出更为“适当”的对价，显然参考审判时已经明确的与侵权期间的专利发明价值相关的全部证据更能满足本条款的宗旨。只有在审判时间点上确定相当的对价才能被理解为本条款中的“通常应获得”[①]。另外，这种解释当然没有否定在事后计算相当许可费时需要参考侵权发生时间点上存在的相当许可费的证据，而是进行适当的修正后才将其作为赔偿额。

220 如前所述，日本的审判实务中也不是没有如下的判例，即在计算第2款的损害额时要对侵权开始以后专利权人通过实施专利获取的收益和侵权人获取的利润加以考虑。特别是在学说中，其作为理论上的方法是非常受欢迎的。如果忽略时间标准而考虑这些情况，会无意识地将审判时的相当许可费而非侵权开始时的相当许可费作为计算对象。

反对说或许会拿出对价不可能是实际的许可费作为论据。反对者可能会假设一个侵权开始时合理当事人之间的假想实施许可合同，并将此合同中的相当许可费作为损害额。但是，关于本款中的损害概念，暂且不论使用“许可费”这一用语是否合适，将损害的概念考虑为某一实施许可合同中的许可费本身就是不恰当的，这一点在第1款中已经强调过。即便是反对说，假设在不实施的情况下，审判中对强制许可权的对价做出了判断，即根据《专利法》第83条第2款和第183条，为了确定一个最为适当的对价，参考审判时间点上已经呈现出来的所有证据后再来确定，支持这一立场的人不在少数。如果只是将第2款的趣旨理解为给予专利权人适当的对价，那么与强制许可权的对价相比也就不存在不同之处了。或者，反对说也可能主张，即使是以侵权开始时的相当许可费作为计算对象，如果是侵权开始时可以预见的情况，那么合理的合同相对人也会参考侵权开始以后的情况，这并不存在不合理之处。但是侵权开始后的情况中常存在预测上的障碍。如果仍然能够预见，那么只能参考全部资料，因此从审判时间点看，这也不在相当的许可费的额度之外②。

注　释

① 在系谱论上，作为本条款起源的德国的相当许可费赔偿制度和美国以前的合理许可费赔偿制度，对于被侵害的专利发明的价值，是参考审判时间点上已经出示的所有资料再判断相当额的。这一事实表明，我国《专利法》第 102 条第 2 款是可以将其囊括进来的。

② 此处的“从审判时间点看”的意思是，有关所有权侵权应将哪个时间点上的市场价格作为赔偿额，这是计算损害赔偿额的时间标准问题。无论目的是什么，理论上都属于其他次元的问题。事后判断适当的对价并非是在口头辩论 221
终止时这样的侵权开始后的一个时间点上计算对价。如果必须计算这个对价，专利权具有在有效期间内随着时间流逝变得陈旧的性质，那么如果将计算时间标准往后推移，其价值也会随之降低。极端的例子是如果将有效期间结束后的时间点作为计算标准，那么专利权的价值就会变为零。在这个意义上，如果使用标准时间点这一措辞，那么第 2 款中对价的标准时间点最终还是侵权的时间点，只不过是以事后已经明确的情况来计算侵权时间点上的价值而已。因此，无论在哪个时间点上都是一种计算实际上不存在的假想交易价格的方法。

第 3 项　具体计算方法

1. 接下来考虑在审判时间点上计算适当的对价或相当许可费的具体方法[①]。

2. 与发明专利的利用价值相关的资料中，从已经通过金钱方式计算的证据到模糊不清的证据，各式各样。如果将不同的证据的比重都加以等同对待，使用极为模糊不清的证据难免会陷入恣意的计算中。另外，如果证据过多，也会让程序变得过于繁重。特别是，只采用不能计量的证据来计算金额且没有其他材料作补充，陷入恣意计算的可能性极大。从就专利发明的价值而假定的各种类型的证据中筛选出最值得信赖的证据，其他的证据用于补充，这种方案一方面可以防范恣意计算的发生，另一方面可以防止当事人或法院继续寻找其他证据。

3. 关于被侵权的专利发明，如果存在实际的许可费作为参考，可以将这个许可费作为基准。这是专利权侧所持有的资料，具有容易证明的优点。另外，有时这个许可费与专利权人丧失的市场需求的利用价值无关，但至少是交易中专利发明的经济价值，在事后计算适当的对价时，也是比较重要的证据。加上这已经是被计算后的证据，就不需要再确定应该分配给专利权人的额度了。

以实际的许可费作为参考的缺点是容易受到合同双方当事人
222 之间力量关系的影响。要考虑到应该被参考的许可费是基于何种情况缔结的，有必要进行一定程度的减额或增额。在极为特殊的情况下，甚至要放弃参考许可费。再者，在专利权人自己实施专利的情况下，如下文所述，只将普通许可中的许可费作为赔偿额未免过少，因此需要增额。

实际的实施合同不过是在对专利权将来可获得的利润进行估算后缔结的，如果根据侵权以后发生的情况计算，恐怕不能反映专利发明的真正价值。因此，应该参考审判时间点上已经明确的现实情况进行修正。虽然更希望是以专利发明所获得的利润额作为基准，但因无法准确计算利润额而只能依据许可费例，如果销售额明显比最初预测的多很多，就应该增额。

此外，如果没有实现预期的利润，在约定许可费的基础上扣除相关商业风险的部分，这样的情况并不少见。但是，第2款的目的是要探求过去发生的侵权行为的对价为多少，并没有基于确定的事实考虑错误预测这种商业风险的余地。因此，被认为应该减额的部分恰恰应该增额。再者，专利发明将来可能会被无效，或者实施行为是否包含在该专利发明的保护范围内，有时也是模糊不清的。实施许可中有时会考虑到这些情况而压低许可费。但在审判中，专利发明没有被无效，并认定实施行为属于专利权的保护范围，正因为如此，在认定构成侵权行为后，损害赔偿才成为问题。事后计算相当额，要以侵犯权利的事实作为前提来决定适当的对价，如果因为专利权的有效性和是否属于专利发明的保护范围等降低实施许可费，事后计算相当额时则必须要适当调高后再作为赔偿额。

这样一来，根据实际的实施许可进行计算，存在必须就难以计算的情况进行修正的难点。另外，有时关于被侵犯的专利发明并没有可参考的实施许可例。在这种情况下，也很难说， 223
使用其他专利发明的实施许可费和业界的行情进行计算就应该被推荐。各专利发明所产生的利润不尽相同，不仅如此，丧失的利用价值也根据专利权人的利用形态而不同。的确，在实际的实施许可中，将来的利润只是不确定的预测，依据许可费的行情来确定许可费，这种情况也频繁发生，但在侵权行为已经终止的审判时间点上，在确定第 2 款的损害额时，可以参考现实中已经发生的情况，没有必要特意模仿实际的实施许可合同中的许可费计算过程。

4. 虽然希望以高出实际的许可费例以上的数值作为基准，但却是以侵权人从侵权行为中获得的利润额作为赔偿额。这是因为，侵权人的利润更为直接地显示了侵权人从专利权人丧失的需求中获得的利润。此外，由于是已被换算成金钱的资料，不需要转换为金钱的程序。以此为基准，参考专利权人如何决定与这个需求相关的专利发明的利用价值，即专利权人的利用形态，根据基准额来确定分配给专利权人的数额，推荐这种计算方法。

但是，在因侵权人的实施行为并不恰当所以侵权人每单位产品的利润额没有达到专利发明的效果的情况下，不能作为反映出相当对价额的基准[②]。在这种情况下，也考虑调整为更高的额度来认定本来可以产生的利润，但反倒是将分配给专利权人的额度比例设定得高一些更为容易。

为了回避上述难点，专利权人在制造销售被侵犯的专利发明时，将专利权人每单位的利润额作为如果采用适当的实施方式专利发明可获得的利润。另外，权利人原本就很难证明侵权人的利润额，在这种情况下推荐使用专利权人每单位的利润额进行计算。专利权人获得的利润并不一定利用了侵权行为导致的专利权人丧失的市场需求，但一定是实施专利发明所获得的利润。从被侵害的需求处获得的每单位的利润额也可以进行同样的推测。特
224 别是在同一时期市场上充斥了大量产品导致销售价格固定的情况下，需求的差异性并不会对每单位的利润额带来太大影响。无论需求者是谁，都是以相同的价格销售。因此，取侵权产品每单位的利润额代之，更推荐通过专利权人每单位产品的利润额反映与被侵害的需求相关的专利发明的利用价值。于是，在侵权人产品的总数或总量上乘以专利权人每单位的利润额后得出的金额也可以作为一个计算基准。剩下的就是，为计算出适当的对价，如何根据上述基准额度来确定分配给专利权人的额度。

可能会注意到，基准额度与《民法》第709条的全面认定事实的因果关系时由于销售额减少导致的逸失利润额度相等。但是，第2款的适当对价和逸失利润在理论上是完全不同的概念。《民法》第709条的情况下，上述专利权人每单位的利润额乘以侵权人产品的总量得到的总利润数额中，要在认定因果关系后才能够认定利润额的赔偿。如果不存在因果关系，也不认可利润额的赔偿。对此，第2款采用以同样的总利润额为基准来计算的方法时，决定应被赔偿的额度的不是因果关系，而是参考专利权人

的利用形态来确定丧失需求的利用价值的作业，这个过程被称为确定应该被分配的额度。关于赔偿额，专利权人自己实施专利发明利用市场需求时，应认定全部利润赔偿，这一点与用因果关系来确定逸失利润一样，但如果专利权人自己不实施，不是处于完全利用市场需求的状态，特别是将适当的对价作为赔偿，这一点存在很大差异，将第 2 款作为依据对专利权人来说更加有利。如前所述，第 2 款的损害额是在参考专利权人的利用形态的基础上进行修正后判断得出的对价，那么在认为专利权人可自行利用市场需求的情况下，对于专利权人来说，市场需求的利用价值应该等于从市场价值中得到的利润，因此在确定适当对价时，这个额度当然起到了决定性作用[③]。

5. 在此，无论是侵权行为每单位的利润额，还是专利权人每单位的利润额，都是在讨论以什么样的尺度确定总利润中应该分配给专利权的额度。

作为不是与第 2 款的损害额直接相关的讨论，在我国，有人 225
认为，作为评价专利发明自身价值的方式，应该按照对资本、劳动力和专利发明等各自做出的贡献的比例进行分配，这种想法以纯利润三分说或四分说的名称被提倡，这种说法多数情况直接作为许可费的计算方法而被阐述[④]。为方便起见，将通过这种方法计算的价额被称为“专利发明自身的价值”。但是，实施合同的当事人作为经济理性人，是从经济的观点出发缔结实施合同的，这时即便考虑可以知晓的全部参数的理念模型，也不能将专利发明自身的价值直接作为许可费来考虑。这是因为，实施专利发明的专利权人如果是实施合同的当事人，除上述因素之外，还含有资本和劳动力等因素，因此对专利权人来说，专利权的利用价值要超出上述专利发明自身的价值。因此，专利权人会要求将超出专利发明自身价值的额度作为许可费。如果从理论上确定在这种情况下交涉所得出的许可费，对专利权人来说，将其资本和劳动力从专利发明的实施中解放出来，通过从实施专利发明所获得的利润全额中扣除利用其他方案得出的利润额后的额度，可以划定许可费的最低限度。专利权人为获得更多的赔偿，还需要进一步交涉。对此，如果将自己的资本和劳动力利用在其他方案中所获得的利润少于实施侵权行为自己所能保留的利润，实施许可申请人作为交涉的对方便会同意把超出上述专利发明自身价值的金额作为许可费⑤。

在此，虽然不是第2款损害额的问题，但要对实施许可中的许可费加以说明的是，专利权人的需求的利用价值未必是上述意思中专利发明自身的价值。而且，在实施合同的情况下，自己实施专利发明的专利权人即使许可了他人实施，如前所述，资本和劳动力也可以作为他用，专利权人没有必要将由于实施权人的实施行为所丧失的需求而产生的利润额全部作为许可费。实施权人
226 可以保留一部分利润。正因为如此，才缔结了实施许可合同。在计算第2款适当的对价时，与实施许可导致的丧失的需求不同，侵权行为导致的丧失的需求才是问题的关键。考虑一下专利权人自己利用专利发明的市场需求却遭受了侵权行为的情况。专利权人并不是按照自己的意思授权实施许可而将资本和劳动力转化为其他的利润所得，而是资本和劳动力指向该市场机会，但这种需求却被剥夺，与专利权人丧失的需求相关的专利发明的利用价值就变成包含该资本和劳动力部分的全额利润。因此，适当的对价也变为全额利润⑥。使用侵权人所获的利润额进行计算时，侵权人通过特殊的费用缩减手段等进一步提高了所获利润，只有在能够证明超出专利权人需求的利用价值时，这部分才会保留给侵权

人（另见：Baker, supra note 5, at 140, 132）。

对于这种想法，实施人或许应该不会同意将全部利润都作为许可费，因此将全部利润认定为相当“许可费”未免存在疑问。但是，本款并非是将实施许可中的许可费规定为损害额，其趣旨在于将侵权行为的适当对价作为赔偿额。在此，问题是专利权人到底失去了什么，而非是否缔结了实施许可。前面已经强调过，要警惕后面的这种想法。

另一方面，在专利权人并未自己实施专利发明来利用这种市场需求的情况下，侵权人所获的全部利润就不应该归属给专利权人。在对利润做出贡献的因素中，只有应该分配给专利发明的额度才是第 2 款的“适当的对价”吧。超出这部分的额度是应该分配给资本和劳动力的利润，但专利权人并没有将这两个因素投入丧失的市场机会中，因此专利权人的需求的利用价值并不包含这部分利润。如果将这部分对价也归属给专利权人，就超出了适当的对价。

如何确定分配比例。在此只作为参考，让我们来推测，一般的实务中要将实施专利发明所获的利润中的多大比例归属给发明来考虑。在已经公布出来的判例的范围内，侵权诉讼中出示的约定许可费的例子大约在销售价格的 2%—10%，主要集中在 3%—5%。利润率一般是销售价格的 10%—30%，主要集中在 10%— 227
20%。每个许可费只是基于未来的利润进行了约定，因此分别将许可费与现实中的利润来对应，并没有太大意义。反而是他们基于怎样的利润预测来设定许可费更加重要。于是，一般来说，利润率是 10%—20%，许可费率是 3%—5%，这一事实表明，似乎允许当事人将利润率预测为 10%—20%，并将许可费预测为 3%—5%。专利权人无意自己实施专利发明时，一般会授权实施许可，因此这个比例可以表示业界在总体上扣除了资本和劳力的部分后假定的专利发明自身价值的比例。仅仅根据这个事实，认为上述三分说和四分说可以得出准确的比例[7]。

从利润额看可以预料专利发明的收益性较高的情况下，应该提高归属给发明专利的比例；相反的情况下，进行降额的修正较为合适。但是，在一般的实施合同中，考虑到利润额低于最初预见的额度这种风险，以预见的利润额作为基准的专利发明自身价值的比例应该进一步降低，很多时候是以降低后的部分作为约定额[8]。如前所述，相关商业风险部分没有必要在以现实中获取的利润额作为标准的第2款下考虑，因此一般的实施合同中应该比一般实施合同中归属给专利发明的比例要高一些。

此外，确定上述分配额可能存在一些困难。假设让权利人负担分配责任，第2款期待的适当救济恐怕就难以实现。但是，《专利法》第102条第1款又会以这个困难作为反驳的手段，正由于证明上的困难，采用了对专利权人有利而对侵权人不利的方案。对此将在下一节进行讨论。

6. 在实务中，也将第2款的损害额理解为相当的许可费并期待适当的对价这点是不变的，因此在具体的计算中，如过往的一
228 部分判决中的处理方式，将与专利发明的价值有关的在审判时间点上已经明确的资料，特别是侵权人或专利权人实施带来的每单位的利润额作为参考对象。这种处理只是计算审判时间点上的相当许可费，处于以前所期待的延长线上。因此，没有必要改变第2款中的损害额是相当许可费这种原来的抽象论，直接采用新的计算方法即可。

但是，我国法院多是根据一般的行情进行计算。虽然很多情况是没有其他证据，别无他法，但即便通过主张逸失利润额

请求赔偿专利权人的利润额，以寻求第 1 款的推定为趣旨主张侵权人所获利润，但由于不具备因果关系，或以权利人没有实施为由，驳回请求，并将依据一般行情的“相当”的许可费认定为赔偿额，这种情况不在少数。但是，似乎有些重复的是，在侵权行为终止的审判时间点上，没有必要模拟实际实施许可中许可费的确定方式，这种方式并未着眼于现实中发生的情况，只是基于对将来情况的不确定性的预测。为了计算出更为具体的专利发明的“相当”的数额，应该使用权利人或侵权人公布的利润额。依据一般行情的背后或许存在模拟某种假想实施合同的想法，但在第 2 款下会有些不恰当，这一点已在本节第 1 款 2 中强调过。假设侵权人和权利人之间存在实施合同，如果计算应该从侵权人处收取的许可费，应该以《民法》第 709 条的逸失许可费作为基础，而不是第 2 款。

注　释

① 参考第 1 部分第 3 章第 2 节第 2 款第 1 项中介绍美国以前的合理许可费赔偿的计算方法。

② 在这种情况下，由于实施行为不恰当，侵权人的产品销量较原本可以销售的少，显然不存在问题。对于这部分，专利权人并没有丧失市场需求，因此也没有蒙受损害。

③ 依据《民法》第 709 条可能请求的赔偿也已经在判例中逐渐稳定，虽然依据第 2 款可以认定同样的赔偿，但没有必要完全否定逸失利润的概念。所谓因果关系的要件，往往是从认定全额利润的赔偿来考虑，还残留逸失利润的意味。

④ 有关各个学说，参见：江夏弘，「特許権の評価・実施料算定の方法(7)～(9)」，『特許管理』，19 卷第 12 号、20 卷第 3、7 号，1969—1970 年。同时参见：东京地判昭和 37・5・7 下民集 13 卷 5 号第 972 页“钢筋混凝土建筑物的建筑方法”案。

⑤ 如果希望纯利润三分说或四分说作为真正的许可费计算方法在理论上得以进 229

化，就需要转到对交涉过程的讨论。富于启发意义的文献有：Drosey Baker, *Patent Damages-Quantifying the Award*, 69 JPTOS 121, 127-149（1987）（虽然本文是直接阐述美国合理许可费的赔偿额计算过程如何合理化的文献，但论述还是基于自愿许可原则的理论模型，因此一部分是在阐述在通常的交易过程中如何估算许可费的额度）。此外还必须要考虑利息。再者，如果去除不可能预知所有计数这个前提，仅以就各个计数达成合意为前提，就会产生如下新问题，需要用金钱评价对利润的错误预测这样的商业风险。但是，在现实的实施合同中，与第2款损害额的计算不同，以专利发明所能获得的利润为首，对于所有因素的量化都是极为困难的。合同当事人对利润的错误预测不少都是推导出许可费合意的主动因素。实际上，在两者的内心深处并不存在上述计算公式，多数情况都是依据许可费行情。

⑥ 此外，由于侵权行为，专利发明的实施行为并不会让预期利润有所提高，因此专利权人有时也会将资本和劳动力分配给其他的利润获取方案。但这时，由于转向其他的利润获取方案专利权人获得了利润，最终是否参考而减少第2款的“适当对价”，还存在考虑的余地。作为一般侵权行为法的解释，这是通过如何处理损益相抵来决定的问题。参见：四宫，『不法行為』，第600—605頁。

⑦ 顺便提及，《国有专利权实施合同》规定，以收益金额为标准计算许可费时可以根据专利的价值按照上、中、下三个层次分别将其30%、20%、10%作为许可费。考虑到国有专利权发放实施许可的意愿较之于民间企业要低，以及考虑到防止专利发明未被实施而埋没这种公益因素较强，应当将许可费的比例设定得更低些。因此根据这个资料可知三分说和四分说的结论是正确的。

⑧ 前文所述的东京地判“钢筋水泥建筑物的建筑法”案在认定独占实施许可合同的“客观上正当的许可费”时，考虑到相关商业风险将专利发明的价值降低了20%。但本案是直接对过去的行为请求赔偿，因此基于已经明确的利润额来计算“客观上正当的许可费”。既然如此，是否有必要考虑商业风险，对这一点不能不抱有疑问。如果认同这一点，则可以从如下两个方面来正当化：实质论认为，应包含判决后面向未来的许可费；还有一种理论认为，按照合同解释，当事人在合同缔结时的意思是问题所在，因此应考虑商业风险。

第 2 节 《专利法》第 102 条第 1 款

序

根据《专利法》第 102 条第 2 款，如果专利侵权通常可认定适当的对价（相当的许可费额）作为损害赔偿，由此《专利法》作为通过赋予专利权人与专利发明的利用相关的排他决定权而方便利润回流的功能得以维持。前面已经阐述过，在计算适当的对价时，以侵权人所获的利润为基准再分配给专利权人，这种方法最为推荐。 230

但是，这种计算方法存在如下问题点，即很难确定应从侵权人所获的利润额中分配的比例。专利权人负有举证责任，如果专利权人想要请求赔偿全部利润，就必须证明与丧失的市场需求相关的专利发明的利用价值与请求赔偿的全部利润的额度相等，即自己的实施行为能够利用丧失的市场机会。如果无法证明这一点，就必须证明应该分配给自己的额度。无论是哪种情况，都存在证明上的困难。于是，在依据这种方法计算损害额的情况下，由于证明上存在难度，能够赔偿给专利权人的额度可能会低于适当的额度。除此以外，未使用其他侵权人获利的方法也存在问题点。即使是将专利权人或第三人每单位的利润额作为基准，通常来说也不仅限于专利权人自己实施，同样伴随分配上的困难，这一点没有变化。如果将实际的许可合同例作为基准，也未必存在与被侵害的专利发明相关的约定许可费例。即使存在也是基于未来不确定的预测利润，如果以现实的利润作为计算对象，则无法体现侵权人所获的利润额更好地反映适当的对价的证据优势。同

时也受到合同当事人力量关系的影响。再者，如果依据被侵权的发明以外的发明专利相关的约定许可费例，由于是不同的专利
231 权，因此需要对其价值进行修正，如何保证其合理性也并非易事。最终，即使第 2 款将适当的对价规定为赔偿额，但对其计算过程没有设定任何规范，恐怕具体的计算额也无法反映适当的额度，最终不能实现第 2 款的立法趣旨。

因此，在专利权人证明了侵权人所获的利润额的情况下，《专利法》第 102 条第 1 款通过将这一额度推定为损害额而将计算过程合理化。在专利权人证明了侵权人所获的利润额并将这一额度推定为损害额的情况下，如果侵权人能够证明实际的损害额比这一额度少，就应该减少赔偿数额。为了减少赔偿数额，侵权人至少应该证明通常被认定为损害的第 2 款的损害额应该从侵权人所获的利润额中分配给专利权人的额度。因此根据第 1 款的推定规定，第 2 款的难题，即分配责任，就转移到了侵权人身上。

正如已指出那样，如果着眼于促进专利发明的实施和利用，专利权人应该寻求的保护状态是专利制度对专利权人提供了适当的保护，绝非过大保护。另一方面，鉴于侵权行为很容易发生这一专利侵权的特殊性，我们期待着损害赔偿额中能够体现制裁和抑制功能。在这种相互发生背离的要求中，《专利法》第 102 条第 2 款在实体法上确保将适当的对价作为赔偿额。反之，虽然第 2 款不会提供过大的保护，但第 1 款设定了推定规定，第 2 款计算适当的对价时选择将侵权人所获的利润额作为基准的推定对象，很难举证证明的分配过程是由侵权人负担的。由此可以期待，第 2 款可以成为中止侵权行为或寻求合法许可的激励方式，并进而抑制侵权行为。

下面就各个论点，展开《专利法》第 102 条第 1 款的解释论。

第 1 款　“推定”的意义

1. 在专利侵权案件中，既可根据《民法》第 709 条请求逸失利润的赔偿，也可根据《专利法》第 102 条第 2 款请求相当的许可费赔偿，而《专利法》第 102 条第 1 款并未对应当推定的损害额加以特别限制。因此，推定可以覆盖全部的损害。但是，虽说可以这样解读，但如果侵权人可以主张所有的损害并进行举证，就无法再解读为“只要不举证损害额少于侵权人所获的利润额就不能免于推定”。第 1 款终究是推定条款，诉讼过程中在证明推定不具合理性的阶段，可以根据心证采纳的差额部分为限来推翻推定。因此，重要的不在于推定涉及哪种损害，而在于如果认同推定的人不进行某种主张和举证活动，那么推定是否会部分或全部被推翻，损害赔偿额是否会有所减少。为了明确这一点，有必要通过具体诉讼中双方当事人的主张和举证的攻防过程来假设第 1 款推定的意义[①]。 232

2. 在专利侵权中，通常会认定第 2 款的相当许可费赔偿，而且如果权利人自身利用丧失掉的市场需求时，实施专利发明所获得的全部利润就是第 2 款的相当许可费。侵权人所获的利润额被证明是实施专利发明所获得的利润的一种，因此将这一额度推定为损害额。如果是这样，侵权人就必须举证证明权利人不能利用其所丧失的需求，这个利润不应该全部归属给权利人。如果举证不成功，即便能够证明损害额比侵权人所获的利润额少，也不能降低损害赔偿额。因此，如果侵权人想要推翻推定，最重要的是主张和举证第 2 款的损害额比侵权人所获的利润额少。此外，无论是哪种情况，第 2 款的额度都不会低于专利发明自身的价值，因此推定不会被全部推翻。

这一证明过程如下：

第一，侵权人需要举证证明权利人丧失的市场需求未处于自己实施利用的状态中，需要出示所获的利润额不应该全部归属权利
233 人的证据。如果举证证明不成功，原则上就不能减少推定额[②]。

第二，成功证明了上述要件的侵权人主张第2款的额度与侵权人所获的利润的额度不同，属于法官心证的那部分差额有希望获得豁免。

作为第2款相当许可费的计算方法，推荐如下三种：以侵权人所获的利润额作为标准并对此进行分配；以与权利人每单位的利润额乘以侵权人的实施总量后得到的额度作为标准并对此进行分配；以与被侵犯的专利发明相关的约定许可费例作为标准，再对事后确定的相当许可费进行修正。其中，最后一种计算方法的缺点是基于对未来的收益进行预测，未必能反映相当的许可费，以现实中的利润额作为标准的前两种方法更为合适。例外的是，如果当事人准确把握了实施专利发明所获利润的准确信息后缔结实施许可合同，那么就可以推荐依据约定许可费的计算方法，这种计算方法的优点是避免了分配比例的难题。

根据第1款进行推定的情况下，在推荐的方法中，由于侵权人所获的利润额已被确定，通过分配方式计算第2款的损害额最为合理。因此为了改变法官的心证，侵权人主张不应该从侵权人所获利润中分配给专利权人而相反应该分配给自己的额度，并需要对此进行事实上的举证。在这种情况下，侵权人没有依据这一计算方法对专利权人每单位的利润额进行举证并对此进行分配，这种行为也便没有太大意义了。即便这个额度少于侵权人所获的利润额，但侵权人所获的利润额是从现实中被侵害的需求中获得

的这一事实没有发生改变[3]。

关于具体分配时应该考虑的事项、与分配比例相关的内容已在前面讨论过。在适用第 1 款的情况下，对侵权人所获的利润全额做出推定，不明确之处可以倾向于向不利于侵权人的方向来计算。

3. 如果侵权人能够证明第 2 款的损害额并非侵权人所获的利 234
润全额，并且能够证明差额部分，差额部分就可以被免除推定，进而减少损害额的赔偿额度。

虽然属于自由心证的范畴，但通常情况下最好在差额限度内推翻推定条款。确实，除第 2 款的损害额以外，《民法》第 709 条中逸失利润或逸失许可费的损害也要被考虑进来（参见下一节）。但如果能够证明第 2 款的损害额并非侵权人所获的利润全额，这种情况下如果证明权利人无法通过自己的实施行为满足所丧失的需求，销量减少所导致的逸失利润的事实因果关系则不能成立，逸失利润也就无从谈起。另外，价格降低导致的逸失利润和信用丧失导致的逸失利润很少被支持，如果没有特殊情况，一般会被处理成未发生逸失利润。剩下的是逸失许可费，与第 2 款的相当许可费一样，其是对丧失的市场机会的损害赔偿，不能重复认定，只能认定其中一者。侵权人对分配附有举证责任，考虑到商业风险等因素，计算出的相当许可费很少会比约定的许可费低。应该从侵权人处收取的逸失许可费也一样，只要最终侵权人与专利权人之间不存在明显的预测会比假想的约定许可费高的情况，就会上调第 2 款的损害额。

4. 如果这样考虑，则预计诉讼中围绕第 1 款通常情况下的主张和举证的功防过程如下。

在权利人能够证明侵权人所获的利润额的情况下，将这一额度推定为损害额。对此，如果侵权人能够证明第 2 款的相当许可费并非侵权人所获的全部利润，仅凭能够证明的差额部分就能够推翻推定。如果权利人一方能够证明逸失的许可费高于部分推翻推定后剩下的数额，便可以提高赔偿的额度。

过去，虽然《专利法》第 102 条第 1 款并未特别指定应被推定的损害额，但事实上却作为推定第 2 款的损害额而发挥作用。第 2 款的损害额与侵权人所获的利润额密切相关，作为应该被推定的损害额最具合理性，而且因果关系并不是构成要件，因此要高于应被选择性认可的其他损害的额度。如果考虑到这些情况，便可以说是很自然的结论。

235 顺便提及，在诉讼过程中，虽然已经明确侵权人所获的利润额，但由于侵权人低劣的实施方式导致没有收获本应获得的利润的情况下，权利人可以基于自己每单位的利润额计算逸失利润额或相当的许可费，有时计算逸失许可费更为有利。在这种情况下，第 1 款的推定规定如何发挥作用就成了问题。权利人最初对这些损害额负有举证责任，因此可能会辩解无论是推定还是无法推定，这些情况都不会发生任何改变。但此处第 1 款的推定规定是为权利人而存在，只要解读为不会对权利人产生不利润即可。

注　释

① 这一问题踏足法官自由心证的领域，以下表示的只是一般案件中认为合理的模型。这个模型的趣旨不是否定要根据具体案件，特别是对各个证据的心证，提供适当的规制，而只是描画了计算损害额时的指南。

② 原则上，需要保留的是，如果侵权人通过自身的特殊途径获取超出属于专利权人的需求的利用价值并进行主张和举证，也可以扣除一部分额度。

③ 但是，与专利权每单位的利润额相比，侵权人每单位利润额更多时，可以推测发明专利以外的贡献因素更大，分配时可以适当提高保留给侵权人的比例。

第 2 款　“侵权行为带来的利润”的意义

第 1 项　“利润”的意义

1. 有关第 1 款中利润的含义，截至目前的学说中的讨论主要集中在应该是从销售额中扣除制造成本（或购入价格）的“毛利润”，还是从“毛利润”中进一步扣除为获得该销售额所需的其他销售费用以及一般管理费用的“纯利润”，多数认为将其理解为应该是“纯利润”（参见：松本重敏，《注解特许》（上）（初版），第 706 页；涉谷达纪，《注释特许》，第 248 页；青柳昤子，《注解特许》（上）（第 2 版），第 868—869 页）。虽然审判实务中也发现了计算毛利润的判决［大阪地判昭和 55 · 10 · 31 无体集 12 卷 2 号第 632 页“儿童交通工具用轮胎制造方法”案，大阪高判昭和 57 · 1 · 28 无体集 14 卷 1 号第 41 页（同案上诉审），大阪高判昭和 57 · 1 · 28 无体集 14 卷 1 号第 41 页（同案上诉审）］，但很多判决都是以抽象论的形式使用“纯利润”这一用语的，具体的计算过程中明示，从销售 236
利润中扣除销售费用和一般管理费用等其他费用的额度被称为“纯利润”（大阪高判昭和 57 · 9 · 16 无体集 14 卷 3 号第 571 页“锯用背金”案，冈山地判昭和 60 · 5 · 29 判夕 567 号第 329 页“叶烟悬吊器”案，大阪地判昭和 62 · 8 · 26 特管判 1988 Ⅱ 第 179 页“砂浆注入器”案，东京地判昭和 63 · 4 · 27 无体集 20 卷 1 号第 209 页“LV 标志Ⅵ”案，东京地判平成 2 · 2 · 9 判夕 725 号第 213 页“杜邦Ⅱ”案）。

但是，逐一证明作为相对方的侵权人的费用项目是极为困难的。第 1 款是用于缓和损害额举证责任的规定，这一点并无异议，为适用第 1 款而设定举证上的关卡，结果上有悖于本条款的趣旨。这一结论被认为是不恰当的，学说中原本认为第 1 款中的利润为“纯利润”，但有说法认为，侵权人附有举证证明应从“毛利润”中扣除的费用的责任（参见：畑郁夫,《马瀬古稀》，第 745—747 页）。大阪地判昭和 60・6・28 无体集 17 卷 2 号第 311 页“粘毛刷”案阐述了同样的判旨。具体如下：为举证被告获取的利润，原告申请了文书申请命令（《商标法》第 39 条和《专利法》第 105 条）。一般来说，权利人能够这样举证的大多是侵权产品的制造销售数量、销售价格、购入价格等毛利润的情况，即便原告负有举证被告所获利润额度的责任，而且要进一步让原告举证用于计算被告所获纯利润的减额因素。仅仅因为没有提出证明材料，就不对损害额进行举证，反而导致原本旨在缓和商标权侵权诉讼中原告损害额的举证难度而特设的上述推定规定不能被很好地利用，最终违背了上述推定规定的立法趣旨。

理论上，“纯利润”说认为，应该被推定的逸失利润额是“纯利润”，其认为推定“毛利润”会提供过大保护（涩谷，同上书，第 248 页），或这种处理是制裁手段，与我国的损害赔偿法不符（青柳，同上书，第 868—869 页）等。

但是，第 1 款是推定规定而不是实体规定。如果只将发生了侵权作为理由，如“清洁刷”案判决，考虑到权利人和侵权人的状况适当地规范举证责任，其结果是如果让侵权人负有减少额度
237 的举证责任，那么何处才能体现出制裁呢？即便体现出制裁的意味，但第 1 款作为特别法规定其是鉴于专利侵权案件中侵权极易发生的特殊性才被设定的。特别法理应发挥符合特别法趣旨规定

的功能，如果只按照对一般法的理解而未考虑特别法的趣旨，相当于对其套上了一个框子。要警惕这类行为。加之，作为一般法的解释是否能够断言其不符合我国损害赔偿法的制裁功能，也存在不同的见解（参见：平井，《损害赔偿法的理论》，第 458 页；森岛，《侵权行为法》，第 466—492 页），仅从相关抽象论来解释特殊法这种论证方法是否合适，这一点深受质疑。

原本不只是纯利润说，以往的讨论中存在的最大问题在于，理解逸失利润的前提是“纯利润”而不是“毛利润”。在逸失利润中找出第 1 款应被推定的损害，以往的多数说最终都是在如下两点上寻求合理性所在：一是如果未发生侵权行为则专利权人的产品能够取代侵权产品被制造和销售；二是侵权人每单位的“利润”和权利人每单位的“利润”等额，但在这种情况下，则不需要正确把握逸失利润的意义了。

让我们来具体思考一个例子。假设专利权人在存在侵权行为的情况下成功制造和销售了 n 个产品。为简单起见，假设侵权导致的逸失利润的销售数量是 1 个产品。在这种情况下，应该赔偿给专利权人的逸失利润是如果专利权人可以制造销售这个产品所能获得的利润，因此是假设专利权人制造和销售 n+1 个产品的情况下的利润额。在计算这一利润额时，需要扣除为了制造销售 n+1 个产品所需的费用。因此，费用中应当包括会根据产品制造销售个数发生变动的费用和不会发生变动的费用。地段、房租以及一般的管理费用等支出不会因为制造销售 n 个产品还是 n+1 个产品而发生变化。将这些称之为固定费用。如果在计算逸失利润时，n+1 个产品也要分摊这些固定费用，并从利润额中扣除，这将导致相较于专利权人制造销售 n+1 个产品所应获得的利润额，扣除额部分会计算得过少。因此在计算逸失的利润时，不允许扣

238 除产生 n+1 个产品相关的固定费用［以上参考“罗素盒子公司诉格兰特纸盒公司”案中关于修正成本（fixed costs）的讨论］。在这个例子中，如果逸失的产品个数是多个也是一样的。在制造和销售 n 个产品后，如果逸失 m 个产品，则只需要扣除制造和销售 n 个产品后再制造的销售 m 个产品必需的费用。

在以上的例子中，没有明确应将怎样的额度作为逸失利润。假设是从专利权人通过 n 或 n+1 个产品获得的销售额中扣除除销售额原价以外的销售费用和一般管理费用后得出的总利润额度进行平均，计算出每个产品的纯利润额并将其作为应该赔偿的纯利润，如果前面的“纯利润”说是这样考虑的，结果将是错误的。这是因为，在制造和销售了 n+1 个产品的情况下，计算平均后每个产品需要多少费用，与在制造销售了 n 个产品以后再计算 n+1 个产品所需要的费用是完全不同的问题。而且，逸失费用中应该成为问题的费用不是前者而是后者，即边际费用。为了制造销售 n+1 个产品，往往没有增加劳动力和设备的必要，边际费用仅指产品的制造原价。在这种情况下，逸失利润就变成了“毛利润”的额度。偶尔需要扣除包装费和运输费。原本来说，专利权人最初就是在投入资本并整合了劳动力和设备等生产品体制的基础上为回收成本而制造销售产品的。如果从回收额中扣除这些已经投入的成本，那么已经投入的成本将永远无法回收。只有在为了制造销售 n+1 个产品而新增了劳动力和设备等情况下，才会扣除与此相关的费用[①]。

只要权利人没有新增劳动力或设备投资，每个产品的“毛利润”就是逸失利润额，这是非常可能的。如果权利人并未新增一般的管理费，在根据产品的“毛利润”想要回收投入成本的情况下，支持纯利润说并以侵权人制造侵权产品需要新增一般管理费为由扣除这部分费用，不得不说，这在逻辑上是存在破绽的。

对此，在“纯利润说”中，侵权导致的“纯利润”是指每 239
个产品所需要的“纯利润”（前述东京地判“杜邦Ⅱ”案），也有学者将其理解为“毛利润”（参见：吉原省三，《专利侵权的损害赔偿请求诉讼的要件事实》，《石黑追悼》，第 187—188 页），因此这个问题并未解决。为什么会这样呢？这是因为在逸失利润中成为问题的并不是侵权人从各个产品中得到什么程度的利润，而是权利人获得什么样的利润。诚然，这个意义上的“纯利润”也会等于“毛利润”，但不可否定的是，在侵权人从零开始投入成本并开始了侵权行为的情况下，侵权人的“纯利润”绝不等于“毛利润”。而且在这种情况下，权利人已经投入了足够的成本等待回收“毛利润”，侵权行为带来的“毛利润”额也可能是逸失的利润。

进一步具体说明以上道理。例如，专利权人先发性地开拓了市场，而侵权人是后来才进入市场的。在这种情况下，由于侵权人是新进入者，店铺开设、新招聘销售人员等各种费用都很高昂。专利权人已经铺设了销售网络，因此不需要支出这些费用，并试图获得更高的每单位回收额，但由于侵权人销售贩卖侵权产品，这一提高回收额的计划落空了。如果把这种情况下的专利权人的逸失利润额推定为侵权人的利润，没有提前将这些费用扣除项目从专利权人的逸失利润中扣除，其合理性将大大遭到破坏。但是，有观点认为，第 1 款的“纯利润说”认可要从侵权产品的销售额中扣除侵权人的种种费用，特别是对于专利权人来说完全不需要的费用项目，而且专利权人一方没有主张举证这些不需要的费用项目扣除额，那么就完全不能接受第 1 款的推定。

2. 从以上的考虑中可以明确，即使不立足于重叠理解，应然的解释论也会自己收敛到一个方向上。《专利法》第102条第1款的利润究竟是毛利润还是纯利润，从字面看是不明确的。但是，本款作为缓和权利人举证责任的规定，考虑到证明一般管理费用等扣除项目对于权利人而言是很困难的，但对于侵权人来说
240 相对容易，那么本款中的“利润”应解释为权利人具有最大限度逸失可能性的“毛利润”。因此可理解为，权利人若主张毛利润并对其进行举证，就可以接受第1款的推定。在侵权人想要从中扣除任何费用的情况下，应解决这样一个问题，即侵权人无法仅通过证明自己的一般管理费而获得扣除。在权利人已经投入了该费用项目的情况下，将其扣除会使第1款丧失推定的合理性。

不过，根据重叠理解，第1款不只是逸失利润，也推定为第2款的损害额。第2款的损害额是权利人所丧失的市场需求的利用价值，在已经投入了费用的情况下，这部分利用价值将会增加。因此根据侵权人利润额计算第2款的损害额的情况下，必须根据权利人的利用状况来确定费用扣除项目。侵权人主张权利人没有投入该费用项目，对于成功证明的与项目相关的自己的费用额的部分，可以降低推定的额度。

即便进行这样的理解，在权利人不实施专利的情况下，侵权人很容易成功证明纯利润额的减额，反过来在权利人实施的情况下则不容易减额。这一结论的正当化理由如下。在已经实施的情况下，侵权产品的个数部分没有增加劳动力和设备投资，回收了投入资本的情况也不少。但是，即使在这种情况下，假设如果只多实施这些数量的专利产品，证明没有必要增加设备投资等也绝非容易之事。因此，如果让权利人负担这个问题的举证证明责任，恐怕会由于难以证明赔偿额导致本来的损害额下调。为了让权利人获得充分的救济，第1款将这一点归为了侵权人的责任。

注　释

① 已经有文献对这个问题进行了正确理解并给出启示，作为逸失利润被赔偿的是“边际利润”（参见：古城春実，「特許・実用新案侵害訴訟における損害賠償の算定（2）」，『発明』，86 卷第 2 号，1989 年，第 45 頁），这一用语用于表达上述具体计算的利润是很贴切的。

第 2 项　“侵权行为带来”的利润的意义

1. 从文字上看，由于第 1 款是将“侵权行为带来”的利润推 241
定为损害额，那么以什么作为依据来考虑“侵权行为带来”的利润便成为了问题所在。

最近在商标侵权案件中，第 1 款的“利润”被表述为和侵权行为具有因果关系的利润，这样的判决数量在增多（参见第 1 部分序章第 2 节第 1 款 2），大阪高判昭和 61・3・26 判工所 2535 第 279 页“柱上安全带尾钥匙”案作为专利侵权判决也继受了这一说明。但是，这个判决中确立了一个命题，即在专利发明的实施部分占侵权人制造销售产品一部分的情况下，侵权人制造销售产品所获的全额利润中，要在发明专利做出贡献的范围内推定利润额，“相当因果关系”不过是推导这个命题所使用的陈词而已。其他的商标侵权案件判决也都是在被侵权商标贡献的限度内推定利润额，虽然使用相当“因果关系”的措辞，但都不是从现实侵权人所获的利润额中扣除没有发生侵权行为的情况下的财产额推定损害额的判决。

如果通览学说，大部分文献都主张“侵权行为带来”的利润不是指侵权人现实中获取的利润额，而是指和没有涉及侵权行为情况下的财产状态进行比较后的利润额。而且多数观点认为，如果权利人不对这个利润额进行主张举证就不能接受第 1 款的适用。但是，将“侵权行为带来”的利润取之为事实上因果关系的含义，则无法支持侵权行为带来的利润是指侵权行为产生的现实的侵权人的财产状态和假定没有侵权的实施的情况下假设的侵权人的财产状态二者间的差额（《逐条解说》，第263页；织田，《新专利法详解》，第368页）。根据这种观点，理论上则必须解释为，将从侵权人通过制造销售专利发明的实施品在现实获得的利润额中扣除如果不存在侵权行为则应该获取的利润之后得
242 到的数额作为推定额。于是，假设没有发生侵权行为，认定侵权人是通过完全无关的其他手段获得了等额以上的利润，在这种情况下，侵权行为带来的利润额是零。但是，既然侵权人使用了给专利权人带来影响的获得利润的手段，那么专利权人就遭受了损害。如果没有发生侵权行为侵权人利用其他手段获得等额以上的利润额，这种情况与专利权的损害额并无任何关系。以此为由扣除损害的推定额的论证逻辑与第1款推定逸失利润额的解释这一前提相矛盾，因此不能采用。文献中也看到有如下说法，即应该被推定的逸失利润额限于和侵权行为具有因果关系的权利人的利润额，因此推定额应该是与侵权行为具有因果关系的侵权人的利润额［青柳昤子，《注解专利》（上）（第2版），第867页］。不得不说，这种观点忽略了前者和后者完全不同这一问题。

因此，即使站在与侵权人未进行侵权行为情况下的财产状态进行比较的立场上，限定于存在侵权人通过合法手段制造和销售可替代产品这种情况，同制造销售这个替代产品的情况相比，发明专利可获得的超出利润的部分可被理解为“侵权行为带来”的利润。确实，这是因为侵权人使用这一替代产品所得的利润被假设为即使没有发生侵权行为权利人也会逸失的利润。

但是，为什么要进行如下解读呢？即如果权利人不主张举证

扣除了如果没有侵权行为则侵权人可以获得的利润后的额度，就不能接受第 1 款的适用。不止是侵权人所获得的现实的利润额，就连假设的侵权行为所获得的利润都要证明，不证明这部分差额就无法适用第 1 款，这本身就违背了第 1 款缓和举证证明责任的趣旨。在学说上，第 1 款的趣旨是权利人证明自己逸失利润的因果关系较为困难因此设定了推定规定，并力图对其进行救济。如果是这样，则可以判断第 1 款对于权利人而言就连证明自己假设的财产状态都很困难，更不应该反来一刀在适用过程中要求举证对方侵权人假设的财产状态。

2. 关于这个问题，即使不立足于重叠理解，解释论也会向着一个方向收敛。如果看第 1 款的文本，也就是“侵权行为带来”的利润，第 1 款的确可被解读为从侵权人现实获取的利润额中扣除如果没有发生侵权行为则能够获得的利润额。但是，不止如 243
此，侵权行为指的是发明专利的实施行为，“侵权行为带来”的利润也可被解读为仅由制造和销售专利产品而获得的利润。而且，为了避免第 1 款自相矛盾，应该无法选择前一选择。在尊重第 1 款立法趣旨的情况下，为了不让推定额变少而导致权利人的救济不充分，或者不让权利人负担过重的举证责任，选择后一选项，如果权利人可以举证侵权人制造和销售发明专利实际获得的利润额，则根据第 1 款将此推定为损害额（参见：设乐隆一，《实务大全 9》，第 335 页），能否降低额度被理解为是侵权人的责任。

如果立足于重叠理解，侵权人主张举证了什么样的事实才能降低额度，仅这一点就需要另行检讨，因为还需要考虑和第 2 款的损害额之间的关联，而不止是逸失利润。即使侵权人通过其他手段制造和销售了替代产品并收取了等额的利润，既然已经选择实施了专利发明，则意味着夺取了利用专利权人需求的机会，这一点不变，因此必须要从由此获取的利润额中将一定额度作为相当的对价额支付给专利权人①。

首先，虽然存在其他替代品，但对专利权人能够自己实施利用所丧失的需求的部分，必须赔偿侵权人实际上获取的全部利润。另外，针对由于存在替代品等原因无法自己利用而丧失的需求部分，需要对侵权人所获的利润额进行分配。在这种情况下，尽管存在侵权人通过其他手段也能够获利的事实，仅以此是无法纳入考虑事项中的。其他的利润获取因素也不过是在与丧失的需求相关的专利发明的利润价值关联限度内加以考虑。还存在其他可替代产品减少了专利发明实施品总需求量的情况，这在无法接受规模利润的限度内使得各市场机会的利用价值降低。因此，只在此限度内反映对价额，同时减少分配比例。但这决不是要扣除侵权人通过替代产品所获得的利润额。只要侵权人实施了被侵害的发明专利，这部分规模的利润就不会减少，需要思考的仅仅就
244 是除侵权人以外还有他人实施时发明专利总需求减少的情况。

3. 顺便一提，关于“侵权行为带来”的利润的讨论，大多是在如下情况下处理，即发明专利的实施品仅占侵权产品一部分的情况下应该推定怎样的利润额。虽然这种情况下也有几个判决认定了全额利润［东京地判昭和52·3·30无体集第9卷第300页“焊接用熔剂”案（畑郁夫，《马濑古稀》），大阪高判昭和57·9·16无体集14卷第3号第571页“锯用背金”案］，但另一方面，前述大阪高判“柱上安全带尾钥匙”案指出，侵权行为带来的利润仅限于在实施产品贡献的范围内，并在其所贡献的范围内支持推定。

究竟应如何考虑这个问题已经无需赘言。为避免和前面的内容重复，仅对采用了多数说的立场下的有关讨论进行补充说明。

首先，虽然专利发明的实施部分只占销售产品的一部分，例如需求方着眼于该实施部分而加以购买，如果没有侵权行为则会购入权利人的产品，因此将全额的利润都认定为逸失利润。坚持站在根据第 1 款来推定逸失利润的立场，同时考虑到贡献率，实施部分在侵权人的需求者中占购买动机的多大程度，就应该在这个尺度上决定贡献率。可以预想到证明上存在困难，但由于与逸失利润的因果关系的证明不存在任何改变，因此从第 1 款对因果关系的举证难题提供救济的趣旨看，一旦推定了全额利润，侵权人就应该对非贡献率进行举证（参见：畑，同上书，第 742—744 页）。因此，从多数说的立场看，第 1 款的利润额应该被理解为制造销售包含专利发明的实施产品所获得的利润额，如果权利人能够主张举证该利润额，就可以适用第 1 款的推定。

顺便一提，在其他专利发明的实施部分存在于专利发明的实施部分以外的情况下，与由多个专利发明构成实施产品的情况做完全相同的理解。有判决认为，如果侵犯了多个权利，对各个权利推定全额的利润是否不便利，如果权利人一方没有主张举证各权利的贡献率，则无法接受第 1 款的推定（大阪地判昭和 43・6・19 判タ 223 号第 200 页“自动犬牙式锁边缝纫机变速器”案）。但是，只要立足于第 1 款不需要举证因果关系是谋求对专利 245
权人的救济这一前提，有时会由于存在其他侵权，反而必须主张举证贡献率，这有违第 1 款的趣旨。而且，就算对各个权利都认定第 1 款的推定，但由于原本本款就不是“视同”规定而是推定规定，因此后面只归为如何推翻推定的问题。即使认可了推定，如果由于部分推定被推翻导致结果上推定的总额仅限于侵权人利润额度的范围内，倒是可以规避反对说的担忧。而且，在这些多个权利归属一个权利人的情况下，可以直接在各个权利的合计总额和利润总额一致的范围内视为推定的推翻。即使是各个权利归属个别权利人的情况，由于存在其他发明专利这一事实使得贡献率降低，这些情况也很容易作为减额的事项被认定。这样思考的话，对每个权利都认可全额利润的推定的情况下，如反对说所指出的侵权人可能背负过大的赔偿额的担忧，不同的判决可能做出不同的有关非贡献率的判断，由此赔偿额仅在可能超出利润额的范围内存在。既然侵犯了多个权利，这种程度的不利益应是均衡的。侵权人可以向未提起侵权诉讼的权利人提起确认不存在超过一定额度债务的诉讼，通过这一策略防止不同法院做出差别性的判断导致赔偿额过高（参见：新堂,《民诉法》，第 486 页）。原本，在权利人请求与侵权人所获利润无关的逸失利润的情况下，侵权人被课以超出侵权行为所获利润的赔偿额，因此无法保证侵权人所期待的赔偿额仅限于侵权人所获的利润。以这种程度的不利益为由认为如果权利人无法证明贡献率则完全否定第 1 款的推定，这一观点不过是解决了第 1 款对于权利人过少保护的问题而已。

4. 作为结论可以理解为，无论是站在多数说的立场，还是立足于重叠理解，只要权利人能够举证侵权人通过制造和销售包含专利产品或专利产品实施部分的产品实际上获得的利润额，就可以适用第 1 款的推定规定[2]。

注　释

246 ①　否认这个结论时，引发了一些不合理的事态。例如，在侵权人能够获得等额利润的其他替代专利发明的实施人的情况下，侵权人未向前一专利权人支付许可费，却对后一专利权免除了第 2 款的赔偿。

②　在“侵权行为带来”的利润的解释中，设想假定的财产状态的唯一优点是，虽然发明专利被实施而产生了损害，但和采用其他手段的情况相比具有降低费用的效果，在这种情况下，要比未发生侵权行为的情况更有利。因此根据

这个差额，将第1款的“利润”推定为损害。参见:《逐条解说》，第263页。但是，也不应仅根据这点好处就无视其他多个难点，而直接将第1款“侵权行为带来”的利润作为因果关系的意义吧。另外，不仅对侵权人而言，对权利人而言实施专利发明自身可归于损失的情况下，无法认定为逸失利润。从这一学说的前提看，无论如何都无法接受第1款的赔偿。根据本书的理解，这就变为第2款的相当许可费额的问题。即使专利权人自己实施专利而背负损失，但由于已经在投入的资本和劳力之处表现出降低专利发明费用的效果，因此从其效果中应该分配给专利发明的比例，在性质上优于以现实的利润额作为标准的情况。

第3节 《专利法》第102条第3款

序

《专利法》第102条第2款规定了不妨碍请求赔偿超出其规定的损害，同时第3款规定，在这种情况下，法院计算赔偿额时可以考虑侵权人是否具有故意或重大过失等主观过错。本部分将明确本款的意义。

第1款　逸失利润的赔偿请求

有关《民法》第709条的学说中，近来有些讨论认为迫切需要重新思考差额说的损害概念，特别是以人身权侵权为中心的讨论非常活跃。本书同样立足于应对专利侵权认定规范的损害的立场，并将其作为《专利法》第102条第2款的解释。但是，《专利法》第102条第3款支持专利权人请求超出第2款的损害额的损害赔偿。

如果被侵害的权利如发明专利那样，收益会由于实施人及其 247
如何实施的状态而有所差异，这种情况下采用的损害概念无法着眼于各案件的具体情况以填补侵权导致的财产的减少部分，那么专利权人的金钱救济是不充分的。作为第2款中损害的解释，也应考虑到这种情况，特别是被侵权的产品夺走了市场需求导致销量减少进而招致逸失利润的赔偿，便可通过第2款中相当的许可费赔偿制度得以填补，这一点已经在前面阐述过。但是，例如侵权产品售价低销售导致专利权人不得不降低售价，在这种情况下产生的价格降低这部分损害，即使采用了本书第2款的解释论，也还存在难以覆盖的部分，因此希望坚持作为损害概念之一的、如果未发生侵权行为则应该获得的利润，即逸失利润。再者，还要考虑到信用受损带来的损害等，因此第3款的前半段被评价为妥当赔偿第2款以外的损害的制度[①]。

特别是，第2款的赔偿额被解读为事后相当的许可费赔偿制度，如果在侵权开始后才出现竞合产品而未能实现预期利润，在这种情况下，赔偿额可能会低于如果侵权人在侵权开始时间点上请求专利权人许可所必须支付的许可费。另外，在权利人和侵权人处于激烈的竞争关系的情况下，侵权人和专利权人之间的假想的约定许可费也被认为是非常高的，如果没有考虑到这些特殊情况计算出来的第2款的相当许可费就很可能是比较低的额度。在这种情况下，仅根据第2款的相当许可费，赔偿额反而可能低于侵权人请求合法许可所需要支付的费用，因此更为有利。这样就违背了第102条设定激励抑制侵权行为的趣旨。反过来看，侵权人合法许可需要支付的许可费在概念上也不过是如果没有发生侵权行为则不能获得的利润，这也是逸失利润的一种。作为逸失利润的赔偿，如果认可这种许可费（逸失许可费）的赔偿，第3款则出乎意料地对于完善《专利法》第102条的体系具有重大意义。

注　释

① 如前所述，德国多数说是将抽象的损害概念而非差额说作为相当许可费赔偿的理论基础。另一方面，几乎所有学说都没有对判例中支持逸失利润赔偿的选择权这一点提出异议，包括返还侵权人所获的利润的选择权在内，积极支持的人也很多。 248

第 2 款　逸失许可费

第 1 项　因果关系的问题

这样便可理解为，作为《民法》第 709 条的逸失利润，专利权人可以请求侵权人赔偿如果合法许可应当支付的许可费的额度。但是同其他的逸失利润一样，逸失许可费的赔偿请求中因果关系要件是问题之所在。专利权人必须要证明许可费是如果没有发生侵权行为则可以获得的利润，即如果没有侵权行为专利权人与侵权人缔结了许可合同后需要支付的许可费。

为证成因果关系这一要件，必须认定如果没有发生侵权行为侵权人一定会向权利人寻求专利许可。但是，例如存在故意的侵权人是出于想要免于支付许可费的动机才实施侵权行为的，除非是由于设备、顾客等原因不得不生产必须实施发明专利的产品，否则就不会考虑先支付许可费再实施发明专利。另外，即使是在过失侵权的情况下，如果注意到了侵权的可能性，本想制造和销售没有侵犯专利发明的其他产品的情况中，据推测大多数仍然在未寻求专利许可的情况下中止侵权行为。进一步严谨地说，大多认为即使侵权人寻求了专利许可，自行实施专利的权利人出于防止与他人发生竞争而导致利润下降的原因，也同样会拒绝授予其专利许可。或者在权利人授予第三人实施许可的情况下，可能会 249
通过合同等方式赋予侵权人实施许可。这样考虑的话，如果没有发生侵权行为则很难认为侵权人和权利人之间一定会缔结专利许可合同。如果将这一因果关系作为要件，则很难获得从侵权人处收取的逸失许可费的赔偿。

但是，如果侵权人能够免于合法实施专利必须要支付的许可费，选择侵权反而更有利，这种情况必定会助长侵权行为，因此不是好的选项。昭和 34 年《专利法》修订以前，在基于《民法》第 709 条请求赔偿许可费的案件中，最初一度出现了如前面所述的难以论证事实因果关系的判决，但此后的法院未谈及这点便支持了赔偿，这一点已经在前面介绍过。

反过来考虑，侵权人已触及了以支付对价为必要条件的实施行为。但是，已经实施的行为却可以免于支付对价，因此如果主张没有发生侵权行为则不会触及实施行为，这与自己的在先行为是相互矛盾的。不以对价为交换来请求许可，而是作为既定的事实，这与如下的主张是相同的，即对于即使请求了许可但被拒绝后对已经实施的行为免于对价。由此便可理解为，侵权人受到自己曾经发生的实施行为的约束，在请求人请求赔偿合法请求许可时必须支付的许可费的情况下，基于诚实信用原则并以因果关系的要件为盾，无法免除支付对价的义务[1]。作为结论，专利权人常请求将应该从侵权人处收取的许可费作为《民法》第 709 条中逸失利润的赔偿。

但是，关于这一点，如果是对土地建筑物的非法侵占请求损害赔偿的情况，判例和学说确立了所有权人实际上未买卖但也存在出租费相当额的损害的观点。与此进行比较后，有观点认为，在专利权侵权的情况下将许可费赔偿认定为逸失利润，这一点是存在疑问的（参见：森岛昭夫，《从侵权行为看知识产权》，《特
250 许研究》，第 8 号，1989 年，第 8 页）。关于土地建筑物这种有

形物，一旦被他人占据，则不动产的所有权人被完全排除使用，第三人想要租赁、买卖也无法实现。但是，专利权侵权的情况下，并不影响专利权人对第三人设定使用权，因此许可费的相当额是否可以说是应当获得的利润的丧失，这一点是存疑的。

这一观点考虑的是来自第三人的许可费收入，而本章上述论证是以来自侵权人的许可费收入作为问题进行立论的，因此不构成需要直面的批判。但是，不同于这一观点，在非法侵占土地建筑物的情况下，将租金的相当额认定为损害这样的判例已经确立，而且学说中也无争议，必须要注意到这一事实。虽然可由此来为规范的、抽象的损害附加理由，但大审院完全没有意识到这一理念。大审院时代开始便已确定了判例，学说所支持的也和这一理论的对错无关，反而可能是在此处探测实质的妥当性以寻求某种平衡吧。而且，如果将土地建筑物和专利权的情况进行比较，在侵犯了土地建筑物的情况下，由于非法占据土地建筑物自身没有发生积极性的毁损，在侵权开始以后，并不妨碍所有权人自己利用或者将其租借给其他人，因此在侵权过程中自己没有利用或租借给他人的意思的情况下，侵权行为有时不会对所有权的价值产生任何影响。另一方面，在专利侵权的情况下，侵权人制造和销售侵权产品以此来满足市场需求，此后专利权人不再可能从这个需求中获得收益。由于侵权行为导致利用该市场的需求的机会丧失的部分，以及专利权的价值都不断降低，这是在土地建筑物中看不见的特征（Joachim Schmidt-Salzer,Zur Technik der topischen Rechtsbidung;Angemessene Lizenzgbühr und Verletzergewinn als Glundlagen der Schadensberechnung,JR 1969,S.90）。因此，在专利侵权的情况下，仅凭借可以授权他人实施许可这一事宜，不能武断地将与土地建筑物的非法侵权相关

的判例和学说中的平衡感推广到专利侵权中。而且，追溯土地建筑物非法侵占的相关判例，将许可费的相当额作为损害的判例已
251 经是确定的事实，其背后共通的平衡感深入人心。本书的观点不过是将已经确立的判例中的平衡感进行理论上的组装而已。

注　释

① 如前所述，在德国，关于损害赔偿和不当得利两种情况中存在这种讨论。

第2项　具体的计算方法

1. 关于应该从侵权人处收取的逸失许可费，假设专利权人和侵权人在侵权时间点上缔结许可合同的情况下，假想约定的许可费作为赔偿额。

2. 在计算逸失许可费之际，如果专利权人针对该专利发明与第三人缔结了许可合同并明确了许可费，这会成为非常有力的证据。但是，应该被认定的是最终和侵权人缔结了许可合同的情况下的约定额，因此将参考例中实施权人和专利权人的关系与侵权人和专利权人的关系进行对比，如有必要需要进行适当修正。参考例中的实施人和专利权人处于亲密关系时，逸失许可费向减少约定额的方向变动；侵权人是专利权人强劲的竞争对手时，高于参考的许可费的额度便成为逸失许可费，如果是相反的情况，认定逸失许可费低于参考的额度。

在实施许可合同中，依据业界许可费行情来确定许可费的情况并不少见。这在侵权人和专利权人之间的假想许可合同中会被充分考虑。因此在认定逸失许可费的情况下，业界行情成为有力的资料。这时必须要考虑专利权人和侵权人之间的关系

并加以适当修正。

3. 在假想的实施许可合同中，如果双方当事人有一个希望达成的许可费额度，这种意向会对合意的形成起到重要作用。因此，假设双方当事人在侵权开始时间点上对于许可费的希望额度已经明了，乍看之下这种情况也应该被纳入应该考虑的事项之中。但是，例如认定了如果许可费在某个定额以上侵权人决不会缔结实施合同，这种情况将此额度作为赔偿额，最终是认可侵权 252
人按照自己希望的许可费额度强制性地实施侵权行为。但是，如下文所见，理论上侵权人希望的额度原则上不应被考虑，因此最终不存在太大问题。

首先，尽管只是参考，但至少应该是侵权开始时的希望额度。这必须与虽然当时不存在希望额度但事后经过考虑还是希望这个额度的情况加以区分。如果最终是在侵权开始时间点上缔结了实施许可合同，由于应从侵权人处收取的许可费成为问题，因此如果在侵权开始时间点上已经不存在当事人的主观样态就不能占据必要材料的地位，这一点上存在着为控制赔偿额而事后虚构希望额度的风险。事后形成的希望额度不过是推测当事人在侵权开始时缔结实施许可合同情况的主观证据，如果考虑到恣意虚构的可能，则不应该将其考虑得那么重要。另外，希望额度不同于交涉技术中出示的额度。此外，原本不具有约定意思的常识以外的出示额，也不被认为是会达成合意的金额，因此必须从参考对象中排除。

即便经过这样的筛选还是认定了希望额度，这时侵权人的希望额度也没有被置于相对重要的位置。侵权人的希望额度获得许可达成实施许可合同的方案和不触及实施行为的方案，都是基于触及了侵权行为这一选项的基础上，有时是针对第一方案希望支付的额度。但是，如果考虑到以最后的侵权行为这一选项为前提得出的希望额度，就不会抹除对于侵权行为的影响，因此违背了将损害赔偿作为救济手段的趣旨。对这一点必须要舍去表象加以考虑。接下来，在双方之间存在一个希望额度的情况下，很多时候侵权人认识到了自己的行为与专利权发生抵触。但是，完全没必要对这种具有故意的侵权人希望的额度加以考虑。损害赔偿额中除逸失许可费以外，还包括逸失利润、《专利法》第102条第2款的赔偿额等。无论采用哪一个赔偿额，都无法保证和侵权人所希望的额度一致。他们是对损害赔偿有
253 所觉悟而实施侵权行为的。因此，在故意实施了侵权行为的时间点上，他们必须考虑放弃自己的希望。因此，不得不认为并不存在希望的额度。

对此，如果经过了前述筛选，专利权人希望的额度会成为计算逸失许可费时极度重要的证据。专利权人本来就具有不授权实施许可的选项，对于想要实施的人而言，应该希望站在较强势的立场上进行交涉。侵权人先实施了侵权行为，弃许可合同于不顾而以强制的形式实施，这一行为使得专利权人本来具有的较强势的立场无缘无故被抹杀。

如前所述，侵权人希望的额度仅在过失侵权的情况下才被考虑，对于其与权利人希望的额度存在分歧的情况下的处理，必须要考虑到原本就具有较强势立场的权利人。加之，在侵权人即使存在过失，但由于对权利调查并不充分等原因构成侵权行为，并且对于被请求损害赔偿有一定觉悟的情况下，必须要承认，与觉悟的程度成反比，希望的额度是效力较弱的证据。模拟的许可谈判中假想约定的额度在理论上反应了双方当事人的希望的强弱程度，因此以更加符合权利人希望的形式认定假想的约定许可费，

而非对半分。这种思考方式更加重视权利人的主观判断，并将其直接作为赔偿额苛加给侵权人，可能会遭到认为会给过失的侵权人带来额外的负担的批判。但是，将如前所述的要价过高的额度和希望的额度加以区别，并进行严格的筛选，将可以避免不合理的高额赔偿。另外，有关额外的负担，由于《专利法》第 102 条第 3 款对轻过失参考的特别规定，只要对其加以灵活利用来减少赔偿额足以。

4. 总结来看，计算逸失许可费或是以被侵权专利发明相关的实际许可合同例中的许可费为中心，或是以类似发明的许可费的市场行情为中心，以考虑到专利权人和侵权人之间的特殊情况后加以修订调整的方式为主。对此进行限定的条件下，参考各当事人对于许可费在侵权开始时间点上的主观判断。

因此，如果将从侵权人处可收取的许可费设定为问题，则必 254
须要依据当事人的主观判断，这一认定不会很困难。即使没有被侵害专利的许可合同例，但只要存在一般许可合同依存于业界行情的倾向，就可以此来推定逸失许可费，在明确具有其他特殊情况时进行适当的修正即可。如前所述，在实际的判决中，也有判决考虑到在《专利法》第 102 条第 2 款适用以前，将逸失许可费作为计算对象，这其中考虑到了当事人的主观样态。

以往和《专利法》第 102 条第 2 款有关的判决中，在第 2 款的许可费相对额的名义下，实际上如果和侵权人缔结许可合同，会将流入权利人的许可费作为计算对象，这样的判决不在少数，这一点已经在前面指出。于是，在审判实务中，不期待作为第 2 款的赔偿额不同于逸失许可费和相当许可费额的计算方法。暂且不论为什么，不得不说实务中实际支持的是本章中提倡的两种损害赔偿。如是如此，我认为将前者置于第 2 款的框架之外并将

《民法》第709条作为根据，而将第2款与后者的损害额一体化，本书的解释论可能有助于消除两种损害的混淆。

第3款 轻过失的参照

《专利法》第102条第3款的后半段规定，在计算赔偿额时，可以斟酌侵权人是否具有故意或重大过失。如果要探讨参考轻过失的合理性，专利侵权中要求确实知悉权利的存在，再者在判断专利侵权方面存在微妙之处。另一方面，每个发明专利应该获得的利润也存在一定差异，有时损害额会在意料之外。因此，在侵权人具有轻过失的情况下，对于损害赔偿额的裁量性减额被认为是保护了轻过失的侵权人。但是，为了避免这种特别的裁量性减额会缺少对权利人充分救济的影响，第3款可解读为设定了不能超出第2款中相当的许可费限度的限制①。

255 具体来说，例如第3款的适用是在逸失利润或逸失许可费超过第2款中的损害额的情况下才启动的。顺便一提，立足于重叠理解，根据《专利法》第102条第1款推定第2款的损害额，这种情况下裁量性减额的限度要根据推定额来划定。例如，根据第1款就侵权人的全部利润适用推定的阶段，为了适用第3款的后半段，最终需要推翻第1款的推定额。在这种情况下，不管是否具有轻过失，只要侵权人主张举证利润额中应归属于自己的额度，并证明了第2款的损害额比侵权人所获利润额少，一般来说第1款的推定会在其限度内被推翻，这一点已在前面提及。再者，对于具有轻过失的侵权人，适用第3款的结果是尽管其他的侵害赔偿的额度可能更大，但法院可将通过裁量得出的第2款的金额作为赔偿额②。在这个意义上，第3款在与侵权人所获利润之间的关系上也可以找到适用领域③。

① 本款的起草者立足的前提是，在一般法中确定损害赔偿时并不会参考过失（参见：織田季明,「改正特許法案における 5 つの問題点」,『特許管理』, 8 卷第 8 号，第 367—368 頁）。但是，在传统的理解中，在“相当的因果关系”的名义下，要考虑到侵权人对于什么样的损害负有赔偿责任。最近提倡如下解读，直接将其作为“保护范围”的问题加以处理，在过失侵权的情况下应该赔偿的损害的范围是由确定侵权人过失标准的注意义务（损害回避义务）所决定的（参见：平井宜雄,「不法行為における損害賠償の範囲」,『損害賠償の範囲と額の算定』,『現代損害賠償法講座 7』, 日本評論社，1974 年，第 20 頁；平井宜雄,『債権各論Ⅱ』，第 111—129 頁。有关判例的详细内容，参见：平井，『損害賠償法の理論』，第 449—469 頁）以这种解读为前提，第 3 款对减额设定限制反倒成了问题。因此，第 3 款并非是对相当因果关系或保护范围的问题进行规制，其趣旨是法官在评价损害的金钱时要进行裁量性减额。审判中在保护范围外发生的损害与第 3 款的规制无关，赔偿请求未被支持。另外，即使是关于保护范围内的损害，超出一般法的框架认可赔偿额的裁量性减额，根据第 3 款，在对该损害进行金钱性评价时，法官才可能进行裁量性减额。

② 在多数说都进行纵向理解的情况下，由于第 1 款的推定额和第 2 款的损害额并没有任何关联，因此根据第 3 款可以直接下调侵权人所获利润额。第 3 款取代第 1 款推定侵权人所获利润额，力图通过设定裁量性减额寻求平衡。虽然这本身具有合理性，但本书基于已经阐述过的多个理由，认为采用原本作 256
为前提的纵向理解并不恰当，建议在本文提示的框架中来理解第 3 款。

顺便提及，在审判实务和学说中，也不是没有见解认为，除第 2 款的损害额以外，侵权人所获利润的额度也要划定一个裁量性减额的最低下限（东京地判昭和 37・11・28 判タ 139 号第 129 页“卷发用染发剂”案；吉原省三,「特許権侵害による損害賠償請求訴訟の要件事実」,『石黒追悼』, 第 191 頁）。“卷发用染发剂”案判决的评论（判タ 139 号，1936 年，第 129 页）表示，第 3 款是为了避免苛以预想外的高额损害赔偿义务，以此规定为由支持该判决。但是，即使侵权人对自己的利润额进行预测，但由于无法预想到这是由于专利侵权而负有的损害赔偿义务，因此断言完全不存在苛以预想以外的高额赔偿义务，这一点是存在疑问的。另外，一旦无法确定侵权人所获的利润额而无法减少额度的话，程序就会变得繁重复杂。在能够举证轻过失的情况下，该款并不必然要求减额，是否会减额要交给法院来决定，没有必要无端限定法官的裁量空间。顺便提及，作为德国轻过失参照现行《专利法》第 139 条第 2 款规定了在实际损害额与侵权人所获利润额之间确定赔偿额的趣旨，虽然否定减少到侵权人所获利润额以下［如第 1 部分第 2 章第 3 节第 1 款序注释②所述］，但该构造源自于德国法将其认定为与逸失利润额及侵权人所获利润额完全分别独立的赔偿方式。

③ 此外，在审判实务中，几乎没发现认定轻过失而适用第 3 款的案件。在“纳豆包装苞”案中，购买了实用新型专利权的实施产品并加以使用的人被实用新型专利权人要求进行赔偿，在这种情况下适用第 3 款将逸失利润额的一半认定为赔偿额。

第 4 节　赔偿额计算方法的选择

第 1 款　损害的选择权

截至目前的考察可以表明，权利人可以依据《民法》第 709 条请求销量减少导致的逸失利润额以及应该从侵权人处收取的逸失许可费的赔偿，也可以根据《专利法》第 102 条第 2 款请求赔偿事后相当的许可费。特别是，逸失许可费和事后适当的对价额的任何一种都是如果存在侵权行为则因果关系不是大问题，通常就能够请求的。

257 其中，逸失利润和逸失许可费与各种丧失的需求处于对应关系，起到弥补丧失的市场需求的功能。但是，有关利用了同一需求的机会，如果允许二重或三重的赔偿，则与力图寻求适当保护的《专利法》第 102 条第 2 款的趣旨相反。因此可理解为，不允许就一个需求同时获取多次赔偿。但是，任何一种请求都期待认定高额的赔偿，因此会准备主张多个损害赔偿请求。另外，这一趣旨并非是要在一个诉讼中否定就利用其他需求请求其他类型损害的赔偿。专利权人根据自己的判断，选择对自己最有利的赔偿方法。关于逸失利润的请求，法院仅就其中一部分认定了因果关系，而否定了剩下的部分。关于剩下的这部分请求，必须另行认定被请求的逸失许可费或相当许可费的赔偿。

对于权利人请求的损害赔偿，侵权人无法主张举证其他的损害过少并接受减额。其原因是，第2款的损害和逸失许可费常常是必须要支付的损害赔偿；另外，认定逸失许可费并不妨碍逸失利润的赔偿，因为有关《专利法》第102条第2款的损害在第102条第3款的前半段中也有规定。

就这样，三种损害的选择权便归属给了权利人[①]。

注 释

① 在对被侵犯的专利权设定了专用实施权的情况下，侵权人所侵犯的专利权不变还是一个，这与多个专利权侵权的情况（参照第2节第2款第2项3）有所不同，在关于第102条相关的处理上特别缺乏不利处理的理由。在文理上，同条第1款、第2款规定了“专利权人或者专用实施权人”，在专用实施权被明确设定的情况下，接受第1款侵权人利润额的推定，能够请求第2款的相当许可费赔偿的仅限于专用实施权人。但是，专用实施人通常会约定向专利权人支付与销售相应的许可费，因此要从赔偿额中扣除应该支付给专利权人的许可费部分，另外第1款的推定额也在该约定额部分的限度内推翻一部分推定（关于第1款，也有不少判例。参见大阪地判昭和54·2·28无体集11卷第1号第92页“人工植发用植发器一审”案）。但是，如果在和专用实施权人有特殊关系因此减少了约定额的情况下，预测从侵权人处应该收取的逸失许可费被认为更高，请求这一赔偿额的一方更为有利。顺便提 258
及，关于再许可情况下的许可费分配，在和专用实施权人达成特殊的约定的情况下，需要根据约定分配逸失许可费。

被侵害的专利权是共有的情况下，侵权人侵犯的专利权依然同样是一个，对每个共有专利权人应该认定的推定额是最终以某种形式对第1款的侵权人所获利润额进行按比例计算后得到的额度。但是，在这种情况下，关于按比例赔偿的举证，对各个共有人会带来过高的要求，只要不能证明比例就不能接受第1款的推定，这有违该款作为举证责任分配缓和规定的趣旨。将存在共有专利权人的事实理解为推定的（一部分）推翻事实，在此基础上，一旦对各专利权人认定侵权人所获利润额的推定，则在共有人存在的限度内推翻，推翻方式在各个案件中根据凸显的情况有所不同。而且，特别是在没有材料的情况下，如果共有权人是四个人的话，总之先推定四份中的一份（大阪地判昭和55·10·31无体集第12卷第2号第632页“儿童交通工具用轮胎制造方法”案，大阪高判昭和57·1·28无体集第14卷第1号第41页“同案上诉审”，大阪地判昭和62·11·25无体集第19卷第3号第434页“镶木地板图案建筑材料”案。空田卓夫、平田克文，《知的財産権研究Ⅱ》；田村善之，《知的財産権研究Ⅱ》)。但是，在专利产品的制造业者和销售业者共有的情况下，而且在相互之间的利润率也被判明的情况下，对每个人可以维持将侵权人所获利润额按照利润率的比例计算后得到的额度的推定。另外，四位共有人中的一人不实施，明确只能接受许可费相当额（按比例）的赔偿，而且额度可以被证明这种情况下，维持从侵权人利润额中扣除应该赔偿给不实施的共有人的相当额，即推定三个人的额度（田村，同上书，第29—30页）。此外，去除不实施共有人后只剩下三个共有人且可以明确满足被侵害的需求的情况另当别论。在专利权共有的情况下，对于同一个需求，不能重复收取赔偿额，因此同样地，在共有的情况下也只有三个人可以接受逸失利润（或者第2款的相当许可费）的赔偿，不实施的共有人不能接受任何赔偿（参见：田村，同上书，第30—31页）。

第2款　损害计算方法的选择

1. 在计算各种类型的损害时，列举通常会使用的方法。

第一，《民法》第709条的逸失利润额是在权利人每单位的利润额（率）上乘以侵权人的实施产品的总量中被认为是专利权人逸失的数量（额）的方式计算得出的。

259 第二，《民法》第709条应从侵权人处收取的逸失许可费是以与被侵权的专利发明相关的许可费例作为基准，若没有许可费例则以业界的许可费行情作为基准，并考虑到权利人和侵权人之间的特殊情况，通过这种方法进行计算。除此以外，在能够证明权利人在侵权时间点上的希望额度的情况下，也要加以考虑。

第三，《专利法》第102条第2款的相当许可费通过如下三种方法来计算：一是使用侵权人每单位的利润额（率）乘以侵权人的实施产品的制造销售总量（额）后的额度接受第1款的推定，让侵权人负有扣除额的证明责任；二是使用权利人每单位的利润额（率）乘以侵权人实施产品的制造销售总量（额）后得到的额度，并计算应从其分配得到的额度；三是以与被侵权的专利发明相关的许可费作为基准，事后来看相当的许可费额并加以修正。

在各个损害额的框架内，使用什么样的资料是各当事人的选择自由。因此，即使专利权人主张了一个计算方法，侵权人并不受其束缚，可以使用其他计算方法争论额度的大小。但是，在权利人接受了第 1 款的推定的情况下，如前所述，事实上必须要讨论第 2 款的分配。

2. 从被使用的资料及其优点的角度进行横向概述。

第一，权利人采用了每单位的侵权人的利润额乘以侵权产品的制造销售总量的方式，这种情况可以接受第 1 款的推定。事实上，这种方法的优点是可以让侵权人承担举证相当许可费的分配责任。在权利人能够自己利用丧失的需求的情况下，原则上将全额利润分配给权利人。

第二，权利人每单位的利润额，在逸失利润或者第 2 款的相当许可费的情况下都可以使用。因此，对于权利人而言，在自己每单位的利润额乘以侵权人实施产品的制造销售数量的情况下，请求两个损害的赔偿是很方便的。主张事实的因果关系并请求赔偿总利润额的全额；同时即使不认可事实的因果关系，也可以主张其利润额中的几成作为相当许可费分配给自己。作为法院，必须确定在侵权产品的总量中，存在事实因果关系的比例在不少于 260
几成的心证范围内认定逸失许可费；同时，关于剩下的部分，必须确定应该分配给专利权人几成作为相当的许可费。如果分析性地设定过于技术性，只要计算过程是明确的，也可以集体性地认定为几成。此外，关于相当许可费的部分，侵权人可以主张其他的方法。但是，如果这个方法是依据一般的市场价格，也可以使用可以反映更加具体的专利发明价值的方法，即权利人每单位的利润额。

在使用这种方法的情况下，与第一种方法不同，由于适用的是《专利法》第102条第1款，因此事实的因果关系和举证责任在于权利人。法律着眼的是，由于是权利人的利润额，因此权利人一方主张和举证分配时的费用扣除项目更为容易，这可被理解为二者之间设定了差异。这样，既然认定了一定的合理性，暂且不论立法论，在进行解释时必须要尊重法律的合理判断。此外，在审判实务中，根据权利人的每单位的利润来推定认可侵权人每单位的利润，有时需要认定第1款推定的处理①。根据具体案件，这被肯定为是便利的方法。

第三，关于与被侵权的专利发明相关的约定许可费例可用在逸失许可费额的计算中，也可以用在事后相当许可费额的计算中。同第一、第二的利润额相比较，这一额度的举证更容易，加之不会产生分配问题，因此这种方法在想要简单进行诉讼程序的情况下受到青睐。作为权利人，在由于与侵权人具有竞争关系等原因能够预见到会高额认定逸失许可费的情况中，以及在由于侵权开始后出现了竞争产品等原因能够预见到事后过低认定相当许可费的情况中，一般会选择计算前者的逸失许可费额。除此以外的情况，可以选择高于通常情况的事后相当许可费额。在这种选择的情况下，法院必须使用从事后看约定许可费额是对专利权人丧失的市场机会的许可费等显示的其他证据进行修正。即使没有其他修正材料，但为了调整商业风险的减额部分等，一般都期待可以修正为更高的额度。

261 第四，业界中类似发明的行情，以及更加一般性的关于专利发明的行情等资料可以用于逸失许可费。在这种情况下，可以根据侵权人和权利人之间的特殊情况进行修正。这具有在程序上计算简便的优点。在没有其他材料的情况下，也可以用在计算第2款的相当许可费中。但是，由于可能会与具体的专利发明的价值发生乖离，因此有必要补充其他证据。只要两个当事人没有一致使用这个手段，就不是必然被推荐的方法。

注　释

① 东京地判昭和38·12·25判タ第156号第218页“轻量保温耐火壁材的制造方法”案；大阪地判昭和54·2·28无体集第11卷第1号第92页“人工植发用植发器一审”案。从侵权人的侵权产品销售价格中扣除权利人的同种产品的制造原价，并将其推定为侵权人所获的利润额，这样的判决有大阪高判昭和57·9·16无体集第14卷第3号第571页“锯用背金”案。

第5节　制度论

序

以上内容构建了一套《专利法》第102条的解释论。本节从《专利法》第102条的目的来考虑这套解释论是否真的合适，并在检证的同时与依据不当得利等其他制度的情况下的解决方案进行比较。

第1款　验证目的适合性

如前面第1部分第3章所述，在德国，三种损害赔偿计算方法中存在如下被称为“三点组合”阶段构造的问题点。第一，德国的逸失利润赔偿存在权利人很难证明因果关系的问题，多数得不到赔偿。第二，被期待可以起到替代性作用的侵权人所获利润的返还，必须要明确应该作为对方侵权人的经营费用被扣除等情况，也可以归结为证明困难的问题。特别是在必须要对利润进行
262 分配的情况下，困难也是可想而知。从这两点来看，相当许可费赔偿所占的比重会有所增加，但是如果此处只要支付侵权人合法请求实施许可必须支付的许可费等额度的损害额即可的话，侵权人便不负有任何风险。专利侵权极易进行，而这个制度中，却无法期待对侵权进行制裁、抑制的效果。

从这个角度出发，对本书的解释论加以验证。

第一，关于逸失利润因果关系的证明。和德国一样，以前我国的审判实务也存在问题，深陷全有或全无的认定方法，为了认定因果关系被苛以非常高的证明要件。对此，期待通过如下处理加以改善，即在采用至少不会低于几成的心证的限度内认定逸失利润。加之，根据本书的解释论，提倡在计算《专利法》第 102 条第 2 款的相当许可费时，采用和逸失利润一样的计算方法，在专利权人每单位的利润额上乘以侵权人的制造销售数量，使用这个数额，并将一定比例分配给专利权人。由此，作为逸失利润被主张的额度，即使没有完全认定因果关系，也可以赔偿几成的损害。因此，被指出的问题点在相当的程度上已经被预见到并得以消除了。

第二，关于侵权人所获利润额，和德国有所不同的是，日本存在可以推定其他类型损害，例如《专利法》第 102 条第 1 款。在前一章的解释论中，充分利用作为推定规定的优势，如果权利人主张毛利润并对其举证，便将应该扣除的费用项目的决定以及金额和利润的分配问题全部作为侵权人的责任。为此，德国指出的问题点基本被解决。

如上所述，本书的解释论可以克服作为前提的第一个和第二个问题点，与此同时对进一步计算第三种许可费提供了解决方案。

首先，可以理解为从审判时间点看《专利法》第 102 条第 2 款的相当许可费。采用这个解释，由此开辟了赔偿额高额化的计算途径。在德国，最近开始尝试侵权补贴费，这一点在前面介绍过。这从事后计算相当的许可费的观点看，是一种水到渠成的理论构成，这一点也在前面指出过。

另一方面，从美国的判例来看，从审判时间点来看相当的许 263
可费中存在如下问题，即前述优点反向作用，有时可能下调侵权人必须要支付的许可费。而且，第 3 章中分析德国法和美国法制度的结果是，在不具有三倍赔偿这种抑制手段的情况下所期待的制度，是赋予权利人支付侵权人必须应该支付的实施许可费赔偿或者从审判时间点看相当的实施许可费赔偿的选择权，这个结论已经在前面给出了。关于这一点，本书的解释论是通过《民法》第 709 条认定前者，通过《专利法》第 102 条认定后者，由此来实现上述结论。

作为总结，根据本书的解释论，侵权人对于支付高于合法实施时应该支付的最低限度的许可费要有所觉悟。但是，在可以证明侵权人所获的利润额的情况下负有分配的责任。如果权利人自己可以利用被夺取的需求的情况下，侵权人需要支付全额利润作为赔偿额。另外，如果并非如此而被举证证明责任所阻绊，那么从侵权行为所获利润中可保留给自己的额度变少。通过这种处理，期待发挥出损害赔偿制度在专利侵权中对侵权行为的制裁和抑制功能。另外，对于侵权人而言，如果合法请求实施许可更为有利，也会形成一定的对寻求合法许可行为的激励。

第2款 与其他学说的比较

序

同其他学说进行比较，来确认一下本书解释论的实际效果。我妻荣主张，第1款的规定是将侵权人所获的利润推定为赔偿额，一旦被推定后，侵权人一方力图对起因于自己的劳力和才能的额度进行举证并从赔偿额中扣除。我妻说（参照第1部分序章第2节第2款7）的这种主张，只是在重叠理解的方向上踏出了一步，并非是相反的理解，因此不能作为比较对象。

264 第1项 多数说

多数说的问题点已经在序章中阐述过，因此无需赘言。多数说强行将“损害的发生”要件苛加到第1款的推定条款中，而且有观点认为，无论前提如何，其结果和审判实务一样，只将销售减少导致的逸失利润理解为第1款的损害。为将此举正当化，需要把第2款的损害额理解成与第1款的侵权人所获的利润不同种也不同质的损害，多数说和审判实务本身都认定侵权人所获的利润是第2款损害额的基准。从实质的妥当性看，即使不插手逸失利润的证明难题，对于应该起到替代性作用的第1款，也无法扩张适用到权利人不实施专利的情况。再者，如果第2款的损害额和《民法》第709条的损害额二者的关系适用的是未分离而相互交错的基准，则倾向于适用第2款并将其规定为如果侵权人寻求实施许可则必须要支付的许可费的额度。由于多数说设定的种种桎梏，导致本条款陷入几乎无法发挥作用的状况。就像这样，甚至在逻辑上出现了矛盾，限缩《专利法》第102条的适用范围，使得原本应该发挥的功能显著减退，这样的论法终究是不能被采用的。

第 2 项　不当得利

1. 根据《民法》第 703 条，专利权人可以向侵权人请求返还不当得利[1]。因此，在探究本书所提倡的解释论的实际效益的情况下，无法回避要与不当得利返还请求情况的效果，特别是与其返还额进行对比的工作。

2. 对包含专利侵权的对物的擅自利用、使用的案例中，最近的有力说是所获利益的不正当性违反了法律规定的货币的归属秩序（= 分配内容）。如果站在这个立场上（关于学说情况，参见：土田哲也，《不当得利的类型论考察》，《民法讲座 6》，有斐阁，1985 年），在专利侵权案例中，作为首要问题的财物归属法只是与《专利法》中专利权相关的规范。因此，为论述不当得利返还 265
请求权，首先有必要把握如何分配专利权的内容。

如前所述，《专利法》将未经专利权人许可实施发明专利的行为视为侵权行为。根据该法规定，专利权人可以排他性地决定，通过什么样的样态回流利用发明专利的市场需求可预见到的利润。也就是说，专利权人或是自己实施自己的专利发明，或是授权他人许可实施获得对价等，自己能够选择利用的样态，可以支配发明专利的市场需求。如果通过利用和实施发明专利来满足这一需求并将其定义为市场机会，那么《专利法》便赋予了专利权人排他性地利用市场机会的决定权。

对此，专利权的侵权人未获得专利权人的许可实施专利发明，由此利用了《专利法》排他性地分配给专利权人的市场机会。另一方面，侵权人通过实施满足了对于发明专利的市场需求，专利权人便丧失了利用市场机会的可能性。这一获利与专利权的分配内容相反，因此成为具有“法律上的原因”的不当得利，根据《民法》第 703 条必须返还其对价数额[2]。

下面进入应该被返还的对价数额这一问题。

作一个关于市场机会的假设，即使可以明确实施发明专利能够获得利润的额度，这种情况下的返还额度也无法触及全额利润。不当得利返还请求权中的问题是侵权人获得了什么。违反法定的财产归属秩序，从权利人转移到侵权人的财产成为返还对象。通过实施获得的利润是除专利发明之外通过资本、劳动力、设备等贡献因素获取的，因此作为不当得利返还的对象应仅限于按照各个贡献因素分配全额利润的情况下应该归属发明专利的部分。如果使用已经提及的用语，发明专利自身的价值是归还额。当然，计算和分配这个利润额伴随很大困难。但是，计算时一般可参考被认为是应支付的专利发明自身的价值，并将其考虑为许
266 可费的额度（以上，参考第1部分第2章第3节第2款第2项2中维尔博格的观点）。学说中的多数说认为，专利侵权的不当得利返还请求权的额度应仅限于适当的许可费的额度（松阪佐一，《无因管理，不当得利》（新版），1973年，有斐阁，第155页；广中俊雄，《债权各论讲义》（第5版），有斐阁，1979年，第367页；四宫，《不当得利》，第77、190页）。

一般来说，都是将不当得利返还请求权的返还额和《专利法》第102条第2款的赔偿理解为相同的额度。但也有学说认为，第2款中真正的问题是不当得利（好美清光，《准无因管理的再评价》，《谷口还历》（3），第413页；四宫，同上书，第190页）。但是，着眼于侵权人获得了什么样的不当得利，与仅仅着眼于权利人被剥夺了什么损害，各自效果有所不同。而且，在第2款中，专利权人自身可以实施发明专利时，应该理解为能够获得全额的赔偿，这一点已在前面提及。但是，第2款的情况和不当得利一样，可理解为只要赔偿专利发明自身价额即可时，通

过将“对于专利权人丧失之物”的相当对价作为赔偿额，这违背了本款完善《专利法》损害赔偿体系的趣旨。这点与《民法》第703 条志向“对于侵权人所获之物”的相当对价存在根本上的不同。正是如此，《专利法》第 102 条第 2 款具有独一无二的价值。加之，本款适用第 1 款的利润推定的结果是发挥了不当得利制度中绝对无法发挥作用的制裁功能[3]。

3. 以上观点反映了在差额说上理解侵权人所获利润和损害的传统观点，与专利侵权的不当得利请求相关的审判实务能够推导出与其不同的结论，因此稍作附议。

首先，专利侵权中支持不当得利返还请求的判决大概是将许可费额作为返还额（东京地判昭和 42・7・3 下民集 18 卷 7=8 号第 739 页“双氢链霉素制造方法”案，富山地判昭和 45・9・7 无体集 2 卷 2 号第 414 页“三聚氰胺制法”案，大阪地判昭和 50・3・28 判タ 328 号第 364 页“关节合页”案，大阪高判昭和 57・1・28 无体集 14 卷 1 号第 41 页“儿童交通工具用轮胎制造方法”案，大阪地判昭和 58・5・30 特管判 1984 Ⅰ第 199 页“电气工具”案，大阪地判昭和 58・10・28 地判タ第 514 页第 303 页“安装用通风器”案，大阪地判昭和 59・9・27 特管判 1985 Ⅱ第 268 页“纽扣式记录器”案）[4]。但是，有关其理论构成，只发现富山地判“三聚氰胺制法”案中有所提及，侵权人获 267
利的部分被考虑为专利权人的损害。这也被评价为根据所谓的“节约的开支”使得侵权人获利的立场[5]。

以支出的节约论为前提的差额说中获利和损失的概念能够推导出，在专利权人获得相应利益的情况下，不仅要返还许可费，还要返还全额的利润。实际上，已有商标权侵权案认可了侵权获利的返还请求（大阪地判昭和 62・10・14 无体集 19 卷 3 号第

399页“日野屋十代木丸”案）。

即便完全肯定以上实务的动向，本书对于《专利法》第102条开展解释论的实质意义也不会明显丧失。这是因为，综合前述列出的各判决的不当得利返还请求权的返还额，即便是最大限度的返还也仅限于与如下情形相同的情况，即对于将损害赔偿中逸失利益界定为损害概念的多数说附加侵权人获利的新限制，并剥夺了第1款的利益推定手段。

注　释

① 但是，以往也不是没有否定专利侵权不当得利的观点（参见：勝本正晃，「特許権侵害に因る損害賠償」，『法学新報』，55巻第2号，1948年，第75—77頁）。但是，有关财产转移的争论及其内容并未详尽展开。此外，关于维尔伯格的内容分配说如何克服了以往德国主流学说的否定说，参考第1部分第2章第3节第2款第2项2。

《民法》第189条第1款认可善意占有人通过占有物所产生的果实。学说中有观点认为，此处的果实并不只是天然的果实，还包含法定的果实，并进一步包含在使用利润的基础上在物的利用相关案例中支持本条款的适用（参见：加藤，『財産法の体系』，第364、374頁。有关审判实务和学说，参见：山田，『現代不当利得法の研究』，第429—443頁）。根据这一观点，在和专利发明的利用认定《民法》第205条的准占有的想法结合起来的情况下，善意的专利侵权人并不负有不当得利返还义务，也不是没有采用这个结论的可能性。但是，要对准占有认定何种权限便成了问题。如果只是实施专利发明，只要直接认可作为排斥他人权利的专利权自身的准占有，这明显是过度的。根据这一点，即使认可某种利用权限的准占有，不同于有形物的占有，既然缺少推定这种权限的外在表象，就无法触及第189条保护善意占有者的趣旨。需要注意的是，原本就存在限制第189条自身的想法［参见：好美
268 清光，「不当利得法の新しい動向について（下）」，『判タ』，387号，1979年，第24頁；広中俊雄，『債権各論講義』（第5版），1979年，有斐閣，第367頁］。

昭和45年修订前的《专利法》第52条第2款的规定趣旨在于，基于同条第1款的假设保护的权利的不当得利返还请求权和损害赔偿请求权，如果该专利权未授权登记就无法适用。根据昭和45年法律第91号，该条款被删除，

并修改为，以支持不当得利返还请求权作为前提，在此基础上撤销限制，并从申请公告时支持专利权行使（参见：宮脇幸彦、後藤晴男，「特許法等の一部改正法の解説（2）」，『曹時』，23 巻第 4 号，1971 年，第 755 頁）。

② 以上推理方法不过是依据发端于维尔伯格的分配内容说，同时参考在利用可能性中找出权利人的损失的卡尔·路德维格·巴奇的讨论，及鲁道夫·克拉瑟关于专利侵权相关的见解的构成而已。关于德国的学说，已经在第 1 部分第 2 章第 3 节第 2 款第 2 项 2 中介绍过。“市场机会”这一词是由克拉瑟创造的，克拉瑟和本书中用法上的不同，参考本章第 1 节第 1 款注释⑦。此外，没有必要在规定上将取得之物与金钱评价分解的框架处理为以返还原物为原则的德国法特有的构造。如分配内容说那样规范理解利润所得时，必然要将其与金钱评价的程序分化。

此外，在这种情况下，将侵权人的利润所得设定为“市场机会”本身的同时将权利人遭受的损害视为“市场机会”的丧失，或是将“市场机会的利用”认定为利润所得并将损失定义为“市场机会的利用可能性”，这个问题不过是语言使用上的问题而已。另外，不使用“市场机会”这一新用语，而只是将专利发明的“利用（实施）”认定为利润所得，同时将其“利用可能性”认定为损失（参见：四宫，《不当得利》，第 61、64 页；在德国法中，巴奇采用了这一立场）。即使这样，既然立足于每个侵权行为都产生了不当得利的立场，这与只能将每个市场机会的“利用”和“利用可能性”各自认定为所得利润和损害是完全相同的立场。

顺便提及，最近比较主流的学说中有人认为，包括专利侵权在内，在未经许可利用、使用物的案件中，应当从不当得利返还请求要件中去除损失。加藤，同上书，第 337—338 页。川角由和，「不当利得とは何か（2）」，『島大法学』，33 巻第 1 号，1989 年，第 169—170 頁。但是，一旦落脚于分配内容说，如果遵照法的趣旨将利润所得规范化的话，只要按照法的趣旨将损失规范化，至少关于专利侵权就是足够的。参见：四宫，同上书，第 48—49 页。

③ 如前所述，《专利法》第 102 条第 1 款的趣旨在于，计算《专利法》第 102 条第 2 款的许可费时，存在利润分配上的障碍，赔偿额过少，反之陷于失去对侵权抑制的激励。根据明文规定，第 1 款宣传的是旨在对故意或过失侵权人适用损害赔偿，可以理解为将侵权人的过失作为要件来发动相关的侵权抑制手段。对于可以举证无过失的侵权人（参照《专利法》第 103 条）也要触 269
及相关规制条款，最终会变成无论是否存在过失都会课以相同的赔偿额，丧失对无过失行为的激励，违背《专利法》第 102 条第 1 款的趣旨。也有见解主张，对于不当得利请求权“类推”适用第 1 款（参见：馬瀬文夫，「特許の無断実用化と不当利得」，『谷口還暦』（1），第 273 頁），如前所述，在解释第 2 款的趣旨时，不能支持。审判实务是出于完全不同的理由否定了第

1款的类推。由于"专利权人在他人通过该专利侵权获得了利润的情况，没有理由必须由此产生与前述利润相同额度的损失"，因此很明显无法类推适用《专利法》第102条。

④《专利法》第103条恐怕是推定过失，专利权人请求返还不当得利的动机，在损害赔偿请求权的时效消灭方面存在的比较多。

⑤ 前述富山地判"三聚氰胺制法"案谈道，由于支出的节约将许可费赔偿附加基础的同时，将"客观上"相当的许可费额认定为返还额。但是，根据支出的节约理论，本来被返还的就应该是权利人和侵权人之间约定的许可费额。此外，在认定了许可费额的不当得利的各个判决中，似乎并没有与第2款的许可费额进行特别区别计算的意图。前述富山地判"三聚氰胺制法"案也是在损害赔偿请求权的时效消灭前后提起了第2款的损害赔偿额和不当得利返还额的案件，其中明确说明了这个趣旨。审判实务关于第2款无意识地混淆了逸失许可费的观点和从客观上看相当的许可费额的观点，前面已经阐述过，可以说此处未意识到二者之间的差异。

顺便提及，站在分配内容说的立场上，为了考虑侵权人的利润所得以及与其对应的权利人的损害，没有必要依据支出的节约这种论法。参见：川角，同上书，第169—170页；好美，同上书，第24页。另外，支出的节约理论在逻辑上的结论是主观上差额说的利润所得概念，这个概念与将适当的使用价值考虑为第一原则的返还额的分配内容说不相容。川角，同上书，第168—170页。但是，在现存利润缩减的局面中，也要考虑到支出的节约这个要素。参见：川角由和，「不当利得法における『出費節約』観念の意義」，『島大法学』，34卷第2号，1990年，第37—41頁。

270 第3项　准无因管理

除此以外，还有观点是根据准无因管理的法理。

根据《民法》的事务管理规定，没有法律上的义务而为他人的利润管理事务的人负有将获得的利润转交给他人的义务（《民法》第697条第1款、第701条、第646条第1款）。但是，如果是为了自己的意思而对他人的事务进行管理，则不属于该事务管理。对于这一问题，鸠山秀夫在其所著的《日本债券法各论（下）》（岩波书店，1920年）第775—776页中谈道，即使管理者是为了自己的意思而为之，在其知悉所管理的是他人的事务的情况下，承担的义务比合法的事务管理者要小，这是不合理的，而且他还提到应该类推事务管理的规定，并列举了专利侵权的例子，即准事务管理肯定说。最近，有见解在充分认识到了新法规的创造的同时，从对恶意侵权人进行制裁的政策视角论述应该认定侵权人获得收益的引渡请求权（参见：好美清光，《准无因管理的再评价》，《谷口还历》(3)，第379—391、425—432、407—421页）。

既然准无因管理注重实质的妥当性，其具体效果应该很重要。

根据在与事务管理进行比较中理解准无因管理的鸠山说，其问题是在专利侵权中如何认定他人的事务。根据《专利法》，只有权利人能够实施专利发明，因此侵权人没有获得权利人许可便实施专利发明，可能被认为是管理了他人事务。但是，根据这个理论，即使产品的一小部分是专利发明的实施品，有时也不得不认定返还产品整体的全部利润。这是因为，只要该专利发明是侵权产品不可欠缺的构成要素，则该产品的制造销售就只有专利权人可以进行。只要是恶意侵权，让其负担全额利润可能也不会被认为苛刻，但是如果存在资本提供者等除专利权人以外提供了利润贡献因素的人，在这种情况下，从其与专利权人的调整这一点来看，作为对专利权人的保护被认为过大。另外，处理实施部分以外的部分侵犯了其他人的专利权等其他权利的情况，存在很大的困难。将这一理论作为典范的德国侵 271
权人利润返还制度，在如前所述的侵权人利用了专利发明的具象物这一他人财产上寻求事务的他人性。因此，应该返还的利润额仅限于作为他人的财产的专利发明做出贡献的范围。在一个产品同时侵犯了多个专利权的情况下，就变成管理了多个他人的事务，对各个专利权人返还各个专利发明贡献的利润额

（参照第1部分第2章第3节第2款第2项1）。在这种情况下，以什么为根据来判断专利发明贡献的额度是问题所在，假设是扣除掉资本、劳动力等的额度，就变为通过《专利法》第102条第2款画定了被认定的赔偿额的最下限，下调了专利权人在能够自己利用市场机会的情况下的第2款的赔偿额。这样一来，至少对于专利侵权来说没有必要导入准无因管理。

在这一点上，有学说认为，根据强调制裁的准无因管理导入论，作为结论是不能扣除侵权人的才能和劳动力的部分的（好美，同上书，第381—383页；四宫，《不当得利》，第44页）。在立足于这一见解的情况下，故意侵权人在可以证明专利权人自己不能实施的事实和应该分配给侵权人的劳动这两点时，在不支持扣除这部分额度这一点上，和重叠理解相比，返还额可能会更高。但是，这一见解并非第102条的解释论，因此与本书的解释论并不相反。加之，在本书的解释论中，在专利权人自己利用被剥夺的需求的情况下，认定可以返还侵权人的全部利润。即使导入了准无因管理，特别是在准无因管理理论无法覆盖的过失侵权中，为图专利权人的适当保护，作为《专利法》第102条第2款，有必要根据专利权人的利用样态认可返还侵权人所获的利润。另外，由于第1款是推定规定，因此只要权利人主张举证即可，包含专利发明不过是侵权产品的一部分的情况在内，具有对侵权人课以侵权人所获的利润分配的举证责任的优点。因此，假设认可准无因管理导入论，也不会丧失重叠理解的必要性[①]。

注 释

① 强调制裁的想法是以什么样的效果论作为目标还不十分明确。例如，实施了多个专利发明的案例中，侵权人通过同时实施被侵害的专利权和自己的专利
272 权制造、销售一个产品的情况下如何处理，这就存在问题。恐怕，从他人的

事务性来寻求准无因管理的依据所在这种想法，在这种情况下也会与一般的多个专利权实施的案例进行同样的处理。从侧重制裁的观点出发，并不认可把侵权人才能获得的利润扣除的想法，似乎是认可侵权人就专利权做出贡献的部分给予返还。这样，在虽然不是侵权人的专利权，但同时合法实施了他人的专利权的情况下，应该如何处理呢。在这种情况下，根据制裁说，是推导出返还全额利润，还是认可扣除侵权人支付给他人的许可费部分，亦或不认可他人的专利权贡献的利润额部分的返还。此外，虽然专利的实施部分占产品一部分情况下的处理并不明确，但从制裁的观点看就变为全额利润了吧。从以上展示的例子中可以明确的是，以他人的事务性为线索准用无因管理的规定这种想法，是对他人的事务性和事务管理的规定等基准为依据进行处理，在立足于重视制裁形成与一般的事务管理不同的规制的见解的情况下，在具体各案例的处理中如何找到标准，成为问题所在。如果要从制裁的观点找到唯一的答案的话，有必要提前明确其标准。

结　语

273 作为与知识创作物相关的法律，《实用新型法》第 29 条、《外观设计法》第 39 条、《半导体集成电路的回路配置相关的法律》第 25 条、《著作权法》第 114 条都设定了与《专利法》第 102 条内容几乎相同的条款规定，本书以《专利法》第 102 条为中心展开的解释论也可适用于此。

另外，作为与商业标识相关的法律的《商标法》第 38 条中也设置了同样的规定。由于条文构造是相同的，因此采用了同样的解释论。发明专利凌驾于技术水平，无论是否实施都具有一定价值，与此不同的是，商标权未被使用而无法体现为客户吸引力的商标也可以注册，因此在大多数情况下，使用商标的财产价值是非常小的。这时即使适用了第 1 款的推定条款，利润额中应该归属商标权人的分配额是很少的一部分，反而是通过《民法》第 709 条能够请求的如果合法实施许可必须要支付的逸失许可费会更高一些。因此，如果立足于本书的重叠理解，仅限于未使用的商标，其处理方式是依据实际合同中的许可费来计算损害赔偿额的（参见：田村善之，《判时》，第 1427 号，1992 年，第 198 页）。

此外，与损害额相关而且内容几乎相同的《不正当竞争防止法》第 5 条，其对象是不正当竞争行为，主要包括商品形态的酷似模仿或商业秘密的不正当利用行为这样的让我们能够借鉴并思考我们的知识创作物的行为，以及商品等主体混同行为、著名标识不正当使用行为、代理人等商标无端使用行为这样的与商业标识相关的行为。但是，后者关于商品等主体混同行为和著名标识不正当使用行为，同样需要标识的周知性和著名性作为发明赔偿请求权的要件。因此，与商标权不同，未使用商标这种不具有任何财产价值的标识不会构成问题，这一点有必要进行留意［此外参见：田村善之,《不正当竞争法概说》(第 2 版)，有斐阁，2003 年］。

第 2 部分

新动向

第 1 章　知识产权和损害赔偿·再论

第 1 节　前言

1. 序 276

在知识产权侵权请求损害赔偿诉讼中，如何计算赔偿额是争论点之一，因此《专利法》第 102 条作为一个特殊规定而被设置。《专利法》第 102 条第 1 款规定，在侵权人通过侵权而获利时，可以将其获得的利润推定为专利权人所受的损害额。另外，本条第 2 款规定，专利权人可以请求通常实施专利发明可以获得的金钱数额作为自己受到的损害额加以赔偿。《实用新型法》第 29 条、《外观设计法》第 39 条、《商标法》第 38 条、《著作权法》第 114 条、《半导体集成电路的电路配置相关法律》第 25 条，以及《不当竞争防止法》第 5 条中也都设置了文本几乎相同的规定。

但在审判实务中，该特殊规定受到了一些未以明文规定的制约。例如，在专利权人自身未实施的情况下，无法适用第 1 款的推定等。在专利权只存在于侵权人产品的一部分中，或者多个权利人的专利权和实用新型专利权被侵犯等情况下，有些判决很轻易地便否定了推定条款的适用。但无论如何，最低程度还可以认定第 2 款规定的损害赔偿。在计算该款中所谓的“通常实施专利发明可以获得的金钱数额”时，目前审判实务的趋势是根据通常许可合同中许可费的行情来计算。对此有批评认为，侵权人即便实施了侵权行为，但只要支付同合法寻求实施许可情况下几乎相同的赔偿额即可，这样可能导致侵权人不会主动寻求权利人的许可，从确保权利实效性的观点看，这是一个严重受到质疑的解决方案。

277 **2. 关于损害论的两种思路**

如果想要讨论损害赔偿额的计算，那么无论如何都要从损害论的角度来切入。

从理念上，大致可将损害论分为两个思路：第一种思路是不特别拘泥于被侵害的权利性质等，构建一套与侵权行为整体相符的损害概念；第二种思路是着眼于被侵害的利润或权利，设定一个针对违法行为样态，并限定适当领域的个别损害概念。差额说作为传统的损害概念，在理论上无论是被侵权的利润还是行为样态，都会将如果没有发生侵权而应该有的财产状态与侵权行为所导致的现实财产状态之间的差额作为损害，例如将如果没有发生侵权应获得的利润（逸失利润）考虑为损害。可以说，这是立足于第一种思路的典型例子。与此相反，在发生了人身伤害的情况下，不应基于逸失利润计算赔偿额，而应将生命、身体上发生的障碍自身作为损害，这种死伤损害理论可以说是第二种思路的典型例子[①]。

可能有意见认为，我国侵权行为的法律依据一般适用的是《民法》第 709 条的总则性规定，这与导入并不拘泥于被侵害的利润或是行为样态的一般性损害概念相符。但是，关于同样具有总则性规定的不当得利返还请求，目前的多数说是将其考虑为两种类型：一是侵权获利，指侵害排他权所获得的利润——对于《民法》第 703 条“不具有法律上的原因”的要件，至少在违反了将特定财物及其利用分配给权利人的法律趣旨这一点上，能够找出获利的不正当性；二是给付获利，指给付行为所带来的利润——作为由给付者向获利者付款的依据的给付行为无效，因此有必要恢复其获利。特别是，侵权获利这种类型是考虑到设定了被侵害权利的法律趣旨（分配内容）后确定不当“得利”的，提倡的是立足于决定返还与否及返还额的想法[②]。在《民法》第 709 条中也并非只考察这一条，而是将被侵害的权利或法益能够受到法律保护这一趣旨作为出发点，针对每个权利或法益分别展开损害论[③]。

注　释

① 关于损害论，参见：潮見佳男，「財産的損害概念についての一考察」，『判タ』，687 号，1989 年，同「人身侵害における損害概念と算定原理（1）～（2）」，『民商法雑誌』，103 巻第 4、5 号，1991 年；高橋眞，「損害論」，星野英一編，『民法講座別巻 1』，有斐閣，1990 年。 278

② 德国的沃尔特·维尔博格可以说是我国不当得利类型论的始祖，有关他在 1934 年发表的论文（Die Lehre von der ungerechtfertigte Bereicherung, Graz 1934）的相关讨论，参见本书第 104—107 页。

③ 潮見，前揭注①，『民商法雑誌』，103 巻第 5 号，第 727—728 頁，同第 723—725 頁。

3. 知识产权法中特殊损害论的可能性

如前所述，在知识产权法中，例如《专利法》第 102 条对损害赔偿额特别设置了特殊规定。因此，不需要等到一般损害论决定采用哪一种思路，只要根据这些条文解释，就可以推导出知识产权法采用了特殊的损害概念的结论。

设置特殊损害额的规定所依据的不止是单纯的形式论。有关《民法》第 709 条的讨论经常会被引证的所有权和生命、身体等被侵害的利润不必等待法律给出规定，在事实上就是从能够占有的有形物或者以身体作为客体。与此不同的是，如果法律上没有特别禁止其利用行为，则知识产权事实上能够在任何地方、任何时间被任何人所利用。例如被称之为知识产权的发明，只要能够知晓其技术信息，任何人在任何时间、任何地方都可以进行实施专利发明的行为。商标这种看一眼便可记住的商品名称或标志形状很容易被他人使用。如果用经济学上的术语表达，专利权、著作权或者商标权等是为了不让特定的人以外的人实施事实上任何人都可以利用的发明、著作物和商标等公共品而创设出来的排他权[④]。

第一，如果事实上是从零开始人工设定权利，那么对于该权利被侵害的情况，难道不应该至少考虑到人工设定权利的趣旨而进行制度设计吗？而且，《专利法》第 102 条等与损害额相关的条文不正是作为这样的制度而被设计出来的吗？这样的理解并非不可思议。这种视角也很容易和促使《专利法》第 102 条等知识产权法中固有的法律制度设计关联起来。

279 第二，既然原本就可以利用，那么在知识产权这种财物能够被发现价值的情况下，任何人都应该想要加以利用。在事实上不可占有的物体上人工设定排他权，这违背所有人都想利用的自然意志，因此如果不对违反了禁止利用的行为予以相应的制裁，就意味着好不容易人工设定的排他权恐怕只是画出来的一个饼而已。《专利法》第 102 条等条文规定，考虑到知识产权的这种宿命，为避免制裁的不充分，因此就损害赔偿人工设定了相关制度，这可以视为是被“照顾”的产物吧。

如果这样考虑的话，则无需从侵权行为的一般损害论切入，以《专利法》第 102 条为抓手，限定知识产权法的射程来讨论损害论即可。本章后面的部分，就是从这个视角出发，基于知识产权法固有的损害论来讨论[⑤]。

注　释

④ 关于知识产权法的制度趣旨，参见：田村善之，「『知的財産権法』おぼえがき」，『知的財産の潮流』（知的財産研究所 5 周年），信山社，1995 年。

⑤ 本章只是聚焦损害概念相关之处，对本书第 1 部分中提出的解释论重新论述而已。篇幅所限，本章在必要范围内最小限度地引用判例和文献，同时对于讨论本身省略了与本章视角无关之处。详细内容请参见第 1 部分。另外，田村善之和增井和夫共著的《特许判例》中第 325—389 页对于包括一些复杂案件在内的日本判例进行了总结，可作为参照。

第 2 节　对德国的讨论的概括⑥

1. 序

后面将看到，《专利法》第 102 条起源于德国《专利法》中与专利侵权损害赔偿相关的判例理论。而且，在德国的学说中，在不当得利类型论的影响下，基于《专利法》的设立趣旨而应规范性地考虑损害论，因此大力提倡将判例理论加以正当化的尝试。这在前面第 1 节 2 中的关于损害论的两种思路中属于后者。280
因此，有必要关注和这个问题相关的德国学说及判例。首先从不当得利的讨论开始吧。

注　释

⑥ 详细参见本书第 63—130、137—148 页。

---

* 本书第 2 部分的注释序号为每章内从①起接序排列，与第 1 部分不同，中译本与原书一致，未作统一。——译者

2. 专利权侵权和不当得利

德国《民法》第 812 条第 1 款规定，无法律上的原因，由于他人之给付，或依其他方法，借他人之费用而有所获得者，对该他人负返还义务。

根据这条规定是否能够认定专利权侵权的不当得利返还请求，对于这一论点，过去有判例持的是否定说（RG 22.12.1913=JW 1914,407 Nr.8.，RG 24.6.1908=WarnRspr 1908,535 Nr.658）[⑦]。在学术讨论中，虽然只是一部分，但也出现了否定不当得利的意见，其理由是，如果以与逸失利润同样是差额说中的"损害"概念或者是"获利"概念为前提，虽然专利权人没有发生损害，但也没能获得侵权人获取的利润，在这种情况下，由于专利权人未发生损害，因此不可以将侵权人的利润理解为本条规定的通过"损害他人"而获得的[⑧]。再者，甚至还存在如下意见，即侵权人以通过自己的制造活动而获取了利润为由，认为所有的情况都不满足"损害他人"这一要件，因此排斥不当得利[⑨]。

但此后，构建了不当得利类型论的沃尔特·维尔博格又开始提倡，鉴于专利权被认可的法律趣旨，因此应规范性地理解"损失"和"获利"的概念，以这种肯定性意见为开端，学说态势骤然急转，肯定说变成了多数说。如果根据发端于维尔博格的分配内容说，由于专利侵权人将归属给专利权人的专利发明的排他权视为自己之物加以利用，这一点应属于不当得利，因此须将其返还给权利人[⑩]。目前，判例也随之发生了改变，转为支持肯定说[⑪]。

维尔博格的分配内容说起到了化解从前的学说对专利权侵权所持有的疑念的作用。从前的学说为将获利放在现实的财物变更
281 或移动中来看，而得出在一部分或全部的专利权侵权案例中否定不当得利的结论。但是，维尔博格将与专利权的分配内容相互抵

触之物考虑为是不当得利，因此可以不考虑现实中财务是否从专利权人转移给了侵权人。

这一规范的获利概念与不当得利返还范围的结论相关联，即返还范围无须是现实中所获的全部利润，只要是专利发明所贡献的范围即可。由于无法归还获利的利用之“物”[⑫]，因此根据《民法》第 818 条第 2 款，返还其价额即可。返还额要根据专利发明对利润获得做出的贡献度的范围，而不是按照全额来分配计算。维尔博格的结论是，取而代之的方法也可以是根据自由交易中对利用专利发明而被使用的相当对价[⑬]。因此，侵权人的利润可以归属侵权人的活动，认定返还全额利润实质上并不妥当，这种平衡感在不当得利的效果中很好地体现。

而且，很多分配内容说的结论是，侵权获利可以不考虑损失[⑭]，其中也有意见提倡要规范性地把握损失，将剥夺了法律分配给专利权人的决定专利发明利用与否的可能性这一点认定为损失[⑮]。

注 释

⑦ 与此不同的是，从规定的历史变迁的差异看，著作权很早就认定了不当得利返还请求，参见本书第 112 页注释④。

⑧ Wilhelm Kisch, Schadensersatz und Bereicherung bei Patentverletzung, LZ 1927, S. 672.

⑨ Hermann Isay, Patentgesetz, 1 Aufl., Berlin 1903,S.330.

⑩ Wilburg, a. a. O., S. 40 ff., Ernst von Caemmerer, BEREICHERUNG UND UNERLABUTE HAN DLUNG, FESTSCHRIFT FÜR ERNST RABEL, Tübingen 1954, S. 354 f., Rolf Sack, Die Lizenzananlogie im System des Immaterialgüterrechts, Festschrift für Heinrich Hubmann, Frankfurt 1985, S. 380f.

⑪ BGH 30.11.1976=BGHZ 68,90=GRUR 1977,250-Kunststoffhohlprofil I, BGH 24.11.1981=BGHZ 82,299（305）=GRUR 1982, 300（303）-Kunststoffhohlprofil II.

⑫ 正确来说，应该说是决定市场利用形态的可能性。参照注释⑮所列文献。

⑬ 凯默雷尔误解了维尔博格的见解，关于这一点可参见本书第 115 页。

Wilburg，a.a.O.,S.123 ff.

282 ⑭ Wilburg，a.a.O.,S.97 ff.

⑮ 严谨地说，并不是立足于类型论，见：Batsch, VERMÖGENSVERSCHIEBUNG, S.105 f.112 ff., 23。另外，鉴于《专利法》的趣旨而将损失和获利正确定义为市场机会的见解有：Rudolf Kraßer, Schadensersatz für Verletzungen von gewerblichen Schutzrechten und Urheberrechten nach deutschem Recht, GRUR Int. 1980, S. 268 f.。

3. 对于专利权侵权的损害赔偿

在德国，判例中确立了三种方法作为对专利权等知识产权侵权的损害赔偿额计算方法，权利人可以从这三种方法中选择一种请求赔偿。这三种方法分别是赔偿自己的逸失利润、支付相当的许可费，以及返还侵权人侵权获利[16]。

问题在于其理论构成。在这些计算方法中，第二种和第三种计算方法无法用德国传统的损害概念——即差额——说加以说明，这一点很早以前就被认识到了[17]。这反倒成为了在知识产权侵权中认可这三种计算方法，并以此为契机向差额说的妥当性本身投以反思目光的契机。结果是，由于认识到了任何人在任何时间、任何地点都可以侵害知识产权，这种对侵权行为无法采用物理防御对策的情况与所有权有所不同，因此，超越损害赔偿的损害填补功能凸显制裁和防御功能的不外乎第二种和第三种计算方法了，这种理解变得很普遍[18]。而且损害论提倡的是，以第二种计算方法为中心，推导出专利权设定排他权的法律趣旨，并假定规范的损害概念，由此再对判例理论加以正当化[19]，最近出现了以下尝试，即对于第三种计算方法，着眼其所持有专利发明贡献的利润分配这个要素，这其实还是在用规范的损害概念来说明。

其中，值得关注的是鲁道夫·克拉瑟的意见，其是与不当得利的分配内容说联合，将同样的论证方法适用于损害赔偿中，并想要把《专利法》的趣旨也贯彻到损害论中。鲁道夫·克拉瑟认为，专利权的价值无法恢复的是，着眼在专利产品由于侵权人被 283
置于流通的这个时间点上，侵权人通过交易专利产品而满足了市场需求，由此夺取了专利权人所保有的市场机会。也就是说，专利权人的市场机会减少了[20]。而且，第二种和第三种方法是将其与排他性地利用联系起来的权利人的市场机会视为损害来加以说明的。只要侵权人违法实施而满足了需求，权利人的市场机会便无法恢复。如果将其考虑为损害的话，则与权利人是否逸失了利润无关，正当性可以用请求侵权人利用的市场机会的客观价值来解释。第二种计算方法可以被理解为测定这种客观价值的基准。这是因为，在实施许可合同中，许可费是作为留给权利人进入市场的对价而被支付的[21]。同样，作为第三种计算方法的请求侵权利润也可被理解为，对于被侵权人夺取的本应留给权利人的市场机会的价值额度进行赔偿。之所以如此，是因为判例在与产生了其他利润的诸多要素进行比较衡量后，对应该归还给被侵害权利的利用来分配利润。其与模拟许可之间的差异只体现在更加具体的价值基准，侵权利润可以反映出各个案例中的特殊性。侵权利润的赔偿可以考虑为触及各财产的填补原理的外在表现，仅限于权利人无法利用侵权人实现的利润的机会，与填补原理乖离的制裁和预防功能表现了出来[22]。

注　释

⑯ 关于著作权，参见：RG 8.6.1895=RGZ 35,63（66）-Ariston；关于专利权，RG 31.12.1898=RGZ 43.56（58）可以作为其起源。参见本书第 90—94 页。三种计算方法是通过判例认定的损害计算方法，相关条文参见本书第 64 页

注释②。关于其具体的计算标准，参见本书第63—89页。此外，介绍著作权侵权损害赔偿相关的德国法和日本法的处理的文献是：Minoru Matsukawa, Schadernersatz im Urheberrecht: Ein Rechtsvergleich von Lehre und Praxis in Deutschland und Japan, Baden-Baden 1993。

商标权侵权最初只认定了第一种计算方法，其后判例也发生了改变。关于第二种计算方法，参见：BGH 12.1.1996=BGHZ 44,372=GRUR 1966,375-Meßmer-Tee Ⅱ。关于第三种计算方法，参见：BGH 24.2.1961=BGHZ 34,320=GRUR 1961,354（356）-Vitasulfal。参见本书第72页。此外，关于人格权侵害和第二种计算方法之间的关系，参见本书第72—74页。

284 ⑰ 本书第90—98页。此外，关于第三种方法，虽然被称为类推适用《民法》第687条第2款的准无因管理规定，但是暂且不论故意的情况，就连过失的情况为何要适用该条款都没有被明确，因此不具有充分的根据。

再者，第三种计算方法，关于侵权人获得的利润中只要返还被侵害的专利发明和商标所贡献的额度即可这一点，是否符合准无因管理的构成要件，也是存在争论的。关于这一点，有人尝试认为，《民法》第687条第2款的“他人的事务”不能是实施行为的全部，而只能在为了自己的事务而利用他人的财产这一点上寻求，考虑到一个实施行为中同时包含侵权人自身的事务和他人的事务，由此尝试从理论上对不能返还全额的利润加以正当化［BGH 24.2.1961=BGHZ 34.320（332）=GRUR 1961,354（355）-Vitasulfal］。但是，也有批评认为，这种理论根据让准无因管理和不当得利之间的界限变得暧昧（Haines, BEREICHERUNGSANSPRÜCHE, S. 10 f.）。对他人的财产的利用认定具有“他人的事务”性，最终在“他人的事务”要件上斟酌对于财产的法律分配内容。而且，如维尔博格所说，如果着眼于利用了他人财产的观点，通过不当得利返还请求能够推导出成比例的利润分配（Wilburg, a. a. O., insbesondere S. 122 ff.），那么特意类推准事务管理的意义又在何处，这是有待讨论的［Walter Wilburg Zusammenspiel der Kräfte im Aufbau des Schuldrechts, AcP163（1964）, S. 351］。同其他问题点一并可参见本书第98—102页。

另外，关于第二种计算方法，如在2中所述，是作为不当得利返还请求加以说明的。这一点参见本书第117页注释㉗及第265—266页。

⑱ 关于第二种计算方法，参见：Ernst Steindorff, Abstrakte und konkrete Schadensberechung, AcP158（1959）, S.431ff.。此后还有论文将其扩张为第三种计算方法，分别是：Joachim Schmidt Salzer, Zur Technik der topischen Rechtsbildung: Angemessene Lizenzgebühr und Verletzergewinn als Grundlagen der Schadensberechung, JR 1969, S. 87 ff.; ULrich Loewenheim, Möglichkeiten der dreifachen Berechnung des Schadens im Recht gegen den unlautern Wettbewerb,

ZHR 135（1971）。同其他学说一并可参考本书第118—125页。

⑲ 有学者对德国《民法》第823条的绝对权侵害的损害赔偿和第826条的违背善良风俗带来损害的行为进行区别，在前一情况下，没有讨论损害所引起的问题，而是讨论了权利被侵害的问题，其认为在这种情况下应该赔偿客观价值［Robert Neuner, Interesse und Vermogensschaden, AcP 133（1931），S. 291ff.］。而在专利权的情况下，利用的价值即许可费，与此对应，专利权侵权表示出同样逻辑的是：Fischer, Schadenberechnung，S.13f., 85.；Lutz, 285
SCHADENSBERECHUNG, S. 61ff.insbesondere 65ff.。参见本书第119—120、125—126页。

⑳ Kraßer, a.a.O.,S.268,269f.。详细参见本书第125—130页。

㉑ Kraßer,a.a.O.,S.269f.

㉒ S.270,264.

第3节　《专利法》第102条的制定过程[23]

1. 概览

《专利法》第102条、《实用新型法》第29条、《外观设计法》第29条、《商标法》第38条都是在昭和34年全面修订《工业所有权法》之际新增设的规定，其他知识产权诸法中损害额的特殊规定不过是后来模仿工业所有权四法的规范而已。

在昭和34年修订工作之际，为解决由于损害额计算困难而导致权利人不能得到实效性的救济这个问题，最初由审议会答辩，学习德国法[24]，除相当许可费的赔偿以外，还应导入附加返还侵权人通过实施侵权行为获得的利润的义务[25]。但是，之后的答辩方案遭到了法务省民事局等各方的强烈反对[26]。结果是，最后设定了当前的第1款的规定，其至少是作为在答辩事宜上起到推动作用的特许厅和民事局之间妥协的产物，将通过侵权获得的利润额推定为权利人的损害额。

注　释

㉓ 详细参见本书第 47—63 页。

㉔ 参见本书第 51、54 页。

㉕ 特許庁編,『工業所有権制度審議会答申説明書』, 発明協会, 第 1957 年, 第 142—143 頁。

㉖「特許法案に対する法務省意見」, 荒玉文庫, 14。

2. 我妻说和起草过程

在此期间，为何要把侵权人利润额推定为权利人的损害额，有关第 1 款推定的合理性，没有形成统一共识。但是，之所以反对法务省民事局的答辩，是认为其与《民法》的损害概念不符，没有理由仅对专利侵权认定返还利润，因此特许厅参考了民法学权威、也是审议会议员的我妻荣的损害概念。

286 我妻说针对如果没有发生侵权人的专利侵权行为则专利权人本身究竟能否获得等额的利润进行了具体讨论，认为只在获利情况确实的情况下发生损害，这一态度并不正当，既然专利权这种权利一般是在权利人手里才能产生获利，那么就无需讨论权利人自身究竟是否能得到相应的获利，将其视为如果没有发生侵权行为则可以获得的损害比较妥当[27]。但是，如果是侵权人被惠赠了特殊才能或机会，进而获得了可以合理预测到的利润，那么就不应该返还[28]。

特许厅将我妻说和答辩进行了比较。我妻说中基于侵权人的特殊才能和机会的部分要从返还额中扣除，这一点与答辩中认定的返还得利全额（特许厅的理解）有所差异，并认为答辩规定了比我妻说更为严格的返还义务[29]。似乎也有意见是将这一差异作为批判对象[30]。还有意见认为，如果《民法》的损害是如此广泛的概念，依据《民法》来解决即可[31]。

经过这番讨论后，根据法务省民事局的启示[32]，以及自由民主党政务调查会商工部会专利法等修改调查小委员会清濑一郎委员长的提案[33]，答辩中关于返还侵权利润的法案被修改为将侵权带来的利润推定为权利人的损害。此后我妻荣出版的《债券各论》(下卷 1)(岩波书店，1972 年)第 928—929 页中也提到《专利法》第 102 条第 1 款采用了与我妻说相同的主张。后来发表的起草者的见解也谈到与我妻说相同的主张[34]。

注　释

㉗ 我妻,『不法行為』, 第 22、45 頁。

㉘ 我妻,『不法行為』, 第 23 頁。

㉙「特許法案（第三読会）」, 荒玉文庫, 16, 186 条付記。

㉚ 参见修订时审议室担任具体起草工作的织田季明亲自主笔的《新特许法详解》一书第 368 页。

㉛「特許法案（第四読会）」, 荒玉文庫, 17, 98 条付記。

㉜ 注释㉖;「特許法案に対する法務省意見」。

㉝ 参见：清瀬一郎,『発明特許制度ノ起源及び発達』, 1915 年; 同『特許法原理』, 巖松堂, 1929 年。这些都是专利法学中的权威著作而被熟知。「清瀬先生の御意見」, 荒玉文庫, 17。

㉞ 参见：織田,『新特許法詳解』, 第 368—369 頁。 287

3. 对起草过程的评价

我妻说中也存在一些不明之处，即是作为实体法上的问题将专利发明所贡献的利润额作为损害的逸失利润以外的损害概念来考虑，还是作为证明上的问题，只是适用了通常将侵权人获利相同额度的利润作为专利权人获得的利润这样的经验法则。从理由来看，可以像后者一样理解，但是如果读了对效果的叙述，也可能会有将前者新的损害赔偿概念作为前提的想法。第 102 条的起草者理解该条款具有如下构造，即将我妻说把握成将专利发明贡献的利润额作为损害的意见，在此基础上，将侵权人获得的利润推定为损害，侵权方可以主张扣除基于侵权人的特殊才能等部分。[35]

假设我妻说提倡的是这种新的损害概念，这与当时《民法》的判例和通说并不符合，因此如果第 102 条是采用了起草者所理解的我妻说的规定，那么从判例、通说看，该条款就必须要采用《专利法》独一无二的损害概念。但是，起草者在这方面的认识也多少存在妥协之处，特别是如果过分强调与民法损害概念的差异的话，法务省民事局的抵抗可能会导致设定损害额特殊规定这件事本身遭受一番挫折。为此，在立法过程中，并没有对外明示起草趣旨便不了了之。但是，第 102 条是以分配利润为导向的损害概念作为前提而被起草的，这原本就是很受关注的事情[36]。

注 释

㉟ 除上述修订的经过外，参见：織田，『新特許法詳解』，第 368—369 頁。

㊱ 近年来，镰田薫发表的文章（「知的財産訴訟における損害賠償法理」，『特許研究』，17 号，1994 年，第 9—10 頁）将我妻说理解为提倡新的损害概念的学说，在其基础上才可能得出基于同样想法的第 102 条的解释论的启示。

第 4 节 判例[37]

288 ### 1. 概览

最终，虽然起草趣旨是以利润分配为导向的损害概念作为前提，但未对外详细公布，因此此后的判例仍是以逸失利润这个传统的损害概念作为前提而对《专利法》第 102 条进行解释[38]。也就是说，第 102 条第 1 款将侵权人所获利润推定为专利权人的损害额，其是站在如果没有发生侵权行为则专利权人可以获取和侵权人所获的相同额度的利润这样的经验法则之上来把握的。为此，在专利权人未实施专利权的情况，以及最终没能认可权利人能够获取与侵权人所获利润比肩的利润的情况下，判例中采取了否定第 1 款推定的思路。在这些情况下，只认定第 2 款的相当许可费。关于专利权以外的其他知识产权法的特殊规定，判例中也谈及了相同的趣旨[39]。暂且不论学说是否符合立法论，在解释论层面还几乎不存在否定的判例[40]。以下，就以专利侵权案例为中心介绍判例的框架。

注　释

㊲ 详细内容参见：田村、增井，『特許判例』，第 325—389 頁。

㊳ 镰田薰在注释㊱中所提到的文献的第 5、9 页中也进行了同样的结构分析。

㊴ 作为例外，关于《著作权法》第 114 条，东京地判昭和 59 · 8 · 31 无体集第 16 卷第 2 号第 547 页“藤田画伯绘画复制”案中表示了如下立场，即尽管著作权人没有出版、销售著作物，但并不妨碍第 1 款的适用。但是，考虑到其他作家也刊载了多副绘画，因此判决认定，在侵权人的美术全集的销售总量所获利润之上乘以登载被侵害的绘画作出的贡献度 5%，并将最终得到的数额认定为赔偿额。

㊵ 同其问题点，参见本书第 14—23 页。

2. 逸失利润额的赔偿

审判实务中，判决不完全是依据第 1 款、第 2 款的规定，也有判决直接适用的是《民法》第 709 条[41]，并将权利人的逸失利润额作为损害额计算。

虽说是逸失利润，但在裁判中的现实问题是，几乎都是因为
289 销量减少而带来的逸失利润。这一损害赔偿额可以通过如下方式进行计算，即权利人每单位产品的利润乘以由于侵权而导致权利人减少的销量。

但是，在知识产权侵权中如果没有发生侵权行为则能否获取收益，是很难证明侵权行为和损害之间的因果关系的。

首先，在权利人自身未实施专利技术的情况下，逸失利润是不被认可的（东京地判昭和46·6·14判タ266号第220页“食品切断器”案，大阪地判平成1·4·24无体集第21卷第1号第279页“制砂机锤子”案）。

即便权利人实施了专利发明，也不能仅以此就肯定因果关系成立。关于订购的产品，必须是如果没有侵权行为侵权产品的订购人就会购买权利人的产品（作为肯定例的是东京高判昭和41·11·9判タ第215号第180页“过滤机”案）。另外，在大量生产品的情况下，很难直接认定顾客的具体意向，因此大多数情况下，根据权利人的专利产品在市场中所占地位，推定如果没有侵权行为，则侵权产品的需求是否会转向权利人的产品。例如，在实施产品很优秀的情况下（东京地判昭和39·11·14下民集第15卷第11号第2702页“管子焚烧修理器”案），或者在侵权人的产品和专利权人的产品酷似且从其用途来看很难取代的情况下（东京地判昭和38·9·14民集第14卷第9号第1778页“输送装置”案，大阪地判昭和63·3·17判タ第679号第257页“传送带质地”案）。因此，在市场上存在竞合产品的情况下，不能很轻易地认定逸失利润的损害赔偿（作为否定例的有：东京地判昭和38·9·21判タ第152号第177页“乙烯树脂罐”案，东京地判昭和40·8·31判タ第185号第209页“凸轮装置”

案，大阪地判昭和59・12・20无体集第16卷第3号第803页“头梳”案，大阪地判昭和 62・8・26 特管判 1988 Ⅱ第 179 页“砂浆注入器”案，大阪地判昭和 62・9・30 特管判 1998 Ⅱ第 268 页“食品收纳容器”案）。

的确，在市场上存在其他竞合产品的情况下，即便没有侵权行为，侵权人的产品需求也不可能只指向权利人的产品。另外，价格以及其他专利发明的实施部分以外的特征成为购买侵权人的产品的需求者的购买动机时，即使侵权产品没有包括专利的实施部分，该需求者也可能会购买侵权产品。因此，无法认定权利人就能销售出与侵权人“相同数量”的产品。但是，是在这些情况 290
下，侵权产品的需求至少有一部分可能会转向权利人，因此也不能疏于对这一点的斟酌。但是，已经介绍过的各判决仅仅根据无法认定权利人能够销售出同侵权产品总数相同的产品，就直接得出了否定逸失利润全额的结论。当前，法院的这种做法在结果上导致，为了认定逸失利润的赔偿而苛以侵权人的全部需求都需要转向权利人的产品这种要求非常高的要件。如果无法满足这个要件，就会完全否定逸失利润的赔偿。

这种做法的真实意图恐怕是，由于在这种情况下无法认定会有多少数量程度的需求会流入权利人，因此不得不认定不具有因果关系。有的判决对此进行了明确说明（前述东京地判“凸轮装置”案）。但是，即使不能确定准确的数量，至少应该会在心证上采纳一个不会低于某种程度的比例（例如，虽然不能确定是 5 成还是 6 成，但至少会超过 3 成等），在此限度内可以处理成具有因果关系[42]。虽然是很久以前的判决，但在著作权侵权案件中，有判决认定侵权人件数的大约一半是权利人可以获得的件数（大判昭和 7・5・27 民集 11 卷第 1069 页“呜呼玉杯”案）。

在此，确认如下两方面的事宜后再继续讨论。一是证明因果关系很困难，因此很难受到基于逸失利润的损害赔偿；二是法院全有或全无的思路进一步提高了证明难度，加剧了事态。

注　释

㊶ 顺便提及，虽然知识产权诸法中设定了损害额的特殊规定，但由于其是将知识产权理所当然地理解为属于《民法》第 709 条的“权利”，因此与《不正当竞争防止法》第 4 条有所不同，没有对原本的损害赔偿请求权设定特殊的规定。

㊷ 参见：古城春実，「特許・実用新案侵害訴訟における損害賠償の算定（2）」，『発明』，86 巻第 2 号，1989 年，第 45 頁。

291 3. 侵权人所获利润额的推定

逸失利润的赔偿变得困难，势必就会对《专利法》中将侵权人所获的利润额推定为损害额的第 102 条第 1 款寄予期待。立法者的意图是将该条款的适用作为难以证明逸失利润的替代措施。但是，审判实务中，在判定专利权人未实施的情况下，还是认为既然不存在被推定的“损害”，那么则无法适用该条款的推定条款［东京地判昭和 37・9・22 判タ第 136 号第 116 页“二连珠玩具”案，大阪地判昭和 56・3・27 特管判 1982 Ⅱ第 62 页“清纱器”案，大阪地判昭和 59・5・31 判タ 536 号第 382 页“G 图柄”案，东京地判平成 1・10・13 判工所（2 期版）5473 第 37 页“无坡度预制混凝土侧沟”案，东京地判平成 2・2・9 判タ 725 号第 213 页“杜邦Ⅰ”案，东京高判 3・8・29 知裁集第 23 卷第 2 号第 618 页“压接模具结构”案］。

关于在权利人未实施的案例中为何没有全部推定第 1 款这一点，前述大阪地判“清纱器”案的论述如下：第 1 款中所谓的损害可以被理解为，权利人在现实中失去了同侵权人通过侵权行为获得利润进行比较后同种又同质的损害，也可以说是权利人当前实施该专利享有利润的情况下与财产上的逸失利润相当的损害。另外，原本没有实施的专利权人能够获得超出许可他人实施可以得到的许可费收益，这一点违反了经验法则。最终，在未实施的情况下，不能考虑权利人能产生与侵权人所获利润额相匹敌的逸失利润，这种理解足以支撑不认可推定条款的判例。从理论上考虑，在无法考虑销售减少导致的逸失利润的情况下，最低限度也可以获得第 2 款的损害赔偿，这些判决或是认为许可费和侵权人所获利润额不同种也不同质。而不能理解第 1 款是推定销售减少导致的逸失利润以外的第 2 款中的损害额。

相反，在审判实务中，只要权利人实施了专利发明，就很少会推翻第 1 款的推定。而且，侵权人的制造销售行为带来的全额利润都被作为损害赔偿额。在调查了公开判决的范围内，去除专利的实施部分只是侵权产品的一部分，以及存在多个权利人等例外情况，几乎都属于这种类型。在专利侵权中，一旦被推定，推 292
翻部分损害额而减少赔偿的情况并不多，更何况全额推翻的情况了（例如，东京地判昭和 38·12·25 判タ 156 号第 218 页“硅酸钙保温材料制造方法”案，东京地判昭和 39·2·15 判タ 157 号第 173 页“型板紧固工具”案，东京地判昭和 42·9·13 判タ 216 号第 263 页“即食汉堡”案，大阪地判昭和 43·5·20 判タ 225 号第 209 页“混凝土搅拌机”案，东京地判昭和 43·7·24 判タ 229 号第 231 页“加速式粉碎机”案，东京地判昭和 48·5·25 无体集第 5 卷 1 号第 128 页“自动两轮车”案，奈良地判昭和 49·3·31 判特实 600 的第 1 页“伸缩性单面针织品”案，东京地判特管判 1978 Ⅰ第 187 页“血液用氧气附加装置”案，大阪地判昭和 54・11・14 特管判 1980 Ⅱ第 712 页“自动后门开关装置操作传送结构”案，东京地判昭和 55・3・24 特管判 1981I 第 114 页“半自动捆包机一审”案，大阪地判昭和 55・7・25 特管判 1981 Ⅰ第 185 页“巢挂等”案，大阪地判昭和 57・3・30 特管判 1983 Ⅱ第 77 页“淀粉面制造法”案，大阪地判昭和 58・12・9 判タ 514 号第 295 页“雪球”案，东京高判昭和 59・6・21 判工所 2183 的第 97 页“半自动捆包机二审”案，岗山地判昭和 60・5・29 判タ 567 号第 329 页“叶烟悬吊器”案，京都地判昭和 61・10・9 判工所 2305 的 139 的第 25 页“拔染剂化合物”案，大阪第判昭和 62・8・26 特管判 1988 Ⅱ第 179 页“砂浆注入器”案，山形地判平成 1・2・27 判特实 402 的 10 的第 3 页“金属制屋顶板”案，上述东京地判“杜邦Ⅰ”案，东京地判平成 1・9・29 判工所（第 2 期）2567 页，东京地判平成 2・3・12 判工所（2 期版）2247 第 3 页“部分假发Ⅰ”案，大阪地判平成 3・3・1 判工所（2 期版）2399 第 11 页“片状物取出装置Ⅰ”案，大阪地判平成 3・3・25 判工所（2 期版）2399 的第 130 页“纸管接头安装装置”案，大阪地判平成 3・10・30 判工所（2 期版）2399 的第 195 页“片状物取出装置Ⅱ”案）。

一旦适用了推定条款，便很难被推翻。可以说，第 1 款的处理几乎被视为定式化的。在专利权人未实施其专利技术的情况下，不适用第 1 款的规定。而根据前面的这种处理，推定领域则被限定在即使不允许推定的一部分被推翻也不会感到不自然的案件，正因为如此，才能说这种被视为定式化的处理方式是可行的。但是，也可以反过来分析，正因为推翻推定的过程没有被阐明，才不得不作定式化的处理。其结果是，也能够解析为，适用范围被限定在“视为”额不会过大的案件中。通过要么被推定要么不能推定这种全有或全无的方式来理解问题，可能会产生由于缺少灵活性的解决而导致本应该被广泛适用的推定规定的功能却无法发挥作用的结果。

4. 相当许可费的赔偿 293

作为抽象论，第 2 款的赔偿额多被认为是客观上相当的许可费。但是，如果考察实际判例中相当金额的计算基准，相较于“客观上”的相当额，大多会假定是如果侵权人请求合法实施许可则权利人和侵权人之间会约定的许可费。

例如，过去在侵权人和权利人之间存在实施合同的情况下，倾向于将合同中的约定许可费直接认定为相当额（大阪地裁昭和 60·6·28 判タ第 567 号第 280 页“建筑物用换气框”案，大阪地判昭和 56·3·27 特管判 1982 Ⅱ第 62 页“清纱器”案）。另外，也有判决将侵权人和权利人之间具有合作关系这种特殊情况往减额的方向上考虑（东京地判昭和 56·3·30 特管判 1982 Ⅰ第 119 页“贴纸防止壳”案）。在一般的侵权案件中，如果与被侵害的专利发明相关的权利人和第三人之间的约定许可费例较一般专利发明的行情高，则判定将减额后的额度作为相当额，这种判决并不少见（东京地判昭和 59·2·24 判タ 536 号第 307 页“去石选谷机一审”案，大阪地判昭和 50·3·28 判タ 328 号第 364 页“关节合页”案，东京地判平成 2·2·9 判时 1347 号第 111 页“杜邦Ⅰ”案）。这些可能都是基于一个假设，即侵权人不应该同意比行情高的许可费。

假设第 2 款的规定是将侵权人和权利人之间假定的许可费规定为赔偿额，最终该条款也是以逸失利润的损害概念作为前提。这是因为，如果侵权人能够寻求合法实施许可的话，与权利人之间约定的许可费无非是如果没有侵权则权利人应该收取的许可费。但是，如果是这种所谓的逸失许可费赔偿，则没有必要特别规定第 2 款，而根据《民法》第 709 条就能够充分认定赔偿。

暂且不论理论问题，第 2 款原本就规定了“与实施专利发明通常应该接受金钱相当的额度”。这没有看清事物的本质，只是根据与实际的约定许可费决定方式相同的方法进行计算的想法。

294 **5. 裁判例中的新动向**

但是，判例对此没有收手。

首先受到关注的是专利的实施部分只存在于侵权产品一部分这类案件，或者在侵权产品实施了多个专利权时第 1 款的处理。这种情况下，即使权利人自身实施了专利发明，将侵权人获利全额作为逸失利润额考虑，这种不太自然的情况也不在少数。最近，在处于狭窄空间的领域内，出现了不同于全有或全无这种僵硬处理态度的新方式。

被侵害权利的实施部分只是侵权人产品的一部分，在这种情况成为争议点的案件中，如果侵权产品由多个实用新型专利权的实施部分组成，其中一个实用新型专利权人请求损害赔偿，判决认定，要按各个实用新型专利权的贡献率按比例分配得出的金额才是实施各个实用新型专利权所获得的利润（大阪地判昭和 43・6・19 判タ 223 号第 200 页“自动犬牙式锁边缝纫机变速器”案）。同样，也有判决认定，在侵权人制造销售的产品的一部分只是被侵害的专利权实施部分的情况下，侵权人通过侵权行为获得的利润仅限于实施产品贡献的范围，并且要在贡献的范围内认可推定（大阪高判昭和 61・3・26 判工所 2535 的第 279 页“柱上安全带尾钥匙”案）。另外，关于《商标法》第 38 条第 1 款，销售侵权商标获得的利润中，通过侵权人的营业努力、商品品质、价值以及其他利润贡献因素带来的部分并不是侵权行为带来的利润，因此要从推定额中将其扣除，并在若干成限度内维持推定赔偿。类似这样的判决频繁出现（大阪高判昭和 25·2·19 无体集 13 卷 1 号第 71 页“天井材”案，名古屋高判昭和 56·7·17 判时 1022 号第 69 页“天井材”案，东京地判昭和 57·10·22 无体集 14 卷 3 号第 732 页“制糖茶”案）。这些判决并非都是以全有或全无的方式处理，而是指向了将利润分为应该归属给专利权人的部分和应该保留给侵权人的部分［此外，在商标权侵权案件中，考虑到原告注册商标权人自己进行交易情况下的利润是一打 270 日元（400 打是 10 万 8000 日元）左右，制造销售了印有侵权商标的产品 400 打获得 11 万 6000 日元利润的 Y_1，承包侵权商标的印刷获得工费 2 万 9028 日元的印刷业者 Y_2，在 Y_1 的利润 11 万 6000 日元的限度内维持了第 1 款的推定，而非输出侵权产品获得利润 7 万 5955 元的 Y_3 的各利润（大阪地判平成 1·5·24 295
判工所·2 期版 8352 页“超级娃娃”案），总额推定金额不是全额，由此可以评价为，可以努力在结果上维持相当额的推定］。

当然，这些判决是在第 1 款所谓的是否由“侵权带来的利润”这个要件中进行处理，并没有展示出实际损害的举证而导致的推翻推定适用的攻防过程，如果进一步推进仅止于一部分推定而非全额这种灵活的解决方式，那么权利人未实施的情况也可以成为促进新想法的契机。如后所述，这是因为，利润分配这种思路与权利人未实施的情况下被认定为损害的第 2 款的计算思路紧密相连。

在这个意义上，虽然判例数量并不多，但在计算第 2 款相当额时，需要考虑实施专利发明所带来的利润额，这样的判决也值得注意（例如，在权利人制造销售实施产品情况下，参考每单位的利润额。名古屋地判昭和 58・3・18 判タ 514 号第 291 页“击打练习用球的自动回收和供给装置”案的判决得出结论认为，考虑到原告获得了每实施一台产品获得不低于 100 万日元的利润，因此将 50 万元认定为相当额）。另外，秋田地判昭和 47・2・7 无体集 4 卷 1 号第 19 页“蹄铁”案判决中考虑到了侵权人获利。此外，前述东京地判“杜邦Ⅱ”案中如果假设权利人的利润额在计算第 2 款的损害额中起到重要作用，那么就要追问，这与以侵权人所获利润额来推定损害额之间的关系如何？

再者，关于第 2 款，在斟酌了最近关于发明内容等各种情况以及辩论的全部趣旨的基础上，尝试计算该专利发明相关的相当额［大阪地判平成 4・7・23 判工所（2 期版）2399 的第 263 页“海苔运送装置”案；关于不当得利返还请求权，大阪地判平成 4・7・23 判工所（2 期版）2399 的第 287 页“片状物取出装置Ⅲ”案］。同考虑了侵权人所获利润额的判决一样，与不合理地依据一般行情进行抽象计算的以前的方法有所不同，其被评价为努力将专利发明的具体价值反映到赔偿额中。

以下，本章提倡的解释论只是尝试在进一步理解最近的审判例倾向的基础上找到理论支撑。

296 第 5 节　基于规范的损害概念的新解释论的可能性[43]

1. 序

综上所述，简要叙述的第 1 款和第 2 款中的各自问题可以概括为，其根本上是以逸失利润作为损害概念为前提而产生的问题。如果作为损害概念是将一般法作为前提，同时还想要对损害额的特殊规定进行解释，则前者往往可能成为脚铐，使得特殊规定无法发挥其功能。但是，对损害额设定了特殊规定，原本就存在对于作为前提的损害概念进行特殊规定的可能性。但是，在《专利法》第 102 条等知识产权诸法中，目前对此还没有进行充分的讨论。下面就来探究适合第 102 条条款的损害论。

注　释

㊸　详细内容参见本书第 34—40、206—272 页。

2. 通过逸失利润说明的理论难点

《专利法》第 102 条第 2 款规定，权利人一般能够请求侵权人赔偿“与实施专利发明通常应该接受的金额相当的赔偿”。

学术讨论中认为，如果没有发生侵权行为则侵权人必须支付的许可费这一部分是权利人发生的损害，而这也为第 2 款提供了基础支撑。但是，如果是这个赔偿额，则没有必要设定特殊的规定，根据《民法》第 709 条就能够请求逸失许可费的赔偿。

更何况，在专利侵权中很难证明逸失利润，如果将好不容易设定的特殊规定解释为《民法》中的确认规定的话，那么第 2 款规定的目的究竟是什么呢？其趣旨受到了质疑。而且，由于第 2 款是将实施专利发明的“通常应该接受”的金钱额度规定为损害额，因此如果将与侵权人之间假设的个别具体许可费额作为问题来解读，则存在不合理之处。在文理上，第 2 款是将侵权行为的适当对价额作为损害赔偿额的规定，因此必须将前提理解为逸失 297
利润以外的损害概念。

3. 设定规范的损害概念

为了正确地理解作为一般法中特殊规定的第 2 款的趣旨，必须在专利权侵权的特殊性基础上，从《专利法》制度整体来把握第 2 款的规定。

为什么第 2 款是将对侵权行为的适当对价作为损害赔偿额呢？这要着眼于利润返还来理解我国《专利法》所采用的体系。市场上存在对实施专利发明的需求。为方便起见，将通过实施专利发明来满足这种需求的机会称为市场机会。根据《专利法》，第三人未获得专利权人许可并以营业为目的的实施专利发明的行为被视为专利权的侵权行为，因此专利权人能够排他性地决定，通过什么样的利用状态来将能够预见到的通过利用市场机会所得到的利润回流给自己。专利权人可以自己选择利用形态或是自己实施专利发明，或是授权他人实施许可获得对价等，由此便具有了利用市场机会的可能性。一次的市场机会一旦被利用便会失去，取而代之地，专利权人自己实施专利发明的情况下的利润（或者损失）以及他人实施情况下的许可费都是作为市场机会丧失的对价而流入。法律采用的系统是赋予专利权人排他性地利用对专利发明需求的市场的决定权，实施专利发明期待能够获得的利润，通过专利权人选择的形态返还给他们。

专利权的侵权行为是未得到专利权人的许可而利用市场机会的行为。侵权行为满足了对专利发明的市场需求，进而使得专利权人丧失了利用市场机会的可能性。专利权人对于所丧失的市场机会的利用可能性没有获得任何对价。虽然针对这一侵权行为给予了专利权人请求损害赔偿的救济，但是由于权利的客体是无形物，很难判定侵权行为给专利权人带来了多大程度的不利润，因
298 此仅通过逸失利润的赔偿恐怕无法给专利权人提供适当的保护。

但是，如果作为损害赔偿无法给专利权人提供适当的保护，成为侵权对象的市场机会无法返还对价，专利权人通过自己选择利用形态来返还利润的体系将无法发挥作用。因此，法律就专利权人丧失的市场机会将通常所能获得的对价作为损害赔偿给予专利权人，由此提供适当的救济，力图维持专利制度的功能。被侵害的市场机会的利用可能性的对价也无非是被侵害的市场机会的利用价值。如要避免使用市场机会这种为叙述方便而使用的词汇，其实更宜将其称为被剥夺的需求相关的专利利用价值，或者直接使用被剥夺的需求的利用价值。第 2 款的规定是，视侵权行为导致丧失了专利的利用可能性直接具有损害，将与其相对应的适当对价，即专利的利用价值，作为赔偿额。

综上所述，第 2 款是为贯彻《专利法》的趣旨而设立了规范的损害概念，通过这种理解，尝试对该条款附加合适的理论根据，无论站在什么样的立场上，着眼于专利权人丧失了什么，符合第 2 款将适当的对价返还给专利权人的趣旨的理论都是至关重要的[44]。

基于这种想法，在计算第 2 款的损害额时，可能会参考实际许可合同中的许可费。这是因为，许可合同中的许可费也是实施权人的实施行为导致专利权人的丧失之对价，这一点上，计算侵权人的侵权行为所丧失的损害更为容易。因此，许可费是用于计算损害的手段，而非目的[45]。

对此，不管是判决还是学说，第 2 款都是将适当或相当的“许可费”金额作为赔偿额。但是，如果考虑假想的实施许可并将其许可费作为损害，并在这个意义上使用以上词汇，恐怕可能看错了问题的本质。在模拟实施合同的情况下，虽然在计算赔偿额时可能需要将被模拟的被许可人的情况考虑进来，但是第 2 款的问题归根结底还是专利权人丧失的东西。如果考虑到实施合同，就变成是给第 2 款的赔偿额加上了不必要的枷锁。

299 例如，作为假定实施合同的相对方来考虑侵权人，由于侵权人和专利权人之间不应该缔结授予专用实施权和独占实施权的合同，因此认为一般实施权的许可费为赔偿额。或者，避免将侵权人考虑为合同相对方，而将抽象的合理实施权人作为合同相对方，在专利权人自己实施的情况下，由于无论谁成为被许可人都不可能独占实施，或者对专利权人假设模拟人，通过铭记两当事人间的一般实施权的设定合同，进而得出将普通实施权的许可费作为赔偿额的结论。但是，专利权是排他权，独占实施的情况下能够预见到最高的收益。而在专利权人保持独占状态的情况下，如果将其视为侵权的话，专利权人会丧失独占利用该需求的可能性。如果是这样，应该作为第 2 款的相当对价给予的无非是独占的利用价值。在这种情况下，和一般实施权的许可费相比，独占实施权的许可费更能反映专利权人丧失掉的专利权价值，因此更适合作为参考对象。

特别应该警戒的是，降低第 2 款许可费赔偿额的论证逻辑是，缔结实施合同的相对方不会同意将专利发明获得的全额利润作为许可费，而应该期待保留一定的利润。假设专利权人自己能够独占实施，那么对于专利权人而言，专利权的利用价值是专利权能够获得的全额利润。在这种情况下，侵权行为所妨碍的利用的适当对价仍然是全额利润。

要言之，在第 2 款成为问题的情况下应该关注的是专利权之丧失，而决不是缔结了什么样的实施合同，否则会阻碍通过给予侵权行为适当的对价来对专利权人提供保护，进而阻碍实现《专利法》的趣旨。关于第 2 款，将“许可费”规定为损害，这种理解背后的想法是将假想实施合同中的许可费考虑为损害，转变一下思路，其实是想要从权利人丧失的角度来构建一套损害概念。

一般来说，会将第 2 款的赔偿额与不当得利返还请求权的返还额作等额理解。也有声音认为，第 2 款中的真实问题是不当得利[46]。但是，着眼于侵权人所获的不当得利，与仅着眼于权利人被夺取了什么，各自在效果上会有所差异。

在不当得利返还请求权中，侵权人获得了什么是问题所在。违反法律规定的财物的归属秩序而从权利人转移到侵权人的属于返还对象。除了从专利权人转移给侵权人的利用专利发明需求的机会（市场机会或利用可能性）之外，由于资本、劳力、设备等贡献因素所获得、应该作为不当得利返还的，必须按照各贡献因素对全额利润进行分配。在计算分配额时，要参考一般的许可费额[47]。

对此，在规定了损害赔偿的第 2 款中，问题不是从专利权人向侵权人转移了什么，而是“专利权人损失了什么”。其中，哪部分转移给了侵权人不是问题所在。而且，如前所述，在专利权人自身可能实施的情况下也可能赔偿全额利润。这一点与面向“侵权人所得”相当对价的不当得利返还请求存在本质上的不同。特别是在第 2 款的情况下，和不当得利一样，必须要对利润进行分配时，要将专利权人丧失的相当对价作为赔偿额，这有悖于该条款完善《专利法》体系的趣旨。

注　释

㊹　此外，第 2 款赔偿额的具体计算方法，参见本书第 216—230 页。关于复杂的案例处理，参见：田村、增井，『特許判例』，第 360—381 頁。

㊺　本节受到了对美国专利侵权合理许可费赔偿附加基础的“美国谷物公司诉

劳霍夫公司”案中丹尼森法官的说明（本书167—170页）以及前述鲁道夫·克拉瑟的极大启示。

㊻ 参见：好美清光,「準事務管理の再評価」,『谷口還曆』(3)，第413頁；四宮,『事務管理・不当得利』，第190頁。

㊼ 以上内容参照第2节2中介绍的维尔博格的见解。顺便提及,《民法》第189条第1款对善意占有人认可通过占有物所产生的果实。在学说中，有意
301 见认为，此处的果实不只是天然果实，还包含法定果实，进一步包含使用利润的基础上，在物的利用案例中肯定本条的适用（参见：加藤雅信,『財産法の体系と不当利得法の構造』，有斐閣，1986年，第364頁。但是，有关审判实务和学说，参见：山田,『現代不当利得法』，第429—443頁）。根据该见解，在专利发明的利用和认定《民法》第205条的准占有的想法结合的情况下，也不是没有可能采用善意的专利侵权人不负有不当得利返还义务的结论。但是，认可什么权限的准占有就成了问题。只是实施专利发明，直接认定排斥他人权利的专利权自身的准占有明显有些过激。至于这一点，无论认定什么利用权限的准占有，都和有形物的占有不同，既然欠缺推定这种权利的外在表现，那么也就无法涉及第189条保护善意占有者的趣旨了。原本就应该留意存在限制第189条的想法（参见：好美清光,「不当利得法の新しい動向について（下）」,『判タ』，387号，1979年，第24頁；広中俊雄,『債權各論講義』(第5版)，1979年，有斐閣，第367頁；澤井裕,《不当利得・事務管理・不法行為》，有斐閣，1993年。此外，关于德国法的情况，参见本书第113页注释⑦）。

4. 第1款和第2款之间的关系提倡重叠理解

审判实务中，将第1款理解为仅推定销售减少导致的逸失利润，结果导致第1款和第2款的关系被切断。但是，从文字来看，第102条第1款是在证明了侵权人通过侵权行为所获利润额的情况下，将其推定为“自己所受的损害的额度”，而根据第2款，在“自己受到损害的额度”中，包含实施专利发明通常应该接受的金钱相当的额度，通常将这个额度解读为损害。

当然，既然作为解释论加以提倡，仅通过逐字逐句的文义解释是不足以解决问题的。必须从文理解释中找出合理性，对法律

预定系统的意义加以明确。以下，从这个观点来讨论第1款和第2款的关系。

如前所述，《专利法》通过第102条第2款将如果存在专利侵权则将通常的适当对价（相当的许可费）认定为损害赔偿，来维持通过给予专利权人关于专利发明利用的排他性决定权使得利润返还变得容易这一系统功能。在计算对价额时，如果是明确的 302
以侵权人的侵权所得的利润额为轴来计算从中要分配给专利权人的额度，这种方法是最被推荐的[48]。理由是，侵权人的利润直接表明了其从丧失的市场需求中获得的利润。加之，由于是已经被金额化的资料，则没有必要再进行换算成金钱的程序。

但是，这种计算方法存在一个问题点，即很难确定侵权人从侵权行为获取的利润中应该分配给专利权人的额度。如果这一分配的举证责任在专利权人一方，那么专利权人为请求全额利润的赔偿，就需要证明与丧失的需求相关的专利发明的价值同其额度相等，即处于自己实施能够利用丧失的市场机会的状态。如果无法证明，则需要证明应该分配给自己的额度。不管是哪种工作，都伴随一定困难。于是，在根据这种计算方法的情况下，赔偿到专利权人手里的额度可能会因为证明难度而低于适当的金额。加之，不能使用其他侵权人所获利润的方法中还存在问题点。以专利权人或者其他第三人每单位的利润额为基轴，也通常不限于专利权人实施，依然伴随分配困难。如果是以实际的实施合同例为基轴，关于被侵害的专利发明也未必都存在约定的许可费例。即使存在，而将其作为预见未来不确定的利润的依据，也不具有侵权人的利润额的证据可以以现实的利润作为对象能够更加准确地反映适当的对价的优点，而且还会受到合同当事人之间关系的影响。再者，依据与被侵害的发明以外的发明相关的约定许可费例，需要对发明差异导致的价值差异进行修正，担保其合理性也绝非容易之事。最终，即使通过第 2 款规定了适当的对价额作为赔偿额，如果对计算过程不设置任何规制的话，具体的计算额也无法反映适当的额度，恐怕不能实现第 2 款的趣旨。

因此，《专利法》第 102 条第 1 款在专利权人证明了侵权人所获的利润额的情况下，通过将其推定为损害额而对计算过程合理化。在专利权人证明了侵权人所获利润额而将其推定为损害额
303 的情况下，侵权人必须证明实际的损害额少于这个额度，才能减少损害额。如果侵权人成功减额，至少必须证明关于被认定的第 2 款的损害额是从侵权人所获的利润额中分配给专利权人的额度（具有基础的事实）。通过第 1 款的推定规定，将第 2 款被认为困难的分配责任转移给侵权人[49]。

在着眼于期待促进专利发明利用的情况下，专利制度作为对专利权人的保护而应该追求的样态应该是适当的保护，而非过剩保护。在赔偿额被高额计算的情况下，如果给予专利权人过大保护，则可能助长专利权人安于排他权，自己不利用专利发明而等待被侵权的态度。另外，权利范围不明确，一旦认定高额赔偿则可能具有萎缩效果，第三人超出必要迂回权利的结果，可能与应该被利用的即使无法被利用相关联。另一方面，如果考虑到侵权极易发生这种专利侵权的特殊性，可以在损害赔偿额上期待制裁和抑制功能。在这种互为反向的请求中，《专利法》第 102 条通过第 2 款在实体法上保障通常可以获得的对价作为赔偿额。反之，虽然第 2 款不能给予过大保护，在第 1 款中设定推定规定，作为其推定规定对象，在计算第 2 款的适当对价中选择侵权人所获利润作为基轴，则很难证明的分配过程就成了侵权人的负担。

因此，能否合法寻求实施许可成了中止实施行为的激励，期待可以抑制侵权行为[50]。

注 释

⑱ 本书第223页。

㊾ 此外，应该被推定的“利润”额究竟是纯利润还是毛利润，针对这个问题以及“侵害带来”的利润额的意思，关于第1款展开的各种解释论，参见本书第232—246页。另外，关于存在多个权利人这种情况的处理，参见：田村、増井，『特許判例』，第364—374頁。

㊿ 暂且不论起草人对德国法的理解到什么程度、有多深远（本书第51页），他们至少明确了这一点，即第2款中想要导入的德国第二、三种计算方法必须是以不同于逸失利润不同的损害概念作为前提，否则无法说明（前述第2节3）。当然，在德国的情况下，第三种方法的侵权人所获利润的返还作为独立的损害额的计算方法而存在，与纯粹额推定规定有所不同。但是，在德 304
国，近来有说明认为，在以专利权的利用可能性的丧失（严谨来说是市场机会的丧失）相同的损害概念作为前提的基础上，侵权人所获利润额返还和相当许可费赔偿额作为这一损害的价格额度赔偿，不过是计算应该返还给专利权的利润额。于是，当它成为相对独立的计算根据时，已经是第1款的系谱前身可以理解为，作为第2款的系谱前身的相当许可费赔偿制度作为计算对象的其他计算损害额的方法而发挥功能。这样的话，前者丧失了作为独立根据的地位，通过变更为单纯的损害额的推定规定，推定第2款的损害额，这种理解适合于系谱之理（参见本书第134页）

第6节 与从前的理解的关系

1. 序

为了通览本书提倡的解释论，以下将在具体案例中明确从前的判例、学说的理解和本书的解释论之间的关系。当前的审判实务和多数说所构建的关于第102条的解释存在的内在矛盾之处不在少数。事实上，只要对其稍加解析，本章第 5 节中提出的解释论便可浮出水面。

2. 逸失利润的赔偿

在专利权人请求赔偿自己的销售减少而导致的逸失利润损失的情况中，通常是请求将自己每单位的利润率（额）乘以侵权人侵权产品的销售额（数量）作为逸失利润赔偿。例如，请求赔偿的数额是 30% 的利润率乘以侵权产品的销售额 3000 万日元，即 900 万日元。在这种情况下，目前的审判实务考虑的是，如果没有发生侵权行为则侵权产品的需求能否转向专利权人，即因果关系问题。而且，在无法证明这个要件成立的情况下，便会否定逸失利润赔偿。此后，目前审判实务通常是将赔偿转移到第 2 款的相当许可费的计算上，多是以业界一般行情或者与具体专利发明
305 有一定距离的抽象资料为依据进行计算。例如，如果该行业中专利发明的许可费率是 3%，则考虑将第 2 款的赔偿额认定为 3%，即赔偿额是 3000 万日元 ×3%=90 万日元。但是，在请求赔偿逸失利润的情况下，需要提出能够显示权利人每单位利润率的资料。这些资料无非是实施具体的专利发明所能获得的利润率。如果真想要计算客观上相当的许可费金额，需要以这个权利人每单位的利润率为基准，而非以多个专利发明许可费的平均值这种抽象行情等为基础，再从其中通过分配的方式计算出能够分配给专利权人的部分。例如，将 30% 三等分后，将 10% 作为相当的许可费率计算得出许可费金额。如果这种计算方法可行的话，最终即使由于无法证明因果关系而导致逸失利润的请求无法实现，也可以将其中的一部分作为第 2 款的相当许可费额认定为损害。在这个例子中，例如，认定了 3000 万日元 ×10%=300 万日元的赔

偿额。如果是这样，逸失利润赔偿难的状况会得到相当程度的改善。

3. 第 1 款推定的意义

在多数说和审判实务中，如果权利人不实施专利产品，在无法预见与侵权人所获利润额（例如 3000 万日元 ×30%）相匹敌程度的销售减少而导致的逸失利润，这种案件会完全否定推定的适用。在这种情况下，只认定第 2 款的许可费赔偿额。而且，此处以业界行情（例如 3%）来计算第 2 款赔偿额的判例是很多的（例如 3000 万日元 ×3%=90 万日元）。但是，如果能够出示显示侵权人利润额的资料，那么这正是该实施行为所获得的利润。如此，和依据抽象的行情相比，以能够直接显示更加具体的专利发明价值的资料为基准并从中分配应该归属给专利权人部分，通过这种方式计算得出的额度更接近相当的许可费数额（例如 3000 万日元 ×30%×1/3=300 万日元）。但是，在判例中，并不是依据抽象的行情，而是参考与该专利发明相关的约定例来确定第 2 款的相当额（例如 3000 万日元 ×5%=150 万日元）。但是，约定许可费是在进行对象实施行为之前，对未来实施行为可能获得的 306
收益进行预测才缔结的。而且，为了不把作为实施人商业秘密的利润率向专利权人公开，多数情况是在销售额基础上乘以业界行情费率来加以约定。对此，在侵权诉讼的情况下，计算对象的实施行为，即侵权行为却已经发生了。明明提出了能够显示侵权人利润，即从该实施行为中获取利润的资料，但却视而不见，而只考虑基于不确定性预测的约定许可费进行计算。

或者，可能会有反对意见认为，以侵权人利润额作为基准，确定从中作为许可费加以分配的额度这个工作并非容易之事。但是，这也正认可了第1款推定条款的意义。原本第1款对于被推定的损害额没有附加任何限定，因此在文理上，将第2款的损害额也理解为推定，这样更加直接。即使权利人未实施，既然存在第2款的损害额，便不会推翻第1款的推定。这样的话，侵权人只要可以证明通常认定的第2款的损害额赔偿比侵权人所获利润额少，就不会被免于推定的适用。而且，第2款的损害额是通过以侵权人所获利润额为基准进行分配的方式进行计算的，如果推荐这种计算方法，那么第1款将侵权人所获利润额推定为损害额，最终是将分配过程作为侵权人的责任，防止赔偿额过少，由此被认为是用于抑制侵权行为的激励。

4. 相当许可费赔偿额与逸失许可费赔偿

这样，与约定许可费的计算方法不同，以实际的专利发明的侵权人所获利润额等作为基准，第2款的相当许可费额可以认可反映了具体专利发明价值额度的赔偿。再者，在实际的约定例中，考虑到支付许可费的实施人一方的商业风险，可以进行一定程度的减额，对此，第2款的赔偿额是以侵权人过去的行为作为计算对象，因此没有必要斟酌这种风险，在这一点上，具有提高约定许可费额度的倾向。

但是，例如在如下情况下，从专利发明获得的利润较之于最
307 初的预测明显要低（例如，利润率最初预见的是15%，而实际上只有6%），则第2款的相当额（例如，6%×1/3=2%）不得不低于业界的行情（例如，3%）和侵权开始以前的约定例（例如，5%）。在这种情况下，为防止侵权人获利，期待制度设计至少能够去掉合法实施必须支付的许可费（例如，5%）。但是，关于这一点，没必要太过苦恼。这是因为作为《民法》第709条的逸失

利润，即如果没有侵权行为则可以获得的利润，通常被认定为如果侵权人合法请求实施许可则必须要支付的许可费（即逸失许可费）的赔偿[51]。专利权人能够选择第 2 款的相当许可费和《民法》第 709 条的逸失许可费中比较高的额度请求赔偿（参照《专利法》第 102 条第 3 款）。因此，实施侵权行为的一方通常必须支付与合法实施情况下相同额度甚至高于这一额度的赔偿，在一定限度内成为抑制侵权行为的激励[52]。

注　释

[51] 严谨地说，如果侵权人没有实施侵权行为，在假设完全没有实施专利发明的情况下，由于没人寻求合法实施许可，因此不存在逸失许可费这种应该获得的利润，即缺少因果关系。但是，侵权人已经触及了需要许可的实施行为。如果这种侵权人为免于支付对价，主张如果没有侵权行为则不会实施，这种主张与自己的先行行为相矛盾。侵权人难以论证因果关系这种行为在诚实信用上不被禁止反悔原则所允许［参见本书第 249 页。Vgl.RG 8.6.1895=RGZ 35,63（68）-Ariston,BGH8.5.1956=BGHZ 20,345（355）-Paul Dahlke. 参见本书第 97 页注释③］。关于逸失许可费的具体计算方法，参见本书第 248—254 页。

[52] 顺便提及，无论是在德国还是在美国，本文中所述的两种许可费赔偿都是并存的，有动态是认可其中较高一方的赔偿［Rolf Pietzcker，Schadensersatz durch Lizenzberechnumg，GRUR 1975,S.56f.,Fromson v.Western Litho Plate,853 F.2d 1568,U.S.P.Q.2d 1606,1612-1616（Fed.Cir.1988）］。参见本书第 146—148、199—201、202—205 页。

第 2 章　与损害赔偿相关的 1998 年《专利法》修订

308 第 1 节　引言

1. 知识产权法中损害赔偿制度的意义

专利权等知识产权不过是对物理上任何人都可进行的发明实施行为人工（= 法定）设定了排他权。为了能够实效性地禁止侵权行为而需要人工设法，即为了消除侵权行为带来的后果而制定能够消除所引发后果的措施。同时，为了抑制将来的侵权行为，设定阻止侵权行为的措施，提前规定对侵权行为的制裁。损害赔偿请求权作为对过去侵权行为的救济而赋予权利人的权利，同时作为抑制侵权行为的激励（= 制裁）而发挥功效。赔偿额越低越易诱发侵权，反之赔偿额过高则会带来萎缩效果，使得对于原本不会侵害专利权的行为，向专利权人请求缔结许可合同的人也越来越多，因此必须要计算适当的赔偿额。对其进行规制的有《专利法》第 102 条。同样的规定还有《商标法》第 38 条、《实用新型法》第 29 条，以及《外观设计法》第 39 条（此外还有《关于半导体集成电路的电路赔偿相关法律》第 25 条、《种苗法》第 34 条、《不正当竞争防止法》第 5 条，以及

《著作权法》第 114 条）。以下，以专利法为中心进行解说，根据需要酌情涉及其他法律。

2. 损害赔偿计算的问题点

专利侵权审判实务中，确定损害赔偿额的方法大致可以分为三种。第一种方法是，根据我国《民法》第 709 条，将权利人的逸失利润作为损害赔偿额。平成 10 年法修订后，此处被《专利法》第 102 条第 1 款的规定覆盖。第二种方法是，根据第 102 条 309
第 2 款（修订前第 102 条第 1 款）推定条款的规定，将侵权人所得利润作为损害赔偿额。第三种方法是，根据第 102 条第 3 款（修改前第 102 条第 2 款），将相当的许可费作为损害赔偿额。

此前，对第 102 条的实效性存在三点批判：一是在逸失利润赔偿方面，因果关系的证明困难；二是即使可以推定第 2 款的侵权利润，但权利人自身未实施的情况下也无法适用；三是在多数案例中，根据第 3 款只要支付同合法请求许可等额的赔偿额即可，因此如果考虑到不追诉的可能性，反而对侵权方有利。但是，被指出的问题点更多的面向针对第 102 条的解释论自身存在的问题。如后所述，致力于认定直接具有实效性的赔偿额，持有这种态度的判决数量在不断增加。

此次平成 10 年法修订的定位是，为了提高第 102 条的实效性，针对前述三点问题中的第一个和第二个问题做出了一定的应对之策[①]。

注　释

① 《专利法》修订中将条款数向后进行了推移，以下为叙述方便，对修订前的案件也引用修订后的款数。此外，鉴于篇幅关系，本章介绍的判例仅限于代

表性案件。关于《专利法》的详细内容，参见：田村、增井，『特許判例』，第325—389頁。关于《商标法》的详细内容，参见：田村善之，『商標法概説』（第2版），弘文堂，2000年，第336—369頁。关于《著作权法》的详细内容，参见：田村善之，『著作權法概説』（第2版），有斐閣，2001年，第321—350頁。关于《不正当竞争防止法》，参见：田村善之，《不正競争法概説》（第2版），有斐閣，2003年，第159—176頁。

第2节　1998年修订后损害赔偿额的计算方法

1.《专利法》第102条第1款——逸失利润额的推定

（1）修订趣旨

在根据《民法》第709条进行计算的情况下，至少逸失利润，即如果没有发生侵权则可能获取的利润，成为损害赔偿额。虽说是逸失利润，审判现实中的问题几乎都是由于销售减少而导致的逸失利润损失。该损害额是通过权利人每单位的利润乘以侵权行为减少的销售数量而得出的。但是，在专利侵权中，如果没有发生侵权行为，能否获取相当额度的利润，侵权行为与损害之间具有因果关系很难证明。

310 从前的审判实务中，如果专利发明的实施产品优秀，则如果没有发生侵权行为，就可以推定侵权人产品需求会全部转向专利权人产品。在这种情况下，因果关系成立，将侵权人产品的总数量乘以权利人每单位的利润后得出的金额认定为损害额（东京地判昭和39·11·14下民集15卷11号第2702页“管子焚烧修理器”案，大阪地判昭和63·3·17判タ679号第257页“传送带质地”案）。在即使不实施专利发明也能起到同等的效果（东京地判昭和40·8·31判タ185号第209页“凸轮装置”案），或存在竞合产品等（东京地判昭和 38・9・21 判タ 152 号第 177 页“乙烯树脂”案，东京地判昭和 47・6・26 判タ 282 号第 267 页“电子印章”案，大阪地判昭和 59・12・20 无体集 16 卷第 803 页“头梳”案）情况下，因果关系是不成立的。在侵权人产品中专利发明的实施部分只是一部分的情况下，特别是这部分不能构成需求者购买侵权产品的动机时，也是同样的处理方式（大阪地判昭和 62・9・30 专利管理 1988 Ⅱ第 268 页“食品收纳容器”案）。

确实，在市场上存在其他竞合产品的情况下，即使没有发生侵权行为，对侵权产品的需求也不会只转向专利权人的产品。但在这些情况下，对侵权产品的需求中至少可能会有一部分转向权利人，必须要考虑到这一点。前面已经介绍过的判决仅根据不能认定权利人能够销售与侵权人的产品数量相同的产品这一事实，便直接得出了否定全额逸失利润的结论。当前法院的这种做法为了在结果上认定逸失利润的损害，被苛以侵权人的全部需求需要转向权利人产品的高难度要件。这种做法的真实意思恐怕是，由于在这种情况下无法认定如果没有发生侵权行为则会有多大程度的数量流入权利人，因此不得不认定为无法证明因果关系（前述东京地判“凸轮装置”案，前述东京地判“电子印章”案）。但是，即使无法准确计算数量，但至少应该采用至少不会低于这个程度这样的心证（例如，虽然无法确定是 5 成还是 6 成，但至少超过 3 成），因此必须处理成在这个限度内证明因果关系。由于因果关系证明困难而无法获得逸失利润赔偿已成事实，法院全有或全无的思路造成高难度的证明要 311
件进一步加剧了事态[②]。

为减轻因果关系的举证负担，1998 年法修订新增设的第 102

条第1款规定，在专利权人证明了销售的预定产品可以被侵权产品替代的情况下，在专利权人销售能力范围内，用侵权人销售产品的数量乘以专利权人每单位的利润，并将其推定为损害额[③]。新增设的条款改变了以前全有或全无的思路，期待由侵权人负有证明责任的推翻推定之处，能够更加灵活地认定损害额[④]。

注 释

② 田村善之发表在《法学协会杂志》第108卷第6号（1991年）第857—860页上的文章（「特許権侵害に対する損害賠償（1）」）以及本书第5、6页中已指出。关于判例，更为详细的内容可参照田村、增井共著的《特许判例》第277—281页。这样的认识继承了日本知识产权研究所在1996年出版的《关于涉及知识产权侵权的民事救济的正当化的調查研究报告》(『知的財産権侵害にかかる民事的救済の適正化に関する調査研究報告書』，知的財産研究所，1996年）中第33—34页的内容，而这个研究报告的定位就是为法修订所做的准备工作。笔者从法修改工作之初，就通过非正式的会议等，向工业所有权制度修改审议室传达了这个意思。参见：特許庁総務部総務課工業所有権制度改正審議室，「知的財産権侵害に対する民事上の救済及び刑事罰の見直し」，『知財研フォーラム』，34号，1998年，第9頁；入野泰一，「特許法等の一部を改正する法律」，『ジュリ』，1140号，1998年，第71、72頁。这些可以表明，上述认识已经成为上述法修订工作的前提。

③ 条文文字上，只被写成了"能够被认定为损害额"，对第102条第1款文本的要件进行主张和举证，并对这一点采用了心证的情况下，根据但书条款，扣除赔偿额的证明责任转移至侵权人，这一点是不变的。与第102条第2款不同，不使用"推定"这个词，第1款将证明直接显示存在逸失利润事实的一部分责任转移给侵权人，由此暂定事实（参见：新堂，『新民訴法』，第494頁），或者与其相类似的事实（如果考虑到损害额问题的特殊性），既然启用了但书条款，可能就没有必要进行"推定"了。虽然不是逻辑问题，但基于写有"推定"的旧法第102条第1款陷入了全有或全无的思路（参见：田村，前揭注②，『法協』，108卷第6号，第864—866頁；与本书第9—10页的评论相关），为了能够进行灵活的计算，有批评认为不应该使用"推定"一词（参见：鎌田薫，「特許権侵害と損害賠償」，『CIPIC ジャーナル』，79号，1998年，第17頁）。

④ 镰田，上文注释③，第17页。

（2）推定的要件 312

专利权人为适用第 102 条第 1 款的推定，需要主张在“没有侵权行为能够销售的产品”的“每单位的利润”之上乘以“转让了包括有侵权行为的产品数量”，并对其进行举证。

①如果没有侵权行为能够销售的产品

如何认定这一要件与新增设的第 102 条第 1 款能否发挥出如期待目的的效能直接相关。在此，如果严格考虑没有侵权行为侵权人的需求是否会转向权利人的产品，这和证明因果关系也并无不同，分辨不清为何而设定推定条款。

因此，“如果没有侵权行为则能够销售的产品”是指对侵权产品具有可替代性且专利权人有意销售，在产品种类上只要具有替代可能性即可，哪怕是一少部分侵权人的产品需求发生转变，就满足这个要件。这是因为，由于价格和品质等都不相同，即使无法假设侵权产品的全部需求都会转向专利权人的产品，根据但书条款，这些都是负有从推定额中扣除责任的侵权人应该证明的事项。由此，如果专利权人预定销售的某个产品是实施了专利发明的产品，那么原则上满足这个要件。否定要件成立的是，同样实施了照明专利的街灯和手电筒，虽然其都是实施品，但商品性质不同，假定侵权人的需求中有一定的数量能够转向权利人的产品，那也仅限于几乎不可能的情况。

例如，即使专利发明的实施部分只是侵权人或专利权人产品的一部分，也不应该基于此就直接否定“如果没有侵权行为则能够销售的产品”这一要件。只要侵权人的产品和专利权人的产品具有可替代性，这个要件就很清晰。如果没有侵权行为，侵权人的产品需求在多大程度上转为专利权人的产品，这个问题作为但书条款由侵权人证明，在采用了心证的限度内（部分）推翻推

定[5]。这样便可回避以前的那种全有或全无的认定思路。顺便提
313 及，文献中有主张认为，在计算赔偿额之际，根据实施部分对于产品整体的贡献度按比例计算[6]。理论上认为，这原本就是因果关系的问题，例如，虽然实施部分是产品的一部分，但在认为其会构成侵权产品需求者的购买动机的情况下，维持全额推定，贡献度这个用词会有一定误导性。而在实务中，可能会以方便计算、攻击防御目标明确等为理由，推荐贡献度这样一种媒界，通过确定实施部分在侵权人产品的需求者中具有多大程度的购买动机作为尺度，并决定最终应该维持的推定比例。需要铭记的一点是，这个工作只是通过贡献度这个用语进行转化而已。

以上逻辑在多个权利侵权案件中是不变的。又或者，如果针对每个权利认定推定，则可能会有反对意见抱有危惧心理认为，赔偿额不能过大。尽管如此，由于侵害了其他专利权、外观设计权和商标权，则可以免于推定规定的适用，这违背本款规定用于抑制侵权的趣旨。而且，虽然对每个权利认定第 1 款的推定，但本款并不是“视为”规定，而是推定规定，后面就是如何推翻推定的问题。在多个权利归属一人的情况下，在各权利的总额和全额利润一致的限度内，能够直接视为推翻推定。即使是在各个权利属于个别权利人的情况下，由于其他专利发明的实施（前述意义上）是使贡献率下降的事宜，因此很容易做减额认定。如果这样考虑，那么在对每个权利推定全额利润的情况下，通过各个裁判来区分非贡献率的判断，反对意见所指出的侵权人负担过高的担忧也只存在于损害额可能超出利润额的情况中。既然侵害了多个权利，则可以认为，这种程度的不利润是能够均衡适应的。

此外，很容易误解的是，从文字上明显可知，如果没有侵权行为则能够销售的产品，没有必要是另外被侵害的专利发明

的实施品。专利权人销售的产品并没有实施被侵害的专利，即便 314
如此，如果在市场上同侵权人的产品发生竞争，由于可能满足因果关系，因此可以认为符合“如果没有侵权行为则能够销售的产品”的要件要求。而且，在没有侵权时，专利权人的产品在多大程度上可以被销售，只要作为推定的推翻问题加以处理即可。在这种情况下，如果专利权人销售的产品不是专利的实施品，则存在其他竞合产品的情况也较多。这些事项都可作为推定的推翻问题，由侵权人来主张举证。专利权人销售的产品与被侵害的专利无关，而是其他专利发明的实施品，这时也是一样的，但是，由于存在其他专利而并不存在其他竞合产品的情况，很难推翻推定。不管怎样，原本被认为的问题并不是有没有专利，而是是否存在竞合产品的市场状况。

②每单位数量的利润额

“每单位数量的利润额”是指从如果没有发生侵权行为假定增加的替代产品每单位的销售额中，扣除为达成其效果而假定的费用并按照单位分割的额度（= 边际利润额）⑦。

就近举例的话，在贩卖店中预定销售的商品被破坏的情况下，赔偿额是销售价格（例如，1000 日元 ×100 个 =10 万日元），不能从中扣除已经投入的购买费用、人件费用、店铺费用（例如，9 万日元）。明明是要从销售额中回收这部分费用（例如，10 万日元−9 万日元 =1 万日元），但却从销售额中扣除这部分费用，并将其作为赔偿额（例如，10 万日元−9 万日元 =1 万日元）。最终，在结果上权利人被双重扣除，而无法获得如果没有发生侵权则应该获得的利润（例如，被假设的例子中，本来接受 10 万日元的赔偿，应该获得预定利润 1 万日元，但由于认定扣除而只赔偿了 1 万日元，因此最后形成了 8 万日元的赤字）。在专利侵权中，这个道理也是一样的（在能够节约材料费、购买费等情况下，只在已投入的费用等方面存在差异）。

因此，必须从销售额中扣除原材料费或购入费，以及由于侵
315 权行为没必要投入的费用，而没必要扣除设备费、人工费等其他一般管理费中已经投入的费用。这是因为，一旦从赔偿额中扣除已经揉入的费用，会导致损害赔偿不充分的问题。为达到如果没有发生侵权行为则想定的销售额，原本就有必要增强设备、投入新的劳动力。仅限于由于存在侵权行为而要节约的情况，不过是从假定的销售额中扣除设备费和人工费。

③包括侵权行为产品的转让数量

“包括侵权行为产品的转让数量”是侵权人一方的事宜，但由于确定请求额上限并明确攻击防御目标，因此需要由专利权人主张，而“计算书类提出命令”（第 105 条）是致力于减轻负担的吧。

此外，第 102 条第 1 款是考虑到了作为请求逸失利润赔偿典型例的侵权产品被转让的情况。“包括侵权行为的物”中，包含生产物的方法的专利的情况的“侵权行为生产的物”（第 100 条第 2 款的定义），在其他方法专利中，该条款是不适用的。另外，侵权产品被借贷的情况也一样。在逸失利润的计算过程在条文上定型化的典型例中限定了适用对象[8]。

在方法专利的情况下，可能存在如下讨论：如果其与产品的制造工程相关，以侵权关联产品乘以权利人关联产品每单位的利润额得到的额度作为基准，只要考虑强化该方法的竞争力来确定赔偿额即可，但却无法抹去如下疑问，即在条文文本中，除确定其外延的技术性问题外，在生产物的方法专利以外的情况下，一旦将利润额推定为赔偿额，那么将推翻过程作为侵权人的责任是否具有合理性。如果这样考虑，反而在第 3 款中考虑到竞争力的

强化和自己费用的节约部分等诸多事宜，并反映在赔偿额中，是现实中较为可取的方案。

同样的道理也适用于《商标法》第 38 条第 1 款，将侵权人和权利人提供的证据作为劳务的情况排除在适用对象之外。为了笼络场地条件等其他要素，推定侵权人的销售额乘以权利人每单位的利润率后得到的金额作为赔偿额。这是因为，可以预料到表 316
明慎重态度的人会比较多。

以上，之所以将借贷从适用对象中排除，是因为相对于侵权产品被借贷，权利人的产品是被转让的，这两种实施样态在范围上有所不同，这种情况很难启动推定[9]。这样的话，如果侵权产品和专利权人的产品都被借贷出去，否定第 102 条第 1 款的类推适用较为合适[10]。

④权利人的实施能力

第 102 条第 1 款规定，在不超出专利权人或专用实施权人实施能力的数量范围内适用推定条款。

这句话被插入到与侵权人负有扣除的证明负担的但书条款不同的位置。鉴于这个趣旨，必须把这一要件的证明责任理解为在专利权人一方。如果只提取这一要件的文字，由于转让只是专利权人实施的一个行为样态，则不需要考虑证明专利权人能在市场上多大程度地销售产品，即销售能力等所有事项。在进行这种处理的情况下，让侵权人负有推翻推定过程的责任的但书条款无法发挥作用，所有责任都需要由专利权人证明。因此，与但书之间的划分成为问题所在。文本中专利权人的事宜由专利权人来证明，但书中与市场相关的事宜和侵权人的事宜由侵权人来负担，这样划分是比较合理的。

结论上，此处的“专利权人的实施能力”是指专利权人方的产品（制造）销售体制的能力。暂且不论产品没有预定销售的情况（在这种情况下，原本就不属于“如果没有侵权行为则能够销售的产品”），即使有产品的销售预定，但考虑到自己公司的工厂以及销售委托方的工厂规定等，在不可能达到与主张额度相应的销量的情况下，推定额也要缩减到可能销售的范围内。

过去的判例在专利权人未实施的情况下并不认定逸失利润的赔偿（东京地判昭和46·6·14判タ266号第220页“食品切断器”案，大阪地判平成1·4·24无体集21卷1号第279页“制砂机锤子”案）。另外，即使是在实施的情况下，也有判决指出，如果权利人不具有与侵权行为相对应的增产能力，也
317 无法认定如果没有发生侵权行为则应获得的利润，即因果关系不成立［大阪地判平成3·3·25判工所（2期版）2399的第130页“纸管接头安装装置”案；在旁论中提及的是东京地判昭和38·10·3判タ155号第205页“冰凤梨”案］。反言之，只要未表明不存在这些事宜，专利权人便无法接受第1款的推定。

也有观点认为，实施能力中也包含潜在的能力。在侵权人销售产品的侵权期间内，权利人并没有销售自己的产品的计划，或者虽然有销售的计划，但在制造能力这一点上很难制造并销售出与其相对应的数量，在存在这些事宜的情况下，如果将来预计会制造销售，不能完全否定实施能力。确实，超出侵权期间可以预测具有长期需求的产品，如果没有发生侵权行为，虽然和侵权期间（例如，从1999年的一年内）相比，可能还需要再花一些时间（例如，从2001年开始），但却能够满足侵权产品的需求。在这个意义上，可以理解实施能力中也包含潜在的能力[11]。但是，另一方面，例如在一次性的销售旺季到来时，或者虽然技术老旧但较早的产品，在侵权期间如不一决胜负，则可以预见到，销售

出与侵权产品的销售数量相应的数量最终还是很困难的。不论是哪一种证明，“实施能力”问题成为权利人的责任，剩下的就是心证问题了。

此外，即使无法对没有实施能力的部分否定推定，也要注意到这部分的赔偿额并非为零。即使在完全不具有实施能力的情况下，根据判例，在未实施的情况下也认定第 3 款的相当额赔偿[12]。因此，在不具备一部分实施能力的情况下，也应根据第 3 款的赔偿额进行计算。因此，如果侵权人销售了 10 万个侵权产品，而专利权人具有 7 万个的实施能力，在这种情况下，就这部分启动第 102 条第 1 款的推定。另外，关于剩下的 3 万个，应该根据第 3 款的相当对价额进行计算，并将其作为赔偿额。

⑤推定的推翻

在专利权人主张举证以上要件的情况下（在与销售能力相 318
应的限度内），推定侵权组成产品的转让数量乘以专利权人替代产品的每单位利润额后得出的金额作为专利权人的损害额。但是，扣除推定额的责任由侵权人负担（第 102 条第 1 款的但书规定）。

能够考虑为减少推定额的情况包括以下几种。例如，侵权产品比较低廉，或者在侵权人的销售数量中，和专利发明的实施部分相比，基于侵权产品的特殊或侵权人投放广告等销售方面的努力更重要，又或者存在其他竞合产品（虽然包含侵权人的非侵权产品，但不包含专利权人的产品）等情况。

但是，即使没有对推定额的全部金额破坏心证（例如，10% 左右不应该被扣除），但至少可以在不低于几成（例如，80%）的心证范围内部分性地推翻推定。

此外，关于被推翻的推定，从理论上考虑，要注意到赔偿额不能为零。在不完全认定因果关系的案件中，如果认定第3款的相当对价额的赔偿，则在认定一部分因果关系成立的案件中，关于未被认定的部分，也可以否定第3款的赔偿。在侵权产品的销售数量（10万个）中，推翻了7万个的推定，关于这部分，也可以另行计算第3款的相当对价额，并将其作为赔偿额。

注　释

⑤　反对意见有，镰田，上文注释③，第23页。作为第1款框架外的问题，权利人负有证明责任。但是，还期待能够灵活地认定。

⑥　作为第1款框架外的问题，在权利人负有证明责任的文脉当中，参见：镰田，上文注释③，第23页。

⑦　古城春实，「特許・実用新案侵害訴訟における損害賠償の算定（2）」，『発明』，86巻第2号，1989年，第45頁，本書第237—238頁。

⑧　镰田，上文注释③，第19—20页。

⑨　镰田，上文注释③，第19—20页。

⑩　镰田，上文注释③，第19—20页（该处认为根据各案存在类推适用的空间）。

⑪　镰田，上文注释③，第21页（该处谈到，包含潜在的实施能力在内，应当灵活地考虑）。

⑫　本书第8页。

319　**2.《专利法》第102条第2款**

（1）概览

侵权人通过侵权行为获得的利润额可以推定为权利人的损害额（第102条第2款）。该条款是在昭和34年制定现行《专利法》之际设定的，其作为《民法》的特殊规定而被规定。立法者的意图在于，作为逸失利润证明困难的替代措施而启用了该条款。在此次法修订中，条款数从第1款后退至第2款，但在条文文本上并没有进行任何改动。

（2）修订时的讨论

①权利人未实施的情况

审判实务中，在能够判明专利权人未实施的情况下，既然不存在应该被推定的“损害”，则无需启用第 2 款的推定规定（大阪地判昭和 56・3・27 特管判 1982 Ⅱ第 62 页“清纱器”案；田村、增井著《专利判例》中的判例 97）。另一方面，在审判实务中，只要专利权人实施了，便很少会推翻该条款的推定[13]。而且，侵权人通过制造销售行为获得的利润全都会被认定为损害赔偿额。在公开判决的范围内，去除专利的实施部分只是侵权产品的一部分的情况，以及存在多个权利人的情况等若干例外，几乎所有情况都属于这种类型。在专利权等侵权案件中，一旦被推定，部分被推翻而导致赔偿额变少的情况并不多，就更不用说全额推翻了。可以很好体现这一趋势的判决有，例如大阪地判昭和 62・8・6 特管判 1988 Ⅱ第 179 页“砂浆注入器”案，大阪地判平成 3・3・25 判工所“2 期版”2399 的第 130 页“纸管接头安装装置”案。这些判决一方面否定了销售减少而导致的逸失利润额的请求，另一方面通过推定规定支持了侵权人所获的全额利润的请求。事实上，虽然第 102 条第 2 款被评价为是以权利人的实施为条件，并作为侵权人所获利润的返还请求权发挥作用，但并没有出现大的过错。

在本次法修订中，没有举措要对这一点进行修改［笔者认为，在未实施的情况下，第 2 款也可以推定第 3 款的损害额，关于这一点，参照 3（1）］。例外的是，在专利权人个人经营的公司实施专利发明的情况下，有讨论认为，不应该将其视为专利权人实施。在这种情况下，公司大多不会以明示的许可合同来实施专利发明，如果不得不认为公司是（默示）非独占的一般实施权 320

人，那么公司便无法请求损害赔偿（大阪地判昭和 59・4・26 无体集 16 卷第 271 页“框架材料安装配件一审”案；田村、增井著《专利判例》的判例 106）。另一方面，专利权人由于未实施而无法获得损害赔偿，这一点是否过于严苛呢。如果不想这样，专利权人只要许可公司独占许可即可⑭。这样就可以请求公司赔偿，接受第 2 款的类推适用（大阪高判昭和 55・1・30 无体集 12 卷 1 号第 33 页“人工植发用植发器”案二审）。而且，在判例中，即便没有明确的约定，在专利权人个人经营的公司实施专利发明的情况下，可以被视为专用实施权人（前述大阪高判“人工植发用植发器”案二审），或者认定做出了默示的独占实施权的承诺（大阪地判平成 3・11・27 特判实 418 的第 19 页“食品包装袋”案）。和这种做法相比，之前提出的提案并非实施了专利发明的公司，在认定了赔偿专利权人第 2 款的侵权人所获的利润额这一点上，也存在问题。如果进行了明确约定，当然只能请求公司赔偿侵权人所获的利润额（约定许可费的部分会被扣除），由于专利权人很明确只能请求约定许可费，侵权人利润额的赔偿原本就应该归属公司。第 2 款作为当前审判实务中的方便做法是很充分的⑮。

此外，也有观点认为，专利权人的产品并非是实施了被侵害的专利，即便是在另外存在其他和侵权产品发生竞合的产品的情况中，也应该认定第 2 款的推定。作为解释论，虽然这种情况应该认定推定⑯，但作为立法技术上的问题，原本权利人的实施并不是被写入第 2 款中的要件，加之也并非没有否定这一解释的判决，因此将其交给解释论来解决更加合适。

②利润的证明

第 102 条第 2 款中，认为侵权人费用项目的举证责任在权利人一方。关于这一点，在修订工作过程中，有提案认为，权利人只要证明销售额即可，从其中应该扣除的费用的举证责任在侵权人一方。这一提案的立足点是，既然是自己的费用，那么相较于权利人，侵权方主张举证费用项目及其额度应该更加容易，这是 321
最合理的政策论。

但是，在已经发生的审判实务中，有的判决是根据权利人每单位的利润来推定侵权人每单位的利润，并做出认定第 2 款推定的处理（东京地判昭和 38・12・25 判タ 156 号第 218 页“轻量保温耐热壁材的制造方法”案，大阪地判昭和 54・2・28 无体集 11 卷 1 号第 92 页“人工植发用植发器”案一审，大阪高判昭和 55・1・30 无体集 12 卷 1 号第 33 页“同二审”）。也有判决是从侵权人产品的销售价格中扣除侵权人同种产品的制造原价，推定认为是侵权人所获的利润额［大阪高判昭和 57・9・16 无体集 14 卷 3 号第 571 页“锯用背金（外观设计）”案］。这应该会被评价为是方便之法（但是，根据前者的计算公式，今后会涉及第 1 款的推定，可能没有实际效益）。具体案件中，有些情况会根据原告的利润额、利润率来认定被告的利润额“至少不会低于 X 万元”［东京地判平成 2・9・29 判工所（2 期版）第 2567 页“部分假发Ⅰ”，东京地判平成 3・2・22 判工所（2 期版）2247 的第 3 页“部分假发Ⅱ”，大阪地判平成 3・3・1 判工所（2 期版）2399 的第 11 页“片状物取出装置Ⅰ”案］。

③利润的含义

在法修订的过程中，是否有必要明确 102 条第 2 款的利润的含义，这也是个问题。

以前，关于该款中利润的含义存在如下讨论：其是从销售额中扣除制造原价（或者购买原价）的“毛利润”，还是从毛利润中进一步扣除为获得该销售额所必需的其他销售费用以及一般管理费的“纯利润”。

322 如果对认定了推定的裁判例加以通览，刚开始会看到计算毛利润的判决，但在抽象论上大多判决都使用了“纯利润”的用语。也有判决在具体的计算过程中，由于没有对纯利润进行主张举证，而不考虑原告对毛利润的主张，进而否定第 1 款的推定［大阪地判平成 1・8・30 判工所（2 期版）5469 的第 11 页“安装用热压机”案］。关于《商标法》第 38 条，有判决认为，即便能够判明从商品的销售额中扣除了购买费用后的“毛利润”的情况，但需要进一步分清宣传广告费用、人工费和店铺或展会租金等与销量相关的费用，因此不会适用推定（东京地判昭和 63・4・27 无体集 20 卷 1 号第 209 页“LV 标识Ⅵ”案）。在这个判决中，认定侵权人通过制造销售包类而获取了印刷加工费用 150 万日元，同时又以无法确定制造原价（劳务对价、工厂、机械使用费和电气费等）的金额为理由，否定推定的适用（关于《商标法》第 38 条，大阪地判昭和 62・9・28 判工所 2851 的第 825 页“LV 标识Ⅵ”案）。

逐一证明对方侵权人的费用项目是极为困难的。为适用本应该作为举证缓和规定的第 2 款规定而设置了这种举证难关，恐怕是无法实现该条款立法趣旨的。在判例中，针对这一点，有判决指出，如果权利人对于从销售额中扣除制造原价或购买原价后的“毛利润”额，就可以适用推定，但侵权人必须对“纯利润”少于这个额度进行举证（大阪地判昭和 60・6・28 无体集 17 卷 2 号第 311 页“粘毛刷”案）[17][18]。

但是，无论是“纯利润”说，还是“毛利润”说，在纯利润数额明确的情况下，将其作为推定额，这一立论的前提是存在疑问的。只要权利人不需要新的劳动力或设备投资，每个产品的“毛利润”数额都十分可能成为逸失利润额［前述 1（2）②］。尽管如此，以侵权人需要一般管理费为由，认定要扣除这个费用，推定额可能会乖离于实际的损失额[19]。

作为结论，第 2 款作为缓和权利人举证责任的规定，可以被解读为，考虑到对于权利人而言证明一般管理费用等扣除项目很困难，而对于侵权人一方相对容易，该条款中的“利润”指的是权利人最大限度可能逸失的“毛利润”，只要权利人主张并 323
举证，就可以适用第 2 款的推定。在此基础上，权利人只要举证自己的一般管理费用等，就不应该接受从推定额中的扣除（在这个意义上，以前的“毛利润”说也有问题）[20]。在判例中，关于《著作权法》第 114 条第 1 款的一个判决对“边际利润”说进行了明确说明，同时在具体计算中，从销售价格中扣除人工费时，省去了间接部门的劳动者的人工费以及和直接制造相关的技术者在习惯熟悉制造所需时间花费的人工费（东京地判平成 7 · 10 · 30 判时 1560 号第 24 页“系统科学”案）。也有关于《不正当竞争防止法》第 5 条第 1 款相关的判决阐述了同样的判旨（东京地判平成 9 · 2 · 21 判时 1617 号第 120 页“儿童铲子”案）。

但是，也有判决明确反对（关于《不正当竞争防止法》第 5 条第 1 款，大阪地判平成 9 · 1 · 30 知裁集 29 卷 1 号第 112 页“皇家奶茶”案认定，应保留销售费、一般管理费的证明责任）原本作为解释论上的争论，因此（笔者也作为提倡人之一在其中）只要将其委任给审判实务即可，并期待能够有所修改。进一步而言，在 1998 年法修订后，对逸失利润数额证明困难的救济就交给了第 1 款。关于第 2 款，有意见认为，为抑制侵权而清扫侵权人所获利润的制度（更接近以制裁为根据的准无因管理）更加纯粹，这并不意外。在这种想法之下，第 2 款可能会被处理成与权利人的逸失利润无关，而着眼于侵权人取得了什么样的利润。但是，笔者毕竟是以损害赔偿作为问题，仍然反对将赔偿额定型化中解释论上的不充分。今后会关注判例动向。

注　释

⑬ 田村，前揭注②，『法協』，108 卷，第 864—866 頁。本书第 9—10 页。

⑭ 镰田，上文注释③，第 21 页。

⑮ 镰田，上文注释③，第 21 页。

⑯ 参见内田让文在下述专著第 827—873 页中原增司的发言：『出願・審査・審判・訴訟』，特許法セミナー，1970 年，有斐閣。

⑰ 关于学说中，参见：畑郁夫,「ハンダ付用溶剤判批」,『馬瀬古稀』，第 745—747 頁。

⑱ 关于判例，更为详细的内容可参见：田村、增井,『特許判例』，第 291—293 頁。

⑲ 本书第 237—239 页。

⑳ 笔者认为，由于被称为“边际利润说”，从文字语感看，可能会产生其处于
324 纯利润说和毛利润说中间位置的误解，关于权利人主张要举证到什么程度，这一点笔者赞同毛利润说。不同于毛利润说的是推定的推翻过程，以前的毛利润说只以侵权人需求为理由而认定扣除各费用，对此笔者认为，必须要将权利人是否必要作为问题。在这种局面下，批判以前的纯利润说甚至要推翻侵权人纯利润的推定，因此采用了边际利润说。在这个意义上，笔者认为，其并不介于纯利润说和毛利润说中间的位置，反而是处于二者的外侧，更准确地说，是位于不同于对立点的维度上。

3.《专利法》第 102 条第 3 款

（1）修订概要

专利权人可以请求赔偿侵权行为的相当对价额（第 102 条第 3 款）。第 3 款的赔偿额规定了“对实施通常能够获得的金钱额度”，但 1998 年法修订删掉了“通常”一词。此次修订接受了

笔者的其他建议[21]，计算过程中不过度依赖合同基础中的一般许可费，期待能够考虑到被侵害专利的特殊性[22]。

在过去的判例中，相比于与被侵权的专利发明相关的许可费率，有的判决过于重视与具体专利发明相距甚远的抽象证据。很明显具有比业界行情等其他费率低的证据的情况，也许因为这样做更加客观，与被侵害的专利发明相关的实施合同例的实施费率很少能被维持，通常会减少损害额。例如，在权利人以销售额的 22% 许可诉外公司一般实施权的案件中，判决“考虑到本件发明技术的内容以及其他事项”，判定 10% 的相当额（东京地判昭和 59・2・24 判タ 536 号第 307 页“去石选谷机”案一审。东京地判平成 2・2・9 判时 1347 号第 111 页“杜邦Ⅰ”案中，在考虑到各种事宜的基础上，作为没有按照过去的约定例计算相当额的判决，原告依据其与诉外公司 A 之间缔结了每 1 千克产品约 342 日元的约定实施例为基础，主张每 1 千克 350 日元是相当的额度，上述主张额占被告产品销售价格的 43.2%，被告产品的原价率是 78.3%，即使是参照业界行业，也无法认定原告主张是相当的额度，认定基于 5% 作为相当额。见田村善之于 1994 年发表在《法律家》第 1058 号中的判批）[23]。

但是，专利权的经济利用价值根据专利而千差万别，如果根据一般的许可费行情而平均化处理，则可能违背对具体的专利权人的救济。而且，实际上过去 22% 的约定例表示该专利发明具有的价值而在市场上流通，尽管不存在任何外部事宜而导致高额缔结合同，但根据一般行情等减少损害赔偿额度这一点上存在疑问。另外，如果苛以每单位 350 日元的许可费，被许可人当然会将这部分转嫁到销售价格中，因此由于没有支付许可费，这部分比低额销售的侵权人的侵权产品价格要高，以此为理由，对于根 325

据一般行情来减少损害赔偿额，才存在疑问。

删除“通常”这个用语，今后在这种案例中，只要没有特殊情况，则会促进将具体约定例作为损害赔偿额的运用。

实际上，在最近的裁判例中，基于专利权共有人之间的合同的许可费率是 3%，如果将方便提供给上述许可费率以外的共有权人计算在内的话，认定其实质上为 4%（相当于所持比例的二分之一的费率，因此作为发明的许可费率是 8%），而且在确定上述费率之际，考虑到二者之间存在多年友好的关系，因此最后根据 5%（对于所持比例二分之一的共有权人的赔偿额，因此发明基数与 10% 相当）计算赔偿额（东京地判平成 8 · 10 · 18 判时 1585 号第 106 页“钢筋混凝土有孔梁加固配件”案）。另外，以前在没有其他材料的情况下，很多判决是依据将销售价格的 2%—4% 作为基准率的国有专利实施合同许可费的计算公式（东京地判昭和 47 · 5 · 22 无体集 4 卷 1 号第 294 页“曝光计”他）[24]。最近，有的判决阐述道，要考虑到发明内容等其他趣旨，非常自由地确定赔偿额［除了以 7% 为相当的东京地判平成 10 · 3 · 30 判时 1646 号第 143 号“固化性树脂涂层材料”案，也可以参照大阪地判平成 4 · 7 · 23 判工所（2 期版）2399 第 263 页“海苔输送装置”案］。

顺便提及，笔者自身也认为，也可以着眼于侵权人所获的利润额，通过从其中分配应该归属给专利权人的部分这种方式来确定第 3 款的赔偿额（在权利人实施的情况下，通过第 2 款
326 对全额利润进行推定，因此具有实际效益的主要是未实施的情况）。当然，在一般的许可合同中，主流方法是通过在销售额基础上乘以费率的方式来计算许可费，很少会着眼于被许可人的利润额采用分配的方式。但是，由于是对将来的利用行为缔结

合同，倾向于避免将不确定因素作为许可费的基准，其和当事人不想公开作为商业秘密的利润率的意向是相辅相成的，因此更喜欢使用业界行情的费率等抽象的计算方式。但是，在应该计算第 3 款的损害额的侵权诉讼场面中，作为计算对象的利用行为现在已经成为过去的行为，这一点是问题所在。既然利用行为（= 侵权行为）产生的利润额（= 侵权人所获利润额）已经很明确，就没有理由对此视而不见，而采用抽象的计算方式。在侵权人利润额已经很明确的情况下，以此为基准计算相当的对价更能实现反映了专利发明价值的救济，在这个意义上更为优秀。有的法官在计算第 3 款的赔偿时会考虑到侵权人所获的利润额，也不是没有这样的判决（秋田地判昭和 47 · 2 · 7 无体集 4 卷 1 号第 19 页“蹄铁”等）㉕。

这样的话，在权利人能够证明侵权人所获的利润额，并将该额度推定为损害额的情况下，只要侵权人可以证明实际的损害额比这个额度少，就可以减少损害赔偿额。而且，如果侵权人能够成功减少赔偿额，至少能够理解为，关于通常作为损害被认可的第 3 款的损害额，必须要证明不能从侵权人的利润额中无法分配给专利权人的额度㉖。

注　释

㉑ 本书第 211—214 页。

㉒ 特许厅，上文注释②，第 13 页；入野，上文注释②，第 72—73 页。

㉓ 详细参见：田村、增井，『特許判例』，第 340 頁。

㉔ 关于判例，参见：田村、增井，『特許判例』，第 352 頁。此外，参照本书第 229 页注释⑦。

㉕ 详细内容参见：田村、增井，『特許判例』，第 355 頁。

㉖ 更为详细的内容参见本书第 34—36、230—235 页。此外，考虑到侵权人所

获的利润额等，根据分配实施行为实际取得的利润这种计算方法来确定第 3 款的赔偿额，例如在没有获取预期利润的案件中，在侵权开始时间点上，相
327 较于合法请求许可必要支付的许可费，第 3 款的赔偿额过少，则会引发侵权方更有利的现象（关于德国的讨论，参见第 146—148 页；关于美国的讨论，参见第 182—184、119—201 页）。这一问题的解决可以考虑为，如合法请求许可则必须支付的许可费并非作为第 3 款，而是作为《民法》第 709 条的逸失利润请求赔偿（本书第 247—248、262—263 页）。

（2）小僧寿司案最高判的后果

目前为止的理解是，为认定第 3 款的损害赔偿请求，没有必要主张和举证专利权人的销量减少，这次《专利法》修改工作也是以此为前提。

关于这一点，最判平成 9·3·11 民集 51 卷 3 号第 1055 页“小僧寿司”案［田村善之（判批），《法协》，第 116 卷第 2 号］指出，关于《商标法》第 38 条第 3 款，在“明确没有发生损害的情况下”不产生第 3 款的损害赔偿义务，最高法院是否提示了与之前的理解不同的思路，这一点成为问题。

但是，根据最高法院自身的意思，其可以转化为“注册商标完全不具有客户吸引力，……类似商标的使用……商品的销售额中没有贡献，这一点是明确的”。具体来说，注册商标“小僧”的商标权人控诉全国著名的“小僧寿司”连锁店在四国地区的供应商，商标权人（在以大阪市为中心的近郊地区以“饭团小僧”的名称制造销售可以带回家的饭团寿司）除在侵权地域（四国）未使用注册商标外，判决中不得不肯定类似性的“KOZO”徽章在使用样态上是限定的（出入口横窗上显示的店铺是一店、在墙面上显示的店是一店），反而是以全国著名的标识“小僧寿
328 司”“KOZO ZUSHI”等（否定类似性）为主而加以使用。最高

判考虑到这些事宜得出结论，成为问题的“KOZO”标识对于被告的销售没有做出任何贡献，使用被告“KOZO”的标识对于原告并没有产生任何损害（高松地判平成 4・3・23 民集 51 卷 3 号第 1148 号参照“小僧寿司Ⅱ一审”案，高松高判平成 6・3・28 民集 51 卷 3 号第 1222 页“同案二审”也说明了同样的判旨）。这是对使用样态做出的相当对价额接近于零的案件。关于“小僧寿司”“KOZO”等，按照笔者的考虑，也可以作为根据权利滥用驳回请求的案件[27]，判旨的射程可以理解为，在商标侵权案件中也能够限定在这种的事件中。

加之，日本《商标法》采取注册主义，认可“没有使用便无法将其具化为对顾客的吸引力”的商标注册，但另一方面，对于专利权和外观设计，超越技术水准是注册要件，即使不实施也可以保有价值，因此必须要和《商标法》做不同的处理[28]。本判决旨在明确，在理由中要考虑到《商标法》的特殊性（多少有点不明确），其射程不能触及《专利法》第 102 条第 3 款。

注　释

㉗　参见：田村善之,『法協』, 116 卷第 2 号，第 332—334 頁（判批）。

㉘　关于以上内容，参见本书第 72、273 页。

4.《专利法》第 102 条第 4 款

在侵权存在轻过失的情况下，第 102 条第 4 款认可损害赔偿额的裁量性减额，保护轻过失的侵权人。但是，为了避免裁量性减额导致权利人缺少救济，设定了不能超出第 3 款的相当许可费的限度进行减额的限制。在修改工作中存在如下讨论，即这样的规定违反用于抑制侵权引起赔偿额提高的制度修改目的，是否应该被删除。

确实，截至目前，还没有太多案件通过第 4 款来减少赔偿额。但是，知识产权是人工设定的权利，肉眼不可见，因此未必就不会有侵权案件。原本来说，如果没有过失则不需要支付损害赔偿即可（服从不当得利返还请求），但作为中间的解决方案，将其认定为轻过失调整赔偿额，这从制度整体构造看被认为不会失衡。

具体来说，在销售多种多样的流通商品的终端小店铺中，对自己销售的商品逐一来确定专利的知识，这本身就过于严格，即使由于注册商标是周知的而无法推翻过失的推定，也应该有案例是因为轻过失而减少了赔偿额。另外，如终端用户从制造
329 厂商处接收侵害了专利权的器械并将其用于营业目的而使用，要求其进行专利调查和技术知识也过于严格，对于信赖制造厂商的这些人，可以受到本款轻过失参酌的恩惠（关于《实用新型法》，水户地判昭和 48・2・22 判タ 295 号第 366 页“纳豆包装苞”案）。再者，可以假定如下案例，注册商标不被公众所知晓或知名，侵权人也没有意图想要在全国开展营业，因此不进行检索。在这种情况下，长期在类似商标下完成营业活动的结果是，赔偿额会变高。

5. 其他问题

关于损害赔偿的平成 10 年《专利法》修订案自 1999 年 1 月 1 日起正式实施。一般的理解是，作为有关证明的规定，要追溯过去的侵权案件并加以适用。关于第 102 条第 2 款就是如此，而关于第 3 款，严格来说，是要改变损害赔偿额计算的实体标准，

因此是实体法的改变，道理上其适用不能溯及既往。但是，如前所述，如果看最近裁判例的倾向，无论是否有“通常”二字，判决中的倾向都是优先修改后的法律的趣旨，因此虽说存在“通常”二字，但这种运用在理论上也不会特别奇怪。如果是这样，则几乎不存在讨论的必要性。

第3章　1998年修正《专利法》第102条第1款推定的构造

330

第1节　引言

专利权与有形物的利用不同，其是对事实上不可能占有的发明的利用行为人工设定排他权。既然是与谁都能够利用的自然意志相反，禁止不合理的利用行为，那么就有必要对于禁止违反的行为来设定与其相应的制裁。但其反面是，由于存在专利的有效性和无效等问题，以及专利权的技术保护范围存在不可预测性等原因，因此如果赔偿额过度高额化，则即使考虑到利用者所使用的专利本来就是无效的，或者自己的利用行为在技术保护范围外，考虑到未来法院在做出侵权判断时的风险，存在不得不与专利权人进行许可交涉的可能性。如果这种萎缩效果过于强烈，则在结果上可能会频繁发生专利发明事实上的保护范围过大、应该被无效的专利未被无效的事态。因此，追求的是计算适当的赔偿额[1]。

《专利法》第102条等规定的专利侵权的损害赔偿额的特殊规定正是想要实现适当的赔偿额计算。其中，《专利法》第102条第1款作为专利侵权所产生的逸失利润额的推定规定，在专利权人主张举证该款本文规定要件的情况下，（在与销售能力相应额度的限度内）根据侵权组成产品的转让数量乘以专利权人每单位替代产品的利润额得到的额度，将其推定为专利权人的损害额[2]，该款的但书条款规定，侵权人负有从其中减少推定额的责任。关于该推定的推翻，最近的裁判例中有值得关注的动态。出现了一系列判决阐述了“由于存在替代品和竞争产品，不能将其理解为符合本款但书条款中‘无法销售的事宜’”的趣 331
旨。但是，这种未必是一般性的理解，其在解释论上存在疑问。以下详细说明。

注　释

① 本书第 2 部分第 2 章，第 308 页。

② 本文在文本上只写了“能够作为损害额”，但对第 102 条第 1 款本文的要件进行主张和举证，在裁判所关于这一点采用了心证的情况下，根据但书条款扣除赔偿额的责任同样会转移给侵权人。之所以不适用推定这个用语，与第 102 条第 2 款不同，第 1 款是将证明直接表示存在逸失利润的事实一部分的责任转移给了侵权人，由此或是暂定真实（新堂，『新民诉法』，第 494—495 頁），或是与其类似（考虑到损害额问题的特殊性），既然启用了但书条款，最终可能没有必要“推定”。虽然不是道理上的问题，但有批评指出，写有“推定”的旧法第 102 条第 1 款陷入了是否认定推定的全有或全无的思路中（本书第 9—10 页）。基于这个反省，为进行灵活的计算，而没有使用“推定”这个用语（参见：鎌田薫，「特許権侵害と損害賠償」，『CIP にジャーナル』，79 号，1998 年，第 17 頁）。

第 2 节　学说和判例

关于《专利法》第 102 条第 1 款向减少推定额方向考虑的事宜，多数学说认为存在各种不同的情况。例如，侵权人产品较为低廉，或者侵权人的销售额中，与专利发明的实施部分相比，基于侵权人产品的其他特征、侵权人的广告等销售上的努力占比较大或存在其他竞争产品（包括侵权人的非侵权产品，但不含有专利权人的产品）[3]。在这种情况下，即使对推定额全额没有推翻心证（例如，应该会有10%左右无法被扣除），在采用了至少不低于几成（例如，80%）心证的限度内，部分推翻推定[4]。

除后面所述的东京地裁民事第46部的一系列判决外，裁判例也采用了通说的见解。

例如，作为重视市场份额的判决，血液气体测定相关市场占有率中专利权人是63.2%，侵权人是11.6%，其他公司是25.2%。考虑到这个占比，法院认定如下事实，关于相当于
332 28.5%（对于除原告外全部发售的销售数量）的数量，即使没有被告的侵权行为，其他企业也会销售，原告无法销售原告产品［东京地判平成12·6·23平成8（ワ）17460“血液采集器”案］。在市场占有率中，原告专利权人是35%，被告侵权人是35%，其他企业是30%的案件中，判决推翻了关于转让数量的75分之30的相当数量［东京高判平成11·6·15判时1679号第96页“蓄热材的制造方法”案。此外，作为考虑到份额的其他裁判例，有东京地判平成12·3·24平成9（ワ）28053“大腿骨近端骨折固定器具”案］。

此外，在考虑了各种事宜的判决中，除实用新型权利人以外，一般实施权人销售贩卖实施品的情况下，同实用新型权利人的产品（主要是在加油站等地以一套3500日元以上的价格销售）相比，一般实施权人的产品（主要是在商场等量贩店以一套3500日元以上的价格销售）与侵权人产品在地点上有更多的共同点，而且价格也更接近，因此在三分之二的限度内推翻推定［东京地判平成11·7·16判时1698号第132页“崎岖道路逃生装备”案，东京高判平成12·4·27平成11（ネ）4056（同二

审）]。专利权人的产品（70000—75000 日元）和侵权人的产品（从 1500 日元到 10000 元）价格差距较大，侵权人产品的购买者认为 75000 日元的价格较高，实际上并没有从专利权人处购买的经历（原本就很少有人知道专利权人），进一步考虑到市场中还存在聚氨酯轮胎等及专利产品多层轮胎的替代产品，因此判决认定如下事实，侵权人销售数量的七成是专利权人无法销售的 [大阪地判平成 12・12・12 平成 8（ワ）1635 "多层轮胎"，大阪高判平成 14・4・10 平成 13（ネ）257 等（同二审）]。

这样，在以前的裁判例和学说中，其前提是，市场上存在竞争产品的状况、侵权产品价格低廉等事宜都是推定的推翻事由[⑤]。

注　释

③ 本书第 2 部分第 2 章第 318 页。鎌田，前掲注②，第 22 頁；特許庁総務部総務課工業所有権制度改正審議室編，『平成 10 年改正工業所有権法の解説』，発明協会，1998 年，第 19 頁；山本雅史，「損害賠償に関する平成 10 年特許法改正のポイントと論点」，清永利亮、設楽隆一編，『知的財産権』，現代裁判法大系 26，新日本法規，1999 年，第 270 頁；茶園成樹，「特許権侵害による損害賠償」，『ジュリ』，1162 号，1999 年，第 51
頁；尾崎英男，「特許権侵害の損害賠償」，『東京弁護士会弁護士研修委員 333
会・特許権侵害訴訟の実務』，商事法務研究会，2000 年，第 123—124 頁。稍有限定的是：小池豊，「知的財産訴訟における損害額の算定について」，東京弁護士研修センター運営委員会編，平成 14 年度秋季弁護士研修講座，商事法務，2003 年，第 52—53 頁。

④ 本书第 2 部分第 2 章第 318 页。

⑤ 作为例外的有：三村量一，「損害（1）」，牧野利秋、飯村敏明編，『知的財産関係訴訟法』，新裁判実務大系 4，青林書院，2001 年，第 291—293、296—299 頁。对其进行正面评价的是：嶋末和秀，「特許法 102 条 1 項の解釈・運用に関する下級審判決の動向」，『知財管理』，53 巻第 2 号，2003 年，第 190 頁。

第3节　东京地裁民事第46部的做法

与以上学说和裁判例的趋势不同[6]，东京地判平成14·3·19判时1803号第78页“老虎机2”案采用了限定性地解释《专利法》第102条第1款但书条款的立场。由于存在替代品和竞争产品，无法解释为属于该款但书条款中“无法销售的事宜”。在具体适用中，原告市场占有率只有40%，再者，由于被告产品在动漫人物、绘柄配置、音乐等中具有原告产品所不具有的特征，因此对于被告的主张，即原告无法售出超过其市场占有率的产品，“基于专利权排他性专利权的本质，《专利法》第102条第1款可被理解为，拟制侵权产品和权利人产品在市场上处于互补关系的拟制下而设定的规定，将侵权产品销售带来的损害处理为专利权人市场机会的丧失，站在这个立场上，由于侵权人的营业努力、市场中存在替代品和竞争产品而无法解读为本款但书条款中的“无法销售的事宜”，由此驳回了这个请求（除去关于市场占有率这一点，相同判旨的还有东京地判平成14·3·19判时1803号第78页“老虎机1”案）。

以该判决为开端，其后东京地裁民事第46部做出了一系列判决认为，侵权产品性能优越，侵权人的努力对于促进侵权产品的销售做出了贡献，以及市场上存在被告产品以外的替代产品和竞争产品等，都不属于第102条第1款但书条款中的“无法销售的事宜”。这一系列判决有：东京地判平成14·4·25平
334 成13（ワ）14954“原海苔异物分离去除设备2”案、东京地判平成14·6·27平成12（ワ）14499“原海苔异物分离去除设备3”案[7]。

注　释

⑥ 但是，也不是完全没有先例。作为平成 10 年法修改实施前的判决，有的判决是以存在竞争产品，或者侵权产品的销售额中侵权人独立的营业努力有所贡献等理由而不具有因果关系，因此否定了被告侵权人的主张，判令赔偿逸失损失（东京地判平成 10・10・12 知裁集 30 卷第 4 号第 709 页“西咪替丁制剂”案）。

⑦ 三村，上文注释⑤，第 294、296—298 页。

第 4 节　与市场机会丧失的损害概念之间的关系

这一系列判决，作为限定解释《专利法》第 102 条第 1 款但书条款的根据，拿出市场机会的丧失作为该款前提的损害概念[8]。

确实，学说中也有不少学者将这种规范的损害概念适用为第 1 款前提的损害概念[9]。但是，假设不是基于差额说[10]的逸失利润，而是采用市场机会的丧失这种规范的损害概念，关于是否要将侵权人的营业努力和存在竞争产品等考虑为减额的事由，存在多种立场。

原本就市场机会的丧失这种规范的损害概念是关于 1998 年法修改创设《专利法》第 102 条第 1 款以前，笔者关于规定了相当对价额赔偿的第 102 条第 2 款（现在是第 3 款），以及一般将侵权人所获的利润额推定为损害额的 1998 年法修改前第 1 款（第 2 款）所提倡的概念[11]。关于相当对价额的计算、侵权人所获的利润额的推定，笔者自身将即使没有发生侵权行为但在预料通过权利人自己实施而无法满足该市场机会即缺少因果关系的情况下，只将其中几成归属给权利人而非利润全额作为前提[12]。

再者，第 102 条第 2 款规定，即使未实施也能够请求，本书中市场机会的丧失这个损害概念说明了当时第 102 条第 2 款的相当对价额赔偿制度[13]趣旨的同时，还迫于改变当时第 102 条
335 第 1 款无法在未实施情况下适用侵权人所获的利润额推定规定的裁判例的解释而被拿出。笔者所提倡的是，即使专利权人没有实施，法律赋予专利权人排他性地分配实施专利发明满足市场需求的机会，侵权人侵夺了专利权人的这个机会，违反法律趣旨，这部分——即该市场机会的丧失——作为损害必须加以赔偿。另一方面，当前的第 102 条第 1 款是以“实施能力”作为推定的前提要件，由于专利权人是将“无法销售的事宜”作为推定的推翻理由，原本就很难与这种规范的损害概念相顺适。

当然，以什么为主来测评市场机会的丧失，这方面仍存在解释空间。实际上，也有学说认为，市场机会的丧失这个损害概念能适用第 102 条第 1 款，关于“无法销售的事宜”的解释，也有学说坚持只要不具有因果关系就不发生损害这种通说的理解[14]。

笔者的立场是，从 1998 年法修改前，当时第 102 条第 3 款（现在第 4 款）并不妨碍第 2 款（当时第 3 款）的损害。以此为根据，与认定市场机会的损害这种规范的损害概念的第 102 条第 2 款相当的对价额赔偿不同，也可以选择请求逸失利润的赔偿[15]。当时的理解是，销售减少导致的逸失利润赔偿被第 102 条第 3 款的相当对价额赔偿所吸收[16]。当前最新增设的第 102 条第 1 款关于逸失利润的推定规定，在不具备“实施能力”以及存在“无法销售的事宜”时，根据情况认定是否存在损害，对于该款适用市场机会的损害这个损害概念（在不具有因果关系的情况下也认定损害赔偿），不应该混入与第 3 款不同种类的损害。作为结论，第 1 款是与逸失利润赔偿相关的推定规定，与市场机会的丧失这个损害概念无关，因此权利人能够选择性地主张第 1 款和第 3 款

（第 2 款是推定条款）。在这个立场之下，第 1 款但书条款中所谓“无法销售的事宜”正是指（部分）否定因果关系的事宜。具体来说，市场上存在竞争产品、使用动漫人物促进销售等侵权产品中的特殊事宜等都符合上述情况。因此认为，通说和民事 46 部以外的一般裁判例所说的结论是恰当的。

注释

⑧ 此外，在解释第 102 条第 1 款文本中的“如果没有侵权行为则可以销售的产品”“每单位数量的利润额”或者“实施能力”等要件时，阐述了同样意思的损害概念的判决有东京地判平成 13・7・17 平成 11（ワ）23013“记录纸”案、东京地判平成 14・4・16 平成 12（ワ）8456 等“重物吊起挂钩装置”案、东京地判平成 15・2・27 平成 11（ワ）19329“焊接端头丝锥”案。 336

另外，在东京高判平成 14・10・31 判时 1823 号第 109 页“新型芳香族羧酸酰胺衍生物的制备方法”案的判决中，判决如下：即使是在专利权存续期间制造的侵权产品在专利权存续期间之后转让的情况，由于转让所失去的专利权人“市场机会的丧失”，被认定是与存续期间内的侵权行为具有相当因果关系的损害，因此在制造的时间点上，如果是组成了侵权行为的物品，则在该物品的转让行为时间点上，通过存续期间经过没有组成侵权行为之物也适用《专利法》第 102 条第 1 款，只要无法证明是从存续期间终止时开始经过相当一段时间后销售，则仅就该物品的制造部分，认定专利产品销售数量减少。

⑨ 森田宏樹,「知的財産権侵害による損害賠償に関する規定の改正の方向」,『知的財産侵害に対する損害賠償・罰則のあり方に関する調査研究報告書』，知的財産研究所，第 1998 年，第 39—41 頁；鎌田，前掲注②，第 16—17 頁；沖野眞巳,「損害賠償額の算定－特許権侵害の場合」,『法学教室』，219 号，1998 年，第 62 頁；茶園，前揭注③，第 52 頁。

⑩ 将如果没有发生侵权行为则应该有的财产状态和实际被害人的财产状态之间的差额作为损害额。

⑪ 德国学说，参见本书第 211—216 页。

⑫ 本书第 223—234 页。

⑬ 有判决（最判平成 9・3・11 民集 51 卷 3 号第 1055 页“小僧寿司Ⅱ”案）判定，“很明显没有发生损害的情况”，无法认定 1998 年法修改前《商标法》第 38 条第 2 款（现行第 3 款）的赔偿，而对于全国知名的商标，有关于在非常有限的地域内使用过商标的商标权人提起的侵权诉讼案件的解释。原

本是作为权利滥用而被驳回请求的案件，其射程也应该仅限于商标侵权案件［田村善之，『商標法概説』（第 2 版），弘文堂，2000 年，第 347—348 頁；同（判批）『法協』，116 卷第 2 号，第 1999 年］。

⑭ 镰田，上文注释②，第 22 页；茶园，上文注释③，第 51 页。

⑮ 本书第 246—247 页。

⑯ 本书第 224、227 页。关于第 102 条第 2 款，采用了能够以侵权人所获的利润额来推定相当对价额，从其中减少推定额的责任由侵权人负担这种重叠理解。本书第 34—40、230—235 页。

第 5 节　一系列判决中存在的内在矛盾

无论《专利法》第 102 条第 1 款适用什么样的损害概念，既然本条款存在“无法销售的事宜”时可在其限度内推翻推定的但书条款，那么本款解释论就必须作为推翻推定的事宜来加以考虑。但是，正如东京地裁民事 46 部做出的一系列判决那样，即使存在市场上有竞争产品、侵权产品等特殊情况，还是采纳了不对其加以考虑的立场。那么如下问题便凸显出来，即究竟什么情况才符合该款但书条款中的“无法销售的事宜”[17]。这是因为，我们不得不说，只要认为不属于“无法销售的事宜”，这些判决就会采用不能作为第 102 条第 1 款的解释论的立场。

前述东京地判“老虎机 2”案自身也意识到了这个难点，并阐述了如下判旨：作为属于推定的推翻事由的例外事宜，有例如侵权产品是生鲜食品、根据法律法规来规制专利产品实施品，以及新技术开发导致专利发明陈旧化等情况。如果侵权人主张并对其进行了举证，那么权利人也必须主张并举证在与侵权产品销售时期严格对应的时期以及与其相近的时期内，具有销售侵权产品的销售数量以及销售相同数量权利人产品的实际能力[18]。具体来说，被告的产品中至少一部分不是由于 CT 机的性能，而是基于弹子球经营场定期需要购入新的弹子机的需求而销售的。最终法院基于各种因素，认定在 3 万 4000 台机器中，预计有 10% 的比例即 3400 台，并对其进行销售上的减额（去除具体数字上的黑点，作出同样判旨的还有前述东京地判“老虎机”案）。

但是，这些判决作为能够导致减额而呈现的事宜与和减额无关的竞争产品、替代品的存在等事宜之间，很难找出能够使它们之间的效果差异正当化的质上的差异。判旨自身包含在前者中的新技术开发的结果是，专利发明陈旧化的例子等不作为替代品登场以外的事实。必须这样强制性划线显示，一系列判决理论作为 338
《专利法》第 102 条第 1 款并不合适。

另外，如果如判旨那样针对知识产权采用以市场为媒介的市场机会⑲，侵权人在侵权产品中实施的动漫人物属于他人作品，在受到《著作权法》保护的情况下（本件侵权产品中配以奥特曼中的动漫人物），原本就应该理解为，起因于动漫人物的销量增加的部分是应该归属著作权人的金额⑳。

注　释

⑰ 关于只在“实施能力”范围内认定推定的第 102 条第 1 款，其意思也成为问题。为了合乎即使基于存在替代品等也不推翻推定的解释论的道理，关于存在因果关系问题的“实施能力”，同样也不会简单否定推定的适用。以前述东京地判“老虎机 2”为开端的一系列判决解释为，由于从金融机构接受了资金，因此在专利权的保护期间内总有一天可能会实施专利产品，因此给予对应（三村，上文注释⑤，第 294—295 页也是同样的意思）。

但是，如果像这样将“实施能力”抽象化，只要其是抽象的，则在个人的专利权人对公司设定了一般实施权的情况下，应该如何处理，很难给出具体的标准。例如，东京地裁民事 46 部在一系列判决中阐述道，与个人专利权人实质上一体的家族企业制造销售实施品的情况下，应该肯定专利权人具有第 102 条第 1 款的所谓的实施能力。专利权人过去任代表董事长，现任董事长，专利权人的长子作为代表人一个人进行产品的开发销售，在这个案件中，专利权人认定第 102 条第 1 款的推定［牵出企业集团内专利权的管理部门和制造销售部门是其他公司的情况，东京地判平成 14・4・16 平成 12（ワ）8456 等“重物吊起挂钩装置”案，三村，上文注释⑤，第 295 页］。但是，既然公司的收入和个人的收入各自不同，则不能无视二者。可以说在这个事件当中，关于该公司在设定了专用实施权时间点以后的侵权部分，由于事实上独占的一般实施权人，针对公司认定了第 1 款的适用，由此加以解决（和判例一并可参见：田村、增井，『特許判例』，第 412—413 頁）。

⑱ 三村，上文注释⑤，第 298—299 页，表达了同样的意思。

⑲ 作为侵权人利润额的推定规定的《专利法》第 102 条第 2 款对应的《著作权法》第 114 条第 2 款，参照东京地判平成 12・12・26 平成 11（ワ）20712“糖果糖果”案；规定相当对价额赔偿的《专利法》第 102 条第 3 款对应的《著作权法》第 114 条第 3 款，参见：田村善之，『著作権法概説』(第 2 版)，有斐閣，2001 年，第 328—329 頁。

⑳ 在一系列的判决中，东京地裁民事 46 部，也在东京地判平成 14・4・25 平成 13（ワ）14954“原海苔异物分离去除装置 2”案中，在专利权人的产品侵害了第三人的专利权等情况下，属于“无法销售的事宜”。当然，专利权人一方的产品与他人的专利权发生抵触的情况，与本案中侵权人产品与著作权相关的情况之间，再划上一道线，这也并非不可能。例如，既然已经发生了侵权，那么就不需要考虑侵权人侧附有权利的情况。但是，侵权人侧的商品侵害了第三人的专利权人等情况（在这个意义上与本案无关），不应该认定连归属该第三人的权利人部分也要赔偿给原告，这在本文中已经阐述过。如果是这样，侵权人只是就第三人的权利进行了适当处理，就突然得出要归属原告的结论，这在道理上相当困难。在本案中，被告为了进行动漫人物的权利处理而将许可费支付给著作权人，则残留了为何这种处理对原告有利的疑问。

第 6 节　结论

作为结论，不得不说以前述东京地判“老虎机 1”案、前述东京地判“老虎机 2”案为开端的一系列判决对于第 102 条第 1 款但书条款的理解是很难作为解释论而被采用的。市场上存在可替代产品、侵权商品上附有动漫人物、存在有利于侵权人商品销售的特殊情况等，都属于本款但书条款中所谓的“无法销售的事宜”，可以根据这些事宜在心证的限度内来推翻推定。

判例索引

（页码为原书页码，即本书边码）

日本部分*

* 本部分仅将案例名译为中文，以保证行文的简洁。——译者

德国部分

美国部分

译后记

2015年，我还在北海道大学攻读博士后期课程。一次偶然的机会，我随同恩师田村善之教授赴韩国首尔大学参加学术会议。茶歇期间，几位来自韩国知识产权法院的法官无意中提到“《知识产权与损害赔偿》一书在韩国极为畅销，对法官的审判工作很有帮助！”这本书其实是田村老师完成本科学习后，在东京大学法学院任研究助手期间提交的研究成果。该书一经出版，即在日本引起了不小的反响，直接推动了知识产权损害赔偿相关立法的完善，解决了知识产权实务中一些根深蒂固的“顽疾”。可以说，这是田村老师走上知识产权研究道路的处女作，也是他的成名之作。没想到，在韩国竟也产生了如此广泛的影响！由此，我开始思考：本书对于中国同仁理解和探讨知识产权损害赔偿基础理论和解释适用问题，是否会有同样的裨益？于是萌生了将这本名著翻译成中文的念头。

从获得田村老师的翻译授权，到中文译稿的完成，以及此后的多番打磨、校对，前前后后总共花费了约七年的时间。其间还因工作调动等原因导致一度搁置。不得不说，这漫长的译校和出版过程，同样是一次自我祛魅的认知之旅。

《知识产权与损害赔偿》自第一版出版至今，恰好走过了三十个年头。也许有人会怀疑，它对当前中国最新的损害赔偿实践还能有多少启示作用和借鉴意义。但我认为，经过时间检验的作品，才更加历久弥新。现在来看，这本书绝对称得上是日本知识产权损害赔偿研究领域的“路标性”经典论著。何为“经典”？“经，织也”。经是直线，再加纬线，即可“织线成面”。我想，“经典”就像一匹经纬交错的布帛，其纵横交织，可长可久，可宽可宏。田村老师在20多岁时，就开始对知识产权“损害”的本质进行探索，这种探索在时间的长度上持续绵延，在空间的维度上广袤深远。或许，评判一部作品是否“经典”还有一个更为直接和显性的标准：50年后是否还有人愿意去翻阅并从中汲取新知。对此，我保持着相当乐观的态度。

老师早期极度晦涩的语言风格给本书的翻译带来了不小的挑战。特别是在后期校对的三个月里，我常常怀疑：在当下人工智能已深入人们日常生活的时代，是否还有必要做这件“古老”而又耗时的工作？其价值和意义又在何处？的确，在翻译技巧或利用现有知识方面，人类可能已被人工智能所超越。但我坚信，我们对于经典的解读和演绎，以及投身其中的态度和温度，必将在时光的隧道里得以固化和传承，并被那些愿意去感知的人所感知。这或许是“物役于人而非人役于物”的另外一种诠释。

在翻译和出版过程中，我们面临一个重要的技术性选择：是否要将本书独具特色的注释体例进行本土化改造。为了向中国读者立体、全面地呈现日本学者的研究风貌，我们决定尽可能保留一些“原汁原味”的元素。读者可能会直观感受到，本书的注释体例与我们平时接触的书籍完全不同，主要体现在以下三个方面：一是本书的注释（体例）既非脚注也非尾注，而是依照原书，保留在各节内容之后；二是为确保读者获取更精准的学术信息，注释中尽可能地保留了日文、英文和德文文献的原文（这无疑给排版工作带来巨大挑战）；三是注释内容异常丰富，或为某一论点的近乎全部文献的索引，或为正文未能充分展开但仍具参考价值的论述。当然，这也是田村老师一贯的写作特色。

遗憾的是，中文译本的出版未能如期成为老师 60 岁生日的献礼。我原本想在 2023 年 9 月 9 日老师的还历生日当天，将译本呈献给他，但最终未能如愿。希望此书能成为老师 61 岁的生日礼物！另一个遗憾在于，尽管本书的翻译周期不算短，但受制于本人的理解和表达能力，始终感到未能精准传达本书中的全部内涵，也无法酣畅淋漓地再现田村老师对损害本相的高屋建瓴之思。距离触及翻译之“魂”，仿佛还差“一公里”。

最后，我要感谢商务印书馆陈卓女士给予的诸多建议和帮助，感谢复旦大学法学院班天可副教授为我创造的与商务印书馆合作的机会，感谢商务印书馆对本书注释体例方面的包容。我还要感谢复旦大学法学院丁文杰副教授、暨南大学法学院许清讲师、东南大学法学院刘一帆讲师、东京大学法学政治学研究科张唯瑜研究助理，以及诸多师友在此过程中给予的支持和鼓励，更要感谢我的家人，是他 / 她们替我承担了繁重的家务，我才有充裕的时间来完成此书！

2023 年岁末　于伊春老家

刘　影

作者简介：

田村善之，东京大学法学政治学研究科教授，国际知名知识产权法专家。出版专著二十余部，发表论文二百余篇，其研究成果多次被采纳用于专利法、著作权法、反不正当竞争法等法律修订，对完善日本知识产权法律制度产生了重要影响。曾主持“面向多元化分散控制的新时代知识产权法政策学”等日本顶级重大科研项目，为日本知识产权国际交流和人才培养做出了卓越贡献。

译者简介：

刘影，北京理工大学法学院助理教授，北海道大学知识产权法学博士，数字经济与政策智能工业和信息化部重点实验室研究员。研究方向为知识产权法和科技创新法。在《清华法学》《比较法研究》《知识产权》等核心期刊上发表论文十余篇，主持国家社科基金及省部级纵向课题四项。部分成果刊登在《光明日报》《国家高端智库报告》等国家级媒体和智库刊物上。

图书在版编目（CIP）数据

知识产权与损害赔偿 /（日）田村善之著；刘影译.
北京：商务印书馆，2024. --（日本法学名著译丛）.
ISBN 978-7-100-24122-9

Ⅰ. D931.33

中国国家版本馆CIP数据核字第20248SK733号

日本法学名著译丛

知识产权与损害赔偿

〔日〕田村善之 著

刘影 译

商 务 印 书 馆 出 版
（北京王府井大街 36 号 邮政编码 100710）
商 务 印 书 馆 发 行
北京新华印刷有限公司印刷
ISBN 978－7－100－24122－9

2024 年 7 月第 1 版　　开本 880 × 1230 1/32
2024 年 7 月北京第 1 次印刷　　印张 14

定价：64.00 元